rororo

Zu diesem Buch Anhand geheimer Dokumente und zahlreicher Beispiele deckt Jürgen Roth auf, warum und wie die Polizei handlungsunfähig gemacht wird. Ob der Schutz von geldwaschenden Ukrainern oder die Duldung der kriminellen Geschäfte albanischer und libanesischer Clans in deutschen Großstädten: Politiker und Entscheidungsträger in der Wirtschaft haben massive Interessenverflechtungen mit der organisierten Kriminalität und unterbinden oder blockieren gezielt Ermittlungen. Während immer neue Sicherheitsgesetze den Bürger einschränken, sind Politik, Wirtschaft und Justiz längst Teil der zunehmenden Kriminalitätsspirale.

Der Autor Jürgen Roth, geboren 1945, ist einer der bekanntesten investigativen Journalisten in Deutschland. Seit 1971 veröffentlicht er brisante TV-Dokumentationen und erfolgreiche Bücher wie zuletzt «Der Deutschland-Clan» und «Anklage unerwünscht» (zusammen mit Rainer Nübel und Rainer Fromm).

Besuchen Sie auch die Homepage des Autors:
www.juergen-roth.com

JÜRGEN ROTH

ERMITTELN VERBOTEN!

Warum die Polizei den Kampf gegen die Kriminalität aufgegeben hat

Rowohlt Taschenbuch Verlag

Veröffentlicht im Rowohlt Taschenbuch Verlag,
Reinbek bei Hamburg, November 2007

Umschlaggestaltung ZERO Werbeagentur, München
Satz Minion PostScript (PageOne)
Gesamtherstellung Clausen & Bosse, Leck
Printed in Germany
ISBN 978 3 499 62309 7

Inhalt

Vorwort zur aktualisierten Taschenbuchausgabe

Für den Kriminologen Professor Thomas Feltes war das Buch *Ermitteln verboten* ein «Buch mit Sprengstoff – das Buch ist Sprengstoff! Wenn nur 10 Prozent der Aussagen von Polizeibeamten, die Roth zitiert, stimmen, dann müsste dieses Buch auch die letzten Politiker und die für die Polizei Verantwortlichen aufrütteln.» [1] Was hat sich nun in den letzten drei Jahren verändert? Wurden die Aussagen der im Buch zitierten Ermittler und Staatsanwälte von den politisch Verantwortlichen überhaupt zur Kenntnis genommen?

Nein. Nichts hat sich bei ihnen gerührt. Dafür war die Reaktion der aktiven Ermittler übereinstimmend so wie die eines Polizeibeamten aus Nordrhein-Westfalen: «Wir Polizeibeamte an der Basis leisten bürgernahe Sicherheitsarbeit rund um die Uhr, immer der Gefahr ausgesetzt, an Leben und Gesundheit beschädigt zu werden. Doch die Streichorgien der Politik bei uns Polizeibeamten in Ausstattung, bei Neueinstellungen, Personalbestand und Kürzungen der angemessenen Bezahlung führen zur Demotivation.»

Ein erfahrener Kriminalhauptkommissar aus Hamburg fragte: «Was kann man tun, wenn es für die engagierten Richter, Staatsanwälte und meine Kollegen weder eine politische noch eine polizeiliche Führung gibt, die voll und ganz hinter deren Arbeit und Bemühungen steht? Kann die jetzige Struktur von Politik, Wirtschaft und Bevölkerung überhaupt noch ohne das mafiose Kartell auskommen und funktionieren?»

Aus Düsseldorf erhielt ich folgende Nachricht: «Als Kriminalbeamter kann ich Ihnen zu Ihrem Buch nur gratulieren. Schlimm ist, dass Ihre Fälle im Buch nur Einzelfälle sind – viele weitere werden nie aufgedeckt oder bleiben bewusst zugedeckt.» Oder ein Kriminalbeamter aus Berlin: «Die Hoffnung auf Veränderung habe ich längst aufgegeben. Motivieren kann mich nur noch der

Gedanke, dass ich meinen Dienst dem Bürger schuldig bin.» Gedankt wurde ihm diese Haltung bis heute nicht. Im Gegenteil. Sein Gehalt wurde gekürzt. In Frankfurt am Main wie in Leipzig wiederum müssen die Bürger manchmal längere Zeit warten, bis sie bei Anruf der Notfallnummer 110 einen Gesprächspartner finden. Der Grund? Es wurde am Personal gespart.

Nicht selten sind Vorgänge wie der, den mir ein Beamter der Zollverwaltung Hannover schilderte: «Da ich als Zollbeamter schon öfters mal ‹bestimmte Personen› kontrollierte, habe ich mir von meinen Vorgesetzten häufig anhören müssen: ‹Wenn Sie diese Personen weiterhin überprüfen, kann ich Ihnen keine Rückendeckung mehr geben.›» Die betroffene Person war unter anderem der Sohn eines Bürgermeisters, der beim Drogentransport aus den Niederlanden aufgefallen war. Da sich der Vater bis zur ‹höchsten Instanz›, der Oberfinanzdirektion Hannover, beschwerte, erhielt der Zollbeamte folgerichtig wenig später eine extrem schlechte Beurteilung. Dagegen zu klagen hatte wenig Sinn. Denn wer klagt, argumentierte schlüssig die Vorsteherin eines niedersächsischen Hauptzollamtes, «der kann in Zukunft mit keiner Beförderung rechnen».

Dieses Prinzip des Mundtotmachens erleben selbst Richter aus Niedersachsen. Ein Richter aus Hannover schrieb mir: «Die Versuche nehmen zu, unbequeme Richter zu disziplinieren. Eine sich durch gemeinsame Interessen verbunden fühlende Kaste versteht sich wechselseitig loyal und solidarisch – selbst da, wo Rechtsbrüche begangen werden. Kritik wird grundsätzlich als irrelevant und als ein ‹persönliches Problem› des Kritisierenden angesehen. Und so verhalten sich dann auch die Kollegen, weil das damit verbundene Konzept der Entsolidarisierung gut funktioniert.»

Diese subjektiven Aussagen decken sich mit allgemeinen objektiven Erkenntnissen. Zum Beispiel, dass in den letzten Jahren, so Konrad Freiberg, der Vorsitzende der Gewerkschaft der Polizei,

GdP, «10 000 Stellen in der Polizei und 7000 Stellen in der Polizeiverwaltung gestrichen wurden». Und er sagte mir auch: «Die Einflussnahme der Politik auf die Polizei wird immer unverschämter.» Klaus Jansen, Vorsitzender des Bundes Deutscher Kriminalbeamter, BDK, klagte mir gegenüber im Juli 2007: «Ich sehe rabenschwarz für die Zukunft. Wir werden die Quittung dafür bekommen.»

Klaus Jürgen Timm, der ehemalige Präsident des Hessischen Landeskriminalamtes, schrieb im März 2007 in der Fachzeitschrift *Kriminalistik*: «Das Legalitätsprinzip jedenfalls gebietet eine generelle Aufklärungspflicht und nicht nur die exemplarische Bearbeitung einzelner Komplexe im optimistischen Vertrauen auf generalpräventive Wirkungen. Eine infolge von Ressourcenknappheit beklagte faktische Begrenzung der Strafverfolgung ist mit dem Rechtsstaatprinzip nicht vereinbar.» [2]

Und Klaus Jansen vom BDK verfasste in der Verbandszeitschrift *Der Kriminalist* einen bösen Kommentar: «Da ist es nicht verwunderlich, dass die verantwortlichen Politiker durch ihr Handeln mehr und mehr an Rückhalt in der Polizei verlieren, da wir erkennen, dass wir nicht von ihnen vertreten werden. Wie kurzfristig kann Politik eigentlich noch denken?»

Dabei sind die gesellschaftlichen Folgen einer demotivierten und von finanziellen und politischen Sachzwängen geknebelten Polizei unübersehbar. Bei der Vorstellung des Verfassungsschutzberichtes von Sachsen-Anhalt hob Innenminister Holger Hövelmann (SPD) im Juli 2007 hervor, dass der Rechtsextremismus und die von ihm ausgehende Gewalt eine ernsthafte Gefährdung der Demokratie darstellen: «Der Rechtsextremismus ist längst keine Randerscheinung unserer Gesellschaft mehr, sondern stellt nach wie vor eine zentrale Herausforderung für Staat und Zivilgesellschaft dar. Von der Öffentlichkeit weitgehend unbeachtet, sind Strukturen entstanden, die unsere freiheitlich-demokratische Grundordnung in Frage stellen. Der Rechtsextremismus beginnt langsam, die Alltagskultur zu durchdringen. Die von ihm ausgehenden Gefahren haben weiter zugenommen. Jeder von uns muss verinnerlichen, dass der Rechtsextremismus einen konkreten Schaden für uns alle bedeutet, sei es durch die von ihm ausgehende Verhöhnung demokratischer Werte oder – schlimmer noch – durch die brutale Gewalt, die Menschen aus unserer Mitte oft willkürlich trifft.» [3]

So weit, so gut. Doch im gleichen Bundesland wurden Anfang 2007 Polizeibeamte, wie Kriminalkommissar Christian Kappert, der mit seinen Kollegen zusammen jahrelang erfolgreich gegen den Nazisumpf ermittelte, unerwartet zur Verkehrspolizei versetzt. «Unser Vergehen war offensichtlich, dass wir zu genau in der rechten Szene ermittelt haben», vermutete Christian Kappert nicht ganz zu Unrecht. Vielleicht hing diese Maßnahme der Polizeiführung damit zusammen, dass ihnen ihr Dienstvorgesetzter, der Polizei-Vizepräsident von Dessau, vorgeworfen haben soll, dass man beim Kampf gegen Rechtsextremismus nicht zu eifrig sein solle und, so schrieben die Polizeibeamten nach einem Gespräch mit dem Vizepräsidenten auf, «die Einleitung von Ermittlungsverfahren zu unterlassen oder die Dienstwahrnehmung grundsätzlich zu reduzieren» sei.

Außerdem soll der Polizei-Vizepräsident angedeutet haben, dass das Innenministerium, das Landeskriminalamt und alle Polizeidirektionen «nicht glücklich» mit dem Anstieg rechter Straftaten seien. Denn dadurch werde das Sicherheitsgefühl der Bevölkerung empfindlich gestört, und «das Ansehen unseres Landes könnte nachhaltig geschädigt werden».[4] Die kritischen Beamten, die mit diesen Vorwürfen an die Öffentlichkeit gegangen sind, werden deshalb als «Nestbeschmutzer» bezeichnet, die «den Corpsgeist der Polizei» missachtet haben.[5]

Nestbeschmutzer sind in der Polizei nicht beliebt, und «bislang hat das System der ‹Mauer des Schweigens› auch meist funktioniert, weil man die Mitarbeiter im System mit Aufstiegschancen geködert und zum Schweigen gebracht hat. Polizeibeamte lernen vom ersten Tag ihrer Ausbildung an, wie sie sich an dieses System anpassen müssen, um zu überleben», stellt der Kriminologe Thomas Feltes fest. Auf der anderen Seite funktioniert dieses System des Verbergens, Verdeckens und Versteckens nicht mehr absolut. Mit ein Grund ist, dass immer mehr Polizeibeamte (obwohl immer noch zu wenig) sich nicht mehr um jeden Preis ihre Zivilcourage nehmen lassen, weil Gerechtigkeit für sie mehr ist, als kleine Diebe zu fangen.

Am 27. Juli 2006 stellte ein ehemaliger Kriminalhauptkommissar des Landeskriminalamtes von Mecklenburg-Vorpommern Strafanzeige gegen seine Dienstvorgesetzten. Frank von der Heide war aufgrund seiner Kritik an der Polizeilichen Kriminalstatistik PKS und dem sogenannten Zielvereinbarungsverfahren in das Landesamt für Brand- und Katastrophenschutz zwangsversetzt worden. Er wirft seinen Vorgesetzten vor, sich mit Beginn des Jahres 2000 unter Ausnutzung ihrer Dienststellung zusammengeschlossen zu haben, um ein System der zielgerichteten Manipulation der polizeilichen Strafverfolgung und der Kriminalstatistik mit dem Ziel zu etablieren, die eigene Machtposition zu festigen und gegenüber der politischen Führung des Innenministeriums, der Landesregierung und der Öffentlichkeit messbare Erfolge in der Kriminalitätsbekämpfung vorzutäuschen. «Arbeitsteilig und mit hoher krimineller Energie gingen und gehen sie gegen die Kritiker ihrer permanenten Rechtsverletzung vor, indem sie verunglimpfen, ihnen drohen, systematisches Mobbing organisieren und ihre Beziehungen zu Staatsanwälten und Richtern im Rahmen von Netzwerken ausnutzen.»

Dem fachkundigen und engagierten Beamten ging es darum festzustellen, ob sich die Strafverfolgung in Mecklenburg-Vorpommern weiterhin konsequent am Legalitätsprinzip orientieren muss oder ob die Polizeiführung per Vorgaben entscheiden darf, wie viele und welche Strafanzeigen aufgenommen, bearbeitet und statistisch erfasst werden. Seine Strafanzeige und Dienstaufsichtsbeschwerde wurde – wie nicht anders zu erwarten – abgeschmettert. «Ermitteln verboten», schrieb er mir, «bedeutet hier, dass Defizite der polizeilichen Ermittlungstätigkeit vertuscht werden und dass die Zielvereinbarungen aber nicht nur in Mecklenburg-Vorpommern, sondern in allen Bundesländern zu verheerenden Folgen in Bezug auf eine objektive Beurteilung der Kriminalitätsentwicklung und -bekämpfung geführt haben.» Er spricht davon, dass im Gegensatz zum unverfälschten Kaffeesatz die Polizeiliche Kriminalstatistik, PKS, sehr wohl anfällig für Wunschdenken, Zielvorgaben und andere Manipulationen sei.[6] Mit anderen Worten, die reale Kriminalität wird nicht mehr abgebildet, sondern eine politisch geschönte Lage durch entsprechende Manipulationen der jährlichen Kriminalstatistiken.

Und die werden bekanntlich alljährlich durch die jeweiligen Innenminister mit großem Mediengetöse vorgestellt. Was in den Statistiken jedoch fehlt? Zum Beispiel wie sich kriminelle Parallelgesellschaften herausbilden.

Im Frühjahr 2006 feierte, aus Moskau eingeflogen, ein sogenannter «Dieb im Gesetz» (die höchste kriminelle Autorität in der postsowjetischen kriminellen Hierarchie) in einer Russendisco von Hannover seinen Geburtstag. Zwei Tage wurde gezecht, und viele kriminelle Größen huldigten Pipia, dem hohen Gast aus Moskau. Die Polizei konnte nur beobachten. Nordrhein-Westfalen wiederum ist von solchen Dieben im Gesetz in einzelne Sektoren aufgeteilt worden, in denen das Prinzip des Schweigens nicht gebrochen wird. Auch hier kann die Polizei nur noch zuschauen. Dass bei den morgendlichen Dienstbesprechungen in einzelnen niedersächsischen Städten, den «Morgen-Lagen», zu 90 Prozent Personen aus der ehemaligen UdSSR als «auffällig» genannt werden, fällt überhaupt nicht mehr auf. Im Freiburger Gefängnis sitzt zum Beispiel der inzwischen zu einer hohen Haftstrafe verurteilte

Dieb im Gesetz Rafael M. ein. Fünf weitere Russlanddeutsche gehören hier zur oberen Führungsebene, darunter sind wieder fünf Kriminelle der gehobenen Ebene. Dem folgen mindestens 20 Personen der mittleren Ebene und zirka 100 Mitglieder der unteren Ebene. Und das in einem einzigen deutschen Gefängnis! Das gleiche Prinzip einer einzigen führenden kriminellen Autorität samt seinen Untertanen findet sich in vielen deutschen Haftanstalten. Und zunehmend auch in Einrichtungen forensischer Kliniken.

In einer Dokumentation verschiedener Landeskriminalämter über die kriminellen Strukturen von Gefangenen aus der ehemaligen Sowjetunion in deutschen Haftanstalten ist zu lesen: «Zwischen den Strukturen in den Haftanstalten werden Informationen rasch ausgetauscht. Die einzelnen Gruppenstrukturen sind sehr eng miteinander verflochten.» Demnach werden Gefangene, die gegen die Interessen der Gruppe handeln, dafür bestraft. Diese Bestrafung kann auch in anderen Haftanstalten erfolgen. So wurden mehrere Kassiber sichergestellt, in denen russischstämmige Gefangene andere Gefangene in anderen Haftanstalten auffordern, die Gesetze der Diebe einzuhalten, einen bestimmten Gefangenen für Fehlverhalten zu bestrafen oder Schulden, die er bei der Diebeskasse, der Obtschak[7], hat, einzuziehen. Hinzu kommt, dass unter den russischstämmigen Strafgefangenen ein außerordentlich effektives Nachrichtennetz besteht. Die kriminellen Führungspersonen erfahren schon Tage, bevor die Anstaltsleitung davon Kenntnis hat, wer in den kommenden Tagen in die Haftanstalt verlegt wird. Innerhalb dieses Nachrichtennetzes werden nicht nur der Name des Neuzugangs, sondern auch Informationen über die Besonderheiten zur Person übermittelt.

Und so bilden sich unbeobachtet und unbehindert in bestimmten deutschen Regionen unterschiedliche kriminelle Parallelgesellschaften. Offiziell heißt es ja immer wieder, es gäbe keine russische Parallelgesellschaft. Die Wirklichkeit sieht anscheinend anders aus, glaubt man dem «Schlussbericht Auswerteprojekt KAHN» des Landeskriminalamtes Baden-Württemberg aus dem Jahr 2006.[8]

Der Bericht wird aus guten Gründen bis heute unter Verschluss gehalten. Denn die Ergebnisse sind bestürzend. Demnach konnte festgestellt werden, dass in manchen Gemeinden Baden-Württembergs eine «russische Parallelgesellschaft» mit eigenen Ladengeschäften, Vereinen und Gaststätten entstanden ist, die mit der alteingesessenen Wohnbevölkerung «kaum noch Berührungspunkte hat». Vor diesem Hintergrund fällt es Kriminellen, die innerhalb dieser Parallelgesellschaft bzw. aus ihr heraus operieren, von vornherein leicht, sich vor der Polizei zu verbergen und sich der polizeilichen Informationsbeschaffung zu entziehen. Deshalb, so die Studie, besteht der «dringende Verdacht, dass sich auch in Baden-Württemberg Strukturen der Organisierten Kriminalität in Form von Straftätergruppierungen aus der ehemaligen Sowjetunion etabliert haben.» Und weiter: «Die baden-württembergische Kriminalpolizei hat große Schwierigkeiten, diese Strukturen in Deutschland zu erhellen.»

Diese Entwicklung führt zu einer provokanten These, die Wolfgang Hetzer, Berater des Direktors von OLAF, der europäischen Antibetrugsbehörde, verbreitet. Er fragte in einem Vortrag vor Polizeibeamten und Staatsanwälten Anfang April 2007 in der Katholischen Akademie Trier: «Was bliebe zu tun, wenn die Mafia das ökonomische Prinzip nur ‹radikalisiert› hätte? Wie sind die Erfolgsaussichten eines Kampfes gegen Organisierte Kriminalität, wenn sich darin nur die allerletzte Konsequenz bürgerlicher Erfolgsideologie zeigte? Sind in der Mafia kapitalistisches Kalkül und kriminelle Karriere komplementär? Ist in der OK nicht nur die Essenz des kapitalistischen Prinzips zu finden, sondern spiegelt sich darin nicht sogar die korrumpierende Verbindung ökonomisch-politischer Macht und krimineller Energie?»

In der Tat ist es ja so, dass sich große Konzerne mit schönen Titeln wie «Corporate Social Responsibility» oder «Integrity

Management» schmücken und sogar Tagungen und internatonale Kongresse über Wirtschaftsethik veranstalten, während, so Wolfgang Hetzer, «sich unterdessen systematische Illegalität» etabliert.[9] Ist das mit ein wesentliches Motiv dafür, warum in Bereichen der Organisierten Kriminalität und der Wirtschaftskriminalität «ermitteln verboten» ist?

Gleichzeitig, und das ist das Bestürzende, werden im Kampf gegen den islamistischen Terrorismus ständig neue Sicherheitsgesetze angeschoben, die das Ziel haben, die individuellen Menschen- und Freiheitsrechte systematisch einzuschränken. War es einmal so, dass allenfalls Verschwörungstheoretiker davon ausgingen, dass sie vom «großen Bruder» abgehört werden, so geht inzwischen fast jeder Journalist und teilweise selbst der normale Bürger wie selbstverständlich davon aus, dass er nicht mehr frei und unbekümmert am Telefon sprechen kann. Hans-Heiner Kühne, Inhaber des Lehrstuhls für Deutsches, Europäisches und Internationales Strafrecht und Strafprozessrecht in Trier, dazu: «Beim Terrorismus reichte das Beispiel des 11. September 2001, aber auch bakterielle oder nukleare Horrorszenarien, um fast jegliche legislatoriche Maßnahme zu rechtfertigen, ja erforderlich zu machen.»[10] Der Glaube an eine sichere Welt, der ist allenfalls in den Köpfen konservativ-autoritärer Politiker vorhanden. Innenminister Wolfgang Schäuble «versteht sich als Speerspitze», schreibt der Soziologe Wolfgang Sofsky. «Er testet aus, wie weit man zurzeit vorpreschen kann, und räumt damit präventiv ein Feld frei, das beim nächsten Mal umso rascher besetzt werden kann. Das gehört zu einer Politik der Gewöhnung von oben.»[11] Die Folgen? «Jeder einschränkende Umgang mit Menschenrechten gefährdet zugleich die Qualität des Rechtsstaats und sollte daher mit größer Umsicht angegangen werden. Der aktuelle Zeitgeist lässt eine solche Umsicht im Bereich der Bekämpfung und Vorsorge von Kriminalität vermissen.»[12]

Einleitung

«Wer taub ist und blind und den Mund hält,
der wird in Frieden einhundert Jahre alt.»
SIZILIANISCHE LEBENSWEISHEIT

Deutschland ist unter die Räuber gefallen. Da darf in Frankfurt am Main seit Jahren ein gefährlicher Auftragskiller frei herumlaufen. In Düsseldorf sieht man den türkischen Mafiapaten Ali B. flanieren, der unter anderem sechs Morde verübte. Im Kasino verzockt er in einer Nacht schon mal locker eine Million Euro. Unterdessen schlendert, fröhlich pfeifend und mit seinem Pitbull an der kurzen Leine, in einem kleinen deutschen Dorf einer der fünf größten Drogenhändler Europas umher. Die Anführer der kriminellen Proleten, der Hell's Angels, übernehmen in den Metropolen ein Luxusgroßbordell nach dem anderen. Schließlich prahlt ein krimineller albanischer Clan voller Stolz, er habe seit Jahren den Hamburger Senat in der Hand. Und diese Behauptung ist nicht einmal übertrieben.

Dass suspekte kapitalkräftige Investoren aus der ehemaligen Sowjetunion gehätschelt werden wie im verblassenden Kurort Baden-Baden, wagt man kaum noch zu erwähnen. «Peanuts sind das alles», wendet ein führender Wirtschaftskriminalist aus Würzburg ein. «Schauen Sie sich mal die engen Verbindungen zwischen hochkarätigen deutschen Politikern und dubiosen Anlagefonds an, die Milliarden Euro vernichten.»

Polizei und Justiz im einstigen Wirtschaftswunderland hätten eigentlich genügend zu tun, um den kriminellen Dschungel ein wenig zu lichten. Da wären die deutschen Täter und ihre kriminellen Verflechtungen, die Absprachekartelle, Subventions- und Anlagebetrüger ebenso wie die deutschen Zuhälterbanden und die ohnehin vorhandenen örtlichen Kleinkriminellen. Doch Deutschland liegt im Zentrum Europas. Und so beherrschen etwa türkische und kurdische Familienclans nach wie vor den Heroinmarkt. Zwar versuchen andere Banden, zum Beispiel Albaner und Russen, in diesen lukrativen Markt hineinzudrängen, aber die mächtigsten Dealer kommen weiterhin aus der Türkei. Kosovo-albanische Clans erkämpfen sich verstärkt Anteile im Rotlichtmilieu. Ihre Methoden und Mittel: Durchschlagskraft, Brutalität, Kriegserfahrung und strikte Abschottung. Blutige Verteilungskämpfe um kriminelle Märkte in einigen Städten sind ein aufflammendes Menetekel, ebenso die sich bereits bildenden Parallelgesellschaften mit «No-Go-Gebieten».

Noch rauben, morden, bestechen und betrügen die traditionellen Syndikate der Russenmafia überwiegend in den Heimatländern und legen «nur» ihre kriminellen Gewinne in sauberen Firmen in Deutschland an mit dem Ziel, Wirtschaft und Politik zu durchdringen. Doch auch in Deutschland bilden sich bereits hochkriminelle und konspirativ arbeitende Gangs junger Russlanddeutscher, die ihren Vorbildern in der ehemaligen Sowjetunion in nichts mehr nachstehen. Und auch chinesische Triaden agieren weitgehend unbehelligt in den Bereichen Drogenhandel, Geldwäsche und Produktpiraterie.

Italienische «Mafiagrößen» – ob Cosa Nostra, Ndrangheta oder Camorra – haben sich zwar teilweise von der schwersten Gewaltkriminalität abgewandt. Trotzdem spielen sie weiterhin eine gewichtige Rolle im internationalen Drogen- und Waffenhandel. Zudem investieren sie in Deutschland ihre weitgehend unangetasteten kriminellen Vermögen und verlagern ihre Aktivitäten zunehmend auf den Bereich der Wirtschaftskriminalität.

Und häufig sind diese höchst unterschiedlichen Gruppen und Personen zeitweise miteinander vernetzt bzw. gehen Zweckbündnisse ein. Das vermeintlich «idyllische» Milieu von Zuhälterbanden, Mördern, Drogenhändlern, Waffenhändlern und Kraftfahrzeugdieben haben die meisten von ihnen jedenfalls weit hinter sich gelassen.

Das alles sind keine Märchengeschichten. Es ist auch keine billige Panikmache oder gar journalistische Schaumschlägerei. Darüber könnte man sich ja dann fast schon freuen. Nein, das ist die Wirklichkeit, die von niemandem ernsthaft bestritten werden kann. Und sie wird es im Prinzip auch nicht.

Aber der «Kampf gegen den Terrorismus», wird der Leser einwenden, der werde doch wenigstens beherzt und mit allen Mitteln geführt. In der Tat.

Wenn in der Berliner Regierungszentrale überhaupt etwas Priorität hat, dann ist es das. Bekanntlich haben «Ende 2003 die westlichen Regierungen ihre Polizei- und Nachrichtendienste angewiesen, dem Kampf gegen den Terrorismus absoluten Vorrang einzuräumen».[13] Viel Vergnügen, ist man geneigt zu sagen, angesichts des bereits verlorenen Kampfes gegen andere, weitaus harmlosere kriminelle Delikte.

Vor diesem Hintergrund ist deshalb seit geraumer Zeit ein Phänomen unüberseh- und unüberhörbar geworden: Hochqualifizierte Kriminalisten wie einfache Polizeibeamte oder unzufriedene Staatsanwälte und Richter begehren auf. Sie wollen Kriminalität (ob Massen-, Wirtschafts- oder Organisierte Kriminalität) bekämpfen, können beziehungsweise dürfen es allerdings nicht mehr.

Und das ist der politische Skandal. Den meisten derjenigen, die sich mit Kriminalitätsverfolgung und -bekämpfung befassen, ist bewusst, dass sie den Bürgern Schutz und Sicherheit garantieren sollen, deren selbstverständlichste Forderung und elementares Grundrecht. Die Realität hingegen sieht vielerorts anders aus.

In aller Öffentlichkeit beklagte der Vorsitzende des Darmstädter Staatsanwaltsrats, Oberstaatsanwalt Klaus Reinhardt, dass die von der Hessischen Landesregierung beschlossene Stellenbesetzungssperre die Staatsanwälte vollkommen ins Abseits stelle. Es gebe Kollegen von ihm, die hätten ein halbes Tausend unerledigter Verfahren auf dem Schreibtisch liegen. Und auch im Bereich der Angestellten wurde und wird massiv gespart. Engagierte und ausgebildete Justizfachangestellte werden nicht mehr eingestellt, sodass die Verwaltung der Darmstädter Justiz vor dem Zusammenbruch steht. Wenn Polizeibeamte dann zum Beispiel gegen Wirtschaftskriminelle ermitteln wollen, wird ihnen entgegengehalten, dass es dafür keine Leute gebe.

Diese Verhältnisse finden wir nicht nur in Darmstadt, sondern in ganz Hessen und auch im gesamten Bundesgebiet – von wenigen Ausnahmen abgesehen.

So bemängelte auch Wolfgang Bauch, der stellvertretende Vorsitzende des Bundes Deutscher Kriminalbeamter (BDK), auf dem 18. Deutschen Richter- und Staatsanwalttag am 15. September 2003 in Dresden: «Bundesweit hohe Fallzahlen, eine angespannte Personalsituation und Personalabbau in den polizeilichen Ermittlungsdienststellen wegen der katastrophalen Lage der öffentlichen Haushalte hindern die Ermittler in weiten Teilen daran, Vorgänge in gebührendem Maße zu Ende zu ermitteln. Hinzu kommen erhebliche Defizite bei der Aus- und Fortbildung der Polizei.»

Und es war kein Geringerer als der Vorsitzende des Deutschen Richterbundes (DRB), Wolfgang Arenhövel, der zu Beginn des Richtertags dringend vor weiteren «Sparorgien» warnte: «Wir werden schlicht und einfach kaputtgespart.»

Also nur eine Frage des Geldes? Nein: Hinter allem verbirgt sich, unausgesprochen und schriftlich nirgendwo festgehalten, zweifellos ein politischer Wille, der nicht mit den leeren Kassen zu begründen ist. Deshalb stellt sich die Frage: Wer profitiert von diesem Zustand des Elends der Strafverfolgungsbehörden und warum?

Viele Vorgänge erhärten den ungeheuren Verdacht, den eine ganze Reihe Kriminalisten und Staatsanwälte – gleichgültig aus welchem Bundesland – gewonnen haben. Sie befürchten, dass bestimmte Kriminalitätsformen wegen inniger Verflechtungen mit der politischen und wirtschaftlichen Elite nicht mehr bekämpft werden sollen. Auf jeden Fall wird einiges aufgeboten, um die konsequente Arbeit qualifizierter Ermittler in der Polizei oder kundiger und erfahrener Staatsanwälte zu erschweren oder zu blockieren.

Weil ich das genauer wissen wollte, reiste ich im Winter des Jahres 2003/04 durch Deutschland, hörte und notierte, was mir unter anderem Polizei- und Zollbeamte, Staatsanwälte und Rechtsanwälte aus ihrem Alltag erzählten. Und von Tag zu Tag, von Woche zu Woche wurde ich hoffnungsloser und gleichzeitig wütender darüber, wie wir, die Bürger, die doch als der eigentliche Souverän des Staates zu betrachten sind, hinters Licht geführt und mit schönen Worten ruhig gestellt werden.

Am Ende meiner Reise wartete ich geradezu sehnsüchtig darauf, von meinen Interviewpartnern aus Polizei und Staatsanwaltschaft (nicht der administrativen Führungselite) noch etwas Positives und Zuversichtliches aus ihrem Alltag im Kampf gegen Kriminalität zu hören. Doch abgesehen von bayerischen Beamten fand ich niemanden. Im Großen und Ganzen waren meine Gesprächspartner und Informanten selbstkritische, erfahrene Männer und Frauen, keine frustrierten Zyniker, und sie gehörten auch nicht zu jenen, die dazu neigen, objektives Geschehen verzerrt wahrzunehmen oder ideologisch zu deuten. Aber ich erlebte sie durchwegs mutlos und niedergeschlagen. Kaum einer hatte noch Hoffnung, irgendetwas bewirken zu können. Und dafür gab es die verschiedensten Gründe.

Meine Gesprächspartner redeten Klartext, weil sie doppelzüngige Heuchelei nicht mehr akzeptieren und hoffen, dass eine aufgeklärte Öffentlichkeit Druck auf die Verantwortlichen in der Politik ausüben könne. Sie wollen nicht mehr hinnehmen, dass ihnen – wie in Lahr im Schwarzwald vom Innenministerium in

Stuttgart – ein Maulkorb verpasst wird. Dort sollte die Bevölkerung nicht erfahren, in welchem Umfang die in der Region lebenden Russlanddeutschen in kriminelle Machenschaften verstrickt sind.

Aber kritische Offenheit, insbesondere gegenüber Außenstehenden, führt inzwischen sowohl bei Polizeibeamten als auch bei Staatsanwälten zu hohen persönlichen Risiken: Disziplinarverfahren drohen, Beförderungen werden gestoppt, Verfahren wegen Geheimnisverrat eingeleitet, ihre bürgerliche Existenz kann mit einem Schlag vernichtet werden. Daher müssen meine Gesprächspartner und Informanten zum großen Teil anonym bleiben. Auch deshalb, weil die Führungsspitzen des Bundesinnenministeriums wie einzelner Landeskriminalämter oder Innenministerien mit Argusaugen darüber wachen und fast ihre geballte Arbeitskapazität darauf verwenden, dass die ungeschminkte Wahrheit im Verborgenen bleibt.

Und deshalb macht sich so mancher Kriminalist Luft, indem er seine Empörung in eine Märchenerzählung kleidet, wie der Kriminaldirektor eines Landeskriminalamtes, der einen (dann allerdings nicht veröffentlichten) Leserbrief an eine Zeitung schrieb: «Noch bevor die Krieger losreiten konnten, erschienen die Kaufleute und Advokaten und wiesen den König darauf hin, dass die bösen Drachen ja viel Geld und Beute im Land verstecken würden, und das sei ja auch gut für die Wirtschaft. Und sie würden Schlösser und Behausungen kaufen, Wirtshäuser und Werkstätten. Sie nannten das ‹Geldwäsche›. Aber die Krieger dürften bitte nicht in deren Truhen greifen und fragen, woher diese so viel Gold hätten. Und damit dies schwerer würde, baten sie den König, den Kriegern wenigstens einen Arm auf den Rücken binden zu lassen. Da hatten die Krieger die Nase voll, murmelten etwas von: ‹Macht euren Mist alleine› und gingen nach Hause zu Frau und Kindern. Und die Drachen feierten drei Tage und Nächte und verspotteten den König und seine weisen Berater.»

Wie und warum Kriminalitätsbekämpfung ausgebremst wird

«Wenn auf den Gräbern aller Ermordeten ein Lichtlein stünde, wären die Friedhöfe hell erleuchtet.»
Aus dem Erfahrungsschatz von Gerichtsmedizinern

Die Bekämpfung von Organisierter Kriminalität ist out

Jeder zweite Mord in Deutschland bleibt unentdeckt, so lautet die fatale Einschätzung von Gerichtsmedizinern und Beamten deutscher Mordkommissionen, und diese Einschätzung ist dem Fachpublikum durchaus bekannt. Trotzdem wurden und werden weiterhin rechtsmedizinische Institute geschlossen oder in ihren bisherigen Arbeitsmöglichkeiten massiv beschnitten. Der Frankfurter Rechtsmediziner Professor Hansjürgen Bratzke befürchtet sogar einen weiteren Anstieg unentdeckter Tötungsdelikte: «Bevor man hundert Kilometer mit der Leiche fahren muss, glaubt man schon mal dem Ehemann, dass die blauen Flecken der toten Frau von einem Sturz vor ihrem Ableben herrühren. Eine nicht entdeckte Tötung verleiht manchem so viel Sicherheit, dass er es wieder tun würde.»

Und ein Kriminalbeamter aus Gera sagt: «Allein aus dieser Perspektive scheint das Desaster so hoffnungslos, dass nach weiteren schlimmen Seiten des Themas kaum einer mehr fragt. Die Qualität der polizeilichen Arbeit bei Todesermittlungsverfahren blieb – zumindest von der öffentlichen Diskussion – bisher verschont.»[14] Das ist jedoch nur ein kleines Puzzleteil im skandalösen Gesamtbild.

Tatsache ist zudem, dass Verfahrenseinstellungen bei komplizierten Strafverfahren zunehmen – oft hart am Rande des Opportunitätsprinzips. Es wird immer mehr auf Berufungen und überhaupt ausreichende Ermittlungstätigkeit verzichtet – so können sich überlastete Staatsanwälte auf ganz legale Art und Weise einen Teil der Arbeit vom Hals schaffen. «Die Justiz ist überlastet und kann dringende Aufgaben nicht erfüllen, die Polizei kann schreckliche Verbrechen nicht verhindern. Besonders wichtige und interessante Prozesse werden an der Öffentlichkeit vorbei ‹ausgedealt›», klagt ein hoher Richter in Karlsruhe. Gleichzeitig gibt es eine wahre Flut neuer Gesetze und Verordnungen, die der Kriminalität jeglicher Couleur angeblich den erbitterten Kampf ansagen sollen. Der Große Lauschangriff gehört genauso dazu wie die geplante Installation von Kameras an hessischen Autobahnen, um flüchtige Verbrecher zu fangen. «Im bizarren Kontrast zum Gesetzesaktionismus der Politiker steht ihr Unwille, die Sicherheitsbehörden besser auszustatten. Seit Jahren bauen Bund und Länder bei der Polizei Stellen ab, aus Kostengründen.» [15]

Im Polizeipräsidium Düsseldorf klagt ein leitender Kriminalist: «Wir könnten hundert Verfahren eröffnen, weil es so viele Problemfelder gibt. Bearbeiten aber können wir maximal ein oder zwei Verfahren im Jahr.» Er ist übrigens im Dezernat Wirtschaftskriminalität beschäftigt. Ein Kollege von ihm aus Karlsruhe äußerte sich ähnlich: «Ich kann Ihnen nur bestätigen, dass es seitens der ‹Führung› nicht gewünscht ist, dass Kriminalität bekämpft wird, dies über einen längeren Zeitraum (mehrere Monate, eventuell Jahre) erfolgen soll, ohne dass konkret am Anfang absehbar ist, welche Ergebnisse erzielt werden können.»

Genauso sieht es ein leitender Kriminalbeamter in Bochum: «Wenn gegen Kriminelle ermittelt werden soll, die über viel Geld und viele Ressourcen verfügen – und das trifft immer häufiger zu –, können wir nichts mehr gegen sie unternehmen.» Das geht inzwischen so weit, dass Staatsanwaltschaften komplizierte Fälle von Wirtschafts- oder Organisierter Kriminalität überhaupt nur dann noch verfolgen, wenn zu Beginn der Ermittlungen eine Erfolgsgarantie gesichert ist und zudem die Kosten eingespielt werden können – ein absurdes Szenario.

«Organisierte Kriminalität (OK) und Wirtschaftskriminalität können wir nur noch oberflächlich ankratzen. Tiefer gehende Einblicke in Strukturen und hinter die Kulissen sind nicht mehr möglich und – so muss man manchmal annehmen – offensichtlich auch nicht gewünscht», ärgert sich sein Kollege, ein sonst sehr positiv eingestellter Abteilungsleiter des Landeskriminalamts Hannover.

«Organisierte Kriminalität zu knacken ist heute fast nicht mehr möglich», konstatiert der ehemals höchste Chef des Bundeskriminalamtes, Hans-Ludwig Zachert. Er sagt auch: «Die Bekämpfung von Organisierter Kriminalität ist politisch nicht gewollt.» Und: «Die politische Einflussnahme auf Verfahren wird immer stärker. Ich beobachte die Politisierung der Strafverfolgung.» Ein Oberstaatsanwalt aus Berlin beschreibt die Situation als ausnehmend ernst: «Es wird bis in die höchsten Spitzen verhindert, dass wir gegen Prominente ermitteln.» Seine Schlussfolgerung: «Der Staat ist unter die Räuber gefallen.»

Und tatsächlich könnte man argwöhnen, dass sich dahinter ein System verbirgt. «Das System ist perfide», offenbarte mir ein leitender Kripobeamter aus Bayern. «Da kommt keiner und sagt, das geht nicht. Vielmehr gibt es die Vorgabe des Innenministeriums, dass wir weniger Straftaten in der Statistik aufführen sollen, damit wir als das sicherste Land erscheinen. Dem ordnet sich die Justiz unter und fordert höhere Umschlagszahlen. Und ich bekomme vom Staatsanwalt eine Prioritätenliste, was zu ermitteln und verfolgen ist, um eine hohe Umschlagsgeschwindigkeit zu erreichen.» Wirtschaftskriminalität und Organisierte Kriminalität können jedoch in der Regel nicht «schnell» gelöst werden.

Immerhin ist es wiederum ein amtierender Polizeipräsident aus Nordrhein-Westfalen gewesen, der mir Folgendes ins Notizbuch diktierte: «Die herrschenden politischen Köpfe wollen nicht, dass etwas herauskommt. Sie wollen nichts über die Hintergründe wissen und lieber alles unter den Teppich kehren.» Der in langen Dienstjahren ergraute Polizeipräsident beantwortete mit diesen Worten meine Frage, warum nicht gewünscht sei, dass bestimmte Kriminalitätsformen effektiv bekämpft werden.

Er könnte auch von der Kapitulation des Rechtsstaates sprechen. Dazu passt die Erkenntnis vieler deutscher Ermittler, die von einem Kripobeamten des Landeskriminalamts Nordrhein-Westfalen auf den Punkt gebracht wurde: «Wenn man in ein Wespennest hineinsticht, ist man nicht in der Lage, etwas zu unternehmen. Dann sind uns die Hände gebunden. Denn es regiert die Angst, sich dabei die Finger zu verbrennen, weil die Vorgesetzten uns keine Rückendeckung geben.»

Konrad Freiberg, Chef der mächtigen Gewerkschaft der Polizei (GdP), fasst seine eigenen Erfahrungen und die seiner Kollegen so zusammen: «Organisierte Kriminalität interessiert heute niemanden mehr. Wir bewegen uns allenfalls auf der Ebene der sichtbaren Kriminalität.» Ein Kollege Freibergs verweist auf die «Unterhaltungskriminalität», die sich im Fernsehen plakativ abbilden lässt: Prostitution, Menschenhandel oder seit dem 11. September 2001 Terrorismus. Die Berichterstattung darüber steigert wenigstens die Quote für jene Medien, die sich im Boulevardstil gierig auf solche Themen stürzen. «Da gibt es schöne Bilder. Und die Verantwortlichen wollen dann erst vordergründige Erfolge sehen. Sie sind aber nicht bereit, selbst da genügend qualifiziertes Personal zur Verfügung zu stellen – ein Hohn», winkt ein Kripobeamter aus Dresden resigniert ab.

Dieses Problem haben seine Kollegen im benachbarten Thüringen nicht. «Wir haben keine Organisierte Kriminalität, weil es überhaupt keine ausgebildeten Beamten zu deren Bekämpfung gibt», stellt lapidar ein Kriminaldirektor aus Erfurt fest. Ein leitender Polizeidirektor aus dem Saarland sieht es nicht anders. «Wir haben ein Landeskriminalamt, und das könnte sich um OK und

Wirtschaftskriminalität kümmern. Aber ich kann nicht registrieren, dass dort OK bearbeitet wird.»

«Die wirksame Bekämpfung von Organisierter Kriminalität will doch niemand», sagt ein gestandener Beamter aus Kiel ernüchtert, der lange im Bereich der Organisierten Kriminalität ermittelt hat. «2003 ist es aus der Schwerpunktsetzung der Innenministerkonferenz herausgenommen worden, weil es unbequem geworden ist. Man befasst sich ja nicht einmal mehr mit diesem Thema in der AG / OK.» Die Kommission OK ist eine Einrichtung des Bundesinnenministeriums, in der sich die Abteilungsleiter aller Landeskriminalämter und des Bundeskriminalamtes regelmäßig treffen. «Da geht es überwiegend nur noch um Modekriminalität, um das, was öffentlichkeitswirksam ist und Schlagzeilen verspricht.»

In Düsseldorf brachte es im Frühjahr 2003 Dieter Höhbusch, Direktor der Abteilung Gefahrenabwehr und Strafverfolgung im Polizeipräsidium, während einer Rede vor seinen Führungskräften auf den Punkt, sofern ihn die anwesenden Beamten richtig gehört haben. Sie zitieren ihn mit den Worten: «Organisierte Kriminalität ist die Kür, und dafür fehlt uns das Personal.»

Nun wissen die Kriminalisten wenigstens aus berufenem Mund, was die Stunde geschlagen hat. Und das, obwohl die Fachbeamten der entsprechenden Kommissariate sagen: «Wir haben Chinesen, Jugoslawen, Kolumbianer, Italiener, Libanesen und Russen, die bereits ihre Strukturen aufgebaut haben.» Angesichts dieser Situation sind solche Einschätzungen eines Polizeichefs von beeindruckendem fachlichem Weitblick geprägt. Vor allem, wenn wir uns vor Augen führen, dass die kriminellen Feudalherren sich in und um Düsseldorf ihre Residenzen gebaut haben.

Da gibt es die Düsseldorfer Prachtstraße, die Königsallee (Kö), mit ihren zahlreichen prunkvollen Bankpalästen. Kaum ein russischer «Geschäftsmann», der dort kein Konto unterhält. «An die kommen wir überhaupt nicht mehr heran», winkt ein Beamter des Düsseldorfer Polizeipräsidiums ab. «Ich glaube, dass wir im Stadtteil Meerbusch, wo die gesellschaftliche Elite lebt, ‹Diebe im Gesetz› [16] haben.» Damit meint er die höchsten kriminellen Autoritäten der ehemaligen Sowjetunion.

Sicher kein Dieb im Gesetz, aber eine kriminelle Autorität ist ein Düsseldorfer Unternehmer, ein Russe, der inzwischen eingebürgert ist und lange Zeit im Visier der Fahnder war. In einem Bericht des russischen Nachrichtendienstes (FSB) ist über ihn zu lesen: «Er hat nachweislich Verbindungen zum Clan des kasachischen Präsidenten Nursultan Nasarbajew sowie zur kriminellen Autorität Sergej Michailow. Er unterhielt sehr enge Beziehungen zu dem berüchtigten Geschäftsmann Leonid Minin. Nach vorliegenden Erkenntnissen gehört er (der Unternehmer aus Düsseldorf, J. R.) zu den aktivsten und qualifiziertesten Personen für Geldwäscheaktivitäten der organisierten russischen kriminellen Szene in Westeuropa und verfügt über eigene Mittel und Möglichkeiten, Finanzierungsoperationen durchzuführen.»

Die Liste seines Erfolgs ist noch weitaus länger und den Ermittlungsbehörden in Nordrhein-Westfalen bekannt. Doch was sagte mir ein Düsseldorfer Ermittler über den Geschäftsmann: «Ein Kollege vom Landeskriminalamt ist ja zur Amtsleitung gegangen und hat gesagt, dass er für den Mann fünfzig Beamten braucht, um ihn zu überführen. Da wurde er ausgelacht.»

Dafür werden die Beamten beim Landeskriminalamt mit klugen Fragen gelöchert wie: «Was kostet ein Ermittlungsverfahren?» Oder es werden Vorgaben gemacht wie: «Sollten die Erfolgsaussichten zu Beginn der Ermittlungen unter 50 Prozent liegen, wird kein Verfahren eröffnet. Ende der Diskussion.»

Die Kosten-Nutzen-Rechnung in der Polizeiarbeit: Auch sie stellt eine der obszönen Techniken zur Verdrängung von Problemen dar, damit die Kriminellen in Zukunft noch größere Profite einstreichen können: Deshalb wurde in den beiden folgenden Fällen selbstredend nicht einmal ansatzweise ermittelt. Im Mai

2003 wird ein nordrhein-westfälischer Transportunternehmer beauftragt, einen beschädigten Mercedes der 550er-SL-Klasse von Zwolle in den Niederlanden nach Düsseldorf zu einem einschlägig berüchtigten Autohändler zu transportieren. Als der Transportunternehmer die Luxuskarosse in Düsseldorf abliefern wollte, begegnete er bei dem Autohändler einer jungen Frau. Diese Begegnung muss ihn sehr beeindruckt haben, denn der Transportunternehmer notierte sich: «Aus der kargen Konversation war eindeutig zu entnehmen, dass ihr Mann ein bedeutendes Mitglied der ehrenwerten Gesellschaft war. Sie selbst offerierte in geradezu prostituierender Freizügigkeit drei unter die Haut transplantierte hochkarätige Diamanten.»

Seltsam oder nicht – der 70-jährige Ehemann der hochkarätigen jungen Frau ist in Düsseldorf eng mit einem kriminellen Syndikat verbunden. Die Polizei weiß es, hat jedoch kein Personal, um ihm das Handwerk zu legen. Was bringt es auch, hier Kosten zu investieren?

Der Transportunternehmer erinnert sich an eine weitere Wagenüberführung. Im September 2003 erhielt er den Auftrag, einen Rolls-Royce Phantom, den eine russische Kundin aus Düsseldorf per Internet für 398 000 Euro bei einem Frankfurter Autohändler ersteigert und anschließend bar bezahlt hatte, an eine Adresse in Sardinien zu liefern. Das Reiseziel war ein luxuriöses Anwesen an der Costa Smeralda, in Porto Cervo. Hier, in der Via del Villierie Nr. 4, residiert Wasilij Anisimow. Der feierte seinen fünfzigsten Geburtstag, und der Rolls-Royce war das Geschenk seiner deutschen Freunde. Das herrliche Ambiente wurde umrahmt von mit Maschinenpistolen bewaffneten Patrouillen, die auf den Gemäuern des Anwesens Präsenz zeigten. Woher die knapp 400 000 Euro der Dame aus Düsseldorf stammen oder ob es noch weitere Verbindungen zwischen dem in Sardinien lebenden Millionär und seinen Freunden in Düsseldorf gibt – kein Interesse bei der Behördenleitung.

Was wollen diese beiden Geschichten außerdem sagen? Viele kriminelle Aktivitäten spielen sich inzwischen auf einer gesellschaftlichen Ebene ab, in der die Grenzen zwischen hochkarätiger Kriminalität und normalen Geschäftserfolgen verschwimmen. Um doch noch die Grenzen aufzuzeigen, wären Polizei und Staatsanwaltschaft gefragt. Die hingegen können das schon lange nicht mehr leisten. Alle Alarmsirenen müssten schrillen, wenn selbst der ehemalige Präsident des Bundeskriminalamts Zachert zugibt, dass das Legalisierungsprinzip durch die Ressourcen teilweise außer Kraft gesetzt ist, dass die Polizei ab einer bestimmten Kostensumme nicht mehr ermitteln kann und daher ein rechtsfreier Raum entstanden ist.

Wie ohnmächtig sind die Ermittlungsbehörden?

Kriminalisten der nordrhein-westfälischen Landeshauptstadt reizte es zugegebenermaßen sehr, sich etwas intensiver mit den vielen Libanesen-Restaurants zu beschäftigen, die in Düsseldorf die Gäste kulinarisch verwöhnen. Denn es bestand der Anfangsverdacht: Hier werden nicht nur Speisen und Getränke angeboten, sondern auch kriminelle Geschäfte geplant. Die motivierende Reaktion der Düsseldorfer Behördenleitung: «Was bringt das der Behörde?» Und damit war das leidige Thema vom Tisch.

Entsprechend heftig fallen die Klagen der zahlreichen engagierten Beamten aus. «Wir haben Leute in Führungspositionen, die Angst vor komplizierten Ermittlungsverfahren haben. Nein, es regiert die Angst. Und deshalb wird versucht, durch immer neue bürokratische Barrieren, die Beamten unter Druck zu setzen.» Und einer seiner Kollegen ergänzt im Gespräch: «Dafür gibt es einen Besprechungsmarathon ohne Ende, bei dem man einen halben Tag sitzt.»

Wohin das alles führt, beschreibt ein couragierter ehemaliger

Staatsanwalt aus Frankfurt. Er jagt inzwischen als Rechtsanwalt erfolgreich internationale Wirtschaftsverbrecher. «Die Polizei hat doch überhaupt keine Ahnung mehr, was sich wirklich abspielt. Und außerdem fehlt ihr jegliche Motivation, etwas zu tun.»

Fast wortgleich wird diese Aussage von einem Mann bestätigt, der ebenfalls einen weiten Erfahrungsschatz vorzuweisen hat. Es handelt sich um einen Italiener mit besten Verbindungen zur sizilianischen Cosa Nostra. Der in Mannheim lebende Großhändler sagt geradezu mitfühlend. «Mein Lieber, was stellst du für eine komische Frage?» Und er lacht mich an, serviert mir freundlich den Espresso einer Kaffeefirma, die der Mafia in Rom gehört und deren Kaffee in Deutschland verkauft wird. «Die Polizia hat doch so viel Kenntnis, wie mein Fingernagel klein ist. Unsere Mafiosi können total ungehindert herumlaufen.» Dann erzählt er über die Strukturen der kalabrischen Ndrangheta in Westfalen, die dort seit 15 Jahren im Lebensmittelgroßhandel aktiv sei, und über deutsche Anwälte und Steuerberater, die von der Ndrangheta alimentiert werden und im Voraus beratend tätig werden, wenn es um Betrugsgeschäfte in Millionenhöhe im Lebensmittelhandel geht.

Ob die Ermittlungsbehörden wirklich wissen, wie eng die Kooperation zwischen russischen kriminellen Banden – wie beispielsweise der des Multimillionärs Konstantin Jakowlew (Spitzname: das Grab) – und der Cosa Nostra in Sizilien ist, die zudem in Baden-Württemberg einen Brückenkopf errichtet haben soll? Der italienische Großhändler aus Mannheim hat mit ihm Geschäfte gemacht. «Seine Leute aus St. Petersburg sind mit einem Privathubschrauber hier gelandet und dann zur Jagd gegangen. Konstantin hat Firmen in Berlin – Kosmetik und Modelagenturen.»

Der Großhändler selbst war häufig in St. Petersburg, «alle zwei Wochen», und hat dort mit Konstantin Jakowlew gesprochen. «Er ist arrogant, saublöde und extrem gewalttätig.» Um welche Geschäfte es gegangen sei, fragte ich ihn und erfuhr. «Im Gas- und Ölgeschäft sowie dem Straßenbau gibt es eine Kooperation zwischen Familien aus Sizilien und den St. Petersburger Syndikaten.»

Sein russischer Geschäftsfreund Konstantin Jakowlew hatte seine Karriere als gelernter Sargträger und Totengräber begonnen. Lange ist das her. Bis zum 25. Mai 2003 war er einer der mächtigsten Mafiabosse von St. Petersburg und gebot über ein großes Imperium. Doch am 25. Mai 2003 kehrte er dorthin zurück, wo einst seine Karriere begann, auf den St. Petersburger Friedhof, nachdem man ihn in Moskau erschossen hatte. Natürlich wurden seine Mörder nie gefasst. Prunkvoll war nochmals die Inszenierung seiner Beerdigung. Sein Beichtvater fabulierte am Grab, während Freunde und Freundinnen des Mafiabosses schluchzten: «Gott hat Kostja im schönsten Moment seines Lebens zu sich gerufen – als er sich auf dem Weg der Buße befand.»

Seine kriminellen Gefolgsleute sind unterdessen von einem noch größeren Unternehmen übernommen worden, der Tambowskaja.[17] Und die Tambowskaja, das meldete im August 2001 der damalige russische Innenminister Boris Gryslow, «kontrolliert über einhundert Industrieunternehmen in St. Petersburg sowie die vier wichtigsten baltischen Seehäfen: St. Petersburg, Kaliningrad, Archangelsk und Murmansk».[18] Diese typische Legalität des Kriminellen hat in Russland, wie jedermann weiß, System – und Folgen.

«Natürlich können wir gegen derartige Konglomerate nichts mehr unternehmen», klagt resignierend ein hoher Polizeibeamter in Heidelberg, wo seit geraumer Zeit ein Ermittlungsverfahren (Aktenzeichen 45 Js 18444/02) gegen die russische Mafiaorganisation Tambowskaja und deren Residenten im Raum Heidelberg geführt wird. «Wir befinden uns in einem Dschungel und können allenfalls einen Baum fällen.» Und selbst dafür fehlt inzwischen das einfachste Handwerkszeug.

«Wie soll eine Staatsanwältin, ein Staatsanwalt ihrer bzw. seiner Sachleitungsbefugnis auch nur ansatzweise nachkommen, wenn sich im Dienstzimmer die Vorgänge in großen Haufen auf dem Fußboden türmen? Wie soll eine überlastete Staatsanwaltschaft unter diesen Rahmenbedingungen erkennen, dass die Polizei vielleicht Ermittlungsansätze übersehen hat? Der Staatsanwalt wird das Verfahren einstellen. Der Ermittler wird froh sein, dass er es nicht zurückbekommt. Der Geschädigte wird sich bestenfalls seinen Teil denken, wenn er im Einstellungsbescheid liest, dass trotz intensiver Ermittlungen kein Tatverdächtiger ermittelt werden konnte.[19]

Oder wie es ein Frankfurter Oberstaatsanwalt erlebt: «Die Verfahren werden von uns eingestellt, weil keine Zeit ist zu ermitteln. Ich habe Probleme, mit jungen Polizeibeamten zu arbeiten, die überhaupt nicht mehr ermitteln können, weil sie mit Verwaltungsarbeit zugeschüttet werden. Deshalb gibt es keine Verfahren im Bereich Organisierte Kriminalität mehr. Diese Zeiten sind vorbei.» Und er schließt mit der Bemerkung: «Ich zehre von den schönen Jahren in den Neunzigern. Dann wurde es von Jahr zu Jahr schlimmer.» Inzwischen ist die Lage katastrophal.

Das geben inzwischen selbst Ressortleiter des Bundeskriminalamtes zu unter der Voraussetzung, namentlich nicht genannt zu werden. Organisierte Kriminalität wird nach ihren Worten nicht mehr bekämpft. Zum einen wären immer weniger Kripobeamte und Staatsanwälte bereit, Risiken einzugehen. Zum anderen sei es eine Frage des Geldes. «Nach einem Jahr werden die Ermittlungen eingestellt, obwohl wir häufig nicht davon überzeugt waren, die Falschen zu haben – das Geld spielte immer die entscheidende Rolle.» Geld und Personal sind aber nicht mehr vorhanden.

In Sachsen beschwert sich ein Beamter: «Gedacht war, dass eine Gruppe von Ermittlern die Bekämpfung der Schleuserkriminalität durchführen sollte sowie Strukturermittlungen führt, um dann gezielt einzelne Tätergruppen zu bekämpfen. Die Realität ist ernüchternd. Unsere Gruppe besteht aus zwei Ermittlern, die alle Schleuserverfahren der Polizeidirektion abarbeiten sollen. Das sind pro Jahr zwischen vier- und fünfhundert Verfahren und reine Fließbandarbeit. Zeit für Strukturermittlungen haben wir da keine. Und das ist leider auch so gewollt. Wir sollen ja offensichtlich in diesem Bereich keine Ermittlungen führen. Ich glaube zwar nicht, dass jemand in der Polizei diese Strukturen decken will. Aber im Ergebnis kommt nichts anderes dabei heraus.»

Weil keine Ermittlungen mehr geführt werden, darf ein in der kriminellen russischen Szene einschlägig bekannter Berliner Unternehmer bei Dresden ein Investitionsprojekt mit «Züchtung von Blumen» starten. Ehemaligen Geschäftspartnern, die ihm den Rücken kehren wollten, drohte er schon mal mit Kraftausdrücken wie: «Ich bring dich um.» Interessant ist das Projekt, weil der Berliner Unternehmer vom sächsischen Staat fünfzehn Millionen Euro Subventionen kassiert. Dass er in Berlin einen Offenbarungseid geleistet hat, kümmert in Sachsen niemanden. Klugerweise hatte er seinen Sohn für das Millionenprojekt vorgeschoben. Eigentlich wollten die Banken dabei nicht mitspielen. Nachdem sein Strohmann in der Regierungskanzlei intervenierte, wurde das Investitionsprojekt auf «höchste Anordnung» genehmigt.

Parallel dazu verkündet der sächsische Finanzminister, dass es in Sachsen zu viele Polizeibeamte gebe, und nennt die Zahl von 2000 Beamten, die deshalb eingespart werden sollen. Was die Kriminalisten vor Ort von derartigen Plänen halten? «Im Bereich der Drogenkriminalität werden nur die Fälle bekannt, die sich die Kollegen aus dem Dunkelfeld selbst herausholen. Das heißt, je mehr Beamte ermitteln, umso mehr kann aufgeklärt werden. Nun haben wir seit der Wende jährlich zweistellige Steigerungsraten in diesem Deliktbereich. Es werden aber keine Beamten aufgestockt, im Gegenteil. Man geht ja seit Jahren davon aus, dass eh nur fünf bis maximal zehn Prozent der Drogendelikte bekannt werden.»

Einer seiner Kollegen aus Nordrhein-Westfalen machte ähnliche Erfahrungen, die ihn zur bitteren Aussage veranlassten: «Bei uns wurde die OK-Abteilung (Organisierte Kriminalität) eingestampft, und die Amtsleitung fragt daher, warum brauchen wir eigentlich noch OK-Ermittler. Es gibt ja jetzt bereits keine erkennende Fahndung mehr. Wir wissen nicht einmal mehr, wem die Bordelle gehören. Und über das Innenministerium werden uns Verfahren gegeben, die überhaupt nichts mit OK zu tun haben. Das passiert ständig.»

Und aus dem Polizeipräsidium Bochum ist die beschämende Bilanz zu vernehmen: «Alle Morde im Zusammenhang mit Organisierter Kriminalität in Nordrhein-Westfalen sind im Wesentlichen nicht aufgeklärt. Vielleicht einmal in einem Einzelfall.» Diese Aussage muss man sich immer dann vergegenwärtigen, wenn irgendein Politiker wieder einmal irgendeinen Satz über die erfolgreiche Bekämpfung von Kriminalität sagt.

In Hessen hingegen werden – unbewusst natürlich, alles andere wäre eine maßlose Unterstellung – Morde, die einen Bezug zur Organisierten Kriminalität haben, «als Beziehungstat bearbeitet. Das kostet weniger», erzählt ein ernüchterter Kriminalist in Wiesbaden.

Und überhaupt wissen viele Beamte sowieso nicht mehr, was sich in ihrem Bundesland unter ihren Augen abspielt: «Macht- und Verteilungskämpfe im Rotlichtbereich, Auftragsmorde». Warum das so ist, dafür gibt es zahlreiche Erklärungen. «Es gibt keine substanziellen Informationen mehr, es fehlt qualifiziertes Personal, und es fehlt inzwischen die Motivation bei den Kollegen. Sie arbeiten zweieinhalb Stunden länger und bekommen weniger Geld. Hinzu kommen schlechte Qualifikation, Unerfahrenheit, und die Möglichkeiten der Strafprozessordnung werden nicht mehr ausgenutzt.» Das sind die Worte eines Kriminalrats aus Nordrhein-Westfalen. Anderswo ist es natürlich nicht besser.

Geschlossen werden die Augen vor so vielen Problemen, dass eines mehr kaum ins Gewicht fällt. Kriminelle Gruppen haben nämlich erkannt, wie sie mühelos direkt ins Herz der Ermittlungsbehörden vorstoßen können, ohne dass es auffällt: Strohmänner gründen ein Reinigungsunternehmen und bieten günstige Tarife an. Oder sie lassen ihre Leute in Reinigungsunternehmen arbeiten. Eine Methode, die in vielen anderen deutschen Städten gleichfalls erfolgreich praktiziert wird, wie ein Oberstaatsanwalt aus Darmstadt bestätigte: «Unsere Putzfrauen kommen überallhin, und es findet keinerlei Kontrolle statt.»

Da die Kommunen und Länder Geld sparen, beschäftigen sie fast alle die preisgünstigen privaten Putzdienste. Kaum eine Behördenleitung, ob Polizei, Verfassungsschutz oder Justiz, prüft einmal, wer denn so sorgfältig die Aktenschränke und Schreibtische sauber wischt. Ein elementares Sicherheitsleck, geopfert auf dem Altar von Sparbeschlüssen und Privatisierungswahn. Die warnende Stimme eines Berliner Oberstaatsanwalts, dass das alles zusammengenommen «ein schleichender Prozess ist und man sich noch die Augen reiben wird, wenn hier eines Tages die Leichen herumliegen», verhallt ungehört, solange nicht zu viele Leichen auf den Straßen herumliegen.

Nicht weniger entrüstet als der Berliner Staatsanwalt ist ein Kriminalkommissar aus Frankfurt am Main, der die katastrophalen Folgen von Kürzungs- und Reformorgien in seinem Kommissariat hautnah erlebt: «Die italienische Ndrangheta hat ihre Leute in Bornheim. In Bockenheim konnte sich die Camorra festsetzen, in Offenbach sind es die Sizilianer. Diese Strukturen bestehen seit langem – aber es wird nichts mehr getan. Dabei hat die Finanzmetropole Frankfurt eine ideale kriminelle Infrastruktur. Wir sind eine gute Bananenrepublik geworden.»

Ähnlich bewertet einer der höchsten Hamburger Polizeibeamten die Sachlage: «Kein Landeskriminalamt kann heute erfolgreich gegen Russen, Italiener oder Kosovo-Albaner vorgehen. Es sind schlechte Zeiten für die OK-Bekämpfung.» Ein Oberstaatsanwalt aus dem nordrhein-westfälischen Hagen wagt in diesem Zusammenhang die kühne Behauptung, dass «die Politiker erkennbar nur noch Schadensbegrenzung zum Zweck einer persönlichen

Wiederwahl betreiben, anstatt sich zu einer umfassenden Offensive gegen besonders gemeinschädliche Formen der Kriminalität zusammenzufinden.»

Zumindest wird wenig getan, um derartige kriminelle Machenschaften zu unterbinden. «Weil», so berichtete mir ein 41-jähriger Kriminalrat des nordrhein-westfälischen Landeskriminalamts, «ich leider mit Entsetzen feststellen muss, dass mehr Wert auf Statistiken (Anzahl der bearbeiteten Fälle usw.) gelegt wird als auf qualifizierte Bekämpfung der Delikte, die einen sehr hohen wirtschaftlichen Schaden verursachen.»

Und einer seiner Kollegen aus Baden-Württemberg meinte: «Im Rahmen der Budgetierung sehe ich langfristig sogar die Gefahr, dass selbst die mittlere Kriminalität (Menschenhandel, Drogenhandel usw.) nicht mehr adäquat bekämpft werden soll. Anhand der desolaten Finanzlage – was derzeit dazu führt, dass kaum noch Beförderungen ausgesprochen und Angestelltenstellen rapide gestrichen werden usw. – in Verbindung mit den bereits oben genannten Gründen wird es meiner Meinung nach dazu führen, dass die Polizeibeamten mittelfristig auch keine Lust mehr haben, gegen die Windmühlen der Bürokratie anzukämpfen.»

In dieses Bild passt, dass einige Staatsanwälte sich teilweise weigern, überhaupt noch Ermittlungsverfahren einzuleiten, meldet ein Darmstädter Oberstaatsanwalt: «Wenn die Beamten einen Durchsuchungsbeschluss fordern, sagen manche Kollegen: ‹Nein, da gefährde ich ja meine Familie. Ich mach es nicht.› Ist mir zu wenig Verdacht, ist dann die offizielle Begründung, um das Verfahren einzustellen.» Andererseits werden aus lauter Frustration häufig kleine Vergehen mit unbarmherziger Starrheit verfolgt. «Die Kleinen hängt man, die Großen lässt man laufen», bestätigt ein selbstkritischer Oberstaatsanwalt diese düstere Entwicklung.

Dieses Prinzip setzt sich in vielen Gerichtsverhandlungen fort. «Dass es vor Gericht immer häufiger wie auf einem Viehmarkt zugeht, bestreitet heute kein Strafverteidiger mehr und kaum noch ein Staatsanwalt. Es wird gedealt, was das Zeug hält, oft genug, bis das Urteil passt, das Recht wackelt und das Verbrechen Luft hat. Die kleinen Gauner ereilt das Gesetzbuch – simpler Fall, klares Urteil –, die großen Ganoven bekommen dagegen, was sie mit dem Gericht aushandeln – je komplizierter die Causa, umso einfacher für sie der Deal.»[20] Vom Zwei-Klassen-Strafrecht ist die Rede.

Einige Staatsanwälte denken glücklicherweise auch daran, wie sie dem Steuerzahler unnötige Kosten ersparen können. Zum Beispiel in Würzburg. Dort wurden im Herbst 2003 sieben rumänische Männer festgenommen, Mitglieder einer Bande, die durch Betrug erworbene Scheckkarten einsetzte.

Die Kreditkarten erhielten sie bei der Bank, nachdem sie zuvor beim Einwohnermeldeamt unter Angabe falscher Personalien amtliche Anmeldungen unter ebenso falschen Adressen erhalten hatten. Bei der Kontoeröffnung wurde die Selbstabholung der Debitkarte vom Täter gewünscht. Durch einen Zufall konnte die Bande durch die Würzburger Polizei gefasst werden. Zu diesem Zeitpunkt waren drei der Komplizen bereits mit Kleintransportern in Richtung Rumänien unterwegs, beladen mit Waren, die sie ebenfalls mit Geldern aus Betrugsgeschäften eingekauft hatten. Im Laderaum fanden die Beamten ausschließlich hochwertige Produkte, also alles, was gut und teuer war: Videorekorder, Hi-Fi-Anlagen, Drucker, Scanner oder Fahrräder. Zwei dieser beladenen Kleintransporter konnten beim polizeilichen Zugriff sichergestellt werden.

Nachdem der Kriminalbeamte, der den Fall bearbeitet hatte, dem Staatsanwalt den Sachverhalt des Betrugs und des bandenmäßigen Agierens schilderte, entschied dieser, dass nur der mutmaßliche Bandenchef inhaftiert werden sollte. Die anderen Bandenmitglieder wurden nach Hause geschickt, nachdem sie der Aufforderung nachgekommen waren, einen Zustellungsbevollmächtigten zu benennen (wichtig, damit die Einstellungsverfügung später auch zugestellt werden kann). Die Begründung des Staatsanwalts: Bei einer Unterbringung in der Justizvollzugsanstalt entstehen zum einen hohe Kosten, und zum anderen sei doch der Lebensstil in der Justizvollzugsanstalt für die Täter angenehmer als der in ihrer Heimat. Zur Verdeutlichung und Rechtfertigung dieser Maßnahme wurde dem Kriminalbeamten, der die Entscheidung nicht so recht verstehen konnte, sogar noch der Tagessatz für die Unterbringung eines Untersuchungshäftlings in Würzburg genannt: 30 Euro.

Den Tätern wurde zwar vom Staatsanwalt mit erhobenem Zeigefinger der gute Rat gegeben, dass sie über ihre Schandtaten daheim in Rumänien nachdenken sollten. Doch einer von ihnen wurde, diesmal in Begleitung seiner rumänischen Schwester, bereits vier Monate später in Würzburg beim wiederholten Ladendiebstahl erneut auffällig. Kleinkram, könnte man sagen – doch es offenbart gerade auch in Würzburg eine Geisteshaltung bei der Justiz.

Aufgrund all dieser Vorkommnisse kocht die Stimmung unter den Polizeibeamten, auch wenn es glücklicherweise einige wenige Ausnahmen gibt. Und zwar in Bayern. Den Freistaat trennen anscheinend Welten von anderen Bundesländern. Josef Niemann von der Polizeidirektion Oberbayern spricht sogar von fast idealen Arbeitsbedingungen: «Wir haben absolute Rückendeckung vom Chef, fast eine Idealsituation. Wir sparen zwar auch, aber auf hohem Niveau. Es gibt bei uns die Unterstützung durch den Minister. Das ist selten in Deutschland.»

Ähnlich argumentiert sein Kollege vom Bayerischen Landeskriminalamt, Josef Geißdörfer. «Auch bei uns gibt es Einsparungen, aber das ist nicht dramatisch. … Wir haben genügend Geld für V-Leute und hochmotivierte Mitarbeiter. Und ich sage meinen Mitarbeitern: ‹Geht nicht – gibt es nicht.›» Das ist, wie die Erfahrung gezeigt hat, nicht übertrieben. Voller Neid schauen deshalb Polizeibeamte und Staatsanwälte aus ganz Deutschland immer wieder nach Bayern.

Gleichwohl protestierten 2004 beim politischen Aschermittwoch der CSU in Passau 3500 Menschen mit Sprechchören und Trillerpfeifen. Während im biergeschwängerten Festsaal «Edmund»-Sprechchöre angestimmt wurden, skandierten die Demonstranten vor der Halle: «Edmund heißt er, uns bescheißt er» und «Lügner, Lügner». Die Demonstranten waren wackere bayerische Polizeibeamte. So weit die Ausnahmen.

Udo Kutsche, der Personalratsvorsitzende der Kreispolizei Mettmann, hielt am 17. Februar 2004 in Anwesenheit des Landrats und hoher Ministerialbeamter aus dem SPD-geführten Innenministerium eine ungewöhnliche Rede: «Ich trage Trauer, weil Sie, meine verehrten Herrschaften des Innenministeriums und der Landespolitik, kurz davor stehen, sehenden Auges unsere Polizei und erst recht die Motivation der Polizeibeschäftigten zu Grabe zu tragen ... auf der Straße und in den Kommissariaten werden wir immer weniger. Immer mehr Kollegen können dem Druck nicht mehr standhalten, werden krank oder versterben. Statistisch lag das Sterbealter der Aktiven bei der Polizei Mettmann im Jahr 2003 bei 53,55 Jahren. Da brauchen wir gar nicht bis 62 Jahre arbeiten, das erleben wir ja gar nicht mehr.»

Und er wies auf ein weiteres gravierendes Problem hin: «Streichung des Urlaubsgeldes, Kürzung des Weihnachtsgeldes, Erhöhung der Wochenarbeitszeit ohne Lohnausgleich und Erhöhung der Lebensarbeitszeit – das alles haben wir noch lange nicht verdaut. Von den miserablen Aufstiegs- und Beförderungschancen ganz zu schweigen.»

Die anwesenden Honoratioren aus dem Innenministerium, unter ihnen der Inspekteur der nordrhein-westfälischen Polizei, hörten mit versteinerten Gesichtern zu, und schließlich meldete sich Landrat Thomas Hendele zu Wort. «Herr Kutsche, ich rüge Ihren scharfen, emotionalen Ton. Sie können doch die Anwesenden des Innenministeriums nicht für den Tod der Kollegen verantwortlich machen.»

Die Reaktionen von Kutsches Kolleginnen und Kollegen waren hingegen überwältigend positiv. Endlich hatte einmal einer den Mund aufgemacht. Über 900 Kollegen beglückwünschten Kutsche zu seiner sicherlich auch emotional vorgetragenen Anklage. Aus dem nördlichen Flensburg meldete sich ein Kriminalist mit den Worten: «Gratuliere, Kollege Kutsche. Die gleiche Rede hättest du genauso vor den Behördenvertretern in Schleswig-Holstein halten können.» Und im östlichen Chemnitz sagte ein Kriminalist: «Ich kann jeden Satz unterschreiben. Wir bekommen ja hier noch nicht mal Schutzwesten. Die müssen wir uns selber kaufen. Es gibt lediglich einen kleinen Zuschuss. Man kann sich nur noch schwer mit dem Beruf identifizieren und muss sich selber immer wieder motivieren.»

Vertreter der Gewerkschaft der Polizei hingegen werden zusammengestaucht, sollten sie den Mund zu weit aufmachen und es wagen, offene Kritik zu artikulieren. In Rheinland-Pfalz ist die Polizei aufgrund ständiger «Organisationsreformen» und damit verbundener Einsparungen beim Personal in besonders hohem Maß frustriert und demotiviert. In Trier zum Beispiel wirken acht Beamte in der Dienststelle zur Bekämpfung der Organisierten Kriminalität. Und das für ein Einzugsgebiet von knapp 600 000 Einwohnern! «Wir können gerade mal ein einziges Verfahren abwickeln», resümiert ein Beamter aus dem OK-Kommissariat über die Arbeitsbedingungen.

Einige Zahlen: In Rheinland-Pfalz stieg die Anzahl der Straftaten von 1993 bis 2003 von 236 175 auf 287 747. Besonders krass war der Anstieg bei der Gewaltkriminalität (6177 auf 9538), bei Delikten mit Schusswaffen (525 auf 1430) und bei der Wirtschafts- und Umweltkriminalität teilweise um fast 100 Prozent. Gleichzeitig sank der Personalbestand der Polizei. Wer das nicht akzeptiert, wird gemaßregelt, wie zum Beispiel auch der Landesvorsitzende des Bundes Deutscher Kriminalbeamter (BDK), Werner Märkert, erfahren musste.

Er beklagte sich in einem Brief vom 27. Februar 2004, gerichtet an den Leiter der Generalstaatsanwaltschaften in Rheinland-Pfalz, dass «bereits jetzt die Kriminalinspektionen und -direktionen aus personellen Gründen nicht mehr alle ermittlungsintensiven Verfahren annehmen und/oder kriminalistisch so einwandfrei bearbeiten, wie sie es gerne möchten». Das gefiel der Behördenleitung im Innenministerium genauso wenig wie ein kritischer Leserbrief. Die Folge: ein Disziplinarverfahren. Dann redete er, ebenfalls in seiner Funktion als BDK-Vertreter, auch noch mit einem Journalisten. Und das nächste Disziplinarverfahren folgte.

«Kollegen werden mundtot gemacht, die es wagen, Kritik zu üben und offen auszusprechen, dass die Polizei bei uns ihre Aufgaben nicht mehr wahrnehmen kann», zürnt einer seiner Kollegen. Andere Polizeibeamte hingegen haben keine Kraft und Motivation mehr, sich noch zu beschweren, wie jener Beamte von der Deutschen Polizeigewerkschaft: «Durch übermäßige Arbeit in den Wachbereichen und auch in den Kommissariaten hat so mancher Polizei- oder Kriminalbeamte nicht mehr die Lust, sich öffentlich zu den Problemen der Kriminalität zu äußern ... Unsere Arbeit ist mit der des Sisyphus vergleichbar. Immer wenn es gilt, einen kleinen Erfolg zu feiern, dann gibt es irgendwo einen Politiker, der mit neuen Erlassen die Arbeit erschweren will.»

Damit nicht genug. Um den schönen Schein zu wahren, werden brisante Erkenntnisse in Tresoren gebunkert, damit die Bürger in Ruhe schlafen können. Was, so fragen sich BKA-Beamte, ist zum Beispiel derart geheimnisvoll, dass nur wenige Auserwählte eine Studie des Bundeskriminalamtes aus dem Jahr 2000 über die Folgen der EU-Osterweiterung zu Gesicht bekommen dürfen? Und warum haben Bundeskanzleramt und Auswärtiges Amt dafür gesorgt, dass sie im Panzerschrank eingeschlossen wurde? Die Antwort ist relativ banal. In der 50-seitigen Studie untersuchte das BKA die Konsequenzen der EU-Osterweiterung für die öffentliche Sicherheit in Deutschland. Das Ergebnis der Kriminalisten? Es wird zu einer «Kriminalitätsschwemme» kommen, und «die Polizei in Deutschland ist nicht einmal ansatzweise darauf vorbereitet». Das Ergebnis der BKA-Studie steht in krassem Widerspruch zu dem, was den Menschen in der Vergangenheit gesagt wurde, nämlich dass es mit der Erweiterung keine besonderen Sicherheitsprobleme geben würde.

Bis zum heutigen Tag behaupten die BKA-Verantwortlichen übrigens wider besseres Wissen, dass es eine solche Studie des BKA überhaupt nicht gebe. Dafür werden der Öffentlichkeit mehr oder weniger geschönte Berichte zur Lage der Organisierten Kriminalität vorgesetzt. «Diese Berichte», winkt ein Beamter des Bayerischen Landeskriminalamts ab, «haben nur entfernt etwas mit der Wirklichkeit zu tun. Bei den Berichten zur Organisierten Kriminalität – da wird gelogen, dass sich die Balken biegen.»

Geradezu infam wird das alles, wenn der BKA-Abteilungsleiter Max Ratzel, zuständig für Organisierte Kriminalität, vor einem kriminologischen Fachpublikum einen Vortrag über die EU-Osterweiterung hält und dabei glaubt, er hätte Erstsemester vor sich, denen mit standardisierten Folien Alltagsweisheiten zu vermitteln wären. In seinem Vortrag spricht er davon, dass es nach Ansicht des BKA keine «dramatischen Entwicklungen» im Zusammenhang mit der EU-Osterweiterung geben werde. Schön wär's! Aber er hatte die Tagung des Bundes Deutscher Kriminalbeamter in Frankfurt (Oder) am 1. April 2004 bereits wieder verlassen und konnte daher nicht hören, dass am nächsten Tag Professor Wladimir Kramarenko von der Universität Kaliningrad davon sprach, dass allein in Russland sage und schreibe sieben Millionen Menschen auf die EU-Erweiterung warteten, um dann gen Westen zu ziehen. Der bei der Tagung anwesende Uwe Kranz von Europol (Kurzform aus Europäisches Polizeiamt) war sichtlich beeindruckt. «Wir bei Europol gingen bisher nur von 2,5 Millionen Menschen aus.» Ratzel ist inzwischen Chef von Europol – Uwe Kranz hingegen hat Europol verlassen.

Ein Exempel darüber, wie die Bevölkerung für dumm verkauft wird

In Frankfurt am Main beklagten im Frühjahr 2004 Zollbeamte, dass die Amtsleitung gründlichere Kontrollen verhindert. «Rauschgift, Waffen, Sprengstoff – man könnte jetzt alles über den Frankfurter Flughafen nach Deutschland reinbringen», wird in der Frankfurter Presse ein Zollbeamter zitiert, der am Flughafen seinen Dienst verrichtet. Selbst das Gepäck von Flugzeugen aus den klassischen Drogeneinfuhrländern in Südamerika und Asien werde nicht mehr kontrolliert. «Die spärlichen Kontrollen, die noch in Frankfurt gemacht werden, sind ein Witz», klagen die Zöllner und verweisen darauf, dass das Arbeitsklima katastrophal sei. Gespräche der Vorgesetzten mit den Untergebenen würden «in schreiender Form» geführt, und Beamtinnen seien von Vorgesetzten «bis vor die Toilette verfolgt worden, wo Vorgesetzte mit einer Uhr die Zeit maßen».[21]

Auf den Vorwurf reagierte die Amtsleitung mit heftigen Dementis. Dass zum Beispiel das Gepäck aus den Drogenherkunftsländern nicht kontrolliert werde, sei falsch. Wegen der EU-Bestimmungen werde das Transitgepäck an den Zielflughäfen kontrolliert, argumentierte der Präsident der Oberfinanzdirektion Alfred Basenau. Damit sei «höchste Kontrolldichte» erreicht. Der niederländische Flughafen Schiphol ist ein solcher Zielflughafen.

Dort kommen durch Körperschmuggler jährlich zwischen 30 Tonnen (unterste Schätzung) und 70 Tonnen (mittlere Schätzung) Kokain allein von den niederländischen Antillen an. Auf diesem quasi «Inlandsflug» haben die Holländer bei zwei zufälligen Vollkontrollen – die ersten seit Jahren von zwei Flugzeugen im Herbst 2003 über 50 Kilo reines Kokain sichergestellt. So geht das jeden Tag, sieben Tage in der Woche. Pro Flugzeug mindestens 50 Drogenkuriere. Nach der einmaligen Polizeiaktion erklärte der holländische Innenminister, «das machen wir nie wieder, sonst müssen wir neue Gefängnisse bauen». Schätzungen zufolge lässt man 80 Prozent der Drogenkuriere wegen Arbeitsüberlastung laufen. Viele dieser kleinen Drogenschmuggler können – wie auch aus Martinique über Paris – praktisch unkontrolliert im Transit nach Frankfurt und in andere Städte weiterfliegen. Heinz Haumer, der Präsident des Landeskriminalamtes Bayern, äußerte sich dazu mit folgenden Worten: «Drogenkuriere, die bei uns festgestellt werden, werden festgenommen und dem Gericht vorgeführt und auch in Deutschland verurteilt. Wenn eine Drogenkurierschwemme in diesem Umfang eintritt, wie es offenbar in den Niederlanden der Fall ist, dann ist es bereits ein Zeichen von Kapitulation. Das sollten wir nicht hinnehmen.»[22] Warum eigentlich nicht?

Die Geschichte mit dem Protest der Frankfurter Zollbeamten fand übrigens ein echtes Happy End nach preußischer Gutsherrenart. Der heftig kritisierte Leiter des Zollamtes Flughafen, Hartmut Nessler, ließ Anfang Mai 2004 eine Unterschriftenliste herumreichen. Mit ihrer Unterschrift sollten die Beamten versichern, dass sie «keineswegs von der Amtsleitung gedrückt, gegängelt, diffamiert und bei der Amtsausübung behindert, überwacht, benachteiligt, belogen oder betrogen» würden. «Mit Freude bei der Arbeit» steht übrigens über dem Aufruf. Ausgegangen ist die Initiative von Sachgebietsleitern des Hauptzollamtes Frankfurt, von jenen also, die die Beurteilungen der Beamten, die teilweise in Einzelgesprächen zur Unterschrift aufgefordert wurden, abgeben. Die Kreisgruppe der Gewerkschaft der Polizei beim Hauptzollamt Frankfurt forderte daher das Finanzministerium auf, diese «Umfrage» umgehend zu unterbinden und stattdessen die Prüfung der Vorwürfe gegen den Leiter des Zollamts Flughafen einzuleiten. Vergeblich.

Stefan Reusch, der engagierte und gemobbte Zollsekretär auf Anstellung, wurde inzwischen entlassen und ist jetzt Hartz-IV-Bezieher. Vergeblich kämpfte er gegen die Willkür der Oberfinanzdirektion Koblenz. Dabei hatte sein Anwalt in einem ausführlichen

Schriftsatz, mit entsprechenden Beweisen, dokumentiert, dass die Vorwürfe gegen den Beamten auf Probe aus der Luft gegriffen waren. In ihrem Schriftsatz vom 16. Januar 2004 schreiben seine Anwälte: «insgesamt muss festgestellt werden, dass das von Herrn Reusch von Anfang an behauptete Mobbing durch seine Kollegen im Disziplinarverfahren eine volle Bestätigung gefunden hat. Dieses gipfelte in der Ausgabe der Vermerke über Herrn Reusch an die Beamten, die als Zeugen genannt wurden. Bereits im Hinblick auf die vielen schwerwiegenden Verfahrensfehler wird das Disziplinarverfahren einzustellen sein.» Es nutzte nichts. Und so bleibt nur die Stellungnahme der Polizeigewerkschaft GdP: «Das Hauptzollamt ist ein einziger Sumpf.» Leidtragende waren und sind die engagierten Beamten der Zollverwaltung.

Noch grotesker ist es allerdings, wenn Zollbeamte, die dem Bundesfinanzministerium unterstehen, es wirklich wagen sollten, den rechtlichen Bestimmungen entsprechend an der Außengrenze, zum Beispiel zur Schweiz, ihrer Arbeit nachzugehen. Das heißt, sie winken das Auto nicht einfach durch, sondern schauen bei Verdacht einmal genauer in die Luxuslimousinen hinein, die die Grenze zur Schweiz passieren wollen. Häufig finden, nein, fanden, sie durchaus aufschlussreiche Unterlagen. Denn kontrollieren dürfen sie seit Sommer 2003 nicht mehr. «Entweder sind sie geschmiert oder sie wollen einfach, dass schmutziges Geld nach Deutschland hereinkommt und niemand dagegen etwas unternimmt», beklagt sich ein Zollbeamter in Konstanz über die Vorgesetzten in Berlin. Die Wut ist verständlich.

Vergessen ist eine Verordnung, wonach die im Rahmen von Zollkontrollen gewonnenen Erkenntnisse, zum Beispiel Dokumente oder Datenträger, an das Zollfahndungsamt oder Polizeidienststellen wie das Bundeskriminalamt oder Europol weitergegeben werden dürfen. Es gebe sogar insbesondere bei Verdacht auf Geldwäsche ein «zwingendes öffentliches Interesse an der Offenbarung der erlangten Kenntnisse».

Einige engagierte Zollbeamte, die sich an diese Verordnung hielten, fanden bei ihren intensiven Kontrollen viele brisante Unterlagen, die suspekte Geschäftsmänner in ihren glitzernden Limousinen mit sich führten. Und häufig lag der Verdacht der Geldwäsche im Milliarden-Euro-Bereich in Form von entsprechenden Bankunterlagen nahe. Die wachsamen Zöllner spürten allein im Bereich des Hauptzollamtes Singen im Jahr 2003 nicht nur Geld, Schecks, Sparbücher, Gold und andere Zahlungsmittel im Wert von knapp 36 Millionen Euro auf, sondern auch Schwarzgeld in Höhe von knapp zwei Milliarden Euro.

Aufgefallen ist ihnen zum Beispiel Sergej B. aus Lüdenscheid. Bei der Kontrolle gab er an, nur für einen Tag geschäftlich nach Zürich fahren zu wollen. Und seine Begleiterin erzählte, sie arbeite beim Landgericht Lüdenscheid. Beide Personen sind durchaus bekannt. Beim Polizeipräsidium Oberbayern sind sie im Zusammenhang mit einem Ermittlungsverfahren aufgefallen. In den entsprechenden Polizeiunterlagen steht: «In der Zeit von Anfang 1998 bis August 1999 wurde gegen eine international agierende Gruppierung wegen des Verdachts der Bildung einer kriminellen Vereinigung ermittelt. Die nachgewiesenen Delikte lagen vor allem im Schmuggel von hoch steuerbaren Waren wie Zigaretten und Alkohol.»

Gefilzt wurde auch Nikolaj P. aus Bielefeld. Er wollte ebenfalls nach Zürich. Nikolaj hatte gerade mal 37 000 US-Dollar und 1590 Euro bei sich. Nichts Bedeutendes für Russen, die die Grenze überqueren und auf der Züricher Bahnhofstrasse flanieren. Als die Zöllner im Aktenkoffer nachschauten, fanden sie jedoch Geschäftsunterlagen und Kopien von Wertpapieren mit einem Nominalwert von 800 Millionen US-Dollar. Außerdem wurde ein Zeitplan einer Kreditierung der Firma Konrad H. (Handel mit Rohstoffen und Metallen) über einen Verbrauch von Geldmitteln in Höhe von sage und schreibe 4,9 Milliarden US-Dollar gefunden.

Eine weitere Geldwäscheverdachtsanzeige schrieben die Zöllner, nachdem ihnen in einem Mercedes 500 der russische Geschäftsführer einer Berliner Firma aufgefallen war. Er wollte weiter nach Zürich. Obwohl – oder auch weil – er die Beamten anschrie: «Was fällt Ihnen ein, mich zu kontrollieren», schauten die etwas intensiver im Wageninneren nach. Und fanden Unterlagen von Konten bei der Union Bancaire Privée Zürich mit einem Guthaben von 246 394 US-Dollar sowie bei der Credit Lyonnais in Zürich mit einem Guthaben von 399 863 US-Dollar. Dazu hatte der Grenzgänger Aufzeichnungen über Bankverbindungen und Geldbeträge in Höhe von zehn Millionen US-Dollar. In Berlin versteckt sich hinter der Firma lediglich ein Abbruchhaus. Lässt sich da von normalen Geschäften reden?

Dass Igor aus Tuttlingen als Beruf «Arbeiter» angab, konnten die Zöllner ebenfalls nicht so richtig nachvollziehen, weil er insgesamt 10 000 Euro in 500er-Scheinen mit sich führte. Stutzig wurden sie, als sie sahen, dass er auf jedem kleinen Finger einen Stern tätowiert hatte. Sie notierten: «Anhand der vorliegenden Unterlagen hat diese Tätowierung die Bedeutung ‹Dieb im Gesetz›.» Das sind bekanntlich die höchsten kriminellen Autoritäten in Russland.

«Von Russen wimmelt es hier», beobachtet ein Ermittler. «Aber die Kollegen vom Zoll kontrollieren sie nicht mehr, weil sie es nicht mehr dürfen.» Richtig gehört? «Ja, den Zollbediensteten wurde verboten, intensiver zu kontrollieren, wenn sie einen Verdacht haben, dass die Person etwas mit Organisierter Kriminalität zu tun hat.»

«Das darf doch eigentlich nicht wahr sein», entgegnete ich.

«Doch», sagte er. Und präsentiert mir ein Dokument. Demnach fand am 15. April 2003 bei der Oberfinanzdirektion in Freiburg ein Treffen statt, an dem unter anderem führende Zollbeamte teilnahmen. Und sie beschlossen, dass in Zukunft nur noch die «Weitergabe bzw. Erhebung von Daten im Rahmen von Zoll-

bzw. Bargeldkontrollen» zulässig seien, wenn Bargeld oder andere Zahlungsmittel im Wert von 15 000 Euro oder mehr festgestellt würden.

Nicht zulässig sei hingegen die «Erhebung bzw. Weitergabe von Erkenntnissen», wenn im Rahmen von Kontrollen unter anderem folgende Dinge festgestellt werden: «Indikatoren, die auf Organisierte Kriminalität (OK) hindeuten, aber keine Anhaltspunkte für Geldwäsche geben. Das gilt für Mafia, Ndrangheta, Camorra, osteuropäische Organisierte Kriminalität, Triaden, Yakuza, Rockervereinigungen wie den Hell's Angels.»

Bei solchen Feststellungen dürfen keinerlei Daten mehr erhoben beziehungsweise weitergeleitet werden, da der Zoll «keine Zuständigkeit für die Verfolgung von allgemeiner Organisierter Kriminalität» habe. Das gelte auch für «Kontrollfeststellungen bei Angehörigen von islamistischen extremistischen Vereinigungen, Tamil Tigers oder Rechtsextremisten». Denn diese und andere Organisationen würden ja vom Verfassungsschutz beobachtet werden.

Für die bis zu diesem Zeitpunkt engagierten Zollbeamten muss es ein Schlag ins Gesicht gewesen sein, was erklärt, dass sie seitdem keine intensiveren Kontrollen mehr an der Grenze durchführen. Dabei darf nicht vergessen werden, dass die intensiven Kontrollen und entsprechenden Kontrollmitteilungen – sofern sie nicht wegen Arbeitsüberlastung oder schlicht Faulheit unbearbeitet in Papierkörben bei den Oberbehörden wie dem Landeskriminalamt Baden-Württemberg oder dem Bundeskriminalamt landeten – zu qualitativen Aufklärungserfolgen führten. Insbesondere betraf das die kriminellen Netzwerke, deren Protagonisten in der Schweiz ihre Millionen Euro waschen und in Deutschland ungehindert schalten und walten können – nicht ganz so sehr wie in ihren Heimatländern, aber sie sind auf dem besten Weg dahin.

Es ist nichts Neues, und daher sind bis zum heutigen Tag viele Kriminalisten davon überzeugt, dass die italienische Mafia, insbesondere die Cosa Nostra und die Ndrangheta, seit den neunziger Jahren Hunderte Millionen Euro in den neuen Bundesländern investierte. Besonders beliebt sind Gastronomie und Immobilien. Das einmal genauer zu untersuchen bedeutete natürlich, eine ungebührliche Forderung an die politischen Verantwortlichen zu stellen. Trotzdem werde ich immer wieder gefragt: «Was wissen Sie darüber?» So viel zumindest, um aufzuzeigen, wie eng manche «ehrenwerten Italiener» bereits mit politischen Entscheidungsträgern kungeln. Und warum beide kein übertriebenes Interesse haben, die Polizei (wie es notwendig wäre) ermitteln zu lassen.

Ein Blick nach Thüringen bietet sich an. Da gab es zum Beispiel den Politiker Richard Dewes, nach dessen Ernennung zum thüringischen Innenminister sich fast zeitgleich ein höchst ehrenwerter Mann der kalabrischen Ndrangheta aus Nordrhein-Westfalen am Regierungssitz in Erfurt niedergelassen hatte, um ein Nobelrestaurant zu eröffnen. Ein Zufall? Obwohl der Innenminister vom Direktor des thüringischen Landeskriminalamts Uwe Kranz nach dessen Aussagen immer wieder davor gewarnt wurde, beim «Italiener» zu dinieren, genossen er und Ministerpräsident Bernhard Vogel die zweifellos exzellenten Speisen. Dass der honorige italienische Gastwirt beim Schmuggel von 100 Kilo Heroin für den kalabrischen La-Minore-Clan mitgespielt haben soll, dass bei ihm Schecks aus Wohnungseinbrüchen gefunden wurden, ebenso Falschgeld, er in Verbindung mit einem Mord stand und in Bochum Bedienstete der Stadt bestochen haben soll – in den neuen Bundesländern sah man das nicht so eng.

In den Polizeiakten liest sich seine Geschichte folgendermaßen: «Er gehört der mittleren Führungsebene der kalabrischen Ndrangheta an. Gegen ihn wurde bislang in diversen Bundesländern und in den Niederlanden wegen Verdachts des Mordes, Handels mit Betäubungsmitteln, räuberischer Erpressung, Kraftfahrzeugverschiebung, Falschgeld, Betruges und Hehlerei ermittelt. Verurteilt wurde er, weil er eine Kokainlieferung mit 20 Millionen Lire finanziert hatte. Der Italiener trat bei diesem Deal unter anderem Namen als Mäzen auf. Weiterhin entwickelte er erhebliche Aktivitäten im Immobilienbereich. Bemerkenswert ist auch, dass er 1994 mit einer Delegation unter Beteiligung des thüringischen Innenministers nicht nur eine Tagung von Interpol besuchte, sondern auch an einem Besuch von Polizeioffizieren in Tunesien beteiligt war.»

Kurz danach besuchte er sogar Moskau und prahlte am Telefon, welche wichtigen Erkenntnisse über Drogenbekämpfungsstrategien er bei der Interpol-Tagung in Rom gewonnen habe.

Es war sicher eine große Überraschung, als die Polizei aus Nordrhein-Westfalen den «Edelitaliener» heimsuchte und deshalb der Innenminister und sein Ministerpräsident beim Genuss von Spaghetti durch die einrückende Spezialeinheit gestört wurden. Die Beamten ermittelten diesmal wegen Mordverdachts gegen den Wirt. Das alles liegt knapp sieben Jahre zurück. Es ist Geschichte, ist man versucht zu sagen.

Inzwischen jedoch hat der höchst ehrenwerte Restaurantbesitzer eine dominierende Position in der Landeshauptstadt. Er kaufte weitere Immobilien, und liebe Freunde aus Kalabrien sind ihm gefolgt. Wie verhält sich in dieser Situation die thüringische Polizei? Die schaut klugerweise nur noch zu. Etwas anderes könnte sie auch nicht. Ihr fehlt das qualifizierte Personal, um derartige Strukturen effektiv und langfristig zu bekämpfen.

Und dann gibt es noch eine andere Persönlichkeit, einen weiteren «Uomo d'onore», einen Ehrenmann, der ebenfalls kein Unbekannter in den neuen Bundesländern ist: Vito Palazzolo. Im Vergleich zu ihm ist sein Erfurter Landsmann ein kleines Licht. Um Palazzolo rankt sich eine phantastische Geschichte. Der 56-Jährige rühmte sich noch Anfang 2000 gegenüber Familienangehörigen und Freunden seiner hervorragenden Beziehungen zu einem ehemaligen ehrenwerten deutschen Ministerpräsidenten: «Ich bin mit ihm befreundet.» Das ist erst einmal nichts Verwerfliches. Von seinen Familienangehörigen und Geschäftsfreunden wird Vito Palazzolo übrigens übereinstimmend als eher zurückhaltend beschrieben. Er sei vieles, aber kein Angeber, sondern ein Mann, der zu seinem Wort steht. Das wissen auch seine deutschen Geschäftspartner, insbesondere die Banker, zu würdigen.

Zum ersten Mal fiel Vito Palazzolo auf, als er sich Ende der Siebzigerjahre im schönen Konstanz niederließ. Am Ufer des Bodensees gelegen, ist das Städtchen ein idealer Ausgangspunkt, um die landschaftlichen Schönheiten der Schweiz und des Fürstentums Liechtenstein zu genießen. Hier in Konstanz, verwöhnt vom südlichen Klima, kennt irgendwie jeder jeden. Und deshalb drückt Justitia immer wieder mal beide Augen kräftig zu, wenn es um die Amigos am Bodensee geht. Organisierte Kriminalität – das ist ein schrecklich störendes Wort, das auszusprechen deshalb tunlichst vermieden wird.

Und auch wenn die Kriminellen ihren Kampf um Einflussgebiete in der Region ausnahmsweise einmal blutig austragen, liegt das natürlich nicht im öffentlichen Interesse. Deshalb wurde die Öffentlichkeit auch nicht informiert, als die Ermittlungen gegen einen Mann, der einen Anwalt erschossen hatte, eingestellt wurden, obwohl es eindeutige Verbindungen zur Organisierten Kriminalität gab. Nicht ermitteln, nicht auffallen, nicht die Ruhe stören – das ist die Devise am liebreizenden Bodensee bis zum heutigen Tag.

Eine solch anheimelnde Atmosphäre musste kapitalkräftige und innovativ agierende Charaktere anziehen. Und so kam aus der schweizerischen Steueroase Zug der Schmuck- und Diamantenhändler Vito Palazzolo. Er ist in den Sechzigerjahren aus Sizilien ausgewandert, begann im Aargau als Geschirrspüler (Casserolier) und machte danach mit dem Diamantenhandel viel Geld. Von den Profiten kaufte er sich im noblen Teil von Konstanz, in der Eichhornstraße 30, eine prächtige einstöckige Villa, mit großzügig ausgebautem Dachgeschoss. Daneben beteiligte sich der tüchtige Geschäftsmann an einer Baugesellschaft, die Landerschließungen betreute, insbesondere in Sizilien.

Vito Palazzolo galt als «außerordentlich freundlich, zuvorkommend und sprachbegabt» – er sprach fließend Deutsch, Französisch und Italienisch. Und angesichts seines guten Rufes eilte auch die städtische Prominenz zu ihm, wenn er in seiner weißen Villa Hof hielt oder Feste feierte.

Bereits Anfang der Achtzigerjahre erzählte Palazzolo einem seiner Konstanzer Geschäftsfreunde, dass er einen Mann «gut kenne», eben den ehemaligen Ministerpräsidenten, den er gegenüber Verwandten im Jahr 2000 als «Freund» bezeichnete. «Aber der neigt dazu, gewisse Geschenke anzunehmen, und das macht ihn erpressbar», soll Vito Palazzolo über den Exministerpräsidenten gesagt haben. Auch dieser Zeuge aus Konstanz sagt zur Glaubwürdigkeit dieser Aussage von Vito Palazzolo: «Dass er lügt, ist vollkommen unwahrscheinlich», was übrigens von anderen Quellen in Konstanz bestätigt wurde. Aber vielleicht wollte Vito Palazzolo doch nur seine Bedeutung ins rechte Licht rücken. Im Jahr 1983 kehrte Vito Palazzolo dem beschaulichen Konstanz den Rücken und wanderte weiter, diesmal ins Tessin, nach Lugano, um Teilhaber der Finanzgesellschaft Consultfin Lugano zu werden. Eine Karriere wie aus dem Bilderbuch sollte jetzt folgen. In den USA eröffnete er mit seinem Geschäftspartner Franco Della Torre die Acacias Corporation und organisierte den Transfer hoher Geldsummen.

Er managte äußerst erfolgreich den Geldverkehr vieler kapitalkräftiger Kunden, unter anderem aus den USA, in die Schweiz. Als Banker verwaltete er schließlich ein Investment-Portfolio von mehr als zwei Milliarden US-Dollar. Und verdiente dabei selbst Millionen. Noch kurz bevor Vito Palazzolo in der Schweiz mit unerwarteten Problemen konfrontiert wurde, pflegte er – nach seinen eigenen Worten – immer noch beste Beziehungen zu deutschen und italienischen Politikern. Das war allgemein bekannt.

Doch plötzlich zogen düstere Wolken auf, die seine geschäftliche Karriere kurzfristig unterbrechen sollten. Im Jahr 1984 wurde Vito Palazzolos Name in den USA genannt – und zwar im Zusammenhang mit der Pizza-Connection. Die sizilianische Cosa Nostra hatte damals von türkischen Drogenhändlern fast zwei Tonnen Heroinbase im Straßenverkaufswert von zwei Milliarden US-Dollar gekauft, in ihren sizilianischen Labors zu Heroin verarbeitet und den Stoff in die USA geschmuggelt. Der Weiterverkauf wurde über eine Pizzeriakette an der Ostküste und im Mittleren Westen organisiert. Die Schweiz war die Durchgangsstation des Drogengeldes. Weil der damalige US-Präsident Ronald Reagan einen öffentlichen Erfolg in dem von ihm ausgerufenen «Krieg gegen die Drogen» brauchte, flog auf, was seit 1981 bereits bekannt war, als Vito Palazzolo noch von Konstanz aus agierte.

Im Jahr 1984, im Verlauf der amerikanischen Verhaftungsaktion gegen die Führungspersönlichkeiten der Pizza-Connection, ereilte Vito Palazzolo das Schicksal. Er wurde verhaftet. Dabei stellte sich heraus, dass ihm bereits in Konstanz der Mafioso Onofrio Catalano vom mächtigsten sizilianischen Mafiaclan, dem des Gaetano Badalamenti, nicht fremd war.

Ein Jahr nach seiner Verhaftung fand der Prozess gegen ihn statt. Ankläger war der Tessiner Staatsanwalt Paolo Bernasconi. Das erstinstanzliche Urteil vom September 1985 wegen Beihilfe zur Finanzierung des Drogenhandels lautete auf drei Jahre für Vito Palazzolo. Und das, obwohl er doch immer überzeugend beteuert hat, er sei ein erklärter Gegner von Drogen. Seitdem hatten ihn die Behörden im Visier.

1986 bestätigte das Tessiner Kassationsgericht die Urteile für seine Mitangeklagten. Palazzolos Strafe hingegen wurde auf fünf Jahre Gefängnis erhöht. Dieses Strafmaß wurde im Jahr 1993 durch das Bundesgericht in Bern wieder auf drei Jahre und neun Monate herabgesetzt. Doch in der Zwischenzeit ist viel geschehen.

Weil Palazzolo befürchtete, nach Italien ausgeliefert zu werden, floh er im Jahr 1986 mit Hilfe des Gefängnisdirektors aus der tristen Zelle im Gefängnis La Stampa bei Lugano und reiste mit Unterstützung bislang unbekannter Freunde nach Deutschland. Von dort flog er ins ferne Südafrika weiter.

Glücklich in der Republik Ciskei angekommen, einem Homeland, das 1981 die «Unabhängigkeit» durch das Apartheidregime Südafrikas erhielt, präsentierte er bei der Einreise einen Pass auf den Namen Stelio Domenico Frapoli. Später trat er unter dem Namen Robert von Palace Kolbatschenko auf. Mit im Gepäck, so wurde getuschelt, habe er 16 Millionen Rand (ca. zwei Millionen Euro) in Cash und reichlich Diamanten gehabt. «Das waren meine ‹legalen› Einnahmen», sagt er dazu. Die Republik Ciskei galt in den achtziger Jahren als *das* Paradies für Geldwäsche, insbesondere weil die Vereinten Nationen gegen das Apartheidregime ein Embargo verhängt hatten. «Der gute Katholik hängte sich einen goldenen Davidstern um den Hals und erzählte von seinen aristokratisch-jüdisch-russischen Ahnen. In Bisho gründete er die Firma Papillon und erarbeitete für den Präsidenten von Ciskei Vorschläge für eine Nationalbank der Ciskei. Dabei half ihm Yeng Pink Kok aus Hongkong, der gleich Palazzolo in den Akten des Pizza-Connection-Prozesses in New York auftaucht.» [23]

1988 kehrte er für 18 Monate in die Schweiz zurück, um seine Reststrafe abzusitzen. Danach flog er wieder in seine neue Heimat zurück. Und jetzt ging es wieder rapide aufwärts.

Nachdem im Jahr 1994 in Südafrika endlich eine demokratisch gewählte Regierung das Apartheidregime ablöste, erhielt er die südafrikanische Staatsbürgerschaft, obwohl er in Italien wegen Geldwäsche und Drogenhandels steckbrieflich gesucht wurde. Berichten des südafrikanischen Nachrichtendienstes war zudem zu entnehmen, dass er zu den drei Topmafiosi gehört, die in Südafrika

Unterschlupf gefunden hatten. Über diese Erkenntnisse wurde auch der südafrikanische Präsident Nelson Mandela persönlich unterrichtet. Glaubt man dem Bericht, dürfte Vito Palazzolo einer der «wichtigsten Männer der sizilianischen Mafia in Südafrika» sein. Sein Bruder Pietro gehöre ebenfalls zur sizilianischen Mafia. Beide Brüder haben jedoch immer heftig dementiert, etwas mit der Cosa Nostra zu tun zu haben.

Sicher ist auf jeden Fall, dass Vitos Söhne ein «Muster an Wohlerzogenheit sind», wie seine Freunde und Geschäftspartner übereinstimmend bestätigen.

Für italienische Ermittler und die Staatsanwaltschaft in Palermo ist Vito Palazzolo trotzdem bis zum heutigen Tag einer der sieben wichtigsten Männer der Cosa Nostra geblieben. Die Staatsanwälte gehen davon aus, dass er über die gesamten Finanzen der Cosa Nostra bestens informiert sei und zudem engste Verbindungen zu dem immer noch gesuchten Mafiaboss Bernardo Provenzano habe. Domenico Gozzo, Staatsanwalt in Palermo, ist sogar davon überzeugt, dass «Vito Palazzolo zu den Männern gehört, die die Milliarden Dollar der Mafia kontrollieren, die die Quelle ihrer Macht seien, weil es ihnen die Möglichkeit gibt, auch die Unterstützung von Politikern zu kaufen». So weit ganz normal. Im April 2004 wurde der Haftbefehl aufgehoben.

Wichtige südafrikanische Politiker «hatte er in der Tasche»[24], schrieb ein südafrikanisches Magazin. Dank bester Beziehungen zu ihnen und Geheimdienstlern sowie dank seiner für viele undurchsichtigen Geschäfte wurde er ein steinreicher Mann, der heute noch auf seinen gut geschützten Landgütern den Gästen, die auch aus Deutschland anreisen, gerne die vergoldeten Wasserhähne zeigt. Und sie sehen, dass Palazzolo Teil der südafrikanischen High Society geworden ist. Der Mann, der den besten Whisky genießt und die teuersten Fahrzeuge fährt, zählt zu seinen Freunden Minister der meisten südafrikanischen Staaten, südamerikanische Diktatoren sowie deutsche und italienische Persönlichkeiten aus

Politik und Wirtschaft. Heute ist Palazzolo ein gutes Beispiel dafür, so der südafrikanische Journalist Martin Welz, «wie ein Mann mit heißem Geld glücklich auf den Köpfen jeder Regierung herumtanzen kann, vorausgesetzt, die Männer sind groß genug».[25]

In Kapstadt gingen und gehen auch prominente Deutsche auf seinem spektakulär schönen Landgut Terra de Luc in Franschhoek ein und aus. Banker aus Frankfurt und deren Ehefrauen oder ein ehemaliger leibhaftiger deutscher Exverkehrsminister, «mit dem Palazzolo eine Bank kaufen wollte», erinnert sich einer seiner Geschäftspartner. Das war ein Jahr, nachdem der gewiefte Ostpolitiker Günther Krause, der maßgeblich am deutschen Einigungsvertrag mitgewirkt hatte, seinen Posten als Verkehrsminister wegen verschiedener Skandale räumen musste. So gesehen war er damals ein guter Mittler.

Ein weiterer illustrer Gast von Vito Palazzolo war Jürgen Harksen, der Hamburger Finanzbetrüger, der geldgierige Anleger um mehr als 32 Millionen Euro betrogen hatte und 1993 nach Kapstadt flüchtete, als ihn die Polizei verhaften wollte. Er lebte sich schnell ein und lernte, so sagte er, Vito Palazzolo durch Vermittlung des Kapstadter Bürgermeisters kennen.

Der Exverkehrsminister ist inzwischen wegen Betrugs, Untreue und versuchter Steuerhinterziehung zu einer Gefängnisstrafe verurteilt worden. Jürgen Harksen wurde nach neunjährigem Luxusleben nach Deutschland ausgeliefert und im Dezember 2003 zu sechs Jahren und neun Monaten Gefängnis verurteilt. Nur Vito Palazzolo lebt frei und unbeschwert weiter und hat sich derweil wahrscheinlich bei russischen kriminellen Syndikaten großes Vertrauen erworben.

Für Lev Tschernoj, das erzählen Geschäftspartner, agiere er als «Finanzberater». Die Rede ist von acht Milliarden US-Dollar, die er für ihn gewaschen haben soll. Das wäre nicht wenig, sofern die Information zutreffend ist. Verglichen mit den Riesensummen, die 2001 von den Brüdern Lev und Mikhail Chernoy über die Westdeutsche Landesbank (WestLB) gewaschen werden sollten, aber nun auch wieder nicht so gigantisch. Wahrscheinlich ist es nur einer der vielen Zufälle, dass Vito Palazzolo gute Beziehungen zu Bankern der WestLB unterhalten haben soll. Zumindest behauptet das ein Mann aus seinem direkten Umfeld in Kapstadt.

Zur vermuteten Geldwäsche im Zusammenhang mit den Chernoy-Brüdern wurde bereits Mitte der neunziger Jahre die Londoner Zweigstelle der Hamburgischen Landesbank benutzt. Es ging um erkleckliche Summen, um mehrere Milliarden Mark, die über Konten bei der Hamburgischen Landesbank, Filiale London, flossen. Im Herbst 1996, so die Hamburgische Landesbank, wurden diese profitablen Geschäftsbeziehungen aber aufgelöst. Ein Grund für das Misstrauen der Banker dürfte ein britischer Polizeibericht gewesen sein. Dort wurde behauptet: «Die Chernoys kontrollieren verschiedene Firmen. Informationen weisen darauf hin, dass diese Firmen vom Organisierten Verbrechen für Geldwäsche benutzt werden.» Kontobewegungen von Unternehmen, die ihnen zugerechnet wurden, fielen in Deutschland erneut im Jahr 1999 unangenehm auf. Damals schickte die WestLB eine Verdachtsanzeige an die Staatsanwaltschaft Düsseldorf. Genannt wurde ein sagenhafter Betrag, insgesamt 14 Milliarden Mark. Als der Vorgang ruchbar wurde, kam es im Bundeskanzleramt zu einer Krisensitzung.

Auf Anraten der Staatsanwaltschaft sollte die WestLB die Konten nicht kündigen, denn man wollte weitere Erkenntnisse über die Finanzverflechtungen der betroffenen Trans-World-Gruppe (TWG) der Chernoys herausbekommen. «Die Verbindung zur WestLB soll ein ranghoher Mitarbeiter der Bank geknüpft haben. Anfang 1997 sei er zu einer Bank auf den Bahamas gewechselt, die der Unternehmensgruppe zugerechnet werde. Zeitweilig soll er die Zugangsberechtigung für Teile des in Düsseldorf angelegten Vermögens gehabt haben.» [26] Da die Herkunft des Geldes nicht aufgeklärt werden konnte – oder sollte –, musste der Betrag freigegeben werden und landete auf einem Konto in Israel.

Inzwischen hat sich der 56-jährige Vito Palazzolo aufs «Altenteil» zurückgezogen, erklärte er in einem Gespräch einem Journalisten, während er eine Dunhill Special Light rauchte. «Ich bin ein ehemaliger Geschäftsmann, und meine Hobbys sind der Weinbau und Pferdezucht. Ich genieße es, am Strand zu wandern. Ich bin ein Familienmensch.»

In einer Analyse des Bundesnachrichtendienstes vom 16. November 2005 ist zu lesen: «Der Fall des in Südafrika lebenden Bankiers und mutmaßlichen Geldwäschers der sizilianischen Cosa-Nostra, Roberto Vito Palazzolo zeigt, dass hier auch die italienische Mafia ihren «Geschäften» nachgeht. Nachrichtendienstlichen Hinweisen zufolge soll in diesem Zusammenhang die südafrikanische Nedbank zu Geldwäscheaktivitäten herangezogen worden sein. So soll ein Manager dieser Bank dem in Südafrika lebenden Palazzolo über fingierte Darlehen bei der Wäsche illegaler Einkünfte behilflich gewesen sein. Palazzolo wird als einer der größten Geldwäscher der internationalen Kriminalgeschichte mit internationalem Haftbefehl von den italienischen Behörden gesucht.» Der BND schätzt, dass Palazzolo bislang umgerechnet etwas 3,5 Milliarden Euro gewaschen habe.

Das ist die unglaubliche Geschichte des Vito Palazzolo, des Mannes, der in Konstanz am Bodensee vermutlich seine geschäftliche Karriere als Topmafioso ausbaute, der stolz darauf war, beste Kontakte auch zu ranghohen deutschen Politikern zu haben, und der – sofern er nicht doch noch nach Italien ausgewiesen wird – in Ruhe sein Imperium hegen und pflegen darf.

Fragt man nun die deutschen Ermittlungsbehörden, ob sie etwas über Vito Palazzolo wüssten, dann hört man allerorten die lapidare Gegenfrage: «Wer ist das überhaupt?» Ein Einzelfall, ist man versucht zu sagen. Daraus könne überhaupt nichts geschlossen werden, insbesondere keine These begründet werden, dass die italienische Mafia Einfluss auf politische und wirtschaftliche Entscheidungsträger in Deutschland genommen habe. Wenn es denn so einfach wäre.

Der amerikanische Historiker Walter Laqueur wusste bereits Ende der achtziger Jahre, dass «seit der Globalisierung der Wirtschaft es nicht mehr ausreicht, Sympathisanten in den Behörden von Kansas City oder Palermo oder russischen Städten zu wissen. Genauso wie viele Terroristengruppen einen politischen Flügel besitzen, benötigt das Organisierte Verbrechen politische Parteien oder wenigstens Pressuregroups zur Verteidigung seiner Interessen.» [27]

Nun begab sich, dass der Fraktionsvorsitzende einer christlichen Partei in Baden-Württemberg, Günther Oettinger, sich seiner Freundschaft zu einem angesehenen Gastronomen aus Kalabrien rühmte, der schon mal bunte «kalabrische Abende» für die CDU-Fraktion in Baden-Württemberg ausrichtete und gern ein paar hundert Mark für die Parteikasse der Christdemokraten in Ludwigsburg spendierte. Und der Fraktionsvorsitzende Oettinger wollte nie glauben, dass sein Freund aus Kalabrien irgendetwas mit Drogen und Geldwäsche zu tun haben könnte. Zu gut schmeckten die Nudeln und die Pizza.

Dabei wusste der CDU-Fraktionsvorsitzende schon geraume Zeit, dass das Telefon seines Freundes abgehört wurde, was einige Ermittler nicht so recht verstehen konnten. Warum wurde Oettinger über die geheime Polizeiaktion gegen den Gastronomen überhaupt informiert, fragten sie. Der damalige Innenminister wird sich vielleicht gedacht haben, dass sein Parteifreund Oettinger nicht in Schwierigkeiten kommen soll. Das könnte eine Antwort sein. Das Organisierte Verbrechen, so der Innenminister, versuche Politiker auch ohne deren Wissen für seine Ziele einzuspannen. Er habe es deswegen für seine Pflicht gehalten, in der Öffentlichkeit stehende Personen wie Oettinger vor solchen Gefahren zu warnen.

Den Vorwurf, er habe durch die Warnung Oettingers und die

Unterrichtung des Ministerpräsidenten und des Regierungssprechers ein Dienstgeheimnis verletzt, wies er als grotesk zurück. Schließlich sei im Zusammenhang mit den Ermittlungen gegen den Gastronomen sein Parteifreund Oettinger selbst nie in irgendeinen Verdacht geraten. Der CDU-Fraktionsvorsitzende selbst erklärte vor einem parlamentarischen Untersuchungsausschuss, er habe im langjährigen Kontakt mit dem italienischen Wirt nie Grund zu der Annahme gehabt, dieser könne etwas mit der Mafia zu tun haben.

Die Affäre wäre übrigens niemals ans Tageslicht gekommen, hätten nicht Journalisten auf das seltsame Beziehungsgeflecht hingewiesen. Bei der Polizei sind sie auf eine Mauer des Schweigens gestoßen, obwohl hinter vorgehaltener Hand gesagt wurde, da gebe es noch viel an Aufklärung zu leisten. Doch keiner wagte es, auszusagen, zumal die Akten des Vorgangs plötzlich etwas unvollständig waren. Und seine Karriere mochte kein Ermittler aufs Spiel setzen.

1993 wurde der kalabrische Gastronom verhaftet, an die italienische Polizei übergeben und nach Italien ausgeflogen, wo er vor ein Gericht gestellt wurde. Die Staatsanwaltschaft warf ihm und weiteren 180 Angeklagten unter anderem vor, einer bewaffneten Mafiaorganisation anzugehören sowie sich der Erpressung und Geldwäsche schuldig gemacht zu haben. Für die Staatsanwaltschaft in Catanzaro war klar, dass der Stuttgarter Gastronom einen hohen Rang in der kalabrischen Ndrangheta habe, und sie forderte eine Haftstrafe von sechs Jahren.

Die Staatsanwaltschaft in Catanzaro genoss zwar den Ruf, außerordentlich sorgfältig zu arbeiten. Trotzdem wurde der Gastronom wie 104 andere Angeklagte auch vom Schwurgericht freigesprochen. Mit einer der Gründe dürfte gewesen sein, dass das Gericht den Kronzeugen keinen Glauben schenkte und viele Aussagen reuiger Mafiosi wie Pentitis einfach ignorierte. Die Staatsanwälte saßen wie versteinert in dem riesigen Gerichtssaal, als der

Urteilsspruch in Catanzaro verkündet wurde, und sprachen später von «krassen Fehlurteilen».

Freigesprochen wurde auch einer der wichtigsten Bosse der Ndrangheta in Kalabrien. «Es gehe doch nicht an, dass einer der bekanntesten Ndrangheta-Bosse Kalabriens, ein Angehöriger der berüchtigten Familie Piromalli, der sogar auf der Liste der gefährlichsten Mafiabosse Italiens stehe, von der Anklage der Mafiazugehörigkeit freigesprochen werde», kommentierte einer der Staatsanwälte. Doch die Wege der italienischen Justiz sind manchmal verwirrend. Als freier Mann kehrte der Gastronom, der so lange unschuldig im Knast ausharren musste, wieder nach Baden-Württemberg zurück. Da herrschte große Freude.

«Günther Oettinger, früher Stammgast bei seinem ‹Freund›, hat dessen Freispruch kommentarlos zur Kenntnis genommen», schrieb der Journalist Rainer Nübel, nachdem das befreiende Urteil verkündet worden war. Rainer Nübel beobachtete den großen Jubel, der im Restaurant des Freigesprochenen ausbrach, als dieser braungebrannt an seine alte Wirkungsstätte zurückkehrte. «Immer wieder Umarmungen, Küsschen, Gratulationen. Restaurantbesucher klopfen dem Italiener auf die Schulter. In den Gesprächen mit den Stammgästen und mit ihm ist der Tenor eindeutig. Man habe immer gewusst, dass an den Vorwürfen der italienischen Staatsanwaltschaft, er sei ein hochrangiges Mitglied und ein Geldwäscher der kalabrischen Ndrangheta, nichts dran sei.[28]

Übrigens wird noch im Jahresbericht 2003 der italienischen Antimafiakommission, herausgegeben vom italienischen Innenministerium, der Piromalli-Clan, dessen Oberhaupt in Catanzaro freigesprochen wurde, als eine der wichtigsten Ndrangheta-Familien in Kalabrien beschrieben, die die Region durch Erpressung und Wuchergeschäfte kontrolliert.

Und als ein weiteres Beispiel aus dem gleichen Bundesland, Baden-Württemberg, lässt sich der milliardenschwere Betrug des einstigen Schrotthändlers Schmider und seines Vorzeigeunternehmens Flowtex anführen, der über Jahre hinweg unentdeckt blieb – bleiben sollte. Hunderte Millionen Euro brachten ihm seine Luftgeschäfte ein. Damit lebte er in Saus und Braus. Politiker aus CDU und FDP tauchten in seinem Windschatten auf. Immerhin arbeitete der Ehrenvorsitzende der Südwest-FDP, Jürgen Morlok, mit dem inzwischen im Gefängnis sitzenden Flowtex-Chef bestens zusammen. Und nicht nur er. Berichtet wurde von den engen und allzu engen Beziehungen des «Vorzeigeunternehmers» zu Politikern aus Stuttgart. Auf einem Foto ist Ministerpräsident Teufel neben dem Unternehmer zu sehen, der mit stolzgeschwellter Brust seinen hohen Gast bewirtet. Geld, insbesondere viel Geld, hat wohl eine magnetische Anziehungskraft, besonders im Land der Geizkragen.

Als 1996 thüringische Steuerfahnder gegen Schmider ermitteln wollten, wurden sie mit dem Hinweis auf die bedeutende Rolle des Unternehmens in der Region von weiter gehenden Ermittlungen abgehalten. «Dieser unwahrscheinliche Betrug war wohl auch deshalb so leicht», schreibt Dietrich Hildebrandt, bis 2001 wirtschaftspolitischer Sprecher der Grünen-Fraktion, «weil es allzu viele Zeitgenossen nicht mehr gewohnt sind, nach den Quellen des Reichtums zu fragen.»

Dann kam es doch, initiiert durch couragierte Ermittler und Staatsanwälte, zur Aufdeckung des Milliardenbetrugs, dessen gesamte Hintergründe bis heute ebenfalls immer noch nicht geklärt sind.

Die einen sagen, das alles war und ist beste baden-württembergische liberale Wirtschaftspolitik. Andere sehen das eher negativ und sprechen von unheilvollen Verquickungen des mafiosen Geldadels mit der politischen Klasse. Schließlich, das lernen Polizeiräte in der Polizeiführungsakademie Hiltrup, ist Mafia «nicht nur eine Organisation oder Geheimgesellschaft, Mafia ist vielmehr eine Lebensphilosophie, eine Methode, ein (un)moralischer Code».

Was hat sich eigentlich in den letzten Jahren wirklich verändert?

Vieles von dem, was heute so gravierende soziale und gesellschaftliche Folgen hat, entfaltete sich erst allmählich. Ein im frühen Stadium noch zu bekämpfendes Krebsgeschwür bildet angesichts der sozialen Rücksichtslosigkeit einer anhaltenden wirtschaftlichen Krise und der politischen Ignoranz diesem Problem gegenüber überall Metastasen. Daher nochmals eine kurze Retrospektive über ein politisches Milieu, weil ja gerne schnell verdrängt und vergessen wird.

Bereits im Januar 1992 warf der damalige Berliner Landespolizeidirektor Klaus Kittlaus, Leiter der Zentralen Ermittlungsstelle für Regierungs- und Vereinigungskriminalität (ZERV), den Politikern vor, Ermittlungen im Zusammenhang mit der «Vereinigungskriminalität» bewusst zu verschleppen. «Die sind gar nicht mehr daran interessiert, die DDR-Schurken vor den Kadi zu bringen.» In fünf Jahren, so prophezeite er damals, werde das Schwarzgeld aus Schalck-Golodkowskis KoKo (Kommerzielle Koordination) «reingewaschen» und nicht mehr auffindbar sein. Dann gibt es eine neue Kriminalszene, die als «Bumerang auch Richtung Westen zurückschleudert».[29] Seine warnende Stimme wollte niemand hören. Inzwischen ist das Schwarzgeld, ob aus Quellen des KGB, der SED oder der Stasi, über die verschiedensten Unternehmenskomplexe sauber gewaschen.

«Ich habe in den Abgrund geschaut», wurde einst der SPD-Bundestagsabgeordnete Horst Jungmann zitiert, als er über seine Erkenntnisse aus einem Bonner Untersuchungsausschuss berichtete. Die Mitglieder des Untersuchungsausschusses versuchten die Arbeit der Berliner Treuhand zu bewerten. «Wir sind bei der Untersuchung in einen Sumpf der Korruption geraten. Westdeutsche Konjunkturritter haben sich goldene Nasen verdient und Millionen gemacht.»

Nicht einmal ansatzweise aufgeklärt ist, was mit den SED-Geldern geschehen ist. Millionen sind zum Beispiel bei der Telekom Griechenland gelandet, erzählt einer, der mit der Aufklärung über die Ströme der SED-Gelder von der Treuhand beauftragt wurde. «Als wir das ermittelt haben, sagte man uns bei der Treuhand: Sofort in den Reißwolf.›»

In dieser stürmischen Phase war Hans-Ludwig Zachert in Wiesbaden beim Bundeskriminalamt Präsident der mächtigsten deutschen Polizeibehörde. Ein Mann, der etwas über die Geisteshaltung derjenigen sagen kann, die damals an den Schalthebeln der Macht saßen. «Schauen Sie», erzählt er mir, «während meiner Dienstzeit war mein oberster Dienstherr Innenminister Manfred Kanther. Während er mit mir über Geldwäsche diskutierte und große Reden hielt, fütterte er die schwarzen Kassen seiner Partei mit Millionensummen in der Schweiz.» Manfred Kanther, dessen Spitzname «der Sheriff» lautete, war für die breite Öffentlichkeit die Inkarnation des Rechtsstaates. «Und Kurt Schelter, mein Staatssekretär, der mich und meine Mitarbeiter immer triezte und später Justizminister von Brandenburg wurde, tätigte zur gleichen Zeit dubiose millionenschwere Immobiliendeals», erzählt Zachert weiter.

Der Parteienforscher Hans Herbert von Arnim folgerte bereits vor Jahren daraus: «Da die politische Klasse die Gesetze selbst macht, betrachtet sie sie als ihre Geschöpfe und ist leicht versucht, mit ihnen nach Belieben umzugehen.» [30]

In Deutschland beschäftigte sich bekanntlich ein Untersuchungsausschuss des Bundestages auch mit der Frage, ob Entscheidungen der damaligen Bundesregierung, insbesondere beim Export von mehreren Dutzend ABC-Spürpanzern nach Saudi-Arabien, unter der Führung des damaligen Bundeskanzlers Helmut Kohl käuflich waren. Holger Pfahls, der ehemalige Staatssekretär im Bundesministerium der Verteidigung, Mitarbeiter des verstorbenen bayerischen Ministerpräsidenten Franz Josef Strauß,

Staatsanwalt und Präsident des Bundesamtes für Verfassungsschutz, steht immer noch unter dem Verdacht, gegen Zahlung von mehreren Millionen Mark zugunsten des Spürpanzerexports, besonders aktiv geworden zu sein. Holger Pfahls entzog sich der Klärung der schweren Vorwürfe bislang durch Flucht. Dann gibt es ja noch einen Exbundeskanzler, der nach seinem Amtsende einen Beratervertrag mit der Kirch-Gruppe abgeschlossen hatte und das wahrscheinlich irgendwie als ein Dankeschön für die Hilfe beim Aufbau eines Trash-Fernseh-Imperiums gesehen haben dürfte. Exbundeskanzler Helmut Kohl kann, wie die meisten aus seiner Partei, daran nichts Verwerfliches finden. Der Gewöhnungsprozess an solche delikaten Beziehungssysteme ist weit fortgeschritten: Sie haben auf der einen Seite dazu beigetragen, dass Milliarden verdient werden konnten, und auf der anderen Seite dazu geführt, dass die öffentliche Meinung gesteuert wurde: Wen kümmert es?

Und so ging es in Deutschland weiter und langsam bergab. Alfred Stümper, ehemaliger Chef des baden-württembergischen Landeskriminalamtes, ist zur Erkenntnis gekommen: «Bisher ging man davon aus, dass das professionelle Verbrechen in die Wirtschaft und Gesellschaft einsickert. Inzwischen zeigt sich, dass die Wege auch umgekehrt verlaufen, von der politischen Ebene ausgehen und von da – gewissermaßen nach unten – in Wirtschaft und Gesellschaft eindringen.» [31] Es war einmal, könnten Optimisten sagen. In den letzten Jahren hat sich ja viel verändert. Und außerdem hat eine neue Regierung nun das Sagen.

Aber genau wie von Alfred Stümper beschrieben, verfahren die Topkriminellen heute. Es besteht eine Art Wechselverhältnis, ein weites Netz von Partnerschaften, und die Topkriminellen dringen mit Unterstützung von Politikern und multinationalen Finanz- und Geschäftskreisen immer skrupelloser in sämtliche Bereiche der Wirtschaft ein. Davon geht nicht nur ein hoher Ministerialbeamter im Bundeskanzleramt aus – und der muss es eigentlich wissen. «Sie treiben geradezu ein Spiel mit der rechtsstaatlichen

Ordnung, die inzwischen durch ein weitverzweigtes System korrupter Machenschaften vergiftet wird.»

Und er geht noch weiter: «Im Hinblick auf die Frage, ob wichtige Daten und Akten zum Bau der Raffinerie Leuna, zum Export von ABC-Spürpanzern, Airbus-Flugzeugen und zu dem Verkauf von Eisenbahnerwohnungen absichtlich vernichtet oder beiseitegeschafft wurden, wird zudem öffentlich beklagt, dass die deutschen Staatsanwälte all ihren juristischen Einfallsreichtum nutzten, um sich diese heiklen Fälle vom Hals zu schaffen, statt mit der gebotenen Professionalität Licht in die dunklen Geschichten zu bringen.»

Für das explosive Gemisch aus Politik und Wirtschaftskriminalität ist demnach die Justiz seit langem prinzipiell nicht gerüstet.

Dazu kommt, dass sich in den letzten Jahren ein politischer Nährboden ausgebreitet hat, in dem mafiose Machenschaften nicht einmal mehr als solche erkannt werden. In dieses Szenario moralischer Dissonanzen passt, dass Helmut Kohl einst eine enge Freundschaft mit dem russischen Präsidenten Boris Jelzin gehegt und gepflegt hatte, einem Politiker, der den Kleptokraten erlaubte, Russland erbarmungslos auszuplündern.

Sein Nachfolger Gerhard Schröder hegte und pflegte hingegen die Freundschaft zu Jelzins Nachfolger Wladimir Putin. Der ist sicher kein Trinker wie Boris Jelzin und spricht Deutsch, aber dass er etwa den Ausverkauf Russlands gestoppt hätte, davon kann bisher zumindest keine Rede sein. Im Gegenteil. Die kriminellen Fürsten in Russland dürfen weiterhin ihre Schätze horten, die sie der notleidenden Bevölkerung geraubt haben, solange sie Putin nur schalten und walten lassen und keine Opposition gegen ihn unterstützen. Nicht einmal ansatzweise ist die bis in die Staatsspitzen reichende Korruption bekämpft worden. Dafür wird die Presse geknebelt, und die elementaren Menschenrechte werden wie in Tschetschenien mit Füßen getreten. Ein ehrenwerter Freund, ist man versucht zu sagen. «Die deutschen Osteuropaexperten», schreibt Thomas Urban, «auch aus dem Auswärtigen Amt, sind sich einig darin, dass Schröders Lob für Putin der Demokratisierung in Russland eher abträglich ist. Man bedauert oder ist empört darüber, dass der Kanzler so die wenigen Mittel, die es gebe, auf die russische Führung einzuwirken, untauglich macht – als habe man aus vergangenen Fehleinschätzungen nichts gelernt.[32]

Es ist schon makaber, dass Wladimir Putin jegliche internationalen Rechtsvorschriften missachtet und die elementaren Menschenrechte mit Füßen tritt, um seinen Machterhalt zu sichern. Das beste Beispiel ist die Verhaftung des russischen Oligarchen Michail Chodorkowskij und die Zerschlagung seines Konzerns Yukos. Die tödliche Sünde von Chodorkowskij war nicht, dass sein Unternehmen dem Staat Steuern hinterzogen hatte, sondern dass er es wagte, Putins politische Gegner finanziell zu unterstützen, und für eine zivile Bürgergesellschaft einzutreten. Das wurde ihm zum Verhängnis. Auf der einen Seite hat er sicher mit viel List und Tücke seinen enormen Reichtum anhäufen können. Andererseits versucht Putin, westliche Investoren mit dem Versprechen der Rechtssicherheit anzulocken.

Chodorkowskijs Anwälte in Russland werden bedroht und massiv eingeschüchtert, einer ist bereits bei einem mysteriösen Hubschrauberabsturz ums Leben gekommen. Von einem fairen Prozess zu reden wäre ein Euphemismus. Chodorkowskijs Mitangeklagter, Alexej Pitschugin, wurde zu belastenden Aussagen gegen seinen Chef gezwungen, indem ihm Drogen injiziert wurden. Zwar ist bekannt, dass das russische politische System durch und durch korrupt ist, aber trotzdem wuchs ein wenig die Hoffnung, dass zumindest ansatzweise Rechtssicherheit herrschen würde. «Da wird gegen alle Regeln des internationalen und russischen Rechts verstoßen», beklagt sich sein kanadischer Anwalt Robert R. Amsterdam. Er ist der Einzige, der frei reden kann. Und er fordert die deutsche Regierung auf, nicht länger die Augen vor den Verletzungen der Menschenrechte zu verschließen, nur weil das

Verhältnis zwischen Bundeskanzler Schröder und dem russischen Präsidenten Putin so gut sei und die Wirtschaftsbeziehungen zwischen beiden Ländern boomen.

Eigentlich funktioniere auch die Kooperation in polizeilicher Hinsicht zwischen Putins Russland und Schröders Deutschland ja unheimlich gut, schenkt man amtlichen Bekundungen aus Berlin und Moskau Glauben. Das Landeskriminalamt (LKA) Baden-Württemberg ist begeistert und schreibt: «Polizeiliche Auskunftsersuchen zu Personen in den Herkunftsländern laufen oft ins Leere oder führen zu zweifelhaften Ergebnissen, die unter Umständen von korrupten Beamten erarbeitet wurden. So ist es beispielsweise fast unmöglich, strafrechtlich relevante Finanztransaktionen aus der GUS (Gemeinschaft Unabhängiger Staaten) in die Bundesrepublik Deutschland nachzuweisen, da die Strafverfolgungsbehörden dort nicht in der Lage oder willens sind, Ermittlungsergebnisse vorzulegen.»

Und ich erinnere mich an die Aussage des LKA-Abteilungsleiters Josef Geißdörfer, der konstatierte, dass unter Wladimir Putin die Zusammenarbeit zwischen deutschen und russischen Dienststellen erheblich schwieriger geworden sei – und das bedeutet schon etwas.

Nun ist nirgendwo verbürgt, ob Ex-Bundeskanzler Gerhard Schröder über die mannigfaltigen Geheimnisse des Exspions Wladimir Putin aufgeklärt wurde. Höchstwahrscheinlich wird er wissen, dass das Vermögen seines Freundes eher kümmerlich ausfällt. Anlasslich seiner Wiederwahl zum Präsidenten teilte Wladimir Putin der zentralen Wahlkommission in Moskau den Umfang seines Vermögens mit. Demnach erhielt er zwischen 1999 und 2002 insgesamt ein Salär in Höhe von 270 000 US-Dollar und besitzt zudem Spareinlagen bei drei russischen Banken in Höhe von 134 000 US-Dollar. Sein Einkommen setzt sich aus seinem Gehalt «während seiner Amtszeit in der Präsidentenadministration und in der Kremlvermögensabteilung zusammen sowie aus Honoraren für sein Buch *Lerne Judo mit Wladimir Putin* und Anteilen an der St. Petersburger Promyshlenno-Stroitelny Bank».[33] Außerdem besitzt der Politiker eine Datscha und drei Grundstücke bei St. Petersburg und Moskau. Das ist – im Vergleich zu seinem Vorgänger wie den anderen Staatschefs in der ehemaligen Sowjetunion in der Tat kümmerlich.

Über sein Beziehungsnetzwerk mit wahrscheinlich geldwerten Vorteilen steht in seinen Einkommenserklärungen natürlich nichts. Warum er den ehemaligen St. Petersburger Gouverneur Wladimir Jakowlew Mitte Juni 2003 nach Moskau holte und zum Vizepremier ernannte, obwohl dem enge Beziehungen zu einem kriminellen Syndikat in St. Petersburg nachgesagt wurden, ist ein Rätsel geblieben. Mysteriös sind auch seine Beziehungen zu einem internationalen Waffenhändler, dem international einschlägig bekannten Oleg Orlow. Der Mann verfügt über gute Quellen für seine Geschäfte. Jedes Jahr verschwinden aus Militärarsenalen und Rüstungsfabriken Tausende konventioneller Waffen, wobei die russischen Streitkräfte im Schmuggel eine entscheidende Rolle spielen. Sie bieten Schutz, Information, Kontakte, sichere Schmuggelrouten und andere Dienstleistungen auch den kriminellen Organisationen an.

Oleg Orlow jedenfalls kam Ende 1999 mit einem Koffer voller Einhundertdollarscheine auf dem Flughafen Kopenhagen an. Er wollte über sein Unternehmen E. M. M. Arab Systems Ltd. unter anderem Osmium 184 verkaufen, ein sehr seltenes, sehr teures Nebenprodukt aus der Nickelförderung. Einer der damals an den entsprechenden Verhandlungen beteiligten finnischen Unternehmer erinnert sich bestens daran, dass Oleg Orlow mehrmals davon sprach, dass er für seine Geschäfte den Schutz, «Protection», von Wladimir Putin habe. Oleg Orlow sei ein sehr vorsichtiger Mann gewesen. Kreditkarten würde er niemals benutzen, damit seine Spuren nicht verfolgt werden können. Und wenn er überhaupt einmal mit einem Handy telefonieren würde, dann kaufe er sich eines und werfe es nach dem Gespräch sofort wieder weg. Ein Geschäftsmann also, gleichermaßen geheimnisvoll wie Wladimir Putin.

Und mit diesem Wladimir Putin, Mister Teflon, wie er auch genannt wird, verbindet Ex-Bundeskanzler Schröder eine herzliche Freundschaft. Zu seinem 60. Geburtstag schwebte Wladimir Putin als «Überraschungsgast» in Hannover ein und brachte als «Gastgeschenke» ein Balaleika-Orchester und einen Kosakenchor mit. Wobei der Kosakenchor – abweichend von seinem sonstigen Repertoire – trällerte: «Wir sind die Niedersachsen, sturmfest und erdverwachsen.»

Angesichts der beschriebenen Verhältnisse drängt sich die Frage auf, warum bislang engagierte Beamte und Staatsanwälte eigentlich ihrer teilweise gefährlichen Arbeit nachgehen und sich für die Verbrechensaufklärung und die Gesellschaft aufreiben sollen, wenn Wertmaßstäbe und Moral der Vorgesetzten und insbesondere der Topgarnitur aus Wirtschaft und Politik ein eher erschreckendes Niveau offenbaren und einer Dampfwalze gleich jegliche ethischen Maßstäbe überrollen?

Hochdotierte Ministerialbeamte nehmen kein Blatt mehr vor den Mund und sprechen zumindest vor ausgesuchtem Fachpublikum davon, dass ihre Regierung in Berlin ständig Rechtsbruch begehe. Auf Nachfrage, was das denn konkret heiße, wird gern auf folgenden Vergleich hingewiesen. Bei privaten Unternehmen seien buchhalterische Luftbuchungen strafbar und stellen einen typischen Fall von Wirtschaftskriminalität dar. Doch bei der Bundesregierung werde wissentlich ein falscher Bundeshaushalt aufgestellt und als normal hingenommen. Ganz zu schweigen davon, dass im Bundeshaushalt mit Buchhaltungstricks gearbeitet werde, die nicht sauber wären. Zum Beispiel wurden Einnahmen wie die Erlöse von Toll-Collect in den Bundeshaushalt eingestellt, obwohl die Erlöse nie zustande kommen werden.

Auch die Steueramnestie für die vielen großen Steuerstraftäter sorgte für Empörung. Diese Steuerhinterzieher hatten in der Vergangenheit Milliarden auf Konten im Ausland versteckt und rufen gleichzeitig nach Steuersenkungen wie der Ertrinkende nach dem rettenden Ufer. Dieser Vorgang zeige eindeutig, dass der Spruch, «Verbrechen darf sich nicht lohnen», keinen Cent mehr wert sei.

Immerhin führte die Verabschiedung dieses speziellen Gesetzes zu scharfen Kommentaren. In der *Süddeutschen Zeitung* schrieb der einsame Rufer in der journalistischen Wüste, Heribert Prantl: «Solche Amnestien für Steuerstraftäter sind ein fatales Signal. Sie zeigen: Der Rechtsstaat prostituiert sich; er lässt sich kaufen. Wenn er Geld braucht und es sich für ihn rentiert, verrät er seine Grundsätze. Dann wird zwar der Ladendieb bestraft, nicht aber der Steuerdieb. Eine Amnestie für Steuerstraftäter wäre die Demaskierung des Strafrechts als Klassenstrafrecht.»[34] Gut gesehen, bewirkt hat sein Kommentar selbstverständlich überhaupt nichts.

Ähnlich widerspruchsvoll verhalten sich die Regierenden, wenn es um die Bekämpfung der Geldwäsche geht. 1992 wurde der Geldwäschetatbestand in das Strafgesetzbuch (§ 261) eingeführt und seitdem mehrmals verschärft. Das Gesetz gilt ja bis zum heutigen Tag in der politischen Propaganda als das Instrument überhaupt, um Wirtschaftskriminalität und Organisierte Kriminalität endlich wirkungsvoll bekämpfen zu können.

Zwischen Propaganda und der tristen Realität liegen freilich Welten. Zwar haben Banken im Jahr 2002 insgesamt 8263 Geldwäscheverdachtsanzeigen den Behörden geschickt, letztlich konnten daraus aber nur 189 Verfahren eingeleitet werden, gerade mal zwei Prozent. Wenn Regierungsbeamte es wagen, auf diesen Sachverhalt aufmerksam zu machen, werden sie nach altbewährter preußischer Gutsherrenart zusammengestaucht. Sie mögen gefälligst den Mund halten und den hübschen Schein wahren.

Wolfgang Hetzer war bis Februar 2002 Referatsleiter im Bundeskanzleramt, verantwortlich für nachrichtendienstliche Informationsbeschaffung im Bereich Organisierte Kriminalität und Proliferation. Zuvor war er in der SPD-Fraktion Initiator zahlreicher Gesetzesvorlagen gegen Wirtschaftskriminalität, insbesondere gegen Geldwäsche. Inzwischen arbeitet Hetzer als Leiter einer Analyseabteilung bei der europäischen Antibetrugseinheit OLAF. Ein Mann mit tiefen Einblicken also. Er wagte, Ketzerisches auszusprechen, nämlich das vergebliche Bemühen, Geldwäsche zu bekämpfen.

In der NDR-Sendung *Panorama* vom 22. Januar 2004 formulierte Wolfgang Hetzer, was sowieso jeder Eingeweihte weiß: «Die Vorstellung, dass die Fahnder in Deutschland in der Geldwäschebekämpfung im erforderlichen Maß wirksam, sprich erfolgreich werden können, ist auf einer nach oben und unten offenen Skala zwischen naiv und absurd anzusiedeln.»

Die Reaktion aus Berlin folgte prompt. Ein hoher Ministerialbeamter aus dem Innenministerium beschwerte sich bitter bei Hetzers Chef in Brüssel über die «unverschämte Äußerung» eines deutschen Beamten. Und forderte indirekt damit die Entlassung des aufmüpfigen Hetzer. Dabei hätte der Berliner Ministerialbeamte aus dem Schily-Ministerium nur einen Blick in die Standardkommentierung des *Strafgesetzbuches*, den «Kommentar zum Strafgesetzbuch» der Professoren Herbert Tröndle und Thomas Fischer, werfen müssen. Die beiden Professoren schreiben, dass sich die «Verfolgung der Geldwäsche weitgehend als selbstreflexives System erwiesen hat, dessen materielle Kosten den Wert abgeschöpfter Straftatgewinne leicht um das Tausendfache übersteigen. Ein Rückgang der Organisierten Kriminalität sei nicht zu verzeichnen, der Kampf nicht zu gewinnen. Denn: Wie soll man einen Feind besiegen, der sich perfekt getarnt in der Mitte der Gesellschaft befindet.»[35]

Ähnliche Erfahrungen wie Hetzer machte übrigens Kriminaldirektor Rainer Bruckert vom niedersächsischen Landeskriminalamt. Der wagte in einem Interview in der *Hannoverschen Allgemei-*

nen am 13. März 2004, ähnlich kritische Töne anzuschlagen. Rainer Bruckert sieht die Polizei bei der Geldwäsche «fast auf verlorenem Posten». Und er führte weiter aus: «Viele Kriminelle zum Beispiel aus den baltischen Ländern, aus der Ukraine und aus Russland haben so viel verdient, dass sie Verbrechen nicht mehr nötig haben. Die haben das Geld und arbeiten nur noch damit. Das ist ein Problem, da fange ich langsam an zu resignieren.»

Weil Bruckert außerdem noch einen starken Anstieg der Kriminalität durch organisierte Banden im Zusammenhang mit der EU-Osterweiterung am 1. Mai 2004 befürchtete, gab es Ärger. Ihm wurde zu verstehen gegeben, dass solche Aussagen nicht erwünscht seien.

Um das Problem von mafioser Einflussnahme in den obersten Ebenen von Politik und Wirtschaftskonzernen weder als gesellschaftliches und kulturelles Problem wahrzunehmen noch es intellektuell zu begreifen, bedient man sich bundesweit des Prinzips: nichts wissen und deshalb auch nichts erkennen können. Die Drogenbosse, Waffenhändler, Menschenhändler, Finanzhaie, Rechtsanwälte, Banker und die Profiteure internationaler Wirtschaftskriminalität in den Vorstandsetagen weltweit operierender Konzerne samt ihren Freunden in den politischen Parteien freut das verständlicherweise in besonderem Maße.

Wenn Investoren aus Holland, die ihr Vermögen mit dem Drogenhandel erwirtschaftet haben, ihr Geld bei einem deutschen privaten Flughafen anlegen, ist das nicht mal mehr eine überregionale Meldung wert. Die holländische Polizei weigerte sich beharrlich, entsprechende Ermittlungen konsequent durchzuführen, und der zuständige Regierungspräsident in Nordrhein-Westfalen musste sich deshalb damit zufriedengeben, dass die Verdächtigen nun über neue Partner trotzdem am Investitionsprojekt beteiligt werden. Wirtschaftliche Schattensysteme sind auf diese und ähnliche Weise über die Jahre hinweg entstanden, die mit strafrechtlichen Maßstäben überhaupt nicht mehr zu fassen sind.

Einschüchtern, tricksen und lügen – das scheint jedenfalls die offizielle Politik geworden zu sein, um davon abzulenken, dass Kriminalität tief in die obersten Bereiche von Politik und Gesellschaft eingedrungen ist – und dass die Sicherheitsbehörden dieser Situation mehr oder weniger hilflos gegenüberstehen. Sicherheit für den normalen Bürger ist ein leeres Versprechen geworden. Polizeilicher Rigorismus in Fällen von Kleinstkriminalität wird hingegen als Gegenmittel verkauft und als erfolgreicher Kampf gegen Kriminalität dargestellt.

Und dieser Zustand soll auch in Zukunft nicht gefährdet werden. «Die Prädominanz der Politik innerhalb der Polizei behindert eine sachgerechte Polizeiarbeit», beschwert sich Uwe Kranz, einst Direktor des Landeskriminalamtes Thüringen und jetzt bei Europol in einer Leitungsfunktion tätig, denn: «Die Polizei ist einzig und allein dem Recht und Gesetz unterworfen, aber nicht der Politik. Was wir erleben, ist hingegen eine kranke Entwicklung.»

Dass in diesem Zusammenhang Politiker bereits so plump intervenieren wie der CDU-Bundestagsabgeordnete und Justiziar der CDU/CSU-Bundestagsfraktion Ronald Pofalla, treibt die Entwicklung auf die Spitze und zeigt gleichzeitig die vorherrschenden Mechanismen. Im Zusammenhang mit dem Mannesmann-Prozess beschwerte Pofalla sich über Bundeswirtschaftsminister Clement. Der hätte in seiner früheren Funktion als Ministerpräsident in Nordrhein-Westfalen über seinen Generalstaatsanwalt Einfluss auf die Strafverfolger nehmen können und angesichts der Bedeutung des Falles auch nehmen müssen, damit es überhaupt nicht zur Anklage gekommen wäre. Immerhin reagierte der Deutsche Richterbund auf die Dreistigkeit des Politikers. «Wer dies fordert, rührt an den Grundlagen des Gewaltenteilungsprinzips.» Und der Vorsitzende des Deutschen Richterbundes, Wolfgang Arenhövel, fordert erneut, das Weisungsrecht der Politik gegenüber der Staatsanwaltschaft abzuschaffen. Das wird ein frommer Wunsch bleiben. Viel vornehmer ist hingegen die Praxis, Staatsanwälte zum

Rapport ins Justizministerium zu bestellen, wenn es um heikle politische Fälle geht.

Diese hier beschriebenen Vorgänge sind sicher nicht neu, haben dessen ungeachtet inzwischen aber eine skandalöse und die soziale Demokratie gefährdende Qualität erreicht. Schaut man sich heute die leeren Kassen der Gemeinden und des Staates an sowie die ständig zunehmende öffentliche und private Armut, dann wird deutlich, mit welcher Unverfrorenheit diese Kriminalität bereits seit Jahren hingenommen wurde, weil sie die Taschen einer bestimmten Elite füllte. Und die verteidigt ihre Privilegien mit allen Mitteln. Skeptiker gehen so weit und sagen, der liberale Rechtsstaat wird geopfert, um diese Privilegien zu verteidigen.

Erfolgreiche Polizeiarbeit oder wie Recht gebeugt wird

Nein, so schlimm kann es doch nicht sein, wird der erstaunte Leser einwenden. Stimmt: Staatsanwälte und Polizei können schon mal richtig im Kampf gegen die Organisierte Kriminalität oder Wirtschaftskriminalität zuschlagen. Im Februar 2004 meldeten Zeitungen, dass in Kassel Staatsanwaltschaft und Bundesgrenzschutz Hochleistungen im Kampf gegen das Verbrechen erbrachten. Die Staatsanwaltschaft ermittelte gegen einen Studenten, dem Stromdiebstahl im Wert von ganzen 0,2 Cent vorgeworfen wurde. Er hatte sein Notebook im ICE-Bahnhof für einige Minuten an einer öffentlichen Steckdose angeschlossen. Drei Beamte des Bundesgrenzschutzes, die den «Diebstahl» beobachteten, verfolgten ihn bis in die Straßenbahn.

Recht erfolgreich war bekanntlich auch eine Hausdurchsuchung der besonderen neuen Art. Eine solche musste Ende März 2004 der Journalist Udo Ulfkotte über sich ergehen lassen. Dem werfen die Frankfurter Polizei, Abteilung Staatsschutz, und die Staatsanwaltschaft Frankfurt ein schweres Verbrechen vor: «Anstiftung zum Geheimnisverrat». Er hatte in seinen Büchern und Artikeln aus amtlichen und geheimen Dokumenten zitiert. Das ist eine «Straftat», die jeder einigermaßen gutinformierte Journalist begeht. Noch nicht alltäglich ist, dass deshalb auch die Telefone abgehört werden wie bei Udo Ulfkotte. Damit der Durchsuchungsbeschluss überhaupt vollzogen werden konnte – das Amtsgericht Frankfurt hatte den Antrag der Staatsanwaltschaft abgelehnt –, wurde ein zusätzlicher Vorwurf konstruiert, nämlich Bestechung von Polizeibeamten. Und daraufhin genehmigte das Landgericht Frankfurt die Durchsuchungsaktion.

Denn die «geschmierten» Polizeibeamten, so die bizarre Logik des Frankfurter Staatsanwalts Bernd Rauchhausen, geben nur Informationen an Journalisten, wenn sie dafür eine Gegenleistung erhalten, alles andere wäre lebensfremd. Fragt sich nur, wie lebensfremd der Staatsanwalt ist. Polizeibeamte oder Staatsanwälte informieren Journalisten aus ganz anderen Gründen – zum Beispiel weil sie sehen, dass sie in ihren Ermittlungen behindert werden und keine Möglichkeiten haben, etwas zu bewirken. Geld spielt dabei prinzipiell keine Rolle. Im Beschluss des Landgerichts Frankfurt steht jedoch: «Aufgrund der Lebenserfahrung besteht eine nicht unerhebliche Wahrscheinlichkeit dafür, dass der Amtsträger aus der Polizei sich nur deshalb eines Vergehens nach § 353 StGB strafbar gemacht habe, weil er dazu angestiftet wurde und ein entsprechendes Entgelt erhalten hat.»

Nachdem Journalisten den Grund für die massive Polizeiaktion gegen den Kollegen wissen wollten, war auf einmal vom Vorwurf der Bestechlichkeit, der im Durchsuchungsbeschluss nachzulesen war, nicht mehr die Rede. Er wurde so heftig dementiert, dass viele Journalisten den Aussagen des Pressesprechers der Frankfurter Staatsanwaltschaft auch Glauben schenkten.

Bei der Durchsuchungsaktion waren die Beamten im hochgefährlichen Einsatz. Die Büroräume wurden auf den Kopf gestellt und die Zimmer von Ulfkottes Ehefrau – nach seinen eigenen

Worten – völlig verwüstet, als hätte man nach Sprengstoff oder Drogen bei einem hochkriminellen Täter gesucht. Bücher wurden aus dem Regal geworfen, Tüten auf den Boden ausgeschüttet und sogar die Unterwäsche durchsucht. Dann beschlagnahmte man sowohl sein gesamtes Arbeitsmaterial wie auch das seiner Frau, einer Unternehmerin. Sie kann seitdem nicht mehr arbeiten, weil ihr alle Unterlagen fehlen.

Die Qualität der Durchsuchung zeigte sich auch daran, dass die Tresore nicht geöffnet wurden. Und vergessen wurde, in der Tiefkühltruhe nachzuschauen. Weil Udo Ulfkotte gegen die Beschlagnahme Widerspruch einlegte, wurde ihm, wie er erzählt, zu verstehen gegeben, das tue man nicht. «Deshalb können Sie noch Monate auf Ihre Unterlagen warten.» Sein Anwalt gab dem Journalisten den Rat, sich ruhig zu verhalten, sonst würde er schnell in Untersuchungshaft kommen, wegen Verdunklungsgefahr. Ist der Fall eine der Ausnahmen für weit überzogenes polizeiliches Einschreiten?

Gleichfalls in Frankfurt geriet ein renommiertes Sicherheitsunternehmen in den Verdacht, einen Polizeibeamten geschmiert zu haben, um in den Besitz vertraulicher Informationen zu gelangen. Das führte zu einem massiven Personaleinsatz der Polizei. Über 120 Beamte, teilweise schwerbewaffnet, stürmten das Büro und die Wohnungen des Besitzers und leitender Angestellter des Sicherheitsunternehmens, nachdem die Polizei zuvor auch deren Telefone abgehört hatte. Einer der Mitarbeiter wurde an Händen und Füßen gefesselt, obwohl er einen Herzinfarkt erlitten hatte, und dann in ein weit entferntes Krankenhaus transportiert. Er hatte Glück und überlebte die Prozedur.

Der Haftbefehl lautete auf Anstiftung zum Geheimnisverrat, Korruption und Geldwäsche. Oha, ist man geneigt zu sagen – da ist den Frankfurter Beamten anscheinend endlich ein großer Fisch ins Netz gegangen. Welches schwere Verbrechen hatten die Angestellten des Sicherheitsunternehmens begangen, das einen solchen massiven Einsatz, teuer dazu, nur ansatzweise rechtfertigen würde? Sie hatten bei ihren Ermittlungen gegen Wirtschaftskriminelle – Auftraggeber waren Banken, Versicherungen und große Industriekonzerne – über verdächtigte Personen sogenannte Halteranfragen gemacht oder die Personaldaten aus dem Polizeicomputer in Erfahrung gebracht. Ein Beamter hat sich dafür bezahlen lassen. Nun kann man zweifellos dem Polizeibeamten korruptes Verhalten vorwerfen. Und so gesehen ist er für die Polizei untragbar und muss verurteilt werden. Doch welch ein Aufwand. Die Mitarbeiter des Sicherheitsunternehmens hatten ihre Informationen ja nicht benutzt, um Kriminellen zu helfen, sondern um kriminelle Machenschaften aufzudecken, die die Polizei anscheinend nicht mehr verfolgen kann.

Im Prozess gegen die Beteiligten Ende April 2004 tauchte dann ein Vermerk der Frankfurter Polizei auf. Daraus ging hervor, dass bereits die Hausdurchsuchung und die Festnahme von Mitarbeitern des Sicherheitsunternehmens und von dessen Besitzer mit fadenscheinigen Gründen ermöglicht wurden. Demnach ergaben die bisherigen Ermittlungen keinen Anlass, der eine weitere Telefonüberwachung rechtfertigten würde. Flugs wurde der Vorwurf der «Geldwäsche» konstruiert. Dafür gab es zwar keinerlei Hinweise, aber ihn erst einmal anzunehmen reichte aus, um beim zuständigen Richter sowohl die Telefonüberwachung weiter genehmigt wie auch beim Haftrichter einen Haftbefehl zu bekommen.

Einen Tag nach der spektakulären Polizeiaktion wurde der Vorwurf der Geldwäsche bereits wieder fallengelassen. Das müffelt nach Rechtsbeugung, um wenigstens einen Erfolg auf dem niedrigsten Niveau präsentieren zu können.

Paten, Politiker und seltsame Freundschaftsdienste

«Die Geschichte lehrt, dass gerade die Forderung nach tugendhaftem Verhalten in ein erbarmungslos überzogenes, selbstgerechtes und sogar heuchlerisches Moralisieren umschlagen kann.»
Exbundesverfassungsrichter Ernst Simon

Die schwüle Romantik des politischen Faktors Rotlicht

Unzählige Berichte sind in den Medien über den internationalen Frauenhandel, über sexuelle Ausbeutung oder Kinderprostitution erschienen; und mal wurde mehr, mal weniger seriös berichtet. Merkwürdig aber war fast immer, dass über die Hintermänner, die in aller Regel männlichen Profiteure, und über ihre Verbindungen ins herrschende politische Milieu hinein beharrlich geschwiegen wurde. Denn diesbezügliche Erkenntnisse würden die Erpressbarkeit von Politikern und Wirtschaftsführern durch kleine wie große Gangster offenbaren. Ob Kommunalbedienstete, Landes- oder Bundespolitiker, hochrangige Richter und Staatsanwälte, sie alle scheinen nicht nur das schummrige Ambiente von Edelpuffs samt Luxusnutten zu genießen. Wenn es dabei nur um ihr Privatleben ginge, wäre es keine Zeile wert. Doch fatal wird es aus anderen Gründen.

Zum Beispiel lassen sich manche aus dieser Szene hemmungslos mit Kindern und Jugendlichen beliefern, mit jungen Frauen, die von Zuhälterbanden zu ihrem «Job» gezwungen werden und sich in sklavischer Abhängigkeit befinden. Auf der anderen Seite gelingt es selbst der Polizei und Staatsanwaltschaft nur selten, dieses Milieu aufzuhellen und die entsprechenden Verflechtungen mit teilweise hochrangigen Würdenträgern aufzuzeigen. Nicht zuletzt deshalb, weil Ermittlungen nicht erwünscht sind. Die korrupten, ja geradezu mafiosen Strukturen sollen im Dunkeln bleiben.

Das Rotlichtmilieu ist bis heute Synonym für gefährliche Banden und internationale Kriminalität, wobei das Spektrum vom «Fünfmarksluden» bis zur internationalen Menschenhändlerbande reicht. Um die Großen im Rotlichtmilieu schart sich ein weitgefächertes kriminelles Netzwerk. Konkurrenten werden bedroht und erpresst, Lokale zertrümmert oder angesteckt, Zeugen werden eingeschüchtert, mit Repressalien bedroht oder brutal malträtiert. Das alles ist schmückendes Beiwerk der Szene. Denn es geht vor allem auch um viel Geld und um den Versuch, Einfluss auf politische Entscheidungsprozesse zu nehmen. Es geht um Finanztransaktionen von illegalen Geldern über Verwaltungsgesellschaften mit ihren zahlreichen Restaurants, Gaststätten, Bars, Bistros, Spielkasinos, Saunaklubs, Immobilienfirmen und die wiederum damit in Zusammenhang stehenden Verbindungen zu Politikern, Amts- und Mandatsträgern sowie zu Wirtschaftsgrößen.

Und diese Verbindungen haben fast immer Folgen. Denn ermittelnde Polizeibeamte oder Staatsanwälte, die zu nahe an die Verbindungen zwischen Rotlicht und politischen Mandatsträgern kommen, werden eingeschüchtert. Staatsanwälte wiederum weigern sich, Verfahren zu eröffnen. Richter ducken sich, Ermittlungen werden gezielt sabotiert, Zeugen nicht nur mundtot gemacht.

Im katholischen Trier zum Beispiel tauchten bereits Mitte der neunziger Jahre, im Zusammenhang mit dem Rotlichtmilieu in der Domstadt, hochrangige Persönlichkeiten in Ermittlungsakten auf, Akten, die daraufhin erst mal in den Schubladen der Staatsanwaltschaft verschwanden. Dann wurde jedoch ermittelt. Und was seit geraumer Zeit vermutet wurde, stellte sich zumindest in Teilen als durchaus wahr heraus: Richter, die bislang bei ihren Entscheidungen als juristisch unabhängig betrachtet werden, sind eben auch nur Menschen mit besonderen Vorlieben.

Was sich in Trier herauskristallisierte, war, dass es ein Netzwerk von Zuhältern gab, die in ihren Räumlichkeiten Pornos mit minderjährigen Mädchen und Jungen drehten und dabei anscheinend auch Gäste auf Video aufgenommen hatten. Vernehmungen von Prostituierten und von Mädchen aus einem Jugendheim durch Beamte des Landeskriminalamtes Rheinland-Pfalz zeigten, dass auch Trierer Richter in diese Szene verstrickt waren. Immerhin wurden sie beschuldigt, «dass die Kontakte ins Rotlichtmilieu auch zu einer Beeinflussung eines Verfahrensausganges genutzt wurden». Und in einem vertraulichen Hinweis der Polizei ist zu lesen: «Der hier unter Nr. 3 geführte Informant erklärte, dass bei Eröffnung des neuen Eroscenters in der Luxemburger Straße in Trier Personen aus dem Bereich der Justiz, der Politik und der Polizei zu einer Eröffnungsparty eingeladen wurden. Bei der Eröffnungsparty sollen Frauen ‹kostenlos› gewesen sein, es wurden Betäubungsmittel verabreicht.»

Ein weiterer Zeuge erklärte, dass es Zusammenkünfte von Justizangehörigen im Eroscenter gab, an denen zwei Richter teilgenommen haben. Der Informant bezeichnete die Zusammenkünfte als «ständige Saufgelage». Aus der genannten Gruppierung heraus sollen aktiv Straftaten gedeckt worden sein. Eine andere Quelle der Polizei wiederum erzählte, dass Partys veranstaltet wurden, an denen auch Justizangehörige teilnahmen. Solche Partys wurden im Haus von Dieter B. in Südfrankreich gefeiert. Dieter B., ein inzwischen abgeurteilter Bordellbesitzer, soll «Männer aus Politik, Polizei sowie der Justiz in der Hand haben. Hintergrund hierfür soll Erpressungsmaterial sein, welches sich auf sexuelle Handlungen begründet», halten die Ermittler in einem Protokoll fest. Nicht nur Dieter B. wurde verurteilt, auch gegen Polizeibeamte gab es Urteile bzw. Disziplinarverfahren. Bei einem der Richter konnte nicht zweifelsfrei festgestellt werden, dass er in Bezug auf seinen

Dienst Vorteile angenommen oder Angehörige des Rotlichtmilieus dienstlich begünstigt hatte.

Trotzdem: Drei Jahre lang folgten die Beamten der Sonderkommission gewissenhaft allen möglichen, teilweise auch unmöglichen Hinweisen. Eher zufällig wurden bei einer Razzia Fotos gefunden, die einen der beschuldigten Richter auf der Yacht eines stadtbekannten Bordellbesitzers zeigen. Doch auch diese Fotos untermauern nach Ansicht der Staatsanwaltschaft nicht die Glaubwürdigkeit einer zentralen Zeugin. Lieber beruft man sich auf ein psychologisches Gutachten, wonach die Angaben von Dagmar J. nur mit Vorsicht zu genießen seien. Die erklärte in ihrer zeugenschaftlichen Vernehmung: «Es fand Gruppensex statt, wo jeder mit jedem rummachte. Es gab aber auch einige Dinge, die anders waren. Ich hatte den Eindruck, dass die Jungs und Mädchen dieses Mal nicht alles Deutsche waren. Entweder sprachen sie sehr wenig, weil sie nicht durften oder weil sie total mit Drogen voll waren. … Wenn ich nach dem Alter der Jungs und Mädchen gefragt werde, muss ich sagen, dass es schwierig war, sie einzuschätzen, weil die zwar noch jung aussahen, so zwölf bis dreizehn schätze ich, aber die haben so abgefuckt geredet, dass die älter wirkten.»

Besonders gut konnte sie sich an diverse Juristen erinnern. «Ich habe zwischendurch mithören können, wie die sich über Fälle und Paragraphen unterhalten haben, und das können meinem Erachten nach nur Leute sein, die beruflich damit zu tun haben. Einige von denen habe ich später im Gericht in Trier wiedergetroffen.»

Die Aussage der Zeugin wurde allerdings von der Staatsanwaltschaft deshalb nicht ernst genommen, weil es sich bei ihr um eine drogenabhängige Prostituierte handelte. Horst Roos von der Staatsanwaltschaft Trier charakterisiert diese Zeugin, über die ein psychiatrisches Gutachten in Auftrag gegeben wurde, mit folgenden Worten: «Das Gutachten begründet erhebliche Zweifel an der Glaubwürdigkeit der Zeugin. Ohne ihr Verschulden, bedingt durch ihre Vita, bedingt durch ihre Herkunft und ihr persönliches Schicksal.»

Tatsächlich aber wurde besagtes Gutachten für ein ganz anderes Verfahren angefertigt, in dem nämlich Dagmar J. gegen ihren Zuhälter klagte. Dieses Gutachten nun auf ihre Aussage im Ermittlungsverfahren über den Kindesmissbrauch zu beziehen, hielt der Psychiater schlichtweg für illegitim. «Also, ein Gutachten einer Sache über sexuellen Missbrauch, an welcher diese Zeugin beteiligt war, habe ich nicht erstattet. Und ich bin etwas verwundert, verwundert über die Einstellungsbegründung, die ich hier gelesen habe. Dass man hier Teile aus meinem, doch speziellen Gutachten in einem anderen Fall herausgenommen hat, um das zu begründen. Ich meine, das kann man gerade in dieser Sache nicht machen.»

In dem Gutachten wurde tatsächlich ein völlig anderes Bild der Zeugin gezeichnet, als es die Staatsanwaltschaft glauben machen wollte. «Sie verfügt über eine hinreichend ungestörte Wahrnehmungsfähigkeit, auch ein intaktes Erinnerungsvermögen und ein hinreichendes Situationsverständnis. Demnach ist Frau J. grundsätzlich in der Lage, über Erlebnisse hinreichend objektive Auskünfte erteilen zu können.»

Trotzdem wurden 1998 alle anstehenden Verfahren wegen sexuellen Missbrauchs eingestellt. Obwohl es mittlerweile etliche sich ergänzende Aussagen gab, wurde das, was die Hauptbelastungszeugin unter Eid ausgesagt hatte, als unbestätigt abgetan. Erstaunlich war das schon. Denn bereits zuvor hatte ein weiterer Polizeiinformant (intern VP, Verbindungsperson, genannt) ausgesagt. Auch er berichtet von Sexpartys mit Kindern und nennt übrigens den gleichen Täterkreis wie Dagmar.

Manfred Lichtenberg war damals Leiter der Sonderkommission «Rotlicht». Er fasste in einem vertraulichen Sachstandsbericht die verschiedenen Aussagen zusammen und kommt zu einem ganz anderen Ergebnis als die Staatsanwaltschaft. «Bei allen Aussagen von Zeugen, Informanten und VP, die sich untereinander in der Regel nicht kennen, ist auffallend, dass meist der gleiche Personenkreis benannt wird, welcher bei den Partys mitgewirkt haben soll. Aufgrund der Vielzahl der gesammelten Informationen und Aussagen ist davon auszugehen, dass Partys mit sexuellem Hintergrund organisiert veranstaltet wurden, an denen unter anderem Behördenangehörige teilnahmen.»

Eigentlich hätte das der Durchbruch bei den Ermittlungen sein können. Doch weit gefehlt. Wie Dagmar J. wird auch die VP von der Staatsanwaltschaft als unglaubwürdig eingestuft, und zudem sei sie schlichtweg nicht mehr erreichbar. «Kontakt zu der VP auch abgebrochen.» Inoffiziell wurde sogar von einem Todesfall gesprochen. Dabei hätte schon ein Blick ins Internet genügt, um die Adresse zu finden. In Luxemburg, keine Autostunde von Trier entfernt. Bei einem Treffen mit Reportern des Magazins *Fakt* vom Mitteldeutschen Rundfunk wurde die Aussage bestätigt. «Aber nach massiven Drohungen aus dem Trierer Milieu kein Statement vor der Kamera», heißt es in dem Fernsehbericht. «Untaugliche Glaubwürdigkeitsgutachten, unerreichbare Zeugen. Nachdem sämtliche Verfahren wegen Kindesmissbrauchs eingestellt sind, hat die alte römische Kaiserstadt ihre scheinbare Unschuld wieder.»

Die gegen die zwei Richter eingeleiteten Ermittlungsverfahren wegen sexuellen Missbrauchs Minderjähriger wurden mangels hinreichender Tatnachweise inzwischen eingestellt. Immerhin wären ein Politiker aus Saarbrücken, ein Staatsminister aus dem Bundeskanzleramt und ein früherer Ministerpräsident mit dem Komplex in Verbringung gebracht worden.

Seltsam bei allen Widersprüchen war, in welch vorauseilendem Gehorsam von Anfang an vom Innenministerium in Mainz Druck auf Ermittler ausgeübt wurde. Teilweise trafen sie sich in Frankreich, weil sie glaubten, in Trier abgehört zu werden. Es herrschte ein Klima der Angst, des Verfolgungswahns und des gegenseitigen

Misstrauens. Beamte des Landeskriminalamtes (LKA) ermittelten gegen Trierer Polizisten, Staatsanwälte gegen LKA-Fahnder und Triers Polizeichef. Und Trierer Polizisten machten sich auf den Weg, um Hinweisen auf mögliche LKA-Verfehlungen nachzugehen. Zwischen alledem schwirrten geheimnisumwitterte «Verdächtigungen gegen ‹Personen des öffentlichen Lebens›, die angeblich das Rotlicht nicht gescheut haben».[36]

Einer ihrer Vorgesetzten im Trierer Polizeipräsidium ist noch heute empört: «Normalerweise ist die Aufklärung von Straftaten im Interesse aller. Nur weil die Beschuldigten unbequem zu werden drohten, wurde unverhältnismäßig vom Ministerium reagiert. Justiz sollte eigentlich objektiv sein.» Dieses Prinzip wurde in Trier und Mainz kurzerhand über den Haufen geworfen. In einem Polizeipräsidium wurden Durchsuchungen ohne richterlichen Durchsuchungsbeschluss durchgeführt und Akten sichergestellt, ohne dass es darüber eine entsprechende Bescheinigung gegeben hätte. «Auf jeden Fall hatte man Angst, dass etwas entdeckt werden konnte, und deshalb wurde mit allen Mitteln versucht, den Deckel dicht zu halten», resümiert einer der beteiligten Kriminalbeamten.

Oder wie es die Abgeordnete Friedel Grützmacher von den Grünen in einer Sitzung des Rechtsausschusses des Landtags am 28. April 1998 ausdrückte: «Man weiß nicht mehr, wem man was wirklich glauben könne.» Und sie fragte, leider ohne eine Antwort zu erhalten, ob es stimme, dass in einem Urteil niedergeschrieben sei, «auf Weisung von oben wurden Karteien vernichtet». Als schließlich ein parlamentarischer Untersuchungsausschuss eingerichtet wurde, sprachen sich die Parteien von vornherein gegenseitig den Willen ab, Licht in die Affäre zu bringen. Der damalige christdemokratische Oppositionsführer Christoph Böhr wurde mit folgenden Worten zitiert: «Böhr räumt freilich ein, dass auch der CDU im Vorfeld gutgemeinte Warnungen vor der Einsetzung dieses Ausschusses zugegangen sind. Sie solle vorsichtig sein, keiner könne wissen, was da am Ende alles ans Licht komme. Böhr daraufhin: ‹Ja, zum Teufel nochmal, sollen wir deswegen auf die Aufklärung verzichten?›»[37]

So richtig lückenlos aufgeklärt wurde jedenfalls bis zum heutigen Tag nicht. Aber glücklicherweise redet inzwischen niemand mehr darüber.

Noch undurchsichtiger stellte sich für Beamte mit moralischen Ansprüchen die Situation in einem anderen Bundesland dar. Involviert war dort einer der hochrangigsten Politiker, der zudem in vielen Aufsichtsräten saß – ein gutmütiger Mensch, ein leuchtendes Vorbild mit großem politischem Einfluss. War er wirklich ein Vorbild?

Der Mann ist schwul, was nun wirklich vollkommen unbedeutend wäre, aber er wollte und konnte dies mehr oder weniger vor der Öffentlichkeit verbergen. Und sogar in einer eidesstattlichen Versicherung schreibt er, er sei weder homosexuell, noch hatte oder habe er sexuellen Kontakt mit Männern. Ebenso unbedeutend wäre es eigentlich, dass einige seiner jungen Personenschützer von ihm «privater» als zum Personenschutz eingesetzt worden sein sollen. Aber je älter er wurde, umso jünger wurden die Gefährten der Nacht. Und da beginnt das Problem. Als seine Personenschützer registrierten, dass aus der Tiefgarage des Hotels, in dem er ein Apartment gemietet hatte, am frühen Morgen zwölfjährige Jungen herauskamen, waren sie empört – aber zum Stillschweigen verdonnert. Der Betroffene selbst bestreitet nach wie vor, jemals sexuelle Kontakte zu einem oder mehreren Jugendlichen gehabt zu haben.

Sowohl ein Regierungsrat aus dem Landesamt für Verfassungsschutz als auch ein hoher Kriminaldirektor aus diesem Bundesland bestätigten mir gegenüber jedoch den Vorgang, über den in eingeweihten Kreisen nur gemunkelt wurde. Auf meine Frage, warum denn kein Ermittlungsverfahren gegen den Politiker eingeleitet wurde, antworteten sie: «Zeugen wären die Personenschützer gewesen. Aber das sind Beamte des mittleren Dienstes. Die hätten danach keine Chance mehr, irgendwie noch weiterzukommen. Und deshalb waren sie zu keiner schriftlichen Aussage bereit. Wir hätten niemals ein Verfahren einleiten können.»

Einleuchtend ist diese Aussage nicht, denn beim Verdacht einer Straftat – und der Verdacht war in dem Bundesland virulent – hätte durchaus ermittelt werden können, selbst wenn die Observationen des Hotels sich schwierig gestaltet hätten. Dann wäre ans Licht gekommen, ob die schweren Vorwürfe zutreffend waren oder nicht. Aber es geschah überhaupt nichts, weil anscheinend jeder von jedem etwas wusste.

Doch allgemein ist es schließlich ja nicht so, dass zwölf- oder dreizehnjährige Jugendliche aus heiterem Himmel in ein kuscheliges Bett fallen. Sie müssen vermittelt werden. Und das geschieht, weiß ein kundiger Staatsanwalt, «in aller Regel durch Netzwerke mit hoher krimineller Qualität». Besonders delikat an solchen schlüpfrigen Angelegenheiten ist, dass ein ehemaliger Chef des dortigen Landeskriminalamtes von solchen Geschichten ebenfalls wusste und mit diesem Wissen Politiker erheblich unter Druck gesetzt haben soll. «Das alles ist eine Riesensauerei», klagt der Regierungsrat. «Der Mann nutzte die Möglichkeiten seiner Macht aus.» Und der Kriminaldirektor meint: «Welche fatalen Auswirkungen das auf die Moral der Kollegen hatte und hat, das kann man sich überhaupt nicht vorstellen.»

Nicht nur auf die Moral der Polizeibeamten hätte das Auswirkungen, wenn diese Vorwürfe bekannt würden und sich als wahr herausstellten. Dass in diesem Bundesland die Bekämpfung der Organisierten Kriminalität keinen großen Stellenwert hat, hat unter Umständen mit diesem Milieu zu tun.

Sind das vielleicht nur Ausnahmen? Leider nein, denn auch in anderen deutschen Städten sind prominente Bürger nicht nur ins obskure Rotlichtmilieu verwickelt. Auch hier werden häufig die Akten geschlossen – «eine Krähe hackt der anderen kein Auge aus», winken frustrierte Kriminalisten ab, wenn sie gefragt werden, warum sie keine Ermittlungserfolge haben.

In einer nordrhein-westfälischen Stadt wühlte ein Oberstaatsanwalt im Tresor einer Kollegin, die gerade dabei war, gegen den heimlichen Rotlichtfürsten zu ermitteln. Er wollte wissen, beschwerte sich später die Staatsanwältin bei der Polizei, was wir gegen den Rotlichtfürsten in der Hand haben. Der gleiche Oberstaatsanwalt soll auch im Besitz einer VIP-Karte ebendieses Bordellbesitzers gewesen sein. Wie viele andere aus der Politik in dieser Stadt. Mit der goldenen, silbernen und schwarzen VIP-Karte, einer Art Kreditkarte, konnten die Kartenbesitzer jene Bordelle aufsuchen, die in der Hand des Rotlichtfürsten oder von ihm abhängig waren. Alle Dienstleistungen einschließlich der Getränke waren frei.

Dass die Freizügigkeit später auf die eine oder andere Weise Früchte für den Rotlichtfürsten getragen hat, ja, das darf ruhig angenommen werden. Immer rechtzeitig wusste er jedenfalls darüber Bescheid, was Justiz und Polizei gegen ihn unternehmen wollten. Nach Aussagen von anderen Bordellbetreibern lässt sich erahnen, wie groß sein Einfluss war und trotz seines hohen Alters noch sein dürfte: «Er ist Dreh- und Angelpunkt, wo sich Zuhälter ihre Autos oder ihren Schmuck kaufen. Er bestimmt, welche Puffs aufmachen oder wo Kasinos sich Geld leihen. Der ist in ganz Deutschland bekannt in Rotlicht- und Unterweltkreisen. Aber er ist ein ganz schwieriger Mann, ein Verrückter.»

Ein früher mit den Ermittlungen befasster Kripobeamter dazu: «Er hatte über ein Jahrzehnt Teile der Stadtverwaltung in der Tasche und ist heute mit den Russen im Geschäft. Er ist nicht mehr zu verfolgen, weil er in der Stadt einen zu großen Einfluss hat.»

Neu ist das nicht. In Frankfurt wurden bereits Mitte der achtziger Jahre Teile der Stadtverwaltung von den Herren des Rotlichts eingekauft. Die Frankfurter CDU ließ sich damals kräftig schmieren, und der städtische Haushalt, das heißt die Bürger, wurde gnadenlos belastet. Und der Skandal kam bereits damals, in den achtziger Jahren, nur durch Zufall ans Licht. Der ermittelnde Oberkommissar und sein Chef wurden ins Innenministerium bestellt, wo sie aufgefordert wurden, das Ermittlungsverfahren gegen die Angehörigen der Stadtverwaltung einzustellen. Die Protagonisten aus Politik und Verwaltung sind übrigens alle in Amt und Würden geblieben, einem von ihnen wurde sogar noch ein Ehrenpreis überreicht. Die Ermittler dagegen haben danach aufgegeben, die mafiose Verfilzung in Frankfurt am Main weiter aufzudecken.

Hohe Wellen in der Öffentlichkeit schlug die «Affäre» Michel Friedman. Da wurde bei einer Telefonüberwachung eines Berliner ukrainischen Zuhälterrings festgestellt, dass zu den potenten Kunden auch der smarte und hochintelligente Michel Friedman gehörte. Zufall war es sicherlich auch, dass am 11. März 2003 ein Polizeiwagen auf dem Besucherparkplatz des Grenzschutzpräsidiums Berlin geknackt wurde. Auf dem Rücksitz lagen ein Laptop und die Unterlagen zu einem geplanten Schlag gegen den ukrainischen Frauenhändlerring. Obwohl der Bruch der Autoscheibe nicht lautlos vor sich gegangen sein kann, beobachtete niemand die Täter. Sechs Videoüberwachungskameras zeichneten ausnahmsweise nichts auf.

So weit ist das alles von den Medien ausführlich ausgewalzt worden: Als bestünde der Skandal darin, dass ein prominenter Bürger sich Prostituierte ins Hotel kommen lässt. Das ist seine ganz private Angelegenheit, die niemanden etwas angeht. Und wenn er dabei auch noch Linien Kokain geschnupft hat, wäre allenfalls interessant zu erfahren, wer ihm das trotz der ständig ihn begleitenden Personenschützer geliefert hat. Nein, der wirkliche Skandal ist etwas anderes: Es geht um junge Frauen, die von skrupellosen Zuhältern brutal zu ihren «Dienstleistungen» gezwungen wurden. Das zum einen.

Zum anderen erlebte der damals ermittelnde Oberstaatsanwalt Hans Jürgen Fätkinhäuer, ein verdienter Kämpfer gegen Organisierte Kriminalität und Korruption in Berlin, massiven Druck von höchster politischer Ebene, um das Ermittlungsverfahren gegen Friedman eigentlich überhaupt nicht zu führen. Da er wusste, dass er innerhalb der Berliner Staatsanwaltschaft keine Aufstiegsmöglichkeiten mehr hat, ließ ihn das kalt. Für ihn war der Vorgang dennoch ein typisches Beispiel dafür, dass in Berlin sogar die politische Elite und bekannte Medienvertreter Beziehungen zur Organisierten Kriminalität haben, die in diesem Fall ihre Dienstleistungen – nämlich Prostituierte und Kokain – ihren prominenten Kunden erfolgreich angeboten hatte. Oberstaatsanwalt Fätkinhäuer sagt auch, dass er im Fall Friedman «eingemauert» worden wäre, wenn der *Stern* nicht einen positiven Artikel über die Ermittlungen in Berlin veröffentlicht hätte. «Ich hätte ansonsten keine Chance gehabt, das Verfahren zu führen.»

Eine damals an den Ermittlungen beteiligte Beamtin formuliert es weniger elegant: «Es wurde massiver politischer Druck ausgeübt. Denn natürlich waren auch Politiker involviert. Die betroffenen Frauen sind zermürbt worden. Wenn sie wirklich einmal auspacken sollten, wird es in Berlin ein Erdbeben geben.»

Das alles sind also keine Einzelfälle – dahinter verbirgt sich ein System: Ermitteln verboten!

Das Hamburger Gruselkabinett

Der folgende kurze Ausflug ins spanische Marbella ist hilfreich, um zu illustrieren, wie das System von mafiosen Strukturen und deren Verbindungen zu Politik und Wirtschaft funktioniert. Denn von Politikern, Kasinobesitzern, Unternehmern, Waffen- und Drogenhändlern sowie Bankern wird Marbella seit Jahren geradezu euphorisch quasi als Markenartikel gefeiert. Und den Markenartikel Marbella können sich in der Regel nur jene leisten, die reich, kriminell und korrupt geworden sind.

Ein Mann vor allem repräsentierte diese Strukturen: der Multimillionär und spanische rechtspopulistische Politiker Jesus Gil, dem beste Verbindungen zu internationalen Gangstern nachgesagt werden. Es ist nicht bewiesen, dass Jesus Gil auch Mitglied einer kriminellen Organisation ist. Aber da diese Organisationen derart in das normale gesellschaftliche und wirtschaftliche Leben von Marbella integriert sind, können sie wie «normale» Lobbygruppen operieren und sind Teil der städtischen Kultur geworden. Kriminelle Syndikate und ihre Repräsentanten sind etwas Alltägliches. Sie präsentieren sich im Scheinwerferlicht bei Luxusbällen und in Fernsehsendungen, sie zieren Empfänge und Partys, bei denen auch die politische Elite dabei sein möchte. Und wer in Deutschland etwas auf sich hält, der besitzt zumindest ein kleines Apartment in oder bei Marbella.

Was dort bereits lange üblich ist, das ist nun auch im kühlen Norden zu finden: die innige Symbiose von Schattenwelt und politischen Strukturen. Mit einem Unterschied. Während in Marbella italienische und lateinamerikanische kriminelle Syndikate das Sagen haben, stehen im kriminellen Ranking Hamburgs die Kosovo-Albaner an erster Stelle. Ansonsten ähneln sich die Strukturen frappierend. Dieses mafiose Hamburger Milieu beschreibt der Vorsitzende der Gewerkschaft der Polizei, Konrad Freiberg, aufgrund eigener Hamburger Erfahrungen: «Die Person, die ich früher gejagt habe, ist heute Vermögensverwalter, besitzt die beste Rennzucht in Norddeutschland. Als Schutzgelderpresser hat er angefangen, danach in großem Stil Geld für Kriminelle angelegt.» Der Mann lebt und wirkt übrigens seit Jahren im Großraum Hamburg.

So wie sich Jesus Gil einst in Marbella als Saubermann feiern ließ und daraufhin von der Mehrheit der Bürger prompt gewählt wurde, so hat in der großen Hansestadt ebenfalls ein unerschrockener Kämpfer für politische Sauberkeit und Ordnung ungewöhnlich viele Wähler für sich begeistern können. Sein Name:

Ronald Barnabas Schill. Er wurde zwar kein Erster Bürgermeister, aber mit dessen Segen Innensenator und Zweiter Bürgermeister von Hamburg. Und er wäre es wahrscheinlich bis zum heutigen Tag, hätte er sich keinen unentschuldbaren Fauxpas erlaubt.

Gerade deshalb ist die Aufarbeitung dieser Phase der Hamburger Politik notwendig, weil sie exemplarisch für eine deutsche Millionenstadt bislang unbekannte Strukturen deutlich macht, die – Schill hin, Schill her – bis heute weiterbestehen.

Eigentlich begann er ganz verheißungsvoll, der unglaubliche Aufstieg des Herrn Ronald Barnabas Schill und seiner Partei. Er agierte noch als ein kleiner zorniger Amtsrichter, als im noblen Edelrestaurant Wollenberg seine Karriere beschlossen worden sein soll. In diesem Restaurant, bekannt für Hamburgs Loddel- und Luderszene, saßen eines Tages mehrere gewichtige Persönlichkeiten aus dem einschlägigen Milieu bei Wein und Hummer zusammen. Auf der Internetseite des Besitzers Michael Wollenberg war lange Zeit als Eigenwerbung zu lesen: «Lassen Sie sich verwöhnen, und erleben Sie die einzigartige Atmosphäre, die diese wunderschöne weiße Villa von 1917 zu bieten hat. Mit modernen Farben und erstklassigem Interieur verführen wir Sie in einer Location mit außergewöhnlichem Charakter.»

Zu dieser illustren Runde gesellte sich, so wird die folgende Geschichte in eingeweihten Kreisen kolportiert, der Richter Ronald Schill samt Begleitung. Für ihn sollte es ein unvergesslicher Abend werden. Mit am Tisch saß einer der größten Bauunternehmer, der auch «heimlicher Bürgermeister» von Hamburg genannt wurde und außerdem keine schlechten Beziehungen zum Albanerclan unterhielt. Ja, da redeten und tranken sie, mit dabei auch Michael Wollenberg, bei dem Kontakte zum Albanerclan vermutet werden. Schill musste mit seinem rechtskonservativen Populismus, mit dem er später Stadt- und bundesweit Aufsehen erregte, die illustre Runde begeistert haben. Und so soll plötzlich der schicksalhafte Satz gefallen sein: «Wir machen einen Innensenator aus dir.»

Vielleicht wusste die noble Runde aber auch bereits, dass ihr Wunschkandidat dem schlüpfrigen Lotterleben nicht abgeneigt war und nicht nur gern in Talkshows auftrat. Nicht therapierbare Sexualstraftäter sollten aus seiner Sicht vor ihrer Freilassung kastriert werden. In einem *Focus*-Interview sprach er sich zudem dafür aus, Schwerkriminelle mit lebenslanger Haftstrafe nicht automatisch nach 15 Jahren freizulassen. In der *Welt am Sonntag* verkündete er, lieber auf «Abschreckung durch harte Strafen» als auf Resozialisierung zu setzen. «Ich halte nichts von dem Gutmenschentum, das von den Altachtundsechzigern propagiert wird. Die betrachten Straftäter als Opfer der Gesellschaft oder einer schlimmen Kindheit und trauen sich zu, jeden zu resozialisieren. Wahrscheinlich hätten sie es selbst bei Adolf Hitler versucht», zitierte die *Welt am Sonntag* den Juristen, der wegen seiner großen Sprüche bundesweit für Empörung sorgte. Für die schicke, teils halbseidene Gesellschaft im Wollenberg waren solche Aussagen von wohltuender Klarheit. Mit dem proletarischen kriminellen Bodensatz Hamburgs mochte niemand etwas zu tun haben. Auch wenn er bei manchen Gästen die Basis ihres finanziellen Erfolgs war.

Und damit nimmt das Schicksal seinen Lauf. Im Juli 2000 wird die «Partei Rechtsstaatliche Offensive» von Ronald Schill gegründet. Millionen fließen in die Kassen der neuen Partei, auch Geld vom bereits erwähnten Bauunternehmer, dem «heimlichen Bürgermeister» Hamburgs, glaubt man Hamburger Insidern.

Wie schon Jesus Gil in Marbella mit populistischen Sprüchen gegen die kleinen Kriminellen und gegen Ausländer, insbesondere gegen Asylsuchende, erfolgreich die Werbetrommel für sich und seine Partei rührte, schwadronierte auch sein norddeutsches Pendant nun von «zu vielen Ausländern» und den damit verbundenen Straftaten. «Er lässt die Gedanken verschmelzen in den Köpfen der Zuhörer. Spricht man ihn allerdings direkt auf Ausländer an, kann es passieren, dass er ziemlich geradlinig antwortet. 97 Prozent aller

Asylbewerber – er wildert gerne in Statistiken – seien zu Unrecht in diesem Land. Deswegen müsse das Recht auf Asyl raus aus dem Grundgesetz .»[38]

Bei den Wahlen zur Hamburger Bürgerschaft am 23. September 2001 erreichte die Schill-Partei 19,4 Prozent, ein bislang einmalig hohes Ergebnis für eine neue politische Partei in Deutschland. Alle ihre Wahlziele wurden erreicht: Einzug in die Bürgerschaft, Regierungsbeteiligung und Ablösung des rot-grünen Senats durch eine «bürgerliche Mehrheit». Noch am Wahlabend zeichnet sich eine Koalition aus CDU, FDP und Schill-Partei ab. Obwohl die CDU Stimmen verloren hatte, ergriff ihr Spitzenkandidat Ole von Beust die Gelegenheit, endlich Erster Bürgermeister zu werden. «Skrupellos, wie sonst nur die Art seines Altersgenossen Roland Koch, griff Ole von Beust nach dem Strohhalm, der ihm das politische Überleben sicherte – kurz bevor ihn das 24. Jahr in der Opposition endgültig zum Gescheiterten gestempelt hätte.[39]

Tatsächlich wird Ole von Beust zum Ersten Bürgermeister gewählt, Ronald Schill wird Zweiter Bürgermeister – und Innensenator. Für den schleswig-holsteinischen FDP-Vorsitzenden Kubicki ist der Zweite Bürgermeister «ein mieser Typ, der mit seinem Verhalten selbst die untersten Kategorien des menschlichen Zusammenlebens mühelos noch unterbietet».

In dieser Zeit hängt über Ronald Schill wie ein Damoklesschwert noch ein Verfahren wegen Rechtsbeugung und Freiheitsberaubung. Doch kurz vor Weihnachten 2001 spricht ihn das Landgericht Hamburg von diesen Vorwürfen frei. Allerdings warf das Gericht Schill dennoch vor, gelogen und Recht gebeugt zu haben. Aber eine Absicht sei ihm nicht nachzuweisen. Er ist halt so. Schills Freunde jubelten, selbst beim Albanerclan dürfte ausnahmsweise etwas anderes als sonst geknallt haben, die Champagnerkorken. «Als Schill kam», erzählt mir ein Insider, «da triumphierte der Albanerclan.» Er hatte wohl allen Grund.

Nur wenige Stunden nach dem Freispruch macht der neue Innensenator seinen Freund, den Advokaten Walter Wellinghausen, zum Innenstaatsrat. Dann hievte Schill seine damalige Geliebte erst auf seinen Stellvertreterstuhl im Parteivorstand, danach gab er ihr ein Bürgerschaftsmandat und plante als Nächstes, ihr den Posten der Staatssekretärin in der Schulbehörde zu verschaffen. Das war selbst für Hamburger Verhältnisse zu viel des Filzes in so kurzer Zeit und scheiterte an massiven Protesten und der mangelnden Qualifikation der jungen Frau. Schills Stellvertreter Mario Mettbach war ebenfalls nicht ohne. Obwohl im fünfundzwanzigsten Jahr verheiratet, holte er sich seine dreiundzwanzig Jahre jüngere Geliebte, eine Masseuse, als persönliche Referentin für 8000 Mark monatliche Staatskosten ins Rathausvorzimmer. Aufgrund des öffentlichen Drucks musste er sich wieder von ihr trennen.

Gemischt war die Haltung der Hamburger Polizei gegenüber dem neuen Vorgesetzten. Die einen, die Schill nun im mühseligen Kampf gegen das Verbrechen unterstützen wollte, nahmen ihn nicht besonders ernst – ein kardinaler Fehler. Andere wiederum waren von ihm durchaus begeistert. Er stockte die Polizei personell tatsächlich erheblich auf, insbesondere um die sichtbare kleine Drogenkriminalität auf der Straße zu bekämpfen, und sorgte dafür, dass die Beamten nagelneue Motorräder der Marke Harley Davidson erhielten. Stolz zeigte er sich mit dieser Errungenschaft, und brav bejubelten ihn die Hamburger Massenmedien. Dass die Maschinen nur für ein Jahr geleast waren, änderte wenig am Showeffekt. Zudem besorgte er den Polizeibeamten neue Uniformen, kreiert vom Modedesigner Luigi Colani. Der gesamte Hamburger Senat klatschte jedenfalls Beifall.

Beklagt wurde hingegen sein autoritärer Führungsstil, sofern Schill überhaupt einmal seinen amtlichen Verpflichtungen nachkam und sich nicht auf «spontanen» Urlaubsreisen erholte.

Einer der höchsten Beamten des Hamburger Polizeipräsidiums wiederum denkt mit Schaudern daran, welche Bedeutung Ronald Schill bestimmten kriminellen Delikten einräumte. «Schill fragte mich: ‹Wie viele Leute sind bei der Abteilung Wirtschaftskriminalität?› Als ich ihm die Zahl sagte, antwortete er: ‹Ich denke, das interessiert doch niemanden.› Bei ihm hatte die Drogenbekämpfung Priorität.»

Manch anderer Polizeibeamter erinnert sich an Besprechungen, bei denen Schill seine Aktentasche öffnete, die ziemlich leer war, bis auf die *Bild*-Zeitung. «Dann zeigte er auf eine Schlagzeile und sagte: ‹Da müssen wir etwas machen.› An der Bekämpfung von Organisierter Kriminalität hatte er überhaupt kein Interesse.» Ein anderer Beamter, der aus Protest gegen Schill die Polizei in Hamburg verlassen hat, glaubt den Grund zu wissen, warum die Bekämpfung Organisierter Kriminalität nicht besonders beliebt war. «Er wusste genau, was das heißt, nämlich Telefonüberwachung, Observation. Und da dachte er sich vielleicht – da falle ich herein, da bin ich auf der Leitung. Denn die politischen Entscheidungsträger im Senat hatten schon begriffen, dass sie vielleicht früher oder später im Fokus der Ermittler sein können.» Tatsächlich hörte der bisherige Verfolgungsdruck gegen den Albanerclan endgültig auf. Der konnte jetzt ungehindert agieren und sich weiter ausbreiten.

Sofort nach der Amtsübernahme durch Schill und Wellinghausen veränderte sich in der Behörde für Inneres das Arbeitsklima. Ein Beamter, der alles miterlebte, fasst zusammen: «Ich war schlicht entsetzt, wie hochdotierte Beamte ihrer Fürsorgepflicht gegenüber uns Mitarbeitern nicht mehr nachkamen, sondern alles abnickten, was von oben gekommen ist. Unser Amtsleiter wurde von uns darauf angesprochen. Seine Antwort war: ‹Wenn ich etwas sage, bin ich weg, und dann kommt ein Schill-Mann.› So muss es auch bei den Nazis gewesen sein, bedingungsloser Gehorsam, gleichgültig wie gefährlich die politischen Vorgesetzten sind.» Das deckt sich in der Tendenz mit der Feststellung der Gewerkschaft der Polizei, die zwar nicht ganz so weit geht, aber «von einer Rückkehr zum Befehls- und Gehorsamsstil der sechziger Jahre» innerhalb der Polizei sprach.

Hingegen wurden demonstrativ Recht und Ordnung mit dem Gummiknüppel gegen die Störenfriede der Hamburger High Society verteidigt. Da gab es zum Beispiel eine Schülerdemonstration für den Frieden. Die Zwölf- bis Sechzehnjährigen wurden von hochgerüsteten Beamten durch die Straßen gejagt. Polizeivideos über den Einsatz verschwanden ungesehen in den Archiven, weil Schill das anscheinend so wollte. Als 3000 Menschen gegen einen Aufmarsch rechtsradikaler Gruppen demonstrierten, jagte die Polizei mit sechs Wasserwerfern die Demonstranten auseinander und hinderte die Auschwitz-Überlebende Esther Bejarano am Reden. Auslöser der Polizeiaktion war, dass einige betrunkene Punks während der Abschlusskundgebung Schneebälle geworfen hatten.

Justizsenator Roger Kusch, ein smarter junger Politiker, auch «lächelndes Fallbeil» genannt, ging derweil in seiner Wohnung am einschlägig bekannten Hansaplatz einem besonderen Hobby nach. Immer wenn er von seinem Fenster aus beobachtete, wie Dealer und Drogenkonsumenten Geschäfte machten, alarmierte er die Polizei. Dann wartete er, bis diese erschien und aufräumte. Ansonsten machte der schneidige Justizsenator vor allem mit seiner Personalpolitik Schlagzeilen. In seinen Augen zu liberale Direktoren der Haftanstalt Fuhlsbüttel wurden kurzerhand kaltgestellt. Dafür ernannte er die Gattin eines Hamburger *Bild*-Redakteurs zur Abteilungsleiterin – obwohl ihre Qualifikation für den Posten fraglich war, wie ein Gericht anlässlich der Klage einer Mitbewerberin um die Stelle feststellte und bezweifelte, ob sie überhaupt «in den Kreis der ernsthaft in Betracht zu ziehenden Bewerberinnen hätte aufgenommen werden dürfen». Das sei doch «ein ganz normaler Vorgang», verteidigte sich der Justizsenator. Vieles wird nun «ein ganz normaler Vorgang».

Auch Schill badete während seiner knapp zweijährigen Amtszeit genussvoll im Gefühl neuer Autorität über Menschen. Und wie Jesus Gil in Marbella ist auch ihm die Nähe zum undurchsichtigen

Milieu nicht völlig fremd gewesen. Schon bald wurde über Schill berichtet: «Mit seinen Ausflügen ins Nachtleben machte Gangsterjäger Schill schon seit längerem Schlagzeilen. Seinen Geburtstag feierte der einstige Richter Gnadenlos im ‹Valentinos›, wo neben allerlei Schickis und Mickis auch Kiezgrößen aus ‹St. Liederlich› verkehren, wie das von Albanerclans regierte Reeperbahnviertel im Volksmund heißt.»[40]

Im Flurfunk der Innenbehörde wurde unterdessen über Schills Arbeitsmoral respektlos gelästert: «Der kommt spät, geht dafür früher.» Bekannt ist, dass er eine Etatsitzung der Innenbehörde kommentarlos um 19 Uhr verlassen hatte, während sein Staatsrat wichtige Zahlen vortrug. Zwei Stunden später, frisch gekleidet und mit Gel im Haar, war er im einschlägigen Szenerestaurant Wollenberg wieder zugange. Schill gilt im Wollenberg als «charmanter Frauenbetörer» und ist regelmäßiger Stammgast lebenslustiger Partys. Die häufigen Besuche der Szenedisco Wollenberg betrachtete Schill nach eigener Aussage als eine «Art erweiterte Bürgersprechstunde». In lockerer Atmosphäre lasse es sich halt manchmal besser reden als im Büro. Und wer bis morgens dort «arbeitet», darf natürlich länger ausschlafen. Schill fehlte auch nicht auf der Sylter Sansibar-Fete, bei der den erlauchten Gästen Kokain als Partydroge verabreicht worden sein soll.

Als das NDR-Magazin *Panorama* recherchierte und dann in einem Beitrag behauptete, dass Ronald Schill im Verdacht stünde, Kokain zu schnupfen, da schlugen die Wellen der scheinheiligen Empörung in Hamburg hoch. Nicht wegen des Verdachts, sondern weil es die *Panorama*-Redaktion gewagt hatte, derart unappetitliche Dinge öffentlich zu machen. «Schweinejournalismus» war noch das Vornehmste, was sich die couragierten Redakteure anhören durften. Immerhin forderte der Richter am Bundesverfassungsgericht, Professor Hoffmann-Riem, den wieder einmal in die Schlagzeilen geratenen Ronald Schill auf, «zu den sich seit Wochen verdichtenden Gerüchten, er hätte mit Kokain zu tun, Stellung zu beziehen». Das sei er «der Würde des Amtes schuldig». Schill kam dem Ersuchen in München nach.

Offiziell ad acta gelegt wurde der Vorwurf, er würde Kokain konsumieren, einige Monate später, indem das entsprechende Ermittlungsverfahren im Frühjahr 2002 von der Oberstaatsanwaltschaft Hamburg eingestellt wurde. In der einschlägigen Szene wurde damals seltsamerweise nicht ermittelt, keiner im Lokal Wollenberg befragt, sondern nur das Gutachten aus München bewertet, wonach er nicht kokainabhängig bzw. kein Kokainkonsument sei. Das entsprechende Gutachten der Haarproben ist der Öffentlichkeit allerdings bis heute nicht bekannt.

Ein Milieu, in dem Nutten und Koks «normal» sind, ist das eine. Die Männer aus diesem Milieu, die plötzlich politisch eine Rolle in Hamburg spielten durften, sind hingegen bemerkenswert. Insbesondere was den berüchtigten Albanerclan betraf. Da gab es die Eigentümlichkeiten um Schills ehemalige Leibwächter. Einer von ihnen war bereits 1996 wegen gefährlicher Körperverletzung und Verstoßes gegen das Waffengesetz zu sieben Monaten Freiheitsstrafe auf Bewährung verurteilt worden. Im November 2000 wurde er erneut verurteilt. Zu einer Freiheitsstrafe von einem Jahr und vier Monaten wegen eines Falschgelddelikts. Die Strafe wurde für zwei Jahre auf Bewährung ausgesetzt. Und dann begann seine Resozialisierung bei Schill. Ein anderer Beschützer von Richter «Gnadenlos» fiel der Polizei wegen gefährlicher Körperverletzung, Verstoßes gegen das Waffengesetz und wegen Diebstahls auf.

Er habe von diesen Karrieren seiner Personenschützer selbstredend nichts gewusst, sagt Schill. Obwohl doch Schill nach eigener Aussage sehr genau darauf achtete, wer sich ihm nähern durfte. Er war von der Angst besessen, ihm könnten in böser Absicht illegale Betäubungsmittel zugesteckt werden. Deshalb legte er sich wahrscheinlich auch eine Pistole zu.

Sicher wusste der Innensenator Schill auch nicht, dass einer seiner Leibwächter zur gleichen Zeit als Türsteher und Vizegeschäftsführer in einem eher anrüchigen Prominentenlokal tätig war. Und damit wären wir wieder bei dem mächtigsten kriminellen Clan in Hamburg, dem Albanerclan.

Der Chef des Albanerclans – der Albanerpate – kam Ende der siebziger Jahre mit einer Plastiktüte in Hamburg an. Seine Familie hatte den intelligenten und gut ausgebildeten jungen Mann in die Hafenstadt geschickt, damit er dort sein Glück suche. Das gelang ihm auch, indem er brutale Gewaltanwendung und unternehmerisches Geschick zu verbinden wusste. Seitdem er zu Macht und Einfluss gekommen war, wurde er unregelmäßig, aber beständig von Polizei und Staatsanwaltschaft drangsaliert. Ins Visier geriet er nicht nur wegen des ihm zur Last gelegten Drogenhandels, sondern man vermutete auch, dass er sich am Waffenhandel während des Kosovo-Krieges beteiligt hätte.

Der Chef des Albanerclans begann seine Karriere als Zocker in den illegalen Spielklubs der Stadt. Hunderttausende habe er in einer Nacht im Spielkasino gewonnen, wird getuschelt. Aufgefallen ist er der Polizei durch «beeindruckende Brutalität» beim Zocken. Gleichzeitig galt und gilt er, genau wie seine beiden Brüder auch, als «hochintelligent». Einen gewissen Ruf hatte der Albanerclan sogar bei anderen Polizeidienststellen – wie der in Bochum. 1993 wurde Deutschland von den kriminellen Clans der Kosovo-Albaner aufgeteilt. In Hessen herrschte der Clan Dobroshi Princ, in Nordrhein-Westfalen der Clan Gasmet Fritsche und in Norddeutschland der Clan des Albanerpaten.

«Wir sind damals auf ihn durch einen Informanten gestoßen, und zwar im Zusammenhang mit dem Mord an drei Italienern in Hamburg», berichtet ein Bochumer Ermittler. Die Hintermänner dieses Mordes sind bis heute nicht bekannt. Nicht aufgeklärt ist auch der Mord an einem Jugoslawen. Der hatte den Albanerpaten während einer Zockerrunde zutiefst beleidigt. Die Rache folgte, indem einer seiner Mittelsmänner beauftragt wurde, Killer zu suchen.

Clever war sicherlich, dass der Albanerpate die Zockergewinne sofort wieder investierte, unter anderem in Immobilien und Restaurants auf der Reeperbahn. Heute gehört ihm der größte Teil davon. Und er ist auf dem besten Weg, noch größere Immobiliengeschäfte abzuschließen. Nur einmal schien er Pech gehabt zu haben. In der Untergrundszene wurde die Geschichte kolportiert, dass er Anfang der neunziger Jahre mit Kollegen vor Stapeln von Geldscheinen in dem geheimen Zockertreff Baracca auf St. Pauli saß. Fünf Maskierte mit Maschinenpistolen hätten den Schuppen gestürmt. Allein die Uhren, Goldketten und anderen Preziosen, die die Überraschungsgäste eingesammelt hätten, sollen Millionen wert gewesen sein. Die andere runde Million hätten sie in Cash abkassiert. Trotz hoher Kopfprämien wurden die Täter nie gefasst.

«Ohne den Clan geht auf dem Kiez überhaupt nichts», sagte ein ermittelnder Polizeikommissar. Und bewunderte dessen Intelligenz. «[Der Albanerpate] macht keine Fehler. Er macht alles persönlich. Er trifft sich in seinen Lokalen, geht sofort nach hinten und ist nicht zu observieren gewesen. Ihm wurden Infos aus den Behörden gesteckt, weil er Leute zum Beispiel in der Baubehörde hat, die er beeinflussen kann.»

Ein anderer Beamter klagte: «Wir wussten, dass er in den Drogenschmuggel großen Stils verwickelt war. Doch plötzlich haben sich die Ermittlungen immer in nichts aufgelöst. Das war schon seltsam. Er wird von allen geschützt, die Einfluss haben.» Die deutschen Zuhälter, die auf dem Kiez nichts mehr zu bestimmen hatten, seitdem der Albanerclan – auch «Knopfaugen» genannt – das Sagen hatte, beschuldigten gar die Polizei, die Expansion der Albaner begünstigt zu haben. Als Beispiel nannten sie einen vernichtenden Schlag gegen die Hell's Angels, die mit der deutschen Unter- und Halbwelt auf dem Kiez ein Bündnis eingegangen waren. Dann aber zerschlug die Polizei diese Allianz. Die *Hamburger Morgenpost* mutmaßte, wer Nutznießer des Polizeischlags sein könnte: der Albanerpate. «Der smarte Albaner habe es seit weit über einem Jahrzehnt verstanden, auf St. Pauli und anderswo für Ruhe zu sorgen.» Und ein deutscher Unterweltler grummelte: «Weiß doch jeder, dass die Schmiere ein gemeinsames Ding mit den Knopfaugen fährt.»

Immerhin bestand die albanische Delegation bei Staatsbesuchen albanischer Politiker darauf, dass der Albanerpate als prominentester Gast der albanischen Gemeinde in Norddeutschland geladen wurde.

Der Albanerpate wusste in der Tat, wie er sich vor neugierigen Ermittlern schützen kann. «Er geht immer davon aus, dass er überwacht wird, und legt laufend falsche Spuren. Am Telefon sagt er, ich fahre nach Prag, in Wirklichkeit fliegt er nach Neapel.» Ermittler haben zudem herausgefunden, dass der Clan nicht nur Verbindungen zu hohen Polizeidienstgraden in Hamburg oder zu kriminellen Russen hat, sondern dass ein Faktor bislang wenig beachtet wurde. In Hamburg weiß der Clan immer, was läuft, und daher haben sie ein dickes Pfund in der Hand: die Erpressbarkeit.

Der Albanerclan gehörte sicher zu denjenigen, die sich besonders freuten, als Ronald Schill Innensenator wurde. Wie sonst ist die Erklärung eines der Clanbrüder zu interpretieren, der einem seiner Freunde klagte, dass es bis zum Regierungswechsel erhebliche Probleme für ihn und seine Familie gab. «Die sind damals mit irgendwelchen Erkenntnissen über mich bei den Banken herumgelaufen und haben gesagt, ‹wenn wir ihn einmal kriegen, werden Sie in Schwierigkeiten kommen›, und daraufhin haben wir nirgendwo Kredite bekommen.»

Tatsächlich wurde bereits im Jahr 1997 unter der damaligen SPD-Regierung die Ermittlungsgruppe 491 beim LKA aufgelöst, die sich mit den Albanern beschäftigte. Und zwar, das berichtete mir ein Beamter, der in dieser Sonderkommission arbeitete, «weil wir zu nahe an unappetitliche Beziehungen gekommen sind». Doch einzelne Beamte und ein Hamburger Staatsanwalt ermittelten immer noch ein wenig weiter gegen den Albanerclan. Das änderte sich bekanntlich schlagartig nach der politischen Heirat zwischen CDU und Schill-Partei. Nichts wurde mehr getan. Und da wären wir auch wieder bei dem ominösen Treffen im Szenelokal Wollenberg. Der polizeiliche und staatsanwaltliche Verfolgungsdruck hörte nach dem Regierungswechsel in Hamburg offensichtlich auf.

Einer der renommierten Advokaten dieses Albanerclans hat sogar gesagt: «Wenn meine Mandanten auspacken, ist Hamburg regierungsunfähig.» Das hat er ernst gemeint. Aber ist es wirklich ernst zu nehmen?

Die Lösung dieser Frage führt geradewegs zu einer der lukrativen Einnahmequellen des Albanerclans in Hamburg, den vielen Swingerklubs und luxuriösen Villen im Außenbezirk von Hamburg, zu den Privatpartys, auf denen sexuelle Ausschweifungen zelebriert werden. Wer sich dort aufhält und Kunde ist, das erfährt der Albanerclan in der Regel, wenn die Lusttempel nicht sowieso dem Clan gehören oder von seinen Strohleuten geführt werden. Teilweise erklärte das, warum der Clan bislang trotz der schweren Vorwürfe gegen ihn kein einziges Mal vor einem deutschen Gericht gestanden hat, warum jahrelang ermittelt wurde und dann die Ermittlungen eingestellt werden mussten.

Denn bereits zu Zeiten, als noch die SPD allein regierte, dürfte der Albanerclan beste Beziehungen in den Hamburger Senat gepflegt haben. Ein Staatsrat der SPD ist bereits entsprechend genannt worden. Der wies alle Vorwürfe, er sei in einem Bordell des Albanerclans gewesen, weit von sich. Ein Journalist, der über den Vorgang berichtete, wurde deshalb verurteilt. Denn alle Zeugen, die ihm zuvor den Vorgang bestätigt hatten, fielen während des Prozesses um. «Mich hat dieses Gerichtsverfahren empört», sagte mir ein Anwalt, der in der Albanerszene Mandanten hat. «Alle Leute, die wissen, wie es war, selbst seine Personenschützer, haben einen Meineid geschworen. Dass Leute, die Macht haben, davon profitieren, das habe ich bis heute nicht begriffen.» So weit die Meinung eines Anwalts über den damaligen Skandal Anfang 2000.

Natürlich bietet Hamburg ein breitgefächertes Sexangebot, das auch viele einflussreiche Männer der Stadt gern nutzen. Das ist in Hamburg so normal wie in anderen Städten. Anrüchig wird es jedoch, wenn jene Männer, die in der Öffentlichkeit Recht und Ordnung beschwören, sich gegenüber den käuflichen Frauen wie Schweine verhalten. Das macht in der Szene Eindruck, wenn der Präsident eines überregionalen Sportvereins bei seinen Sexspielen kleine Mädchen in Ketten legt und dann drauflos prügelt, wie es eine seiner Kundinnen unter Tränen erzählte. Warum aber können diese Männer sich Derartiges erlauben? Weil sie glauben, übermächtig zu sein, und ihr geradezu skrupelloses Allmachtsgefühl sie dazu verleitet, an ihre Unantastbarkeit zu glauben. Womit sie ja leider, wie die Erfahrung zeigt, auch noch recht haben.

Doch wer in einen bestimmten Nachtclub geht, der den Albanern gehört, muss halt damit rechnen, dass Videoaufnahmen gemacht werden. Wer sich am bekannten «Rudelbumsen» beteiligt, sollte eigentlich davon ausgehen, dass die kriminelle Szene das mitbekommt. Und wer sich als hoher Amtsträger Prostituierte zu Silvester-, Geburtstags- oder anderen Feiern bringen lässt, die auf der Gehaltsliste der Albaner stehen, der sollte sich nicht wundern, wenn die Folgekosten besonders hoch ausfallen werden. «Das stinkt zum Himmel», umschreibt Ursula Caberta, eine hochqualifizierte Mitarbeiterin der Behörde für Inneres, das ganze Hamburger Milieu und drückt sich vergleichsweise gesittet aus.

Tatsache ist, was mir ein kundiger Informant aus dem Albanerclan bestätigte: «Natürlich haben die Videos von den Kunden in den Absteigen, Privatklubs und Bordellen, die für sie einmal wichtig werden könnten, und ganz sicher gibt es Videomaterial über Politiker.»

Eine prominente Figur im Umfeld von Ronald Schill war übrigens der Immobilienkaufmann Dieter Becken. Glaubt man einmal den Angaben des *Spiegel*, dann hat der Multimillionär, dessen Immobilienimperium auf eine Milliarde Euro geschätzt wurde, nicht nur Räumlichkeiten für die Schill-Parteizentrale bereitgestellt, sondern auch privat mit Ronald Schill verkehrt. Zugleich war Dieter Becken seit langem Berater führender Politiker und Freund bekannter Persönlichkeiten der Hansestadt. Kritiker sehen in dem Projektentwickler einen Mann, der durch Klüngel und Kontakte überwiegend gewinnträchtige Großprojekte verfolgt. Andere halten ihn für eine treibende Kraft bei der Verwandlung Hamburgs in eine moderne Metropole. Schills Freund war zudem beim Büroneubau am ehemaligen Polizeihochhaus engagiert. In diesem Zusammenhang soll laut *Spiegel* im Restaurant Wollenberg auch über die Verdrängung der Drogenszene gesprochen worden sein. Beim Hamburger Landeskriminalamt wurde zudem bemerkt, dass Becken auch der Albanerclan und der Albanerpate nicht fremd sein dürften. Das ist zurückhaltend formuliert. Wer zu bestimmten Zeiten ins Nobelrestaurant Palazzo an der Hamburger Rothenbaum-Chaussee geht, kann beide dort antreffen.

Und so gab es Fragen über Fragen. Zum Beispiel die, wie es kommen konnte, dass der Türsteher eines Lokals des Albanerclans Geschäftsführer der Schill-Partei werden konnte? Nichts im Vorleben Barth-Völkels ließ das eigentlich erahnen. Nach unzähligen Jobs landete der «Multifunktionär», wie er in der Szene genannt wurde, Mitte der neunziger Jahre im Nachtlokal Corner 57. Das wird dem Albanerimperium zugeschlagen. Hier gingen illustre Gäste ein und aus. Als Beruf gab Barth-Völkels Redakteur einer Flohmarktpostille an. In der Schill-Partei sollte der Mann fürs eher Grobe sich eigentlich um die Gesundheitspolitik kümmern und wurde zwischendurch mal schnell Chef des Gesundheitsausschusses. Aufsehen erregte er als Politiker hauptsächlich durch ungewöhnliche Forderungen. So wollte der Extürsteher Hamburgs fliegende Ratten, die Tauben, zum Abschuss freigeben, Taxifahrer als Hilfssheriffs einsetzen und die Herbertstraße für den fließenden Verkehr öffnen lassen. Als es um die Gesundheitspolitik ging, meinte er, dass HIV-infizierte Ausländer sofort und ohne Gnade abgeschoben werden müssen, und forderte zudem Internierungslager für kranke Zuwanderer. Anderenfalls könnten junge Männer «ukrainische Au-pair-Mädchen in der Disco anlachen und folglich infizieren».

Nicht weniger schillernd war einer von Ronald Schills Amigos, den er nach den Wahlen mit Billigung des gesamten Hamburger Senats, also auch des Ersten Bürgermeisters, zum Staatsrat der Behörde für Inneres krönte. Die Rede ist von dem überaus umtriebigen Rechtsanwalt Walter Wellinghausen. «Er wurde derjenige, der seinem Senator die ungeliebte Aktenarbeit abnahm und die Behörde organisierte, er war die Triebfeder in Sachen Innere Sicherheit, Abschiebung und Überwachung.» [41]

Gleich zu Amtsbeginn gab es eine aufschlussreiche Begebenheit, die offenbarte, wes Geistes Kind sein Chef, Ronald Schill, war. Die schon erwähnte Ursula Caberta, die bundesweit auch als Scientology-Expertin bekannt ist, wurde darüber informiert, dass Schill über sie gesagt haben soll: «Frau Caberta ist ein Vieh, das man schlachten muss.» Ursula Caberta schüttelt sich noch heute, wenn sie davon erzählt.

Der zum Staatsrat avancierte Walter Wellinghausen exekutierte diese Anordnung rechtlich einwandfrei. Er leitete ein Ermittlungsverfahren gegen Ursula Caberta ein und verpasste ihr einen Maulkorb. Gegenüber der Öffentlichkeit habe sie in Sachen Scientology in Zukunft zu schweigen. Über die Scientology-Organisation schreibt der Bayerische Verfassungsschutz: «Seit Jahrzehnten liegt Scientology im Konflikt mit den Rechtsordnungen demokratischer Staaten. Die Vorwürfe lauten zum Beispiel auf Betrug und Wucher gegenüber Kunden, Bedrohung und Nötigung von Kritikern, auf Verschwörung gegen die Regierung, Steuerhinterziehung und Bildung einer kriminellen Vereinigung.» Vorwürfe, gegen die sich die Sekte mit allen Mitteln zur Wehr setzte. Unter der Rubrik

«Kritikerbekämpfung mit Methoden des Mobbing» schreibt das Landesamt für Verfassungsschutz in München: «Personen, die berechtigte Kritik üben, sollen mit schikanösen Mobbingattacken als ‹Feinde› bekämpft werden. Ziel ist es dabei, diese Kritiker mundtot zu machen, um die Expansion des Systems ungestört vorantreiben zu können.»

Ansonsten ist Wellinghausen in seiner Regentschaft zum Beispiel dadurch aufgefallen, dass Akten verschwunden oder sogar auf seine Anweisung vernichtet worden sein sollen. Letzteres steht im Zusammenhang mit einer Information über Ulrich Marseille, den Begründer und Mehrheitsgesellschafter der Marseille-Kliniken-AG. *Die* Zeit schrieb über ihn: «Er fiel im Osten vor allem durch zweifelhafte Geschäfte auf.» Ein Unternehmer, der ein Wohnungsunternehmen, die GWG Halle-Neustadt, erfolglos auf 115 Millionen verklagte und gegen den die Staatsanwaltschaft Halle wegen Falschaussage und versuchten Prozessbetrugs ermittelte. Zuvor bereits sorgte er in Brandenburg für einen mittleren Skandal, weil er statt genehmigter 568 Altenpflegeplätze für 1161 Plätze abzurechnen versuchte.

Seit November 2001 war er Mitglied der Schill-Partei und «sponserte» deren Hamburger Wahlkampf mit einigen Tausend Mark und war dafür vorgesehen, den Aufbau Ost der Partei zu betreiben. Gleichzeitig forderte er vom Land Sachsen-Anhalt nach Angaben des *Spiegel* noch nachträglich 100 Millionen Mark Fördermittel. Diese 100 Millionen konnte Marseille gut gebrauchen. Sein Geschäftsbericht wies damals Schulden in Höhe von 426 Millionen aus, wovon 82,3 Millionen binnen eines Jahres zurückgezahlt werden mussten. Der sächsisch-anhaltinische Regierungssprecher Franz Stänner fragte sich deshalb, ob «hier ein Unternehmer eine Partei kaufen will, um seine wirtschaftlichen Interessen politisch zu flankieren».

Und dieser rührige Unternehmer und Neupolitiker wurde nun von einem Anonymus verdächtigt, den Scientologen anzugehören. Obwohl der Verdacht äußerst nebulös war, musste er von der Hamburger Scientology-Expertin im Innensenat, Ursula Caberta, in einer Aktennotiz festgehalten und dem Ersten Bürgermeister und dem Verfassungsschutz zur Überprüfung geschickt werden. Doch auf Anweisung von Wellinghausen, erinnert sich Ursula Caberta, sollte das Schreiben vernichtet werden. «Ich mache mich strafbar, wenn ich Akten vernichte», wandte sie ihm gegenüber ein. Vergeblich. Was sie natürlich nicht daran hinderte, ihre Pflicht zu erfüllen und das Dokument weiterzugeben.

Im Februar 2004 meldete das *Hamburger Abendblatt* einen ähnlichen Vorfall. «Nach Auskunft des Senats fehlte nach Wellinghausens Entlassung auch ein Leitfaden. Er soll Anweisungen für verdeckte Ermittler gegen die Organisierte Kriminalität enthalten. Dies sei brisant, so die SPD, da Wellinghausens frühere Kanzlei auch Mandanten aus dem Milieu vertrete.» [42] Wellinghausen bestritt vehement, damit etwas zu tun zu haben.

Jedenfalls war er der «heimliche Innensenator», der die Arbeit machte, während Ronald Schill eher seinen privaten Vergnügungen nachging. In Bürgerschaftskreisen kam es immer wieder zu lustigen Szenen, wenn Schill bei einer Sitzung des Innenausschusses brav von einem Zettel ablas, den ihm Wellinghausen vorher reichte, und bei Fragen entweder eine Antwort verweigerte oder an seinen Staatsrat weitergab. Es soll sogar dazu gekommen sein, dass Schill sich weigerte, eine Sitzung zu beginnen, wenn Wellinghausen nicht anwesend war.

Was der Grund dafür war, dass Wellinghausen einmal ins Bein geschossen wurde, wird wohl – wie vieles andere – immer ein Geheimnis bleiben. Ein gezielter Schuss ins Bein gilt im kriminellen Milieu normalerweise als eine letzte Warnung. Der Schütze wurde jedenfalls nie gefasst, und besonders redewillig über die vermutlichen Motive, die mit dem Anschlag zu tun haben könnten, war Wellinghausen auch nicht.

Tatsache hingegen ist: In Wellinghausens Kanzlei wurden nicht nur Ronald Schill, sondern zahlreiche Polizeibeamte anwaltlich bestens vertreten. Das förderte sicher viele schöne Freundschaften. Da ist es nicht lebensfremd, anzunehmen, dass ein gewiefter Anwalt somit Zugang zu brisanten Ermittlungserkenntnissen erhalten haben könnte. Und zwar Zugang zu jenen Erkenntnissen, die sich auf hochkarätige Kriminelle beziehen, die wiederum in der gleichen Kanzlei von seinem Kompagnon Norbert John fürsorglich vertreten wurden. Das glauben zumindest manche Insider im Hamburger Polizeiapparat zu wissen. Beweise dafür gibt es bislang nicht. Aber die Frage nach einer möglichen Interessenkollision stellten sich trotzdem viele Hamburger.

Denn unwidersprochen ist, dass der Kompagnon Wellinghausens auch geschäftliche Interessen diverser Größen aus der Organisierten Kriminalität wahrgenommen hatte. Einige Anwaltskollegen gehen so weit zu sagen, dass die Kanzlei eigentlich wegen dieser Mandanten wirtschaftlich aufblühte. Auf meine entsprechenden Fragen, ob er den Albanerclan vertrete, ob es persönliche Verbindungen zwischen ihm und dem Albanerclan gebe, ob er OK-Größen vertreten habe und ob er einen Interessenkonflikt zwischen seiner anwaltlichen Tätigkeit und seinem Anwaltspartner Herrn Wellinghausen sehen würde, wenn er sogenannte OK-Größen vertrete, antwortete Anwalt Norbert John: «Herr Walter Wellinghausen ist mit dem 12. 12. 2001 aus unserer Sozietät ausgeschieden. Das Mandat wird regelmäßig nur einem Strafverteidiger erteilt. Er ist entsprechend auch gegenüber seinen Partnern zur Verschwiegenheit verpflichtet.» Und weiter schreibt er, dass «nur Menschen, die mit den Pflichten des Rechtsanwaltes und den Gepflogenheiten anwaltlicher Berufsausübung nicht vertraut sind, auf die Idee kommen können, einen Interessenkonflikt zu konstruieren». Ansonsten verweist er auf das Anwaltsgeheimnis, was ich als kundiger Autor ja eigentlich wissen müsse, bzw. «der Begriff der OK ist rechtlich nicht definiert. Der Attribution OK-Größe können daher regelmäßig nur extra-legale Prozesse und

Interessen zugrunde liegen. Meiner Teilnahme an derartigen Zuschreibungen steht nicht zuletzt das Sachlichkeitsgebot des § 43 a Abs. 3 BRAO entgegen.»

Der Rechtsanwalt darf sich bei seiner Berufsausübung nicht unsachlich verhalten, das regelt dieser von Rechtsanwalt Norbert John erwähnte Paragraph in der Bundesrechtsanwaltsordnung.

Staatsrat und Exanwalt Wellinghausen selbst erklärte, dass es in seiner Kanzlei stets eine klare Arbeitsteilung gegeben habe. Er habe sich überwiegend nur für Polizisten eingesetzt, während sein Partner Norbert John sich um Straftäter von den Hell's Angels bis zu mutmaßlichen albanischen Mafiosi gekümmert habe. Dass diese Arbeitsteilung trotzdem nicht unproblematisch war, befürchteten Hamburger Kripobeamte, als Schills Amigo zum Staatsrat ernannt wurde. Sie haben Ronald Schill deshalb eindringlich gewarnt, was auf eine gewisse Naivität seitens der Kripobeamten schließen ließ. Demnach vertrete die Kanzlei Wellinghausen & Kollegen zahlreiche Klienten, die «Zielpersonen» von OK-Ermittlungen seien, darunter auch einen millionenschweren Albaner, den die Fahnder seit Jahren als angeblichen Paten der Hamburger Kokain- und Glücksspielkriminalität im Visier hatten. Die Rede ist von dem Albanerclan, dessen Namen in Hamburg bis zum heutigen Tag niemand wagt, offen auszusprechen.

Ronald Schill, von *Spiegel*-Journalisten auf die Warnungen der Kripobeamten angesprochen, konnte sich an derartige Hinweise nicht erinnern. In der Großen Anfrage der SPD an den Hamburger Senat wurde deshalb unter anderem gefragt: «Haben sich Angehörige der Polizei Hamburg gegenüber der Leitung des Innensenators oder gegenüber anderen Mitgliedern des Senats zu einer Auswahl und / oder Berufung Herrn Wellinghausens zum Staatsrat geäußert, und enthielten derartige Äußerungen Bedenken der Polizei betreffend die Berufung Herrn Wellinghausens?»

Die Rede ist von dem möglichen Interessenkonflikt. Gefragt wurde darüber hinaus, «ob der Staatsrat Wellinghausen Akten oder

Vorgänge zum Bereich der Organisierten Kriminalität angefordert bzw. sich habe vorlegen lassen und warum? Waren darunter Akten, welche aktuelle und / oder ehemalige Mandatsverhältnisse der Kanzlei Wellinghausen und Partner oder der einzelnen Anwälte der Kanzlei berührten?» Sollte Schill in der Bürgerschaft «unsere Fragen gerade in Bezug auf die Nähe seines Staatsrates zur Organisierten Kriminalität nicht ausreichend beantworten», drohte SPD-Fraktionschef Uwe Grund, «werden wir in Erwägung ziehen, einen Parlamentarischen Untersuchungsausschuss einzusetzen».

Lapidar antwortete der Senat auf die SPD-Anfrage am 19. März 2002: «Der Senat äußert sich grundsätzlich nicht zu Gerüchten. Er nimmt keine Stellung zu behördeninternen Diskussions- und Entscheidungsprozessen sowie zu Medienberichten über behördeninterne Schreiben oder über Äußerungen einzelner Senatsmitglieder bzw. Behördenmitarbeiter. Der Senat äußert sich auch nicht zu privaten Angelegenheiten einzelner Senatsmitarbeiter.»

Zu der Frage des möglichen Interessenkonfliktes zwischen den Mandanten der Anwaltskanzlei Wellinghausen und Wellinghausens Tätigkeit als Staatsrat im Innensenat fiel die Auskunft eher schwammig aus. Demnach hatte Manfred Quedzuweit, der Leiter der Abteilung für Organisierte Kriminalität im Landeskriminalamt, den damals noch amtierenden Polizeipräsidenten Udo Nagel auf ein Ermittlungsverfahren gegen eine konkrete Person im Bereich der Organisierten Kriminalität schriftlich hingewiesen. Denn diese Person ließ sich von einem anderen Rechtsanwalt vertreten, der zur früheren Kanzlei Wellinghausens gehört. Weiter heißt es in der Antwort des Senats: «Der damalige Leiter des LKA 7 (Abteilung für Organisierte Kriminalität, J. R.) wollte wegen der Berichterstattung in den Medien zur behaupteten Milieunähe und Erpressbarkeit eines ehemaligen Staatsrates der Behörde für Inneres darauf hinweisen, dass dieses frühere berufliche Zusammenwirken von Herrn Wellinghausen mit einem bestimmten Rechtsanwalt seines Büros, der als Strafverteidiger tätig ist, eine

Thematisierung in der Presse erfahren könne. Diese Thematik sei in allgemeiner Form mit dem damaligen Staatsrat Reimers besprochen worden.[43]

Gemeint war damit, dass ein Hamburger Journalist die Behauptung wagte, dass ein ehemaliger Staatsrat der Innenbehörde in einem Edelbordell gesehen worden sei. Die Vorwürfe konnten nie bewiesen werden. Einen parlamentarischen Untersuchungsausschuss, wie von der SPD angedroht, gab es natürlich nie. Dabei war die Antwort des Senats, so der Vorsitzende der Gewerkschaft der Polizei Konrad Freiberg, «mehr als dürftig und ließ nahezu alle Fragen offen».

Schwierigkeiten mit der Hamburger Staatsanwaltschaft bekam im Sommer 2003 ein anderer langjähriger Vertrauter des einstigen Innensenators Schill, der mit seinem Millionärsfreund gemeinsame Kurzurlaube auf dessen Yacht verbrachte. Bei diesem Amigo handelte es sich um Detlef Fischer, den ehemaligen Großaktionär und früheren Vorstandsvorsitzenden des Hamburger IT Dienstleistungsunternehmens Systematics AG. Für die Feiern auf der Yacht seien manchmal Frauen aus Hamburg eingeflogen worden, die in Diensten des Albanerclans standen. Ob Schill für die Urlaubsfreuden bezahlt hat, sei dahingestellt. «Beide Herren verbindet eine Männerfreundschaft. Schill nahm an legendären Segeltörns auf Fischers Yacht vor Mallorca teil. Als Fischer im Wollenberg am Alsterufer, an dem er beteiligt ist, den Geburtstag einer Frau feierte; ließ er aus einem Helikopter tausend Rosenblüten abwerfen. Schill war auch unter den Gästen.»[44]

Hierzu muss man wissen, dass das Wollenberg in unmittelbarer Nähe des US-Konsulats liegt und in der Luft ein striktes Flugverbot herrscht. Doch der Pilot erzählte stolz, dass er über Schill eine Ausnahmegenehmigung erhalten habe.

Gegen Detlef Fischer ermittelte übrigens die Staatsanwaltschaft wegen des Verdachts der Vorteilsgewährung von Amtsträgern sowie der Bestechung und Bestechlichkeit im geschäftlichen Verkehr.

Fischer selbst hält die Vorwürfe für geradezu unverschämt. «Richtig ist, dass wir, wie jedes große Unternehmen auch, im Rahmen der Kundenpflege Kunden etwa zu Golfturnieren oder auch zur Kieler Woche eingeladen haben.» Das sei doch, meinte er, bei großen Wirtschaftsunternehmen eine normale Vorgehensweise.

In einer Pressemitteilung der Bürgerschaftsfraktion der Grün-Alternativen Liste (GAL) vom 3. September 2003 wird das Hamburger Problem, das der Publizist Günter Gaus als die «Hamburger Vorstadtschmiere» bezeichnete, gleichfalls klar beschrieben. Da wollte Christian Maaß, Abgeordneter der Grün-Alternativen Liste im Parlament anlässlich des Koalitionskonfliktes zwischen CDU und der Schill-Partei eine Rede halten mit dem Titel: «Eine ehrenwerte Gesellschaft». Doch noch während seiner Rede wurde er nach drei Ordnungsrufen von der Debatte ausgeschlossen.

Christian Maaß wollte sagen: «Es ist gespenstisch. In dieser Regierungskrise geht es genau um den Vorwurf der politischen Erpressung, es geht um den halbseidenen Politiker Schill, und es geht um seine Partei, in der nach Fernsehberichten gelogen und betrogen wird. Und genau darüber darf man in der Bürgerschaft nicht reden.»

Und über Justizsenator Kusch (CDU) hätte er auch gerne etwas erzählt. «Aber Herr Kusch bleibt ganz gelassen. Denn es hält jemand seine schützende Hand über ihn. Sein Vermieter. Sein langjähriger Freund. Sein Kumpel, der ihn in den Senat geholt hat und dabei die verdienten Rechtspolitiker der CDU-Fraktion brüskiert hat. Aber Herr Kusch ist ein ehrenwerter Mann – ehrenwert, das sind sie alle, alle ehrenwert.»

Konrad Freiberg von der Gewerkschaft der Polizei beklagte in der Vergangenheit vergeblich, dass Innensenator Ronald Schill «nicht die erforderliche Distanz zu Kriminellen gezeigt habe» – von den besagten Leibwächtern mit ihren Vorstrafen bis zum Aufenthalt in stadtbekannten Etablissements der Schickeria mit dazugehörigem kriminellem Milieu. Und vieles spricht dafür, dass

Hamburg das Paradebeispiel ist, um erstmals für Deutschland exemplarisch aufzuzeigen, wie es dem Organisierten Verbrechen gelungen ist, direkt in politische Strukturen einzudringen.

Dabei geht in dem Sumpf unter, dass es noch ein anderes Problem geben könnte. Das hängt mit einem Hotel auf der Reeperbahn zusammen. «Welche Hamburger Promis vergnügen sich im Schwulentreff?», fragte am 1. Februar 2003 die *Hamburger Morgenpost.* Das Hotel ist ein stadtbekannter Treffpunkt auf der Reeperbahn – mit durchaus würdigen Stammgästen. Wer von Hamburgs High Society bei Haralds Hotel seinen Vergnügungen nachging, steht in einer Gerichtsakte. Doch dummerweise wurden die sieben Namen nachträglich von einem beflissenen Hamburger Staatsanwalt geschwärzt. «Ein unglaublicher Vorgang», wetterte daraufhin Rechtsanwalt Uwe Maeffert. Er vertrat einen Mandanten, der angeklagt wurde, im Jahr 1999 einem 40-jährigen Kanadier einen minderjährigen Jungen für Sexspiele vermittelt zu haben. Dieser Mandant – zuvor war er Leiter eines Jugendcafés – soll für seine Vermittlungsdienste 400 Mark berechnet haben, bestritt jedoch heftig die Vorwürfe.

Hotelier Harald M. hatte damals gegenüber der Polizei beteu ert, in seinem Haus gebe es keinen Sex mit Minderjährigen. Und um seine Seriosität zu demonstrieren, übergab er den Kripobeamten die Namen von sieben prominenten Hamburgern, die angeblich Gäste des Hauses waren. Die brisante Gästeliste der Promis wurde geschwärzt, bevor die Akte von der Staatsanwaltschaft an Rechtsanwalt Maeffert geschickt wurde. Und jener Beamte aus der Davidswache, der die Namen notierte, erhielt ein Aussageverbot – zum Schutz der Persönlichkeitsrechte der prominenten Besucher des umstrittenen Hotels. Dabei glaubt er, die Gäste des Hotels, die immer den gut bewachten Hintereingang benutzten, genau erkannt zu haben. Die *tageszeitung* berichtete über den Vorgang als eine der vielen kleinen dreckigen Episoden aus dem Hamburger Kiez: «Oles Name sei auch dabei gewesen, sagte der Rechtsanwalt des Kanadiers, Uwe Maeffert. … Nun ist es keineswegs verboten, in Haralds Hotel zu verkehren. Nur wurde Ole eben seinerzeit als ‹eingefleischter Junggeselle› vermarktet. Das schmutzige Wort ‹schwul› wird bis heute gemieden. … Kiezgeschichten. Alles Quatsch. Alles Schmutz.»[45]

Insofern ist die Erpressung des Ersten Bürgermeisters, Ole von Beust, durch Ronald Schill im August 2003 durchaus konsequent gewesen. Wie kam es zu dem Skandal? Im Spätsommer 2003 führte kein Weg mehr daran vorbei, dass Innenstaatsrat Wellinghausen aufgrund seiner Affären selbst für Ole von Beust, der noch wenige Wochen vorher von einer «erfolgreichen Arbeit der Koalition» gesprochen hatte, unhaltbar geworden war. Ole von Beust musste ihn entlassen. Doch Ronald Schill wollte seinen alten Amigo nicht gehen lassen. Wellinghausen hatte allerdings nicht mehr abstreiten können, Honorare von früheren Mandanten kassiert zu haben, obwohl er bereits im Staatsdienst stand. Er rechtfertigte die Bezahlung als Abwicklung aus seiner früheren Anwaltstätigkeit. Geglaubt hatte ihm das niemand.

Und dann fand im Büro des Ersten Bürgermeisters die denkwürdige Aussprache zwischen Ole von Beust und Ronald Schill statt, deren Ergebnis für Schlagzeilen sorgte: «Beust erklärte, Schill sei für das Amt ‹charakterlich nicht geeignet›. Schill habe ihm gedroht, der Öffentlichkeit zu erklären, er habe seinen angeblichen Lebenspartner, Justizsenator Roger Kusch, in den Senat geholt und damit Privates mit Dienstlichem verquickt. Er habe Schill daraufhin sofort seines Büros verwiesen.»[46]

Der Zweite Bürgermeister Ronald Schill reagierte mit hochrotem Kopf und war bereits durch Herpesbläschen auf der Oberlippe verunstaltet, die manche Kommentatoren später hämisch als «Hitler-Herpes» beschrieben: «Ich weiß von Herrn von Beust selbst, dass er homosexuell ist; ich weiß auch von Herrn Kusch selbst, dass er homosexuell ist, aus eigener Erfahrung – weil sie es mir erzählt haben.»

Vielleicht wusste er erheblich mehr. Niemand weiß bis heute genau, was sich wirklich während der bewussten Aussprache im Amtszimmer des Ersten Bürgermeisters zugetragen hatte. In einem Kommentar im *Hamburger Abendblatt* war zu lesen: «Egal, was man von Schill halten mag – für jemanden wie ihn, der von Psychologen als narzisstisch und paranoid beschrieben wurde, dürfte ein so rasanter politischer Absturz kaum erträglich sein.» Sollte er sich nochmals zur Wehr setzen?

Und einige Beamte aus der Polizei fragten sich, was aus den Videos geworden sei, die Schill nach Gerüchten aus der Szene gehortet haben soll? Dabei steht im Hintergrund die Aussage des Vorsitzenden der Gewerkschaft der Polizei Konrad Freiberg, dass Schill bekanntlich bereit war, seine Erfahrungen in der Szene zur Erpressung einzusetzen. «Der weiß doch immer noch alles über abgehörte Telefongespräche», glaubt Freiberg zu wissen.

Schill wäre übrigens nicht der Einzige, der unter Umständen Erpressungsmaterial in den Händen hält. Auch der bereits erwähnte Baulöwe, der «heimliche Bürgermeister» Hamburgs, der im Restaurant Wollenberg mit dabei war, als Ronald Schill zum Innensenator ausgelobt wurde, könnte Fotos in seinem Safe lagern, die für ihn ein unbezahlbares Pfand bedeuten könnten.

Zwei Tage nach seinem Rauswurf musste Ronald Schill seine Büros im Rathaus und in der Innenbehörde räumen, seine Dienstwaffe abgeben und auf seinen bisherigen Personenschutz verzichten. Zwei Jahre nach dem überraschenden Regierungswechsel in Hamburg war die gesamte unappetitliche Koalition geplatzt.

Im Februar 2004 standen Neuwahlen an. Da warf der SPD-Innenexperte Michael N. dem noch amtierenden Ersten Bürgermeister Ole von Beust vor, die Organisierte Kriminalität nicht genügend bekämpft zu haben: «Es werden unter diesem Bürgermeister Konzepte gegen Abbiegen ohne Blinker entwickelt. Gegen Mafia und Schutzgelderpressung sind von Beust und Schill aber nicht vorgegangen.»

Das war zwar Wahlkampfgetöse, insbesondere weil sich der SPD-Innenexperte in der Vergangenheit nicht gerade durch besonderen Kampfeswillen bemerkbar gemacht hatte, aber er traf mit seiner Aussage den Kern des Hamburger Problems. Einerseits das Loblied auf den starken unerbittlichen repressiven Staat, andererseits die Duldung, wenn nicht gar Förderung mafioser Strukturen.

Dass seit Anfang des Jahres 2004 in vielen Hamburger Lokalen plötzlich eine neue Mineralwassermarke auftauchte – und zwar genau jene Marke, die vom Albanerclan gemanagt wurde –, hing nicht unbedingt mit der vorzüglichen Qualität des Sprudels zusammen, sondern mit der sanften Drohung, dass bei Ablehnung der Knebelverträge «Probleme» nicht auszuschließen seien. Gleichzeitig investiert der Albanerclan inzwischen in das Geschäft mit dem Fußball. Und in Immobiliengeschäfte, wie gehabt. Bekannt ist freilich, dass er sich intensiv mit eigenen Baufirmen, die wiederum über Strohleute gelenkt werden, beim Hamburger Prestigeprojekt HafenCity engagiert, ein Großprojekt, das ein neues städtisches Quartier mit einer gemischten Nutzung aus Wohnen, Gewerbe und Freizeit schaffen soll. Insgesamt 1,5 Millionen Quadratmeter Bruttogeschossfläche werden gebaut. Auf 155 Hektar soll sich die HafenCity erstrecken und im Jahr 2020 fertig sein. Damit sollen 5500 Wohnungen für 12 000 Einwohner, Dienstleistungsflächen für 20 000 Arbeitsplätze sowie Gastronomie, Unterhaltungsindustrie, Parks und Freiflächen entstehen. Hamburgs Senat rechnet mit rund 230 Millionen Euro Einnahmen und schwärmt über das Jahrhundertprojekt. Ob HafenCity oder das nicht weit entfernt liegende St. Pauli – der Albanerclan hat überall seine Finger im Spiel.

Ronald Schill und sein langjähriger Freund Wellinghausen sind nach der verlorenen Wahl in Hamburg im Februar 2004 (Schills Partei scheiterte mit 3,1 Prozent an der Fünf-Prozent-Hürde) von der politischen Bühne vorerst verschwunden. In vielen Behörden knallten nach ihrem unrühmlichen Abgang die Sektkorken. Ole von Beust, der Mann, der bis zur Erpressung durch Ronald Schill von dieser Koalition profitierte, wurde mit absoluter Mehrheit zum neuen Ersten Bürgermeister gewählt und nach seinem Wahlsieg von der CDU-Führung in Berlin aufs herzlichste umarmt.

Ronald Schill war nun faktisch ein nackter Mann, ohne Amt, ohne Würde, ohne Einfluss. Und ein solcher Mann ist damit auch für diejenigen, die ihn bisher hofierten, nutzlos geworden. So gesehen war seine Ankündigung, nach Südamerika auszuwandern, durchaus logisch. Er habe Freunde in Uruguay und werde schauen, «ob ich da irgendwo günstig leben kann». Und er will ein Buch schreiben. «Es haben so viele Leute über mich geschrieben, da muss ich das auch tun.»

Aber das ganze kriminelle Geflecht samt den entsprechenden tragenden Figuren ist immer noch vorhanden. Gleichzeitig – und das ist der schizophrene Widerspruch – wird in Hamburg weiter mit unerbittlicher Gnadenlosigkeit der kleine Straftäter verfolgt, dem auch im Gefängnis noch die Chance der Resozialisierung ausgetrieben wird. Justizsenator Kusch erkundete in der Vergangenheit schon mal Möglichkeiten der schärferen Strafverbüßung im US-Bundesstaat Arizona und im russischen St. Petersburg. St. Petersburg auch deshalb, um die Beziehungen zu Hamburgs Partnerstadt zu vertiefen.

In Arizona besuchte er Sheriff Joe Arpaio, bekannt als ein Sadist, dem die Wähler des Regierungsbezirks Maricopa die Herrschaft über einige Tausend Strafgefangene übertragen haben. In zivilisierten Teilen der Welt berichten die Medien in wohlig-gruseligem Tonfall über Sheriff Joes «Gulag von Arizona» *(Der Spiegel)*, in dem die Gefangenen Schweinefutter vorgesetzt bekommen und, um ihr Selbstwertgefühl zu untergraben, rosa Unterwäsche tragen müssen. Kusch wollte sich, so zitierten ihn damals die Zeitungen, «Anregungen» für die «Modernisierung des Hamburger Strafvollzugs» holen.

«Aufmerksamkeit erregte Kusch auch mit seinen Schimpftiraden auf die abgelöste rot-grüne Regierung der Hansestadt. Obwohl zu seinen Amtsvorgängern Juristen vom Format eines Wolfgang Hoffmann-Riem zählten, mittlerweile Richter am Bundesverfassungsgericht, behauptete Kusch allen Ernstes: Erst jetzt, ‹erstmals seit Jahren›, gebe es in Hamburg einen Senat, ‹dem es ein Herzensanliegen ist, die Menschen vor Verbrechen zu schützen›.» [47]

Wie der Albanerclan demonstriert, konnten Kusch und die ihm unterstellte Justizbehörde dieses «Herzensanliegen» nicht so richtig in die Tat umsetzen. Dass auch andere hochkarätige Gangster, insbesondere aus St. Petersburg, in Hamburg Millionen von Euro ungehindert investieren, zum Beispiel in dem Milliardenprojekt HafenCity, das wird ebenfalls hingenommen. Vielleicht deshalb, weil sie mit dem Albanerclan zusammenarbeiten?

Die Repräsentanten eines anderen mächtigen kriminellen Clans wiederum, der russischen Solnzewskaja, sitzen in einem der vornehmsten Bürohäuser in Hamburg, dem ABC-Bogen, und werden häufig bei Empfängen des Senats gesehen. Erst im März 2004 besuchte eine Delegation aus Moskau die Hansestadt und erkundigte sich danach, wie teuer das Luxushotel Atlantik wäre. Sie wollten es abreißen lassen und dort ein neues, ebenso luxuriöses Hotel bauen. Behängt mit dicken Goldreifen an den Armen, trugen sie Koffer voller Geld mit sich herum. Als sie hörten, das Hotel Atlantik sei nicht zu verkaufen, machten sie ernsthaft den Vorschlag, ein Konkurrenzhotel hinter dem Atlantik zu bauen. Inzwischen haben sie dort erst einmal eine ganze Etage für sich reserviert.

Am Rande sei noch vermerkt, dass sich die Russen in Hamburg bereits seit langem ihr Terrain gesichert haben, auch im Rotlichtbereich. Sie herrschen im Hamburger Umland.

Und was hat sich in der Zwischenzeit getan? Der forsche Senator hat die CDU verlassen und damit seinen Posten als Justizsenator aufgegeben, was bei vielen Hamburger Staatsanwälten auf mehr als große Zustimmung gestoßen ist. Das Hamburger Landeskriminalamt hat im Sommer 2006 eine Ermittlungseinheit aus sechzig Beamten eingesetzt, um gegen den Albaner-Clan nun endlich erfolgreich vorgehen zu können. Einer von ihnen wurde bereits von der Justiz verfolgt und muss mit einer mehrjährigen Gefängnisstrafe rechnen. Andere Mitglieder des Clans haben einen Teil ihres Hamburger Immobilienvermögens verkauft und sind dabei, ihre Zelte in Hamburg abzubrechen. Im Zusammenhang mit den aktuellen Ermittlungen gegen den Albanerclan tauchten in der Presse auch Einzelheiten aus den Ermittlungsakten der letzten zehn Jahre auf. Von Erpressung über Drogen- und Waffenhandel bis zu Geldwäsche, alles wurde protokolliert. Das Problem war für die Polizei in der Vergangenheit, dass sich keine Zeugen gefunden hatten, die bereit waren, gegen den Albanerclan auszusagen, aus Angst vor Repressalien. Selbst im Zusammenhang mit einem Mord wird einer aus dem Albanerclan genannt. Sein Name taucht in den Akten des Landgerichts Hamburg als mutmaßlicher Drahtzieher eines Auftragmordes auf. Auch hier das gleiche Problem für die Ermittler: Zeugen waren nicht bereit auszusagen. Immerhin. Fast über ein Jahrzehnt beherrschte der Clan einen großen Teil des kriminellen Geschehens in Hamburg. Deshalb stellt sich die Frage, warum er so einflussreich war, ob er nur eine regionale kriminelle Macht darstellte, eine Art Hamburger Spezialität, oder ob er in internationale Netzwerke eingebunden ist, in denen auch die Politik eine Rolle spielt.

Der clevere Clan, der in Hamburg weiterregieren darf

Weil sich – abgesehen davon, dass Schill und seine politischen Weggefährten nicht mehr mitregieren dürfen – in Hamburg bisher nichts Entscheidendes verändert hat, ist es an der Zeit, sich noch intensiver mit dem mysteriösen Albanerclan zu beschäftigen, der bekanntlich von sich behauptete, er hätte die Stadt in der Hand. Wichtig ist in diesem Zusammenhang auch, ob er nur eine regionale kriminelle Macht darstellt, sozusagen eine Hamburger Spezialität, oder ob er in internationale Netzwerke eingebunden ist. Und das würde ihn noch gefährlicher machen.

Zum Hintergrund: Hunderttausende von Albanern flüchteten bereits 1990 nach Westeuropa, nachdem das stalinistische Regime ihres Heimatlandes gestürzt worden war. Allein 400 000 von ihnen kamen nach Deutschland, und viele suchten Kontakt zu ihren bereits hier lebenden Landsleuten. Umfangreiche und weitverzweigte Netzwerke entstanden. Ein idealer Nährboden für kriminelle Strukturen. Bis zum heutigen Tag sind die Rahmenbedingungen in den Transformationsländern, vorwiegend in Albanien, Serbien und Montenegro, für den Aufstieg und die Etablierung privater Gewaltakteure in Form organisierter internationaler Kriminalität unverändert günstig.

Zu den wichtigsten kriminellen Gruppen zählen Netzwerke ethnischer Albaner; sie kommen aus Albanien, aber auch aus dem Kosovo, aus Mazedonien und Teilen Montenegros. Sie stützen sich bei ihren kriminellen Aktivitäten auf die bestehenden Clanstrukturen der in den westeuropäischen Staaten niedergelassenen Diaspora und zeichnen sich durch einen hohen Grad an Geheimhaltung und Abschottung aus. Entsprechend prägen sie das Bild der Kriminalitätsentwicklung auch in Deutschland. «Familienstrukturen (Clans) bilden häufig die maßgeblichen Beziehungsnetze und Autoritätsverhältnisse. Der Einfluss der Personen in der oberen Hierarchieebene beschränkt sich hauptsächlich auf die Gruppierung selber, ihr angegliederte Organisationseinheiten und von ihr benutzte Einrichtungen, wie beispielsweise Restaurants, Nachtklubs oder Reisebüros.» [48] Und damit sind wir wieder bei dem Albanerclan angekommen.

In einem Bericht des Bundesnachrichtendienstes vom 21. September 2003 wird nun jener Albanerclan, über den in Hamburg viele etwas wissen, aber niemand redet, erstmals ausführlich beschrieben. Was sind die Quellen dieser Dokumentation? Denn die entscheiden letztendlich über den Wahrheitsgehalt des Berichts. Überwiegend handelt es sich um polizeiliche Erkenntnisse aus diversen Ermittlungsverfahren in Deutschland. Das heißt, die Informationen können als glaubwürdig eingestuft werden. Zum anderen sind es nachrichtendienstliche Quellen. Da sind häufig Zweifel an der Seriosität der Informationen angesagt. In dem 161 Seiten starken Dokument ist Folgendes zu lesen: «Diese Analyse befasst sich mit den Rauschgiftaktivitäten und Netzwerken kosovo-albanischer OK-Gruppen in Europa. Aktualität hat die Thematik auch aufgrund der Zusammenarbeit deutscher Polizeistellen mit dem BND (Bundesnachrichtendienst) und einzelnen mit der Bekämpfung der Organisierten Kriminalität befassten Landesämter für Verfassungsschutz.»

Dem Bericht nach schmuggeln kosovo-albanische Drogenbanden vor allem Heroin entlang der sogenannten Balkanroute zur Versorgung des Marktes in Zentral- und Nordeuropa. Das Heroin stammt vorwiegend aus Afghanistan. Wo, wie und in welchen Mengen das Heroin in die Hände der Albaner gerät, sei hingegen noch weitgehend ungeklärt. Das versucht übrigens derzeit auch Europol herauszufinden. Die kosovo-albanische Mafia ist einer der zentralen Ermittlungsfälle der europäischen Polizeibehörde.

Vor den kriegerischen Auseinandersetzungen im ehemaligen Jugoslawien wurden – was allgemein bekannt sein dürfte – große Mengen Heroin in der Provinz Kosovo gelagert. Als Folge der Störungen des Schmuggels durch die blutigen Kämpfe wurden die Drogendepots unter anderem nach Ungarn, Tschechien, in die Slowakei und nach Mazedonien verlagert. «Mit der Beruhigung der Lage in der Balkanregion haben sich die Möglichkeiten für den Schmuggel erheblich verbessert. Die alten Routen und Depots wurden reaktiviert, die neuen werden weiterhin genutzt.[49]

Demnach ist die Tschechische Republik seit 1993 für die kosovo-albanischen Gruppen vor allem wegen ihrer strategisch günstigen geografischen Lage eines der wichtigsten Zentren für die Depothaltung und die Verteilung von Drogen geworden. Die Kosovo-Albaner haben sich ihre dominante Position dort nicht nur durch den Einsatz brutaler Gewalt erarbeitet, für die sie berüchtigt sind. Ihren Einfluss verdanken sie demnach insbesondere dem effizienten Aufbau von Beziehungen zur tschechischen Unterwelt, zu einigen Sektoren der tschechischen Staatsverwaltung sowie zu den Eliten von Politik und Wirtschaft. «Von Tschechien (und der Slowakei) aus betreiben sie den Schmuggel von Heroin nach Deutschland, Italien, Österreich, Belgien, Ungarn, in die Schweiz, die nordischen Länder und zunehmend auch nach Großbritannien. Sie befassen sich fast ausschließlich mit dem Drogengroßhandel und werden von Führungskräften geleitet, deren Verwandte in verschiedenen europäischen Ländern bei der Kontrolle der Drogenverteilung behilflich sind.»

Immerhin wird an erster Stelle des Berichts der Albanerclan aus Hamburg erwähnt. «Zum einen weist die Tatsache, dass auch von US-amerikanischer Seite nach den Verbindungen eines Hamburger Clans gefragt wird, auf die transnationale Bedeutung des Problems hin.»

Mit Letzterem war die Erkenntnis von US-Sicherheitsbehörden gemeint, dass die UÇK (Kosovo-Befreiungsarmee) nicht nur einen Teil ihres Finanzbedarfs durch Drogen deckt, sondern dass die Albaner auch Bin Ladens Terrororganisation Al Qaida trainieren und finanziell unterstützen. Das sollte den Hamburger Behörden einmal zu denken geben.

Weiter werden in dem Dokument der Bundesbehörde Namen und Positionen des kosovo-albanischen kriminellen Netzwerkes aufgeführt: «Als Paten der Organisierten Kriminalität in Hamburg gelten die drei aus dem Kosovo stammenden Brüder.» Es folgen die Namen, und unter anderem wird auch der 1960 geborene Albanerpate genannt.

In dem Bericht wird behauptet: «Mit ihren kriminellen Aktivitäten (Rauschgifthandel, Schutzgelderpressung, Prostitution, Kfz-Schmuggel) setzen sie Beträge in Millionenhöhe um, wobei sie sich in der operativen Arbeit betont im Hintergrund halten und andere für sich arbeiten lassen sollen. Der Clan soll auch Auftragsmorde ausführen (lassen) und mit der italienischen Mafia kooperieren. Zum Familienclan gehört auch eine Schwester, die anerkannte Dolmetscherin bei einem Verwaltungsgericht in Norddeutschland ist.»

Über den Ältesten des Clans ist zu lesen: «Er ist bosnischer Staatsbürger und in Deutschland, Tschechien, Ungarn sowie in Jugoslawien im Rauschgifthandel aktiv; weitere Verbindungen bestehen nach Belgien und in die Schweiz. Er besitzt in Hamburg ein Kasino und soll in Kroatien Immobilien erworben haben, die mangels eigener kroatischer Staatsangehörigkeit auf eine andere Person eingetragen sind. Der Schwerpunkt seiner Immobilienkäufe liegt bei Gewerbeobjekten (Geldwäsche der in Deutschland erworbenen Gelder). Eine weitere Form des Immobilienerwerbs erfolgt über ‹Finanzhilfen› an Personen in finanziellen Schwierigkeiten; kann die Schuld nicht getilgt werden, übernimmt eine dritte Person, die nicht in kriminelle Aktivitäten verwickelt ist, für den Clan das Objekt.»

Unterstützt wird der Clan nach diesen behördlichen Erkenntnissen durch die Brüder Kole und Anton Jakupi, die einer Gruppe katholischer Albaner angehören, die sich finanziell an der Bewaffnung der Albaner im Kosovo beteiligt haben sollen. Ein Albaner aus Hamburg übernahm dabei den Kauf und Verkauf von Waffen und die Organisation des Waffenschmuggels in das Kosovo sowie die des Drogenschmuggels aus dem Kosovo. Harte Vorwürfe allemal.

In dem besagten amtlichen Dokument wird das gesamte internationale Netzwerk krimineller Kosovo-Albaner beschrieben, bei dem es überwiegend um Drogenhandel und Schutzgelderpressung und die Anlage der kriminell erwirtschafteten Gelder geht. Die Verbindungen von Hamburg reichen insbesondere nach Norwegen, Tschechien und Ex-Jugoslawien. Hingewiesen wird darüber hinaus auf einen gewissen Muriqi, Inhaber eines Restaurants in Wien, das vor allem im Menschen- und Drogenhandel eine zentrale Rolle spielen soll; außerdem auf einen Besnik Sadrija, der in Tschechien inzwischen festgenommen wurde. Nachdem die Beamten ihn festgenommen hatten, wurden sie mit dem Tod bedroht.

Ferner ist eine Firma E. K. Reisen in Frankfurt aufgeführt, über die behauptet wird, sie sei am Heroinhandel und an der Geldwäsche beteiligt; ein Ragip T. aus Mainz, der als Hauptverantwortlicher für Geldwäscheaktivitäten großer OK-Gruppen in Deutschland angesehen und mit dem Eintreiben von Geldern für Bosnien in Verbindung gebracht wird; der Ejupiclan, der unter anderem mit Geldsammlungen für die kosovarische Befreiungsbewegung ULK befasst gewesen sein soll. Zum Netzwerk zähle ebenfalls eine albanische OK-Gruppe um die Hoxhafamilie in Antwerpen. Sie wähle Kosovoflüchtlinge bereits in Albanien nach deren Einsatzmöglichkeiten in Belgien aus. «Die Hoxhagruppe gilt als sehr gewalttätig und betätigt sich vorwiegend im Drogen- und Geldwäschegeschäft, in der Prostitution und als Schutzgelderpresser. Für niedrige Arbeiten greift sie auf marokkanische Banden zurück.»

Der Hamburger Albanerclan unterhalte zudem, das ist im Dokument der Bundesbehörde ebenfalls nachzulesen, «enge Kontakte zu den Brüdern Abdullah, Mehmet und Cetin Baybasin».

Diese Information ist besonders brisant. Denn zwei von ihnen wurden am 17. Februar 2004 in England festgenommen. Diese Baybasins versuchten – es war im Frühjahr 2000 – den Albanerpaten in Prag zu erreichen, und der hielt sich tatsächlich genau zu dieser Zeit in Prag auf, berichteten mir Bochumer Kripobeamte. Vielleicht war es nur ein Zufall? «Baybasin hat in großem Umfang Geld gewaschen und bediente sich einer der wichtigsten türkischen Juwelierketten in Deutschland und England. Er hat ganz sicher Kontakt zu dem Albanerpaten gehabt», so die Bochumer Beamten. Das wäre dann kein Zufall mehr.

Wer sind diese Baybasins nun? Kleine Drogendealer? Anfang der Neunziger waren die Mitglieder des Clans Baybasin die größten Drogenhändler der Türkei. Familie Baybasin, die in der Türkei in einschlägigen kriminellen und politischen Zirkeln einen «guten Ruf» genießt, besitzt derweil riesige Ländereien im Südosten des NATO-Landes Türkei. Es gibt kaum ein Mitglied des Clans, das nicht in den internationalen Drogenhandel verwickelt ist.

Hüseyin Baybasin zählte aber zu den wenigen Clanangehörigen, die verhaftet wurden – in Holland. Gerne zeigte er in seiner Zelle Fotos, auf denen er zusammen mit dem türkischen Exinnenminister Mehmet Agar zu sehen war. Von ihm kam auch der Hinweis, dass sich selbst Mitglieder des höchsten Militärgerichtshofs der Türkei in ihre schmutzigen Geschäfte einbinden ließen. Auf ihrer Gehaltsliste standen mit Sicherheit führende türkische Politiker, Generäle und Polizeioffiziere.

Das ist weitgehend alles bekannt. Drogenbaron Hüseyin Baybasin selbst, der Älteste des Clans, erklärte gegenüber diversen türkischen Fernsehsendern, dass er und sein Clan unter dem Schutz und zum Wohle des türkischen Staates tätig gewesen seien. «Die Dealer reisen mit Diplomatenpässen», sagte er öffentlich. Und was bedeutet das konkret? Die weiteren Spuren führen nach Frankfurt am Main.

Nicht zufällig kam der Vorsitzende der 17. Strafkammer des Landgerichtes Frankfurt, Rolf Schwalbe, am 21. Januar 1997 im Prozess gegen drei türkische Drogendealer also zu der Einschätzung, dass es enge Verbindungen von Heroinhändlern zur türkischen Regierung gegeben habe. In seiner Urteilsbegründung stand: «Der Drogenhandel von der Türkei nach Deutschland und in andere europäische Länder wird von den Familien Senoglu und Baybasin organisiert, und diese Familien werden nach den Aussagen der Zeugen von der türkischen Regierung geschützt, und das macht es schwierig, den ganzen Umfang dieses Verkehrs öffentlich zu machen. Man behauptet, dass diese zwei Händlerfamilien extrem enge Beziehungen mit einem weiblichen türkischen Minister haben. Dies habe sich während des Prozesses herausgestellt.»

Bei dem weiblichen türkischen Minister handelte es sich um die damalige türkische Außenministerin und spätere Ministerpräsidentin Tansu Çiller. Gewagt war es für Richter Schwalbe, diesen Namen öffentlich auszusprechen. Danach stand der mutige Frankfurter Amtsrichter unter Dauerfeuer. Ein Sprecher des türkischen Außenministeriums bezeichnete seine Aussagen als «Beschädigung des nationalen Stolzes der Türkei». Das Bundeskriminalamt vollzog, gemäß Order aus dem Innenministerium, einen Rückzieher, denn anders ist die folgende Aussage nicht zu verstehen: «Es gibt keine konkreten Anhaltspunkte für die Beteiligung, Verwicklung oder Duldung des Drogenhandels durch die türkische Regierung.» Eine offensichtliche Lüge.

Wenige Tage nach dem Frankfurter Urteilsspruch erklärte der britische Innenminister Tom Sackville gegenüber der *Sunday Times*, er sei «beunruhigt über die Berichte, die belegen, dass selbst Mitglieder der Polizei und der türkischen Regierung in den Drogenhandel verwickelt sind».

Was wenig später zu einer veritablen Staatskrise in der Türkei führte und dazu, dass zwei Jahre später die clevere Ministerpräsidentin aus ihrem Amt gejagt wurde. Und entsprechend wurde auf dem «9. Forum Balticum», einer internationalen Konferenz zur Organisierten Kriminalität, im Zusammenhang mit den türkischen Drogenkartellen von einem Referenten darauf hingewiesen, dass Tansu Çiller und ihr Ehemann Özer bis dato nicht belegen konnten, «wie sich ihr Privatvermögen während der Amtszeit von Frau Çiller von 13 auf 70 Millionen DM mehrte».

Finanzielle Beteiligungen am Drogenhandel, die Kontrolle über das Glücksspiel und das Ausschalten unliebsamer Konkurrenz auch in anderen Wirtschaftszweigen durch bezahlte Killer gehörten bis Ende der neunziger Jahre zum machterhaltenden Repertoire der türkischen Politik. Ist das alles Vergangenheit? Bis zum heutigen Tag sind diese kriminellen Strukturen in der Türkei mitsamt den Verbindungen nach Deutschland und in andere europäische Länder nicht zerschlagen. Und so viel erst einmal zur internationalen Einbindung des renommierten Albanerclans in Hamburg.

Auf der anderen Seite sind die Mitglieder derartiger krimineller Banden durchaus vor Gericht zu bringen, wie das Beispiel Bochum lehrt, auch wenn damit nicht gleich die ganze Bande zerschlagen werden kann. In Bochum ermittelte die Kriminalpolizei mit hohem Personalaufwand und mit Rückendeckung durch die Amtsleitung monatelang gegen eine der mächtigsten albanischen Mafiagruppen in Nordrhein-Westfalen. Diese Gruppe konnte sich zwar nicht so üppig wie der Albanerclan in Hamburg in die feine noble Schickeria einkaufen und Einfluss ausüben, aber für zahlreiche Morde und die Belieferung des Heroinmarktes und für Waffengeschäfte war sie durchaus verantwortlich. Bereits zu Beginn der Ermittlungen war klar, dass es sich bei der Gruppe um einen europaweit tätigen Personenkreis handelt, der unter Ausnutzung der politischen Entwicklungen im Kosovo und in Albanien seine kriminellen Aktivitäten weltweit auszudehnen versuchte.

Während in dem Dokument des Bundesnachrichtendienstes eher abstrakt über die Netzwerke der Kosovo-Albaner gesprochen wird, zeigen die Hintergründe der Ermittlungen in Bochum die praktischen Elemente. Und die sind generell übertragbar, also auch auf den Hamburger Albanerclan.

Die Bochumer Gruppe zeichnete sich zum Beispiel durch eine hohe Gewaltbereitschaft aus. Auffallend war, dass selbst leichte Ehrverletzungen wie etwa Beleidigungen schwerwiegende Konsequenzen hatten. Dazu passt das albanische Sprichwort: «Wasch dir dein beschmutztes Gesicht oder werde ehrlos.» Die Umsetzung dieses Sprichwortes macht auch nicht vor alten, intensiven Freundschaften halt. Morde, die in Verbindung mit Straftaten der Gruppe zu sehen waren, forderten unbedingt entsprechende Rache. Besonders auffällig war die hohe Gewaltbereitschaft beim Umgang mit «Geschäftspartnern».

Insolvenz bereits belieferter Kunden oder Konkurrenzverhalten insbesondere durch andere ethnische Gruppen führen sofort zu Gegenmaßnahmen mit oft tödlichen Folgen. Der einmal gefasste Beschluss, eine unliebsame Person zu beseitigen, wird mit aller Konsequenz durchgeführt. So stießen die Bochumer Ermittler auf einen Vorgang, bei dem das Opfer nach einem zunächst gescheiterten Mordversuch kurze Zeit später im Krankenhaus kaltblütig durch gezielte Kopfschüsse regelrecht hingerichtet wurde.

«Auch die Tatsache, dass Tatverdächtige sich einer beabsichtigten Polizeikontrolle zu entziehen versucht haben, indem sie sofort und kompromisslos auf die einschreitenden Polizeibeamten geschossen haben, zeigt, dass die albanischen Täter auch gegenüber Staatsorganen vor Gewaltanwendung bis hin zur billigenden Inkaufnahme des Todes eines Polizisten nicht zurückschrecken», erzählten mir die Bochumer Ermittler.

Die Erkenntnisse durch abgehörte Telefongespräche zeigten, dass «Verrat» durch Mitglieder der Gruppe ebenfalls unweigerlich mit der Ermordung des «Verräters» oder einer Person aus seinem familiären Umfeld sanktioniert wird. Grundsätzlich, das sind die Bochumer Erfahrungen, kann davon ausgegangen werden, «dass Angehörige einer albanischen Tätergruppe gegenüber den Strafverfolgungsbehörden keine Angaben machen werden. Selbst bei klarer Beweislage tendiert die Gesprächsbereitschaft gegen null. Selbst Opfer von Straftaten machen keine oder unbrauchbare Angaben, weil sie befürchten, sich selbst oder aber auch Familienangehörige in die Gefahr für Strafmaßnahmen zu bringen.» Lieber nehmen sie hohe Freiheitsstrafen in Kauf und vertrauen darauf, dass sie selbst und die eigene Familie für die Dauer der Haft durch andere Gruppenmitglieder unterstützt werden.

Typisch waren ebenfalls die Nachwehen der Ermittlungen. Während des Verfahrens vor dem Landgericht Bochum gegen drei Albaner, die schließlich wegen Mordes und Drogenschmuggels angeklagt und verurteilt werden konnten, ähnelte das Gericht einer Festung. Befürchtet wurde, dass Belastungszeugen liquidiert oder die Angeklagten mit Waffengewalt befreit würden. Für diese Bedrohung gab es genügend Hinweise. Doch die Versuche der Einschüchterung schlugen fehl. Die Angeklagten wurden abgeurteilt. Was allerdings nichts daran änderte, dass die Strukturen, in die die Bochumer Angeklagten eingebunden waren, immer noch bestehen. Der Hintermann, der in Sofia lebende Metush B., sitzt in seiner Villa, organisiert weiter den Heroinhandel und genießt seine persönliche und wirtschaftliche Macht. Er fühlt sich ebenso sicher wie der Hamburger Albanerclan.

Ein veritabler Skandal ist das allemal und ein Beispiel dafür, wie tief sich kriminelle Banden bereits in der feinen Gesellschaft eingenistet haben. Und zwar ohne große Chancen für die Ermittler und die Justiz, noch etwas dagegen unternehmen zu können, selbst wenn sie wollten. Denn was sagte mir der Beamte in Bochum, der vor drei Jahren die Kosovo-Albaner vor Gericht brachte: «Bestimmte Figuren haben wir ausgeschaltet. Aber die Strukturen sind geblieben.»

Und der Mann, der einst mit einer Plastiktüte nach Hamburg kam und durchs Zocken zum «Paten von Hamburg» bzw. zum Albanerpaten wurde, der zockt manchmal immer noch und verliert, wie es ein Beamter registrierte, «an einem Abend mal problemlos 100 000 Euro».

Hier könnte die Geschichte über Hamburg zu Ende sein. Doch einige Stränge führen jetzt weiter, nach Mecklenburg-Vorpommern.

Manchmal bleiben Leichen zurück. Und fast immer wird gelogen, bestochen und vertuscht, wenn es darum geht, die vermeintliche Wohlanständigkeit einflussreicher Personen des öffentlichen Lebens zu verteidigen, die sich im Umfeld des Rotlichtmilieus tummeln.

Mir liegt zum Beispiel die Aussage eines Kriminalbeamten aus Sachsen vor. Anfang 2000 erfuhr er von einer «Quelle», die er als sehr zuverlässig und vertrauenswürdig einschätzte, Folgendes: «Sie erhielt eines Tages Besuch von einem ‹seriösen› Geschäftsmann, der ihr anbot, für eine Organisation von ehemaligen MfS-Leuten (Ministerium für Staatssicherheit) zu arbeiten, die unter anderem Geschäftsleute und hochrangige Politiker mit Edelprostituierten beliefert.»

Bei einem weiteren Treffen fragte sie, was genau sie zu tun habe. Sie müsse, so sagte ihr der heute 55-jährige Geschäftsmann aus Dresden, für eine üppige Summe jederzeit für Einsätze bereit sein, auch für wochenlange Reisen. «Unter den Kunden wäre unter anderem auch ein Ministerpräsident aus den neuen Bundesländern.» Außerdem legte der Geschäftsmann der «Quelle» ein Fotoalbum vor, in dem Frauen abgebildet waren, die bereits für die Firma arbeiteten und dafür viel Geld kassieren würden. Als Gegenleistung wurden eine hundertprozentige Verfügbarkeit und absolute Diskretion gefordert und ansonsten mit strengen Bestrafungen gedroht. Im Falle, dass eigene Kinder da wären, würde für deren Versorgung und Betreuung gesorgt werden, weil auch Einsätze wie Urlaubs- und Geschäftsreisebegleitung vorgesehen seien. Die Frauen würden dort zum Beispiel auch als Putzfrauen getarnt zum Einsatz kommen. Konkret wäre das bereits beim Ministerpräsidenten so gelaufen.

Der Geschäftsmann war zudem Esoterikexperte und gab an, bundesweit entsprechende Vorträge zu halten. Die «Quelle» erhielt dann später eine Einladung zu einer Musicalveranstaltung. Sie sollte als Begleitung für den «Geschäftsmann» getestet werden. Dazu übergab er ihr 500 Mark, damit sie sich ein passendes Abendkleid besorge. Doch die «Quelle» erschien nicht mehr zu der Veranstaltung, brach den Kontakt zu ihm ab und vertraute sich dem Polizeibeamten an.

Der ließ die Angelegenheit auf sich beruhen. «Weitere Ermittlungsansätze gab es nicht, und die Quelle wäre bei Ernsthaftigkeit des Angebotes erheblich gefährdet gewesen. Ich wusste auch nicht, an wen ich mich hätte wenden sollen.»

Es ist übrigens nicht das einzige Mal gewesen, dass ehemalige MfS-Offiziere im Rotlichtmilieu mitgemischt haben. Das liegt auch auf der Hand, weiß ein anderer Beamter, der aus dem Westen nach Dresden gekommen ist. «Die gesamte Prostitution zu DDR-Zeiten wurde durch das MfS kontrolliert und gesteuert. Und heute ist es so, dass die meisten Dienststellen zur Bekämpfung der Organisierten Kriminalität in fast allen neuen Bundesländern mit ehemaligen Mitstreitern oder dienstlichen Zulieferern des DDR-Geheimdienstes besetzt sind.»

Tatsache ist, dass es bereits im Dezember 1979 eine Dienstanweisung des Ministerrats der DDR über das «politisch-operative Zusammenwirken der Diensteinheiten des Ministeriums für Staatssicherheit mit der Deutschen Volkspolizei» gegeben hatte. Dabei hatte der Leiter der Abteilung Kriminalpolizei sich unter anderem auf die «wirksame Gestaltung der politisch-ideologischen Erziehungsarbeit, die Gewährleistung eines hohen politisch-moralischen Zustandes und die Durchsetzung der revolutionären Wachsamkeit und Geheimhaltung zu konzentrieren».

So gesehen garantierten diese ehemaligen Volkspolizisten durchaus qualitative Voraussetzungen, um nach der Wende voller Elan Wirtschaftskriminalität oder Organisierte Kriminalität zu bekämpfen. Das zeigt ein Vorgang, der bestätigt, was ich von dem Beamten aus Sachsen erfahren hatte.

Begonnen hatte das alles bereits Anfang der neunziger Jahre, im Schatten der Wende. Die Stasiseilschaften waren als Erste mit dabei, die profitabelsten Geschäftsbereiche der zusammengebrochenen DDR-Wirtschaft aufzukaufen und neue Geschäftsfelder zu erobern. Neu war die politische Vermarktung des ältesten Gewerbes der Welt für sie zwar nicht. Aber als die neuen Kapitalisten konnten die einstigen Stasispitzel und ihre Helfershelfer nun endlich kräftig persönlich Kasse machen.

Das wollten Kriminelle aus den alten Bundesländern ebenfalls. Was dann sogar zu Todesfällen führte, die bis heute nicht aufgeklärt wurden. Auch hier war lange Zeit polizeilicher Alltag – Ermitteln unerwünscht. Und damit findet die Geschichte, von der der Beamte erzählte, ihre Fortsetzung.

Eine kleine Straße verbindet den traditionsreichen Kur- und Erholungsort Bad Doberan mit Börgerende, einem Dorf, in dem knapp 300 Einwohner die frische Brise der Ostsee genießen. Aber Börgerende hatte einiges mehr zu bieten. Hier wohnte damals Günther Krause, und wenige Schritte entfernt stand ein Gebäude von besonderem Reiz: ein Edelpuff, das Falstaff. Im Falstaff, einer schmucken Villa, gab es ein Kasino, dann ein Restaurant und schließlich einen Pensionsbereich, eine Umschreibung für vier «Bedienzimmer» für die Kunden der Luxusprostituierten. Im Barbereich hielten sich regelmäßig fünf bis sieben Frauen zur Verfügung, mit denen die Gäste, falls sie es wünschten, die «Bedienzimmer» aufsuchten konnten. Die Frauen kamen alle aus Berlin.

Natürlich war es nur einer der vielen Zufälle, dass das Gehöft dieses Herrn Günther Krause, seines Zeichens Professor Dr. sc. techn., Dipl. Ing., Minister a. D., nur ein paar Schritte von der Liebesvilla mit angeschlossenem Spielkasino entfernt lag. Aus einem Polizeivermerk ist zu entnehmen: «Herr Krause wurde zwar vom Bad Doberaner Landratsamt gefragt, ob er gegen ein Bordell in seiner Nähe etwas haben würde. Krause hatte dabei nichts dagegen, wenn das Bordell ordentlich betrieben werde und man das alles ein bisschen ‹anders› aufziehen würde. Offensichtlich habe Herr Krause jemandem einen Gefallen getan und von seinem Recht der ‹Bannmeile› im Umkreis seines Sitzes keinen Gebrauch gemacht.»

Exminister Krause galt als außerordentlich intelligenter und energischer Mann. Sein Grundstück an der Seestraße umfasste drei Hektar inklusive Reetdachvilla, vier Garagen sowie Büro- und Gästehaus. Nur wenige schafften es so schnell wie Krause, an die Schalthebel und Pfründe der Macht bis in die Regierungszentrale nach Bonn zu gelangen: ein Hubschrauberlandeplatz vor seinem Haus in Börgerende, schwarze Dienstlimousinen – der Mann hatte es geschafft. Und zu einem solch erfolgreichen Mann kommen geradezu zwangsläufig viele Freunde, auch aus anderen Bundesländern, sogar Ministerpräsidenten.

Durch zahlreiche Korruptionseskapaden hat Krause sich später ins politische Aus geschossen, und kaum einer erinnert sich noch an ihn, abgesehen vielleicht von dem Geldwäscher der Cosa Nostra in Südafrika. Oder von den Kriminalbeamten aus Würzburg, die versuchten, gegen ihn wegen Anlagebetrugs zu ermitteln. Doch weil er damals Bundesverkehrsminister war und Immunität genoss, durften sie das nicht, und die Akten verschwanden auf Nimmerwiedersehen. Sein schönes Anwesen in Börgerende wurde inzwischen zwangsversteigert, und er selbst ist vorbestraft – alles, nachdem er politisch keinen Rückhalt mehr fand.

Doch während seiner Regentschaft blühten Geschäfte auch in Rostock, im Ostseebad Warnemünde, und zwar besonders im Hotel Neptun. Damals, Anfang der neunziger Jahre, strömten zudem scharenweise CDU-Beamte ins neue Nachbarland, weil sie sich dort bessere Karrierechancen ausrechneten. Im Schweriner Innenministerium stiegen Männer auf, die bislang eher als Nieten galten, aber den Vorzug hatten, einer festen CDU-Kamarilla aus Schleswig-Holstein anzugehören. Darunter waren auch richtige Männer, die natürlich ihre Frauen vermissten, während sie sich im kalten Osten für den Wiederaufbau von Wirtschaft und Moral abmühten.

Bereits Anfang der neunziger Jahre waren im Hotel Neptun, im Bereich der Sky-Bar, Prostituierte präsent, die ihre wohlfeilen Dienste anboten. Sie wurden von verschiedenen Zuhältern geführt, die sowohl aus den neuen als auch aus den alten Bundesländern kamen. Im Lauf der Jahre wurden in der Region mehrere neue Bordelle eingerichtet, um die große Nachfrage zu bedienen. Dazu gehörten der Bienenstock in Warnemünde, das Eroscenter in Rostock und eben das Falstaff in Börgerende. Die Hafenstadt Rostock, nicht weit von Warnemünde entfernt, passte sich nach dem Fall der Mauer ebenfalls ungewöhnlich schnell westdeutschen Standards an und wurde zu einer Drehscheibe der Organisierten Kriminalität. Drogenhandel, Autoschiebereien und Prostitution boomten und sorgten für Kämpfe innerhalb der kriminellen Szene. Am härtesten tobte der Krieg in Rostock im Rotlichtmilieu. Innerhalb eines Jahres wurden in der Szene vier Menschen getötet.

Die Behörden bekamen diese Unterwelt nicht in den Griff; weil in Rostock auch die Stützen von Sicherheit und Ordnung, die aus den alten Bundesländern kamen, ziemlich marode waren. Polizeibeamte standen im Verdacht, in der Szene auf der falschen Seite mitzumischen. Und «die Staatsanwaltschaft hat den Ruf, bei ihren Ermittlungen überfordert zu sein», schrieb im Jahr 1994 der *Spiegel.* Bereits damals waren Prostituierte gut im Geschäft, die aus Russland und Polen nach Deutschland geholt wurden. Tendenzen eines organisierten Menschenhandels waren erkennbar. Im gesamten Umfeld dieser neuen Szenerie kam es zu einer Vielzahl von Straftaten wie gefährliche Körperverletzungen, Bedrohungen, schwerer Menschenhandel, Zuhälterei, Brandstiftung, Raub und schwerer Diebstahl, Verstöße gegen das Waffengesetz. Und nicht zuletzt auch einige Morde. Die Zeit der blühenden Landschaften, wie sie der damalige Bundeskanzler Helmut Kohl versprochen hatte, war zumindest für die Kriminellen angebrochen.

Einer, der damals bereits eine zentrale Rolle spielte, ist ein gewisser Anton P. Der hatte über einen Rostocker Wirtschaftsberater ein Gebäude erworben, in dem ein Kasino, eine Bar und ein Nachtklub mit Prostitution errichtet werden sollten. Doch daraus wurde nichts. Aber Anton P. blieb eine bestimmende Kraft in Rostock. In einem Vernehmungsprotokoll eines Zuhälters ist nachzulesen: «Ich weiß, dass der Anton P. mit den Russen zusammen bewaffnet war. Ich habe selbst gesehen, dass er einen Trommelrevolver mit längerem Lauf und 22er-Munition besitzt. Zu den Russen kann ich nur sagen, dass es Alex, ein Emil und ein Eduard waren. Ich habe bei den genannten Russen immer dicke Beulen in den Jacken gesehen. Weiterhin konnte ich auch sehen, dass sie so eine Art Schulterhalfter trugen.»

Anton P. selbst wurde auch vernommen. Was er sagte, ist einem entsprechenden Polizeiprotokoll zu entnehmen: «Zu Waffen befragt, teilte Herr P. mit, dass seiner Meinung nach der W eine Schrotflinte hatte. S. habe eine automatische Pistole und P. B. einen Trommelrevolver. Anton P. habe erfahren, dass sämtliche Waffen von dem Roggelin stammen würden. Roggelin sei ein großer Waffenhändler in Deutschland. Er würde mit allen Waffenarten einschließlich Sprengstoff handeln. Offensichtlich habe Roggelin irgendwo im Umkreis von Rostock ein Lager, wo sich die Waffen befinden. Er würde 15 Minuten für eine Fahrt und zurück nochmal 15 Minuten benötigen, um Waffen zu holen.»

Viel bedeutsamer ist ein anderer Teil seiner Aussage: «Wenn der P. B. meint, er wäre der Einzige, der Verbindungen zur Polizei hat, er soll sich mal nicht täuschen. In Rostock hat jeder seinen Bullen. Und Warnke hat gesagt: ‹Wir haben hier jeder in Rostock unseren Polizisten.›» Der erwähnte André Warnke, ein gebürtiger Rostocker, ist Betreiber des Bordells Bienenstock gewesen.

Eine von mehreren Prostituierten sagte im Übrigen etwas über den damaligen Polizeichef aus: «Bereits vorher war Ute zwei-, dreimal bei dem damaligen Polizeichef Kordus. Anfangs war ich mehrmals alleine bei ihm in seiner Unterkunft in Warnemünde. Ein weiteres Mal war eine Kollegin dabei. Herr Kordus hat mit Euroschecks bezahlt. Ab und zu hat er auch Bargeld dazugelegt. Der Preis war für eine Stunde 400 Mark. Er gab mir auch seine Visitenkarte und äußerte dazu, wenn ich einmal Probleme hätte, könnte ich mich an ihn wenden.»

Im kriminellen Milieu waren tatsächlich hohe Polizeivertreter bestens bekannt – als Kunden. Mit dabei der bereits erwähnte Rostocker Polizeichef und spätere Leiter des Landeskriminalamtes Mecklenburg-Vorpommern, Siegfried Kordus. Einer seiner Mitarbeiter ging gelegentlich ins Bordell Bienenstock. Der Betreiber, André Warnke, besuchte dafür öfters die Polizeikantine – zum Mittagessen. Warnkes Konkurrent, der Bordellbetreiber P. B., begrüßte wiederum regelmäßig Polizisten zum Krafttraining im eigenen Fitnessstudio.

Nach der Ermordung von Karl-Heinz Gebauer, dem führenden Vertreter des Rotlichtmilieus im Oktober 1993 kam es verstärkt zu blutigen Auseinandersetzungen, insbesondere im Streit um die Vormachtstellung bei den Modelwohnungen, die sich inzwischen stark ausgebreitet hatten. Dann versuchten einige Vertreter des Rotlichtmilieus, durch die Bildung einer GmbH dem Geschäft mit der Prostitution einen gewissen legalen Schein zu verleihen. Sie wollten ihren Einfluss auf die noch verbleibenden Betreiber von Rotlichtetablissements ausdehnen.

So kam es auch zum unmittelbaren Druck auf die Betreiber des Kasinos und Bordells Falstaff, die das Objekt schließlich aufgaben. Der Grund lag in den persönlichen Rivalitäten der Gesellschafter. Der Rostocker Zuhälterkrieg ging daraufhin weiter.

Auf das Bordell Falstaff angesprochen, erklärte ein Zeuge den Rostocker Beamten, dass dort Partys gefeiert wurden, bei denen Kokain im Wert von nicht weniger als 20 000 Mark durch die Nasen gezogen wurde. In diesem Zusammenhang äußerte er, dass selbstverständlich Polizeifahrzeuge durch Vertreter der Szene abgecheckt wurden. Einer der führenden Rotlichtgrößen gab damals ebenfalls zu Protokoll: «Das ist das Einzige, dass die italienische Mafia in Börgerende nach dem Auftauchen der Russen und P. (Figur aus der Rostocker Rotlichtszene, J. R.) sich dort verdünnisiert hat. Die Italiener aus Neapel hatten damals immer einen Haufen Geld bei mir im Kasino gelassen. Kurz vor Weihnachten, da waren die Russen da, und da waren die Italiener weg.» Die Besucher des damaligen Verkehrsministers Krause samt der polizeilichen Eskorten sowie der prominente Bürger von Börgerende selbst hatten davon anscheinend nie etwas bemerkt.

In einer anderen Vernehmung wird in diesem Zusammenhang ein Dieter W. erwähnt. Der war, so steht es im Vernehmungsprotokoll der Polizei, «ein österreichischer Großzuhälter, der viele legale und illegale Geschäfte betreibt. Er wollte von mir, dass ich das illegale Glücksspiel in Rostock organisiere. Denn wenn eine Spielbank nach Warnemünde kommt, werden auch Zocker da sein, und dann müsste es auch illegale Spielhöllen geben. Er hat damals mit den Russen eine Gesellschaft gegründet und russische Spielautomaten in Deutschland aufgestellt. Er hat die Konzession gehabt, die Russen, die durften ja keine haben. Dann haben die über ihre Automaten so viel abgerechnet, als wenn sie 36 Mal am Tage jede Minute vollgestopft worden wären. So haben die Russen ihr Geld gewaschen.»

Großzuhälter Dieter W. besitzt heute in Österreich diverse Hotels und einen Golfplatz und ist immer noch eine der zentralen Figuren im deutschen Rotlichtmilieu. Zwar hatte er damals wenig Erfolg mit der Spielbank in Warnemünde, aber Millionen scheffelte er später nach der Gründung einer Lottogesellschaft. Einer seiner Berater: «Das war eine Goldgrube und ideal für Geldwäsche.» Geldwäsche insbesondere für die Gewinne des Rotlichts.

Einer der besten Freunde von Dieter W., wenn nicht überhaupt sein einziger guter Freund, ist der Chef der Hell's Angels in Frankfurt, Heinz R. Der gilt sogar als einer der Größten im hessischen

Rotlichtmilieu. Ob große FKK-Clubs wie in Gießen oder das Atlantis bei Frankfurt, in denen überwiegend osteuropäische Frauen ihre Dienste anbieten: Sie wurden auf jeden Fall mit großen Investitionen auf den neuen Stand gebracht. Hinter diesen Edelpuffs steht anscheinend – neben den Hell's Angels – als einer der wichtigsten Investoren ebendieser Dieter W., der in den neuen Bundesländern früher eine führende Rolle gespielt haben soll.

«An seiner Person», sagte mir ein Steuerberater, der ihn gut kennt, «findet ein typischer Prozess statt – die Legalisierung des Illegalen. Das ist heute in diesen Kreisen angesagt.» Doch mit dem Skandal, um den es hier geht, hat das weniger zu tun als der folgende Vorfall.

In der Nacht zum 6. Oktober 1994 erschien ein unmaskierter, schwarz gekleideter Mann im Billigpuff Seven Girls und erschoss wortlos dessen Betreiber Karl-Heinz Gebauer sowie Gebauers Bodyguard. Zur gleichen Zeit verschwanden im Landeskriminalamt interne Geheimakten aus dem Bereich Organisierte Kriminalität. Es handelte sich im Wesentlichen um Ermittlungsakten der Kripo gegen unbekannt über heftige Fehden in der Rostocker Unterwelt. Und es stellte sich heraus, dass ein Kriminalbeamter vertrauliche Unterlagen einer Sonderkommission an Zuhälter weitergegeben hatte, um sie vor geplanten Razzien zu warnen. Es ging, um es zurückhaltend zu formulieren, in dieser Zeit in Mecklenburg-Vorpommern vieles drunter und drüber.

Es war am 26. September 1996, als sich in der Justizvollzugsanstalt Waldeck ein Häftling mit Polizeibeamten traf. Der Häftling Peter Schneider stand im Verdacht des Mordes und des schweren Raubes in mindestens 14 Fällen – ein schweres Kaliber also. In diesem Gespräch erwähnte Schneider gegenüber den Beamten «hochbrisante Sachverhalte». Er sprach von einem «Riesenskandal». Im weiteren Verlauf äußerte er, dass er Angst vor Leuten habe, «die viel zu verlieren haben und die glauben könnten, dass ich zu viel weiß». Er bezog sich dabei auf ein Buch, das er nach seiner

Ankunft in seiner Zelle vorgefunden habe und das den «Politskandal» von Mecklenburg-Vorpommern zum Thema hat. Es handelte sich um mein eigenes Buch über Korruption in Deutschland. In diesem Buch ging es auch um den ehemaligen Leiter des Landeskriminalamtes in Mecklenburg-Vorpommern.

Peter Schneider berichtete dem Beamten über Waffengeschäfte großen Stils in Frankreich und über Autoschiebereien in Richtung Russland. Schneider gab eindeutig zu verstehen, dass er über profunde Hintergrundkenntnisse verfüge und deshalb davon auszugehen sei, dass er tatsächlich Insider ist. Hier fielen den Beamten erstmals Widersprüche auf. Er wurde in Frankreich verhaftet und befand sich dort in der höchsten Sicherheitsstufe. Als er im Gefängnis von Metz von deutschen Kripobeamten aufgesucht wurde, war er tatsächlich mit seinem Mitverdächtigen Michael Freitag in der höchsten Sicherheitsstufe untergebracht, weil bekanntgeworden war, dass ihre Befreiung geplant sei. Dann wurde er auch noch unter verschärften Sicherheitsvorkehrungen auf den Weg nach Deutschland gebracht. Doch an der Grenze wurde er von nur zwei Grenzbeamten abgeholt. Dieses Missverhältnis habe sich dann auf dem Transport von Süddeutschland bis zur Ostsee fortgesetzt. Er sei mit ganz gewöhnlichen Kriminellen auf den normalen Verschub gekommen. Am Ende der Reise machte er sich noch über die vergeblichen Versuche der Polizei lustig, ihn von den anderen Gefangenen zu trennen. So habe er seinen Mittäter aus der Entführungssache Kempes in der Justizvollzugsanstalt Bützow getroffen und sich mit ihm ausführlich unterhalten. Auch dieses Treffen kam trotz ausdrücklichen Verbots der zuständigen Staatsanwaltschaft Rostock zustande.

Während seiner Vernehmung durch die Beamten fragte er wiederholt nach «dieser Doppelmordgeschichte». Er wunderte sich darüber, dass von der «Rostocker Kripo» niemand vorbeikommt. «Haben die etwa Angst?» Angst hatte auf jeden Fall Peter Schneider. Er befürchtete, dass er aufgrund seines Wissens über Hintergründe des Doppelmordes und über andere kriminelle Aktivitäten während seiner aktiven Zeit in Rostock und Umgebung «von irgendjemandem liquidiert» werden könnte. Deshalb sorgten die Beamten auch dafür, dass er im Gefängnis entsprechend geschützt werde. Er war immerhin nicht nur Beschuldigter, sondern auch ein wichtiger Zeuge.

Peter Schneider hat eine lange kriminelle Karriere hinter sich. Zum Verhängnis wurde ihm, dass er mit einem Komplizen im Januar 1994 eine Geisel entführte: den Sohn des Chefs des Unternehmens Wohnwelt aus Rostock. Ziel der Geiselnahme war es, vier Millionen Mark für die Freilassung zu erpressen. Am 2. Februar 1994 wurden Schneider und seine drei Mittäter in Frankreich festgenommen. Bei ihrer Festnahme schossen Schneider und ein Mittäter sofort auf die französischen Beamten. Schneider gelang zunächst die Flucht, aber kurz darauf wurde er wieder festgenommen und am 6. August 1996 an die Bundesrepublik ausgeliefert.

Über die Persönlichkeit von Peter Schneider heißt es, dass es sich bei dem Gefangenen um eine Person handele, die als besonders gefährlich einzustufen sei. Er werde beschuldigt, in der Bundesrepublik wie auch im Ausland besonders schwere Straftaten begangen zu haben. Seine Beziehungen sollen bis nach Kolumbien reichen. Die Rede ist davon, dass er auch eine gewaltsame Befreiung mit Hilfe einer Geiselnahme in Erwägung ziehen würde. Bereits während seiner Haftzeit habe er sich damit beschäftigt.

Für ihn wurden im neuen Gefängnis deshalb besondere Sicherungsmaßnahmen angeordnet. Er erhielt einen Haftraum mit Stahlgitter und schwer zerstörbarem Mobiliar, die Zelle wurde häufig durchsucht, genauso wie seine Habseligkeiten und er selbst während der Einzelfreistunden. «In der Folgezeit konnten die Bediensteten bei ihren täglichen Nachtdienstrundgängen durch das Fenster des im Erdgeschoss liegenden Haftraums des Gefangenen Schneider wiederholt beobachten, dass sich dieser durch zum Teil extrem intensive sportliche Übungen körperlich ‹fit› hielt.»

Ein Mitgefangener von Peter Schneider erzählt: «Auf den Doppelmord hat er mich angesprochen. Er sagte erst mal, dass er die beiden Zuhälter erschossen habe. Konkret sprach er von einem Zuhälter und seinem Leibwächter. Er sei damals auf das Gelände gegangen und habe eine Pistole gezogen, den Mann gefragt, ob er der und der sei, und sofort geschossen. Dabei zeigte er mir, wie er vorgegangen ist, wie er die Waffe gezogen habe, angelegt und abgedrückt habe. Er stellte es so dar, als habe es sich um einen Auftragsmord gehandelt. Es war die Rede von 50 000 Mark. In diesem Zusammenhang erwähnte er ein bestimmtes Regierungsmitglied, das in irgendeiner Weise in diese Sache mit verstrickt sein soll. Schneider deutete an, dass es sich um krumme Geschäfte, Immobilien, gehandelt haben soll. Schneider war auch Stammkunde im Rotlichtmilieu oder hängt mit drinnen. So waren seine Worte. Es kann sein, dass Schneider auch angedeutet hat, dass er über Material verfüge (Filme, Fotos oder Videobänder), das das Regierungsmitglied belasten könnte.»

Seltsam auch, was in einem Vermerk des Landeskriminalamts Mecklenburg-Vorpommern vom 22. November 1996 über ein Gespräch mit dem Staatsanwalt festgehalten wurde: «Er ging davon aus, dass der BKA-Beamte möglicherweise nicht alle erhaltenen Hinweise zu Papier gebracht habe.» Und weiter heißt es: «Die Möglichkeit einer Vertraulichkeitszusage für Schneider wird von Herrn Boll (zuständiger Rostocker Staatsanwalt, J. R.), wie bereits geschildert, ebenfalls nicht gesehen. Kriminalpolizeiliche Ermittlungen zu den Hinweisen: a. Waffen und Sprengstoff im Versteck, mögliche noch nicht bekannte Hinweise zu Morden in Zuhälterkreisen, mögliche Beweise für einen Auftragsmord in Rostock.»

In einem anderen Besprechungsvermerk, diesmal von der Kriminalpolizei Lübeck, datiert vom 30. 8. 1996, wird ein Mann befragt, der sich im Zeugenschutzprogramm der Polizei befindet. «Nach weiteren intensiven Gesprächen erzählte mir dann Andreas, dass der P. B. dort nicht allein mit drinhängen würde, sondern auch der

Chef vom LKA Mecklenburg-Vorpommern und ein Staatsanwalt aus dem Bereich.»

Er bezog sich damit auf die Ermordung des Zuhälters Gebauer und dessen Bodyguard im Jahr 1994, den Doppelmord, für den Schneider mitverantwortlich war. Und weiter ist in dem Besprechungsvermerk zu lesen: «Wir sind eigentlich deshalb darauf gekommen, weil alle dachten, dass der P. B. für seine Taten mindestens zehn Jahre bekommen würde. Dieser ist dagegen auf freiem Fuß, und keiner kann sich vorstellen, warum.»

Mehrere Monate nach dem Gespräch mit diesem Mitgefangenen und den LKA-Beamten, am 18. April 1997, war der Strafgefangene Peter Schneider tot. An diesem Tag, um 20.30 Uhr, verabschiedete sich der zuständige JVA-Bedienstete von Peter Schneider mit den Worten: «Tschüs, Herr Schneider.» Schneider lachte ihn an und antwortete: «Ja, tschüs, Meister.» Dem Vollzugsbeamten fiel auf, dass Peter Schneider ungewöhnlich gutgelaunt war. 15 Minuten später teilte der im gleichen Zellentrakt einsitzende Mario über die Zellentelekommunikationsanlage mit, dass aus Schneiders Zelle eigenartige Geräusche zu hören seien, als ob er röcheln würde.

Ein Beamter, der nach ein paar Minuten schaute, was bei Schneider los war, stellte als Erster die Rauchschwaden aus der Zelle fest, löste Alarm aus, und zehn Minuten später trafen Polizei und Rettungsdienst ein. Beim Öffnen der Zellentür kamen den Beamten dicke, schwarze und ätzende Rauchwolken entgegen, die durch kurzes Aufblitzen von Flammen erhellt wurden. Gleichzeitig fiel durch einen Kurzschluss das Licht im gesamten Sicherungsbereich aus.

Wenig später wurde Schneider hinter der geschlossenen Tür seines Toilettenbereichs regungslos aufgefunden. Der Notarzt stellte um 21.13 Uhr seinen Tod fest. Bei der Untersuchung, wie das Feuer in der Hochsicherheitszelle im Hochsicherheitstrakt ausbrechen konnte, stand schnell fest, dass es weder Hinweise auf Fremdeinwirkung noch auf einen technischen Defekt gegeben habe. Also war es Schneider selbst, der das Feuer gelegt hatte. Vier Tage nach dem «Selbstmord» fand eine nochmalige Kontrolle seiner Zelle statt. Dabei wurde im Toilettenraum ein am Spiegel befestigter grauer DIN-A5-Umschlag entdeckt. In dem befanden sich zwei Abschiedsbriefe – einer an die Staatsanwaltschaft und einer an seine Schwester. Der Umschlag, so erklärte die Gefängnisleitung, sei wahrscheinlich erst deshalb so spät gefunden worden, weil er am Abend des Unglücks, bedingt durch die schlechten Sichtverhältnisse, nicht entdeckt wurde.

Bei den Gefangenen in der Justizvollzugsanstalt (JVA) hingegen hielt sich hartnäckig das Gerücht, dass kein Gefangener selbst einen solchen Brand auslösen könne: Es war in den Augen der anderen Knackis ein Mord. Ob Selbstmord oder einfach Pech, weil er eine Flucht geplant hatte und hoffte, dass er durch den Brand und eine eventuelle Verletzung ins Krankenhaus verlegt würde und den Transport dorthin zur Flucht nutzen könnte, oder ob es wirklich Mord war. Es konnte bis heute nicht zweifelsfrei geklärt werden.

Nach Peter Schneiders Tod meldete sich der Generalstaatsanwalt von Mecklenburg-Vorpommern telefonisch bei der Gefängnisleitung und fragte, ob man irgendetwas bei Schneider gefunden hätte. Das war merkwürdig. Oder vielleicht doch nicht? Denn die Aussagen einiger Beamter in Rostock oder auch die des Landeskriminalamtes Nordrhein-Westfalen stehen im Raum, dass Peter Schneider tatsächlich viel wusste, vielleicht sogar zu viel. Nach dem «Unfall» erhielten immerhin die JVA-Bediensteten Atemschutzgeräte mit Filter und wärmeisolierende Handschuhe für einen neuen Notfall, der seitdem jedoch noch nicht eingetreten ist.

Warum konnte Peter Schneider überhaupt etwas wissen, was zu dem Verdacht führte, er habe keinen Selbstmord begangen. Und was könnte das gewesen sein? Sicher ist, dass der Chef des Landeskriminalamtes Mecklenburg-Vorpommern bereits ein Jahr vor dem «Selbstmord» entlassen wurde. Er soll unter anderem Prostituierte in ein Gästehaus der Polizei eingeladen und dies gegenüber seinem Innenminister abgestritten haben. Außerdem wurde er noch verdächtigt, Kokain weitergegeben zu haben.

Das waren nicht die einzigen Vorwürfe, die in Rostock und Umgebung immer lauter wurden. Auch andere hohe politische Würdenträger sollten demnach tief ins Rotlichtmilieu verstrickt sein. Deshalb fanden seitens der Polizei in Rostock und später des Bundeskriminalamtes manchmal sehr intensive und manchmal weniger intensive Versuche statt, diese Vorwürfe aufzuklären. Und hier beginnt das Problem, das unter Umständen im «Selbstmord» von Peter Schneider einen Höhepunkt gefunden haben könnte.

Denn im Zuge der Ermittlungen wurde ein wichtiger Zeuge vom Bundeskriminalamt (BKA) vernommen, Larsen N. aus Berlin, der sich als selbständiger Gastronom bezeichnete. Auch in Mecklenburg-Vorpommern war er inzwischen geschäftlich erfolgreich – als einer der Geschäftsführer des Edelbordells Falstaff in Börgerende.

Larsen N. hatte schon früher einmal Angaben gemacht. Zum einen ging es um die Person des ehemaligen Rostocker Polizeichefs Kordus. In einer Aktennotiz der Rostocker Polizei heißt es, Herr N. erklärte, dass er bereit sei, Angaben zum Umfeld des Rotlichtmilieus in Rostock zu machen. Er sei bereit, Angaben zu Sachverhalten zu machen, die er beweisen könne oder selbst augenscheinlich wahrgenommen habe.

Auf dieses Gespräch bezog sich seine Aussage bei den Vernehmungen durch BKA-Beamte und einen Rostocker Staatsanwalt. «Am 10. Dezember 1994 führten zwei Kriminalbeamte aus Rostock mit mir ein Gespräch. In diesem Gespräch hat man mir unter anderem aus der Zeitung ausgeschnittene Fotos – es mögen zehn oder zwölf gewesen sein – vorgelegt und mir dabei die Frage gestellt, ob ich dort Personen als Gäste des Falstaff wiedererkenne. Ich habe zirka drei oder vier – es mögen auch fünf gewesen sein –

Personen wiedererkannt, die bei uns schon mal als Gast im Falstaff gewesen waren. Unter anderem habe ich dabei Herrn Kordus erkannt. Allerdings wusste ich zu diesem Zeitpunkt seinen Namen nicht und kannte auch nicht seine Funktion.» Zu den anderen Personen wurde er in dieser Phase noch nicht befragt.

Aber, so erzählt er, Kalle Gebauer, der ermordete Zuhälter, habe ihm Kordus gezeigt, und zwar in einem anderen Bordellbetrieb. «Kurz nachdem ich Kordus – durch Kalle Gebauer darauf hingewiesen – zum ersten Mal gesehen habe, habe ich ihn ein zweites Mal als Gast im Falstaff gesehen.»

Daraufhin fragte ihn der Staatsanwalt, ob er auch andere Personen gesehen habe, die Gäste im Falstaff waren. Der Zeuge nennt den Präsidenten eines Fußballvereins, und zwar im Zusammenhang mit einer «Jagdgesellschaft». «Diese Jagdgesellschaft erschien auch noch in Jagdkleidung, zumindest waren sie mit Parka bekleidet und hatten dicke Filzstiefel an.» Wenn diese Jagdgesellschaft kam, wurde «richtig einer draufgemacht» – je nachdem wie erfolgreich die Jagd verlaufen war. Teilweise nahmen sie dann auch die Serviceleistungen der «Mädchen» in Anspruch. Daneben erwähnt er noch Partys, die auf einer Yacht gefeiert wurden, die dem Geschäftsführer einer Rostocker Firma gehörte. Auch hier waren nicht nur Gäste aus dem Milieu und Prostituierte dabei, sondern nach Aussage des Zeugen einflussreiche Unternehmer und Politiker aus Mecklenburg-Vorpommern.

Jetzt wollte der Staatsanwalt wissen, ob er Namen von bekannteren Persönlichkeiten nennen könne. «Da wir keine Ausweiskontrolle gemacht haben, kenne ich die meisten Gäste mit Namen nicht. Ich könnte entsprechende Gäste aber eventuell mit Lichtbildern erkennen.»

Der Staatsanwalt: «Können Sie uns solche bekannteren Personen möglicherweise nach ihrer Funktion – wie zum Beispiel: der Ministerpräsident von Nordrhein-Westfalen – beschreiben?»

Der Zeuge: «Das ist mir nicht möglich.»

Daraufhin wurden ihm Fotos von Personen gezeigt, die Gäste des Falstaffs gewesen sein sollen. «Er erkennt den Chef der Marineeinheit in Rostock, Polizeidirektor Kordus, den Bürgermeister von Rostock und den Generalstaatsanwalt von Mecklenburg-Vorpommern.» Der Staatsanwalt verweist auf die frühere Vernehmung des Zeugen Larsen N. durch zwei Rostocker Kriminalbeamte. N. bestätigt im Wesentlichen das, was er ihnen gegenüber bereits zu Protokoll gegeben hatte.

Bemerkenswert während seiner ganzen Vernehmung war, dass eine zentrale Frage im Zusammenhang mit den mehr oder weniger prominenten Gästen in diesem Verhör seltsamerweise nicht gestellt wurde: die Frage nach der Anwesenheit eines besonders ranghohen Politikers im Nobelpuff Falstaff.

Weil das erhebliche Irritationen bei den Rostocker Ermittlern auslöste, notierten die beiden Kripobeamten, die Larsen N. bereits vor den BKA-Beamten vernommen hatten, in einem Vermerk: «Es ist nicht nachvollziehbar, dass bei einem Ermittlungsverfahren gegen eine Person wegen Korruption nur eine Kontenprüfung der Gesellschaft vorgenommen wurde und nicht das oder die Privatkonten des Beschuldigten, insbesondere aus dem Grund, da kriminelle Gewinne aus dem Rotlichtmilieu nicht selten auch auf Privatkonten fließen.»

Noch wichtiger ist das folgende Zitat: «In der Zeugenvernehmung des Zeugen Larsen N. werden mehrfach die Protokolle der Kriminalbeamten Kaiser und Richter erwähnt, insbesondere auch in der Fragestellung nach Personen, die ‹als Personen des öffentlichen Lebens› bezeichnet werden. Aus welchem Grund wurde neben vielen anderen Persönlichkeiten dem Zeugen nicht die Frage zu dem angeblichen zweimaligen Erscheinen des Herrn Ministerpräsidenten, das ebenfalls den Ermittlungsbeamten des BKA vorlag, gestellt.» Der Vermerk, auf den sich die Beamten beziehen und der vom 10. Dezember 1994 stammt, bezog sich auf die Vernehmung von Larsen N. durch die Kripo Rostock. «Bei einem offiziellen Besuch des Herrn Ministerpräsidenten bei Herrn Professor Krause habe sich der Herr Ministerpräsident auch zweimal im Falstaff aufgehalten. Es sei dann ausgiebig gefeiert worden, und der Sekt sei in Strömen geflossen (zehn- bis zwanzigtausend Mark).»

Und der Zeuge erwähnt ebenfalls die mysteriöse «Jagdgesellschaft». Er habe in diesem Zusammenhang auch einmal den Generalstaatsanwalt im Falstaff gesehen. Nach seinen Aussagen habe ihm der Betreiber erklärt, «dass heute nichts passieren könne, da der Chef der Staatsanwaltschaft dabei wäre». Bei diesen Treffen im Falstaff liefen dann entsprechende Shows mit Striptease ab. Wer von den Gästen noch weitere Serviceleistungen der Prostituierten nutzte, ist im Einzelnen nicht bekannt. Erwähnt wurde auch, dass einige Topjournalisten zu den Gästen zählten sowie prominente Herren vom Senat der Hansestadt Rostock. «Beide wurden durch Herrn Krause mitgebracht.» Das behauptete jedenfalls der Zeuge. Ob die Aussagen stimmten, wurde hingegen nicht ermittelt.

Die andere Auffälligkeit. Nach seiner Vernehmung durch Staatsanwaltschaft und Beamte des Bundeskriminalamtes beschwerte sich der Kronzeuge Larsen N. bei den Rostocker Kripobeamten. «Die haben mir miese Fotos gezeigt, extrem schlechte Kopien. Daher konnte ich nicht mehr zweifelsfrei sagen, dass es diese Politiker waren. Das ist eine Riesensauerei.»

In der Tat drängt sich die Frage auf, warum die BKA-Beamten aus Wiesbaden auf diese Aussage überhaupt nicht eingegangen sind. Die Beamten des nordrhein-westfälischen Landeskriminalamts (LKA) vermuten heute noch, weil der Ministerpräsident erwähnt wurde und es von höchster Stelle den Auftrag gab, dieses Verfahren «kaputt zu machen».

Einer der von dem Zeugen Beschuldigten, ein Generalstaatsanwalt, erklärte jedenfalls gegenüber Journalisten, nachdem der Vorfall teilweise öffentlich wurde: «Ich war in meinem Leben noch nie in einem Puff. Und wenn, dann würde ich dies auch zugeben. Das ist ja schließlich kein Straftatbestand.»

Ein vierter Zeuge, der im Doppelmordverfahren vernommen wurde, machte in seiner Vernehmung ebenfalls seltsame Andeutungen darüber, auf welche merkwürdige Art und Weise er von LKA-Beamten befragt wurde. Der Mann, ein gewisser Frank Roggelin, ist kein unbeschriebenes Blatt. Er war eine der größten Figuren im Rostocker Rotlichttheater. Frank Roggelin erklärte nämlich, dass er vom Landeskriminalamt Schwerin zielgerichtet im Bereich Rotlicht und Beamtenbestechung eingesetzt war. Er habe auch eine entsprechende Verpflichtungserklärung unterschrieben. In einem Polizeiprotokoll der Kripo Rostock ist weiter zu lesen: «Weiterhin habe Herr Roggelin bereits in seiner Hauptverhandlung geäußert, dass Videos und Bilder von Persönlichkeiten existieren. Nähere Angaben machte er dazu nicht. Außerdem sei er dazu schon ausführlich vom BKA als Zeuge gehört worden. Roggelin bezeichnete diese Vernehmung als ‹Witz› und sagte dazu, ‹wie es in den Wald hineinruft, so schallt es heraus›.» Er bezog sich dabei auf eine Vernehmung durch das BKA. Damals wollte er eine Aussage über die Auftraggeber des Doppelmordes machen. Doch das Angebot wurde abgelehnt.

Auffällig war außerdem das Verhalten der Staatsanwaltschaft Rostock gegenüber dem Landeskriminalamt Nordrhein-Westfalen. Demnach teilte ein Beamter der Rostocker Polizei seinen Kollegen in Düsseldorf mit, dass der zuständige Staatsanwalt «keinesfalls Akten an das LKA NRW herausgeben möchte, die sich auf die damaligen Ermittlungen der ‹Soko 2/03› beziehen». Diese Ermittlungen seien «alle im Sande verlaufen» und somit «uninteressant». Diese Akten lägen sicher in seinem Schreibtisch. Auf Nachfrage erklärte der Staatsanwalt, dass es sich um durchaus brisante Akten handele und er im derzeitigen Stadium der Ermittlungen keinen Grund sehe, dem LKA diese umfangreichen Akten zur Verfügung zu stellen.

Dem LKA Nordrhein-Westfalen wurde entgegnet, dass der Beschuldigte Schneider in dem informellen Gespräch durchaus Andeutungen gemacht habe, die sich auf die Verstrickung öffentlich Bediensteter in kriminelle Machenschaften bezögen. Daher sei es erforderlich, über den Rostocker Sumpf so viel wie irgendwie möglich in Erfahrung zu bringen, um die Aussagen von Schneider verifizieren zu können. Ohne konkret gefragt zu werden, schloss er von sich aus eine Beteiligung des mecklenburgischen Innenministers an kriminellen Geschäften aus. «Der war damals noch gar nicht in Mecklenburg-Vorpommern.» Als die Beamten ihm sagten, dass das nicht stimmen würde, da bekannt sei, dass er bereits seit August 1992 Innenminister sei und somit sehr wohl in kriminelle Geschäfte mit Schneider verwickelt sein könnte, antwortete der Staatsanwalt, dass er sich das nicht vorstellen könne. Wenig später rief der Rostocker Staatsanwalt bei der Amtsführung des LKA Nordrhein-Westfalen an und erkundigte sich, was denn hinter dieser Aktenanforderung stecke. Das kam der LKA-Führung in Düsseldorf dann doch etwas mysteriös vor. Und verstärkte den Verdacht, dass in Rostock mit allen Mitteln versucht wurde, einen großen Skandal unter der Decke zu halten, bei dem Staatsanwaltschaft, Bundeskriminalamt und Politiker ihren Einfluss geltend gemacht haben, um alles zu vertuschen, was mit den Beziehungen zwischen einem Ministerpräsidenten und anderen Honoratioren zu tun haben könnte. Und allein schon dieses Vertuschungsmanöver ist ein ungeheuerlicher Skandal.

Am 28.10.1997 stand Michael Freitag, neben Peter Schneider der zweite Beschuldigte, wegen des Doppelmordes an dem Zuhälter und dessen Bodyguard in Rostock vor Gericht. In der Anklageschrift der Staatsanwaltschaft Rostock ist zu lesen: «Bei der Tat handelte es sich offenbar um die Folge eines zunehmenden Konkurrenzkampfes im Rostocker Rotlichtmilieu. Im Hinblick auf die Begehungsweise und die Person des Opfers Gebauer ist davon auszugehen, dass es sich um einen Auftragsmord handelte, zumal der Angeschuldigte zu den Opfern in keinem Verhältnis stand. Der getötete Gebauer war zum Zeitpunkt der Tat einer der führenden Köpfe der Rostocker Rotlichtszene. Weiterhin war er an Erlösen von im Hotel Neptun arbeitenden Prostituierten beteiligt. Zudem hatte er in ein neues Objekt gemeinsam mit dem ebenfalls in der Rotlichtszene etablierten Zeugen P. B. investiert und hatte bereits Kontakte zu dem Betreiber des geplanten und mittlerweile in Betrieb genommenen Eroscenters in Rostock-Marienehe aufgenommen.»

Und dann kommt der wichtige Satz: «Der oder die Auftraggeber konnten im Rahmen der Untersuchungen bisher nicht ermittelt werden. Der Verurteilte hatte sich zur Sache nicht eingelassen.» Er wird in nicht allzu naher Zeit wieder in Freiheit sein.

Ein Justizskandal und kein Ende in Sicht

Und die Staatsanwaltschaft in Rostock? Der Eindruck drängt sich auf, dass sie – aus welchen Gründen auch immer – bestimmte Personen aus diesem Rotlichtmilieu bis zum heutigen Tag schützt. Einer, dem besondere Gunst gewährt wird, ist der in der Anklageschrift der Staatsanwaltschaft Rostock erwähnte P. B. Er dürfte nach unterschiedlichen Aussagen von Anwälten und der Polizei bis heute eine führende Rolle im Rotlichtmilieu von Rostock spielen, was zeigt, dass er den blutigen Rotlichtkrieg in Rostock und Umgebung unbehelligt überstanden hat. Warum hat er aber so ein großes Glück gehabt?

Vollkommen unverständlich ist nämlich, dass er trotz einer Latte von Straftaten von der Staatsanwaltschaft Rostock anscheinend besonders pfleglich behandelt wurde. Und für dieses Verhalten fehlt sowohl Ermittlern wie Rechtsanwälten jegliches Verständnis. Der normale Bürger weiß nichts davon, deshalb interessiert es ihn nicht. Doch es sollte ihn interessieren.

Dass dieser P. B. Anfang der neunziger Jahre in Rostock Schutzgeld kassierte, ist dabei das Geringste der ihm zur Last gelegten kriminellen Machenschaften. Obwohl: In einem Gerichtsurteil gegen den Bordellbesitzer Warnke in Rostock, der P. B. mit einem Messer verletzt hatte, befand das Landgericht Rostock (Aktenzeichen II Ks 40/95), dass dieser André Warnke Angst um sein Leben haben musste. Und das Gericht führt in seinem Urteil gegen André Warnke weiter aus: «Er befand sich zum Tatzeitpunkt bereits über einen längeren Zeitraum in einer Lage der Angst und Anspannung. Seine Tat war letztlich – wenn auch strafrechtlich relevante – Folge einer Eskalation, die nicht von ihm ausgegangen ist und gegen die ihm reguläre, nämlich polizeiliche Schutzmechanismen nicht rechtzeitig zur Seite gestellt worden sind.»

Die Bedrohung sei, so das Landgericht Rostock, von P. B. ausgegangen, und zwar eine «nicht unerhebliche Gefahr». Ein Einzelfall? Nein, kein Einzelfall. Anscheinend hatte P. B. derart großen Einfluss, dass auch weitere Strafverfahren gegen ihn prinzipiell im Sande verlaufen sind. Ob er zu viel wusste, auch über die Mecklenburger Jagdgesellschaft und den mysteriösen Tod von Peter Schneider in seiner Zelle? Bestimmte Staatsanwälte in Rostock scheinen ihn auf jeden Fall irgendwie zu schützen.

In dem empörten Brief einer renommierten Hamburger Anwaltskanzlei an die Generalstaatsanwaltschaft Rostock – er datiert vom 15. Mai 1996 – wird diese «Duldung» der kriminellen Aktivitäten von P. B. genau beschrieben. Der Hintergrund der Beschwerde an die Generalstaatsanwaltschaft war der Vorwurf des Mordes bzw. versuchten Totschlags gegen André Warnke, der in Rostock das Bordell Bienenstock betrieben hatte.

«Die Staatsanwaltschaft bei dem Landgericht Rostock hatte sich in der vorgelegten Anklageschrift wesentlich auf die Aussagen des P. B. bezogen, die dieser zunächst als Beschuldigter und dann, nach der Abtrennung, als Zeuge gegenüber der Kriminalpolizei und der Staatsanwaltschaft zulasten des Angeklagten Warnke gemacht hat. Gegen diesen Zeugen führt die Staatsanwaltschaft eine Vielzahl strafrechtlicher Ermittlungsverfahren, in denen es zu einem großen Teil um den Vorwurf schwerwiegender Straftaten geht. Die aus diesen Verfahren gewonnenen Erkenntnisse hat die Staatsanwaltschaft beim Landgericht Rostock nicht nur in der Anklageschrift verschwiegen, sondern auch der Strafkammer über Monate vorzuenthalten versucht.»

Was den Hamburger Anwälten auffiel, war, dass «die Bearbeitung der gegen P. B. laufenden und zum Teil eingestellten Verfahren in einer Weise erfolgt ist, die mit der von der Staatsanwaltschaft zu verlangenden Objektivität nicht zu vereinbaren» sei. Im Mittelpunkt ihrer Kritik steht übrigens der gleiche Staatsanwalt, der bereits im Zusammenhang mit den Ermittlungen um die «Jagdgesellschaft» auf großes Unverständnis der Rostocker Polizei gestoßen ist.

Insgesamt sind 14 Vorgänge aufgeführt, in denen P. B. von verschiedenen Zeugen schwer belastet wurde. Dabei ging es im Wesentlichen um Erpressung, Raub, Waffenhandel bis zum Mord. Im Folgenden eine kleine Auswahl davon.

Im Dezember 1994 leitete eine Kollegin dieses Rostocker Staatsanwalts ein Ermittlungsverfahren gegen P. B. ein, und zwar wegen des Verdachts der Anstiftung zum Mord. Die in diesem Zusammenhang vernommenen Zeugen geben zugleich einen tiefen Einblick ins kriminelle Szenario in Rostock. Ein Zeuge hatte zum Beispiel ausgesagt, dass er von P. B. beauftragt worden sei, André Warnke zu töten. «Es sei auch noch im Gespräch gewesen, den Warnke auf eine andere Art und Weise zu liquidieren, und zwar sollte das Auto, wenn sie es treffen würden, in die Luft gesprengt werden.» Der Zeuge gab weiter an, permanent um sein Leben zu fürchten. Es sei auf ihn geschossen worden, er sei von zwei Fahrzeugen ausgebremst worden, und es sei versucht worden, sein Haus in Brand zu stecken. Letzteres geschah tatsächlich. Die Staatsanwältin hielt seine Aussagen für glaubwürdig. Ein anderer Zeuge gab zu Protokoll, dass man darüber gesprochen habe, mit Warnke auf einer Yacht hinauszufahren, ihn an Bord zu fesseln, seine Beine in einen Trog zu stellen und diesen dann mit Beton aufzufüllen. Anschließend sollte er lebendig versenkt werden. Er wisse, dass A. P. und P. B. sich bereits um eine entsprechende Yacht bemüht hätten.

Ein anderer Staatsanwalt, der einige der zahlreichen Belastungszeugen vernommen hatte, schreibt sogar in einer Verfügung: «Es ist eine grundlegende Erfahrung der Ermittlungen im Rostocker Rotlichtmilieu, dass oftmals nicht die Wahrheit gesagt wird, Aussagen erkauft oder im Interesse dritter Personen gemacht werden, dass die Atmosphäre geprägt ist von Angst und Erkenntnissen vom Hörensagen und Gerüchten, von einzelnen ‹Lagern› mit verschiedenen Interessen, wobei es durchaus vorkommt, dass Leute das Lager aus den verschiedensten Gründen wechseln und dass man oftmals – obwohl sonst Rivalen – zur Erreichung eines bestimmten Zwecks zusammenarbeitet. Aufgrund der bisher vorliegenden Aussagen, wobei an der Glaubwürdigkeit des Zeugen für die Staatsanwaltschaft kein Zweifel besteht, besteht nach wie vor dringender Tatverdacht gegen P. B. wegen versuchter Anstiftung zum Mord.»

Und was geschah nun? Am 5. Januar 1996 verfügte die gleiche Staatsanwaltschaft, dass dem Beschuldigten P. B. die versuchte Anstiftung zum Mord nicht mit der für eine Anklage erforderlichen Sicherheit nachzuweisen sei. Warum? Weil dem Gericht bestimmte Zeugenaussagen, die P. B. belastet hätten, nicht zur Verfügung gestellt wurden. Auch eine Methode der Arbeitsökonomie in Rostock.

Dann wurde gegen P. B. ein Verfahren wegen gefährlicher Körperverletzung eingeleitet. Wieder kam es zu keiner Anklage. Nächster Fall, nächste rätselhafte Entscheidung. Nachdem am 8. Juni 1994 ein Richter am Oberlandesgericht überfallen und beraubt wurde, wurde das Verfahren knapp einen Monat später eingestellt, «da die Täter nicht ermittelt werden konnten».

Dabei lag die folgende Aussage eines glaubwürdigen Zeugen vor: «Ich glaube, es ist im Mai/Juni 94 gewesen, als Manuel, eine weitere männliche Person und ich einen Richter auf offener Straße überfallen hatten. Manuel hielt diesem Richter eine scharfe Pistole an die Schläfe, und ich durchsuchte diesen. Dabei wurde im Auftrag von P. B. der Dienstausweis des Richters entwendet und nebenbei ebenfalls eine Geldkarte der Commerzbank.» Zwar wurde gegen P. B. ein Haftbefehl erlassen. Doch der bestritt, in irgendeiner Weise etwas mit dem Überfall auf den Richter zu tun zu haben. Angeklagt wurde hingegen allein der Zeuge, der sich selbst beschuldigt hatte.

Auch bei vielen weiteren Vorgängen findet sich immer wieder folgende Schlussbemerkung: «Aus dem Akteninhalt ergibt sich nicht, dass der Beschuldigte P. B. bis heute überhaupt in dieser Sache einmal vernommen worden ist.» Diesmal ging es um einen Raubüberfall. Oder in einem weiteren Verfahren um internationalen Waffenhandel.

Am 25. Mai 1994 erreichte die Freiburger Polizei ein vertraulicher Hinweis auf P. B., und zwar wegen des Verdachts des Verstoßes gegen das Waffengesetz, Kriegswaffenkontrollgesetz und Sprengstoffgesetz. «Es wurde mitgeteilt, dass er und weitere Personen über mehrere Handgranaten, mehrere Thomsen-MP, 45er-CP, zwei bis drei Pump-Action, eine 38er-Spezial und Sprengstoff der Marke Sempex verfügen. Eine Waffe sei belgischer Herkunft, der Rest würde aus der ehemaligen Tschechoslowakei stammen. Auf Nachfrage gab der Informant an, dass die genannten Personen diese Waffen deshalb im Besitz hätten, um ‹Sachen damit zu erledigen›.»

Erneut wurde P. B. zu dem Vorwurf gehört. Er gab an, er habe noch nie eine Waffe gesehen, noch nie eine getragen, und er habe auch noch nie mit Waffen gehandelt. Geschehen ist – wie in vielen weiteren ihm vorgeworfenen Straftaten – aufgrund der Informationen überhaupt nichts, obwohl andere Zeugen ebenfalls etwas über Waffen bei P. B. ausgesagt hatten.

Damit ist das skandalumwitterte Milieu in der mecklenburgischen Justiz immer noch nicht ausreichend beschrieben.

Am 10. Oktober 2002 verkündete der Bundesgerichtshof, dass das Urteil gegen zwei wegen versuchten Mordes Verdächtigte und vom Landgericht Rostock zu vier bzw. drei Jahren Freiheitsstrafe verurteilte Männer aufzuheben sei und die Sache zur neuen Verhandlung und Entscheidung an eine als Schwurgericht zuständige Strafkammer des Landgerichts Schwerin zurückverwiesen wurde.

Erneut fällt der Name von P. B. Und zwar im Zusammenhang mit einem versuchten Mord. Dafür wurde der Litauer Artur B. vom Landgericht Rostock verantwortlich gemacht. Zum Hintergrund: Im Rostocker Bordell Elysee-Bar, Besitzer ist P. B., wurde am 24. Januar 2000 der Kroate Zarko so brutal zusammengeschlagen, dass er an den Folgen der Verletzungen verstarb.

In dem Urteil des Landgerichts Rostock, das ja vom Bundesgerichtshof in Karlsruhe wieder aufgehoben wurde, ist über den Vorfall Folgendes zu lesen: «P. B. hatte offenbar vergeblich auf eine Wirkung der ‹K.-o.-Tropfen› gewartet. Indem er äußerte: ‹Ich habe jetzt die Schnauze voll›, begab er sich in den Vorraum, tat so, als wolle er sich von T. per Handschlag verabschieden, und sprühte plötzlich dem ahnungslosen Zarko Pfefferspray ins Gesicht. In diesem Moment stürmten Kulikow, Zukauskas und Peltz nach unten. Kulikow und Zukauskas schlugen mit den Fäusten, Peltz mit dem bereits erwähnten Totschläger auf Zarko ein. Auch P. B. holte einen Teleskopschlagstock hervor und schlug damit auf den Geschädigten ein.»

Danach soll der mit P. B. befreundete und für ihn als «Sicherheitsberater» tätige Artur B. eingetroffen sein. Als der erfuhr, dass Zarko Geldforderungen gestellt hatte und befürchtet wurde, Zarkos Landsleute könnten zu dessen Unterstützung in die Bar eindringen, soll er die Begleiter seines Mitangeklagten angewiesen haben, vor der Bar im Auto zu warten und falls notwendig den Eingang mit dem Auto zu blockieren. «P. B. überließ das ‹Weitere› dem Angeklagten Artur B., weil er sich zu seiner Freundin begeben wollte, um sich ein Alibi zu verschaffen.»

Nach dem Urteil des Landgerichts sollen Artur B. und sein mitangeklagter Komplize den «möglicherweise bereits tödlich Verletzten, aber noch handlungsfähigen und ansprechbaren Zarko erneut misshandelt» haben. An den Folgen der Misshandlungen ist er durch erlittene innere Verletzungen gestorben. Vom Landgericht Rostock wurden Artur B. und Rimas P. deshalb verurteilt, weil sie es nicht für nötig hielten, dem Schwerverletzten sofort Hilfe zu leisten. Deshalb das Urteil des Landgerichts wegen versuchten Mordes, das eine Freiheitsstrafe von vier Jahren für Artur B. vorsah. Das hat der Bundesgerichtshof allerdings anders gesehen, insbesondere deshalb, weil Artur B. nach der zweiten Misshandlung des Opfers Hilfe herbeiholen wollte.

Nun gibt es noch eine weitere Variante des Rostocker Justizkrimis. Und die führt uns zurück nach Hamburg und dort in eine Szene, die weitgehend unerforscht ist und die Frage aufwirft: Gibt es Anwälte, die kriminelle Machenschaften einsetzen, um ihre Mandanten freizubekommen?

Die Rede ist in diesem Fall von dem Hamburger Anwalt W. Über ihn schreibt der wegen des Tötungsdelikts in Rostock angeklagte Artur B. in einer Strafanzeige an die Staatsanwaltschaft Hamburg: «Ein Bekannter von mir war in Hamburg festgenommen worden, und mir war bekannt, dass W. seine Verteidigung übernommen hatte. Bei meinem Bekannten handelt es sich um den sogenannten Albaner Willi aus Hamburg. Eines Tages sprach mich nämlich mein damaliger Freund P. B. an, der, wie ich wusste, ein sehr langjähriger Mandant und enger Vertrauter von W. war, und erzählte, er habe von Rechtsanwalt W. erfahren, dass mein Name in der Strafakte des sogenannten Albaner Willi auftauche.»

Bei weiteren Treffen habe ihm der Anwalt W. die Idee unterbreitet, eine Dolmetscherin unter Druck zu setzten. Die hatte durch ihre Aussage Albaner Willi schwer belastet. «Ich könnte ja diese Dolmetscherin unter Druck setzen, da ich kein Albaner sei und die anderen ausländischen Personen aus Albanien im Milieu zu gut bekannt seien.»

Doch zur Realisierung dieser Idee kam es nicht, obwohl die Idee allein schon ausreicht, um zu erkennen, welche Gedankengänge den Anwalt bewegt haben dürften. Später wurde Artur B. wieder von diesem Anwalt angesprochen, nachdem P. B. wegen des Tötungsdelikts in der Elysee-Bar in Haft saß. Das Gespräch fand nach Aussage von Artur B. in Hamburg statt. «Ich sollte einen Litauer finden, der aussagt, dass dieser Litauer mit mir später in die Elysee-Bar dazugekommen sei und dieser dann auf den Kroaten Zarko eingeschlagen habe. Dieser Litauer sollte dabei unter Drogen gestanden haben. Mir war in dem Gespräch klargeworden, dass nicht ein x-beliebiger Litauer gefunden werden sollte, sondern der Vitas, der alles auf sich nehmen solle. W. führte in diesem Zusammenhang aus, dass es sicherlich nicht schwer sei, einen Litauer zu finden, der für vier Jahre ins Gefängnis gehe und dafür noch Geld kassiere. Ich habe dann Herrn P. B. mitgeteilt, dass ich nicht damit einverstanden sei, alles auf Vitas abzuschieben. Ich vermute heute, dass mit dieser Ablehnung von mir ich quasi mein ‹Todesurteil› unterschrieben hatte, indem ich mit diesen Vorstellungen des W. und Herrn P. B. nicht einverstanden war.»

Während eines erneuten Treffens – der Anwalt aus Hamburg bemühte sich mit allen Mitteln, P. B. zu entlasten – «verkündete er mir seine neue Strategie, alles, was dort in der Elysee-Bar passiert war, sollte nun Herrn Peltz zugeschoben werden».

Dieser sollte den perfekten Buhmann abgeben. Er sei schließlich in psychiatrischer Behandlung gewesen und habe seinen Vorgesetzten erschießen wollen. Bei dem gleichen Gespräch äußerte er seine Bedenken, dass das Gericht aufgrund der ganzen Vorkommnisse P. B. nicht glauben würde, dass er anwesend war und nichts gemacht habe. «Er meinte, dass man daran noch arbeiten müsse. Er hatte vor, das Gericht davon zu überzeugen, dass P. B.

überhaupt nicht mehr in der Lage war, etwas zu tun. In diesem Zusammenhang schilderte er mir einen Vorfall, bei dem ein Herr M. aus dem Rostocker Rotlichtmilieu von P. B. zusammengeschlagen worden sei und P. B. letztendlich einen Freispruch erhielt, und zwar deswegen, weil man vor Gericht den Sachverhalt so darstellen konnte, dass P. B. zur Tatzeit eine Gipshand aufgrund einer Verletzung hatte und somit nicht in der Lage gewesen sei, auf Herrn M. einzuschlagen.»

Inzwischen saß Artur B. selbst im Gefängnis, und zwar zum einen wegen eines Raubüberfalles in Stade. Das Verfahren wurde zwar eingestellt, aber dafür erhielt er einen Haftbefehl wegen des Verdachts der Tötung des Jugoslawen in der Elysee-Bar. Es ist also genau das eingetroffen, was ihm der besonders engagierte Hamburger Anwalt W. vorausgesagt hatte, sollte er nicht mit ihm kooperieren. Was den Anwalt nicht daran hinderte, Artur B. mehrmals im Gefängnis zu besuchen. «Ich fühle mich durch das Verhalten von Rechtsanwalt W. außerordentlich geschädigt – er hat zusammen mit P. B. versucht, durch Zeugenmanipulation zu erreichen, dass ich zu einer lebenslangen Freiheitsstrafe verurteilt werde, während sein Mandant P. B. frei ausgeht, obwohl nach der jetzigen Beweislage feststehe, dass die dem Jugoslawen zugeführten tödlichen Verletzungen von P. B. und anderen zugefügt worden sind.»

Und so lebt P. B. in Rostock – er hat inzwischen geheiratet – fröhlich und munter weiter. Auch mit Hilfe eines anscheinend ziemlich skrupellosen Anwalts und einer Staatsanwaltschaft, die seltsamerweise vieles dafür tat, dass ihm nie der Prozess gemacht wurde. So geht das also bis zum heutigen Tag in Rostock – und begonnen hatte alles bereits Anfang der neunziger Jahre: Polizeibeamte wurden eingeschüchtert, weil sie in ihren Ermittlungen einigen Politikern zu nahegetreten sind. Einige Staatsanwälte, die damals nicht durch besonders beherzte Ermittlungen aufgefallen sind, schützen bis heute mutmaßliche Schwerverbrecher, die das Sagen im Rotlicht von Rostock und Umgebung haben, und ansonsten herrscht im Land das große Schweigen. Da scheint auch ein neuer und engagierter Direktor des Landeskriminalamtes Mecklenburg-Vorpommern nichts mehr verändern zu können.

«Ein riesiger Justizskandal ist das in Mecklenburg-Vorpommern», mit diesen Worten umschreibt die Hamburger Anwältin Leonore Gottschalk diese Vorkommnisse und will jetzt, auch mit der Strafanzeige von Artur B. gegen den Hamburger Rechtsanwalt W., zumindest dafür sorgen, dass nicht weiterhin alles unter den Teppich gekehrt wird.

Inzwischen sitzt Artur B. im Gefängnis. Im Frühjahr 2005 wurde er verhaftet und 2006 durch das Landgericht Schwerin zu einer sechsjährigen Gefängnisstrafe verurteilt.

Über Kriminelle und ihre Helfershelfer in Polizei und Justiz

«Das Chaos bei uns ist wie trübes Wasser, in dem die Mörderhaie ungestört ihre Kreise ziehen. Dieses grauenvolle Spektakel dauert schon viel zu lange.»

YASMINA KHADRA, SCHRIFTSTELLER

Wenn Polizeibeamte unternehmerisch tätig werden

Bei der Frankfurter Staatsanwaltschaft wird seit geraumer Zeit ein Ermittlungsverfahren (Az.: 6320 Js 206280/91) wegen Geldwäsche geführt. Im Mittelpunkt dieses Verfahrens steht unter anderem ein Exbeamter des Bundeskriminalamtes mit bizarren Verbindungen zu höchst suspekten Firmen. Der Name des früheren BKA-Beamten ist Ulrich C. Einst war er im BKA verdeckter Ermittler gegen russische Kriminelle, dann wurde er wegen Versicherungsbetrugs vom Dienst suspendiert und pflegte seitdem, bis zu seiner Pensionierung im Jahr 2002, «freundschaftliche und geschäftliche Bindungen zu Angehörigen der eurasischen Organisierten Kriminalität, die zum Teil durch dienstliche Kontakte entstanden sein dürften, zum Teil dürfte er diese nach seiner Suspendierung beim BKA aufgebaut haben». So steht es zumindest in den Ermittlungsakten der Frankfurter Polizei.

Sein strategischer Vorteil war, dass er sich bei der Beschaffung von Informationen diverser Personen bediente, die ihm aus seiner früheren Dienstzeit als Mitarbeiter verschiedener Sicherheitsbehörden bekannt waren. Und das bis zum heutigen Tag. Für die Polizei stellt er deshalb ein großes Problem dar. Weil er immer noch seine alten Kontakte benutzt. Und manche seiner ehemaligen Kollegen wissen vielleicht nicht einmal, wessen er verdächtigt wird.

So war er ab etwa Juli 2001 für den bis Oktober 2002 in Italien inhaftierten Leonid Minin in einer Funktion «als offizieller Berater der Rechtsanwälte tätig». Das ist zurückhaltend formuliert. In Wirklichkeit versuchte der Ex-BKA-Beamte die öffentliche Meinung zu manipulieren, indem er behauptete, Leonid Minin sei für die ihm vorgeworfenen kriminellen Taten überhaupt nicht verantwortlich, und Dokumente anbot, die einen anderen ukrainischen Geschäftsmann belasteten. Die waren zwar nicht glaubwürdig, aber das wussten nur Eingeweihte.

Dieser Leonid Minin, ein bekannter Gangsterboss aus Odessa, befand sich immerhin wegen des Verdachts der Lieferung von cirka 180 Tonnen Waffenmaterial von der Ukraine nach Sierra Leone in Italien in Untersuchungshaft. Die italienischen Ermittler behaupteten über ihn: «Seine Bedeutung und seine Aktivitäten stellen eine extreme Gefahr für die Gesellschaft dar.» Nicht nur für dieses große kriminelle Kaliber war der rüstige Ex-BKA-Beamte tätig. Nach Polizeierkenntnissen hatte er – über den Mitarbeiter eines wegen vielfältiger krimineller Handlungen verdächtigen russischen Geschäftsmannes, der übrigens manchmal mit dem russischen Präsidenten Putin herumreist – Zugang sowohl zu Geheimdienst- als auch zu polizeilichen Daten. Und die verhökerte er an Kriminelle aus der ehemaligen UdSSR. In einem Fall wurde während eines Telefonates des Ex-BKA-Beamten direkt nach der Möglichkeit gefragt, Erkenntnisse eines Geheimdienstes über eine bestimmte Person zu bekommen, wobei ihm vom Bundesnachrichtendienst sogar zugesagt wurde, dass er die entsprechenden Informationen auch erhalte.

Ein Geheimnis war es nicht, dass der Ex-BKA-Beamte sich in der Vergangenheit häufiger mit hochkriminellen Straftätern getroffen hatte und ihren Wünschen nach Informationen nachkam, ihnen zum Beispiel interne Unterlagen des BKA übergab. Das gab ein Teilnehmer anlässlich eines Treffens mit einem einschlägig verrufenen Millionär aus der Ex-UdSSR, bei dem noch ein Beamter der belgischen Polizei dabei war, später zu Protokoll: «Während des Essens und auch danach las Loutchansky (der umstrittene russische Unternehmer, J. R.) ständig in dem von Ulrich C. fotokopierten Bericht. Ich konnte sehen, dass auf der ersten Seite des Berichts im unteren Drittel der Titel ‹The Chernoy Brothers› stand. Loutchansky sagte mir auch, als ich ihn nach dem Inhalt gefragt habe, dass die darin enthaltenden Informationen schon bekannt seien und es immer der gleiche Scheiß wäre, der geschrieben wird.»

Der Zeuge schrieb weiter, dass Ulrich C. an Loutchansky auch Krypter und große Batterien für das neue Siemens-Handy übergeben hatte. Krypter sind Verschlüsselungssysteme. Ich hatte mich bei dem belgischen Polizeibeamten Pierre Delilez, den ich gut zu kennen glaubte, über den Zeugen unterhalten und mich nach seiner Glaubwürdigkeit erkundigt. Delilez bezeichnete ihn als Lügner. Erst viel später sollte ich erfahren, dass Pierre Delilez selbst doch nicht so sauber war, wie ich gedacht und gehofft hatte.

Übrigens ist im BKA nicht bekannt, dass Ulrich C. als Gegenleistung für seine «Dienstleistungen» wichtige Informationen erhielt, mit denen er dem BKA bei Ermittlungen geholfen hätte. Was den Schluss zulässt, dass er eher einen geldwerten Vorteil erhalten haben dürfte, der seinem Kontostand zugutekam.

Und was viel bedeutsamer ist: Er gehört bis heute einem Ring europäischer Polizeibeamter an, die auf die Bekämpfung der osteuropäischen Kriminalität spezialisiert waren und gleichzeitig für die Gegenseite, das heißt hochkarätige russische, usbekische und ukrainische Kriminelle, seit Jahren arbeiteten. Mit dazu gehörten unter anderen ein inzwischen suspendierter belgischer Polizeibeamter und ein österreichischer Beamter, der bis zum heutigen Tag beim BKA in Wien, Abteilung Interpol, tätig ist. Die genaue Höhe der Summe, mit der sie für ihre Freundschaftsdienste bezahlt wurden, ist nicht bekannt. Aus Idealismus werden sie es mit großer Wahrscheinlichkeit aber nicht getan haben.

Ich staunte trotzdem nicht schlecht, als ich selbst in Unterlagen auftauchte, und zwar einerseits im Zusammenhang mit dubiosen Aktivitäten des Ulrich C. und andererseits im Kontext meines Buches *Der Oligarch*. Das beschrieb die Lebensgeschichte des ukrainischen Unternehmers Vadim Rabinovich, der im Gegensatz zu vielen anderen nicht zur korrupten Machtclique um den Staatspräsidenten Leonid Kutschma gehörte und offen über seine Vergangenheit geredet hatte. Vergleichsweise frei packte er auch über kriminell agierende Männer aus Politik und Wirtschaft in der Ukraine aus. Das muss einige Herren in der Ukraine mächtig gestört haben, und sie beschlossen eine ziemlich dreckige Aktion. Das geht aus Informationen hervor, die fleißige Frankfurter Ermittler zusammengetragen hatten.

Sie notierten: «Man versuchte die Person Rabinovich in der Öffentlichkeit zu diskreditieren, um dessen Angaben in dem Buch zu relativieren. Hinsichtlich der Sammlung diskreditierender Informationen bediente man sich der Person des Ex-BKA-Beamten, von dem man vermutete, dass er aufgrund seiner vormaligen Tätigkeit als BKA-Beamter im Bereich russische Organisierte Kriminalität Zugänge zu behördlichen Informationen zu Rabinovich hatte. Im Gegenzug wurden ihm offenbar diverse geschäftliche Engagements in Aussicht gestellt, die er unter Hinzuziehung einer in Frankfurt bestehenden geschäftlichen Infrastruktur (usbekisches Reisebüro, Im- und Export-Unternehmen, Sicherheitsfirma mit angeschlossenem Im- und Exportgeschäft) wahrgenommen hat.»

Um seinem Auftraggeber, einem ukrainischen Geschäftsmann in Düsseldorf, dienlich zu sein, wollte er sogar einen Beamten des Berliner Landeskriminalamtes benutzen, mit dem er lange befreundet war. Der sollte ebenfalls belastendes Material über Vadim Rabinovich und über mich, den Autor des Buches, sammeln. Das führte schließlich zu dem schweren Vorwurf gegen diesen LKA-Beamten, dass er mit Ulrich C. zusammenarbeiten würde. Es folgten eine Hausdurchsuchung bei dem LKA-Beamten und die

Zerstörung seines bisher einwandfreien Rufes. Dabei hatte er sich nichts zuschulden kommen lassen und den von ihm verlangten Freundschaftsdienst von Ulrich C. sofort abgelehnt.

Außerdem traf sich der Ex-BKA-Beamte Ulrich C. mit einem aus der kriminellen Unterwelt aufgetauchten russischen Geschäftsmann bei Igor Smeschko, dem Militärattaché der ukrainischen Botschaft in Bern. Letzterer gilt als Experte für den Waffenhandel und ist heute Chef des ukrainischen Nachrichtendienstes (SBU) sowie Mitglied des Nationalen Sicherheits- und Verteidigungsrats. Smeschko habe nach seiner Amtsübernahme, so behauptet es der General der ukrainischen Auslandsaufklärung in Berlin, Walerij Krawtschenko, für «stalinistische Methoden» beim SBU gesorgt und sei während seiner Zeit in der Schweiz in «ziemlich undurchsichtige Geschäfte» verwickelt gewesen.

Aber es kommt noch viel besser. Im Laufe ihrer Ermittlungen stießen die Ermittler, wiederum im Zusammenhang mit Ulrich C., auf ein ganzes Netzwerk von Firmen, die als Alltagsgeschäft anscheinend Betrug und Korruption betreiben.

Beachtenswert ist eine Information vom 3. Februar 2003. Da geht es um Bestechung im Zusammenhang mit der Frankfurter Flughafengesellschaft, der Fraport AG, an der sowohl das Land Hessen als auch die Stadt Frankfurt beteiligt sind. «Im Zuge der Projektarbeit (für die Modernisierung des Flughafens in Taschkent / Usbekistan) trat der zuständige usbekische Verkehrsminister an die vor Ort tätige Leitung der Fraport AG heran und stellte Forderungen unter Hinweis auf die konkurrenzlose Stellung der Fraport AG. Diese Forderungen beliefen sich auf 450 000 DM, von denen zirka 200 000 DM für den Verkehrsminister bestimmt waren, der Rest sollte unter weiteren Beteiligten verteilt werden. Im Fall der Weigerung drohte der Minister mit einem Scheitern des Projekts, was für die Fraport AG erhebliche finanzielle Risiken beinhaltet hätte; die bereits entstandenen Kosten hätten als Verlust verbucht werden müssen.»

Und so wurde versucht, das lukrative Projekt zu retten, obwohl Bestechung von ausländischen Amtsträgern in Deutschland bekanntermaßen inzwischen strafbar ist. Zur Verschleierung der Schmiergeldzahlungen wurde flugs ein Beratervertrag mit einem bekannten Logistikunternehmen abgeschlossen. Inhalt des Beratervertrages war neben der Ausführung tatsächlicher logistischer Tätigkeiten auch die Einrechnung des geforderten Schmiergeldes. Wegen Streitigkeiten kam es dann erst mal nicht zur Ausführung dieses Plans. Glücklicherweise fanden die cleveren Unternehmer eine Firma auf dem Flughafen Hahn im Hunsrück, die sich bereit erklärte, Scheinrechnungen auszustellen. Mit der Bezahlung dieser Firma beliefen sich die gezahlten Schmiergelder insgesamt auf 560 000 Mark.

Das Geschäftsgebaren dieses Netzwerks von Firmen in Frankfurt lässt die Ermittler verzweifeln, weil sie keine Kapazitäten haben, um nachhaltig ihren Verdacht zu bekräftigen. Der lautet: Eine Trennung zwischen den Geschäftsaktivitäten, die einen realen sowie legalen Hintergrund haben, und solchen, die illegale Handlungen zur Grundlage haben, ist derzeit nur schwer möglich. Ein beträchtlicher Teil des geschäftlichen Engagements dürfte dagegen aufgrund der beteiligten Personen – die häufig bereits im Zusammenhang mit Geldwäscheermittlungen bzw. Straftaten im Zusammenhang mit dem Wirtschaftsleben in Erscheinung getreten sind – einen strafbaren Hintergrund haben.

Das kriminelle Proletariat – Hell's Angels und andere Geschäfte

Da fuhr am 11. Juli 2002 im silbernen Mercedes ein Matthias Sch. an der deutsch-schweizerischen Grenze vor. Als Beruf gab er an, «Zimmerverwalter» in Köln zu sein. Mit im Auto saß Harald-Heinz S. aus dem hessischen Rodgau. Der Zimmerverwalter – bei den zu verwaltenden Zimmern handelte es sich um ein Bordell –

hatte diverse Kontounterlagen und Visitenkarten von Banken und Finanzberatern bei sich. Harald-Heinz S. und sein Freund, notierten die Zollbeamten, gaben an, dass sie nur ein paar Stunden in Zürich bei ihrem Immobilienmakler waren.

Beide gelten als Führungsfiguren einer originär deutschen kriminellen Vereinigung, der Hell's Angels. Als die neugierigen Zöllner im Kofferraum des Mercedes nachschauten, stießen sie auf Dokumente über den Verkauf eines Bordells in der Kölner Hornstraße: Wert zirka 15 Millionen Euro, die Jahresumsatzberechnung des Bordells (zirka 7–8 Millionen Euro) und russische Papiere, auf denen handschriftlich vermerkt war: «Flaschenabfüllanlage, Rollenoffsetmaschine, medizinische Spritzen sowie von einem ukrainischen Batteriewerk eine Bankbürgschaft» in Höhe von immerhin 50 Millionen Euro. Der Verdacht der Geldwäsche lag also nahe.

Diese Unterlagen tauchten später in dem Ermittlungsverfahren unter anderem gegen den BKA-Beamten Ulrich C. und weitere Verdächtigte auf und ermöglichen neue Einblicke in kriminelle Netzwerke. Denn das Firmenkonglomerat in Frankfurt unterhielt auch Geschäftsbeziehungen zu den beiden an der deutsch-schweizerischen Grenze kontrollierten Männern. Das geht aus einer Vereinbarung zwischen der Frankfurter Firma und einem Unternehmen der Hell's Angels hervor, in der ein Mietkauf für insgesamt 16 Millionen Euro vereinbart wurde, und aus einem Protokoll über ein «Meeting am 30. 3. 2002», in dem der Kaufpreis auf 14 Millionen Euro festgelegt wurde sowie entsprechende Übergabemodalitäten fixiert sind. Schlussfolgerungen der Frankfurter Polizei: «Demzufolge dürfte ein Zusammenhang zwischen den Aktivitäten der W. Consulting und der E. Trading GmbH in Frankfurt im Hinblick auf Investitionsvorhaben im Bereich des Neubaus eines Bordells in Frankfurt am Main bzw. der Übernahme eines Bordells in Köln bestehen.»

Das Beispiel wirft ein Schlaglicht darauf, wie vernetzt kriminelle Strukturen in Deutschland bereits sind und in welchem Umfang die deutsche kriminelle Organisation Hell's Angels darin verwoben ist. Bislang streiten die Behörden in aller Regel ab, dass die Hell's Angels mit russischen Kriminellen zusammenarbeiten. Das ist verständlich. Denn sie haben ja schon Schwierigkeiten, allein die latente Gefahr, die von den Hell's Angels ausgeht, zur Kenntnis zu nehmen und sie entsprechend strafrechtlich zu verfolgen.

Tatsache ist, dass Motorradgangs und ihre kriminellen Mitglieder seit Jahren verstärkt versuchen, Einfluss auf verschiedene Kriminalitäts- und Wirtschaftsbereiche zu nehmen. Sie pflegen dabei engen Kontakt zu anderen, zum Teil der Organisierten Kriminalität zuzurechnenden Gruppen. Durch Gründung von Geschäften und Unternehmen, insbesondere im Securitybereich sowie im Gaststätten- und Vergnügungsgewerbe und im Motorradhandel, versuchen Motorradklubs bzw. deren kriminelle Mitglieder auf legalem Terrain Fuß zu fassen, um unter anderem ihr Image in der Öffentlichkeit zu verbessern. «Mit diesem Ziel werden auch vielfältige Initiativen genutzt, so unter anderem die Bewegungen ‹Biker helfen Behinderten›, ‹Biker gegen Rechts› oder ‹Biker gegen Krebs›, oder aber es werden Veranstaltungen für wohltätige Zwecke durchgeführt, etwa vorweihnachtliche ‹Toy-Runs›, bei denen Spielzeug für Kinderkrankenhäuser und Kindergärten gesammelt wird.» [50]

Das Bundeskriminalamt erwähnt in diesem Zusammenhang folgende Motorradklubs (MC): die «Outlaws MC, Hell's Angels MC, Bandidos MC und Gremium MC Germany». Die Hauptaktivitäten der teilweise nur lose verbundenen Gruppen liegen im Drogenhandel und Schmuggel mit Amphetaminen und Kokain. Daneben agieren sie in den Bereichen Waffenhandel, Hehlerei und insbesondere der Kriminalität im Umfeld der Prostitution. Gerichtsverfahren gegen sie, sofern sie überhaupt zustande kommen, weil Zeugen massiv bedroht werden, enden in aller Regel mit eher geringen Bestrafungen.

Durchgehend ist davon auszugehen, dass «Omerta», das Gesetz des Schweigens, herrscht. Wer mit einer Gefängnisstrafe rechnen muss, kann davon ausgehen, dass «die Familie» für seine Angehörigen sorgt, wenn er schweigt. Und auch für die Rechtsanwälte, die teilweise horrende Honorare «schwarz» erhalten, muss ein verhaftetes Mitglied der Hell's Angels nicht aufkommen.

Hannover – Kartoffelsuppe und gebratene Ente

Die ehrenwerte Gesellschaft in Deutschland kann durchaus ungewöhnlich tolerant sein und sich schon mal auf Tuchfühlung mit kriminellen Outlaws begeben. Daher das folgende Fallbeispiel. Es spielt in der niedersächsischen Landeshauptstadt Hannover. Hier war der derzeitige Bundeskanzler Gerhard Schröder einst Ministerpräsident und hat auch als Rechtsanwalt Spuren hinterlassen. Welten trennen ihn sicher von den Hell's Angels. Doch die haben Hannover in Teilen fest im Griff; und die Polizei beißt sich die Zähne an ihnen aus. Ein Grund dafür mag sein, dass sie einflussreiche Freunde haben. So soll der ehemalige Anwaltskollege und enge Freund von Gerhard Schröder im Jahr 2000 im Hannoveraner Innenministerium vorstellig geworden sein, mit einem Angebot der besonderen Qualität. Demnach sollten die Hell's Angels – er vertrat anwaltlich ihren niedersächsischen Chef Frank H. – für Ruhe im Rotlichtmilieu sorgen. Nach Angaben des Landeskriminalamtes soll er Frank H. auch in wirtschaftlichen und kaufmännischen Angelegenheiten vertreten haben. Der renommierte Anwalt blitzte mit seinem Angebot ab, erzählte mir ein leitender Beamter des Landeskriminalamtes. Denn in Bezug auf Frank H., für den sich der Anwalt eingesetzt haben soll, ist es in Hannover Stadtgespräch, dass er Einnahmen aus der Zuhälterei in legalen Firmen wie etwa einem Fitnessstudio und einem Bewachungsdienst waschen würde.

Frank H., der den Ruf des «Kiezkönigs» vom Hannoveraner Rotlichtviertel am Steintor genießt, war erstmals Ende November 1999 bei einer Razzia festgenommen worden, kam aber nach einer Nacht in der Haftzelle wieder frei. Zu einer Anklage kam es nicht, obwohl die Vorwürfe der Polizei damals massiv waren: Zuhälterei, Menschenhandel, Raub, Mordversuche und Geldwäsche.

Der «Steintor-König» verdankt seine Position, glaubt man den Angaben eines Kronzeugen der Polizei, «gezielten Machtdemonstrationen der Bones. Mitte der neunziger Jahre sei es für alle Chapter (Sektionen) Pflicht gewesen, an den Wochenenden je zwei Typen bewaffnet nach Hannover zu schicken. Schlusspunkt sei ein Großaufmarsch von 200 Leuten in Bones-Kutten und Ledermänteln gewesen.» Diesen Kronzeugen hatten seine Exkumpel per Internet quasi für vogelfrei erklärt («see you in hell!») und angeblich ein Kopfgeld von 50 000 Euro ausgesetzt.

Der Pate in Lederkluft hatte über Parteigrenzen hinweg durchaus liebe, aber wahrscheinlich naive Freunde. Zum Beispiel den Hannoveraner CDU-Oberbürgermeisterkandidaten Clemens Stroetmann. Der lobte öffentlich die Aktivitäten des Bordellchefs zur «Aufrechterhaltung der Sicherheit im Kiez». Während der Expo 2000 wurden er und seine Hell's Angels höchst offiziell eingesetzt, um für Ordnung im Rotlichtviertel zu sorgen. Damit die Expo 2000 überhaupt stattfinden konnte, lieferte ein Freund des damaligen Ministerpräsidenten Gerhard Schröder, der Unternehmensberater Roland Berger, ein sogenanntes Gutachten, in dem der Expo 40 Millionen Besucher bescheinigt wurden, die mit Sicherheit kommen würden. Nicht mal die Hälfte kam. 2,3 Milliarden Schulden übernahmen das Land Niedersachsen und die Bundesrepublik Deutschland, also der Steuerzahler.

Bis heute wird trotz des Wissens um die Beteiligung der kriminellen Hell's Angels immer noch ein wichtiges Sicherheitsunternehmen in Hannover gerne bei großen Sportveranstaltungen und Musikevents gebucht. Ist das nun eine perfekte Infiltration oder bereits die Akzeptanz krimineller Strukturen durch die bürgerliche Gesellschaft? Darüber lohnt es sich zu diskutieren, darüber diskutieren Kriminalbeamte aber nicht mehr. Sie wissen, dass sie dann keine Chance haben zu ermitteln, wenn die kriminellen Strukturen von der politischen Führung bereits als Wirtschafts- oder Ordnungsfaktor akzeptiert werden. Und das ist in Hannover der Fall.

Im Mai 1999 befand sich Frank H. noch auf der Höhe seiner kriminellen Macht. So war es durchaus verwunderlich, dass er zur feierlichen Eröffnung der neuen Kanzlei seines Staranwalts Götz von Fromberg eingeladen wurde. An der Feier nahm auch der damalige Bundeskanzler Gerhard Schröder teil. «Die Sicherheitskräfte hatten Mühe», meldete damals der *Spiegel*, «ein Zusammentreffen der beiden zu verhindern.» Auf der Homepage des rührigen Staranwalts von Fromberg stand Bundeskanzler Schröder als Sozius der Kanzlei, dessen ungeachtet, dass er «seinen Beruf zurzeit nicht ausübt».

Schlagzeilen machte der lebenslustige Jurist nicht nur, weil er den Boss der Hell's Angels in Hannover verteidigte, sondern auch als er Gerhard Schröder in seinem vorerst letzten Scheidungsprozess vertrat und dann später als Trauzeuge bei dessen Hochzeit mit Doris Köpf fungierte. Bei der intimen Hochzeitsfeier war Schröders alter Freund Fromberg wieder mit dabei, und alle schaufelten «Kartoffelsuppe und gebratene Ente» in sich hinein, wie die Nachrichtenagenturen meldeten.

Aber als dann die Steuerfahndung bei diesem allseits beliebten Anwalt eine Durchsuchung der Büroräume durchführen wollte – wegen des Verdachts der Geldwäsche gegen einen Mandanten suchte sie belastende Unterlagen –, da musste sie erleben, das wird zumindest glaubhaft kolportiert, dass der Einsatz plötzlich gestoppt wurde. «Auf Intervention aus Berlin», sollen die frustrierten Steuerfahnder gesagt haben, «weil noch ein Schreibtisch des Bundeskanzlers in dem Büro stehen sollte.» Was immer an diesem

Gerücht auch dran ist, irgendwie landet der Beobachter immer wieder im Dickicht von Beziehungsgeflechten, in denen Geben und Nehmen durchaus Teil der politischen Kultur geworden sind.

Beliebt waren zum Beispiel die von Anwalt Götz von Fromberg veranstalteten «Döhrener Herrenabende». Es handelte sich um eine illustre Gesellschaft. Wenn der Anwalt eine Einladung ausgesprochen hatte, war kein Weg zu weit, um ihr Folge zu leisten. «Gottschalk kam mit Bruder eigens aus dem kalifornischen Malibu angereist, der Kanzler eilte aus Stockholm herbei und vergaß den Umzugsstress, TV-Blödler Karl Dall rauschte aus Hamburg an, WAZ-Geschäftsführer Bodo Hombach kam aus Düsseldorf. Es war schon eine illustre Gesellschaft, die es sich da bei Schnitzel, Bulette und Bockwurst wohl ergehen ließ. Auch Preussag-Chef Michael Frenzle zählte zu der Runde.»[51] Nicht fehlen durfte auch der steinreiche Baumogul und Schröder-Freund Günter Papenburg, der, nachdem ihn das Landgericht Hannover im November 2001 wegen illegaler Abfallentsorgung zu einer Geldstrafe verdonnert hatte, die fälligen 350 000 Mark aus der Kaffeekasse bezahlte.

Hingegen musste sich der Führer der Hell's Angels in Hannover, Frank H., dann später doch noch vor Gericht verantworten, nachdem er sein «Unternehmen» auf Hamburg ausgedehnt hatte. Vorgeworfen wurde ihm, in den Jahren 1999 und 2000 im Hamburger Stadtteil St. Pauli Prostituierte systematisch ausgebeutet zu haben, sozusagen als Unternehmensberater für die an der Front arbeitenden Hell's Angels, die die Frauen anschaffen ließen. Sein Anwalt von Fromberg rief mahnende Worte in den Gerichtssaal: «Die Rechtsstaatlichkeit muss gewahrt bleiben.»

Trotz seiner besten anwaltlichen Vertretung wurde Frank H., der laut *Spiegel* als «einer der 20 einflussreichsten Rotlichtgrößen in Deutschland zählt und nach Erkenntnissen der Fahnder Beziehungen quer durch alle Gesellschaftsschichten pflegt»[52], wegen gefährlicher Körperverletzung am 14. November 2001 zu dreieinhalb Jahren Gefängnis verurteilt. Zwar sagte der Richter: «Auch die Hell's Angels leben nicht im rechtsfreien Raum, und Sie, Herr H., sind kein Mann mit unbegrenzter Macht.» Und «die Tat war sehr nahe am versuchten Totschlag». Weil er in Hannover seine Tat zugegeben hatte, wurde jedoch dieses Verfahren in Hamburg eingestellt. Die dort zu erwartende Strafe hätte deutlich unter den dreieinhalb Jahren gelegen und wäre mit dem Urteil in Hannover verrechenbar – ein gelungener juristischer Schachzug. Denn dadurch musste der von der Polizei eingezogene Betrag von zwei Millionen Mark wieder an Frank H. zurücküberwiesen werden. Vermögensabschöpfung gibt es bei schwerer Körperverletzung nicht. Deshalb brach während der Urteilsverkündung großer Jubel bei den Angeklagten aus, die sogar von einem «wunderbaren Urteil» sprachen. Wahrscheinlich weil sie, die Hunderte Huren für sich hatten anschaffen lassen und kräftig zuschlugen, wenn die nicht parierten, sich so sehr auf den Pfad der Tugend freuten, den sie nun betreten wollten.

Die Ermittler waren ob des famosen Deals entsetzt, aber ohnmächtig. Das war im Dezember 2001. Wenige Monate später war Frank H. bereits wieder häufiger außerhalb der Haftanstalt zu sehen, was die Polizeibeamten nur noch den Kopf schütteln lässt. «Alle 14 Tage kann er den Knast verlassen», wunderte sich damals ein Ermittler der Kripo in Hannover. Und in einer Lagebeurteilung schrieb damals die Hannoveraner Polizei: «Die Position des hiesigen Charterführers der Hell's Angels MC Hannover scheint auch trotz der fast einjährigen Untersuchungshaft und der nun begonnenen Strafhaft weder im eigenen Charter noch in der Gesamtheit des Hell's Angels MC Germany in Frage gestellt zu sein. So nahm dieser nach eigenem Bekunden nach seiner Entlassung aus der U-Haft an einem Treffen der Präsidenten des Hell's Angels MC Germany teil und suchte anschließend ein informelles Gespräch mit dem polizeilichen Ansprechpartner der Polizei Hannover in den Klubräumen des hiesigen ‹Angels Place› während der internen Klubsitzung. Damit demonstrierte er nach Ansicht des polizeilichen Ansprechpartners auch gegenüber den Klubmitgliedern seinen Führungsanspruch. Hatten Anfang des Jahres auf seine Anweisung hin alle Mitglieder in Führungspositionen ihre Führungspatches abgelegt, wurden diese nun wieder getragen.»

In der Prognose der Polizei heißt es weiter: «Einflussgebiete wurden durch Klubübernahmen und verstärkte Mitgliederwerbung auch bei kleineren MC ausgeweitet bzw. gesichert. Die Festnahme des Präsidenten des Hell's Angels MC Hannover im November 2000 hat nur bis zu seinem ersten Haftprüfungstermin im Februar 2001 beim hiesigen Charter eine gewisse Ruhe in ihren Aktivitäten hervorgerufen. Danach wurden die Ziele Bestandssicherung und Ausweitung vehement und erfolgreich verfolgt. In der Vergangenheit konnten enge Verbindungen zwischen MC und der Türsteherszene bei Diskotheken und bei anderen Großveranstaltungen festgestellt werden. Von Sicherheitsfirmen, deren Inhaber zum Teil auch dem MC angehören, werden MC-Mitglieder für solche Aufgaben eingesetzt.»

Später wurde Frank H. «Freigänger». In dieser Zeit kümmerte er sich tagsüber vollständig um seine «Betriebe»; die Angehörigen seines Sicherheitsdienstes wurden in seinem Studio von ihm im Kickboxen «weitergebildet», und abends kam er brav zum Schlafen in die Justizvollzugsanstalt Burgdorf zurück, ein Knast, der den Ruf hat, ein 4-Sterne-Knast zu sein. Insgesamt wird diese schwere Strafe Frank H. nachdrücklich geläutert haben. Seit Herbst 2003 ist er zur Bewährung aus der Haft entlassen.

Die Hell's Angels in Hannover haben unterdessen ihre Kontakte weiter ausgebaut. So zum Beispiel nach Litauen. Dort gelten sie als wichtige Bündnispartner russischer und litauischer Krimineller, die insbesondere im Drogen- und Mädchenhandel eine führende Rolle spielen.

Eine besondere Rolle spielt dabei noch ein bekannter Szeneanwalt, der wiederum beste Kontakte – wie im Landeskriminalamt in Hannover gemutmaßt wird – zu Rechtsanwalt von Fromberg unterhalten soll, erzählte mir ein leitender LKA-Beamter in Hannover. Man kennt sich eben in Kollegenkreisen. Im Frühjahr 2001 ist dieser Anwalt in der Funktion als Türsteher im «Oscar's», einer Diskothek, von Polizeibeamten offiziell festgestellt worden, weil es vor dem Lokal zu Problemen gekommen war. Mit dabei waren auch andere Türsteher eines Sicherheitsdienstes, dessen Hintermann Frank H. zuzuordnen ist. Der Anwalt hat das später damit erklärt, dass das «Oscar's» seinem Schwiegervater gehöre und dieser ihn gebeten hätte, «wegen des Andranges zur Cebit auszuhelfen».

In einem Dokument des LKA-Niedersachsen ist außerdem zu lesen: «Im Rahmen eines schweren Vorfalls – schwere Körperverletzung, Landfriedensbruch – im Sommer 2001 auf dem Schützenplatz, der zur Festnahme des Mitglieds der Hell's Angels, Markus W. (Beteiligter an dem Angriff auf den französischen Polizisten Daniel Nivel und deswegen zu sechseinhalb Jahren verurteilt), führte, tauchte nicht erklärbar noch am Ort der Festnahme der Anwalt auf und erklärte den Polizeibeamten, dass er der Rechtsanwalt von Herrn W. sei. Er beteuerte später, dass er ‹rein zufällig› anwesend gewesen sei.»

Beide Vorfälle werden im Landeskriminalamt als Beleg der besonderen Nähe des Anwalts zu den Hell's Angels bewertet. Der Anwalt bestreitet diesen Vorwurf zwar, aber richtig ausräumen konnte er ihn auch nicht. Zum einen bestreitet er überhaupt nicht, Mitglieder der Hell's Angels zu verteidigen. Das sei sein gutes Recht und auch seine Pflicht als Anwalt, wenn er darum ersucht werde. Seine Verbindungen zu den Angels sind in Hannover allgemein bekannt. Das ist nicht strafbar, und somit könne es natürlich keine Vorgänge bei der Polizei über ihn geben. Das Landeskriminalamt beharrt dennoch auf folgender Aussage: «Für uns ist er ein Milieuanwalt», eine Hannoveraner Umschreibung des Wortes Consigliere.

Ebenso auffällig sind die Kontakte des Anwalts zur Türsteherszene, die in weiten Bereichen als OK-relevant beurteilt wird, und die beruflichen Verbindungen zu Anwalt Götz von Fromberg, der gleichfalls Anwalt von Frank H. war. Ein Fazit? Der Szeneanwalt gehört nach Einschätzung des LKA ganz eng zum Milieu. Handfeste und gar gerichtsverwertbare Belege liegen aber nicht vor. «Uns fehlen Zeit und Personal, hier intensiv zu ermitteln», entschuldigt sich ein leitender Beamter des LKA Hannover. Dafür allerdings beschwert sich der besagte Anwalt in aller Öffentlichkeit, dass er zu Unrecht vom LKA belauscht und damit in seinen Grundrechten verletzt worden sei und überhaupt nur seinen Pflichten als Verteidiger nachkommen würde. Wem soll man nun glauben? Den Ermittlungen und Beobachtungen der Abteilung für Organisierte Kriminalität im niedersächsischen Landeskriminalamt oder dem in seinen Grundrechten verletzten Szeneanwalt?

Seit Anfang des Jahres 2004 hat sich die Situation für die Hell's Angels in Hannover verändert. Die von ihnen bisher dominierten Sicherheitsdienste ziehen sich dort zurück, wo Russen «die Tür übernommen haben». Frank H. soll sich dem Rockersachbearbeiter der Polizeidirektion Hannover gegenüber sogar geäußert haben, dass ihm das zu heiß sei, weil die Russen, «gleich schießen würden». Und in einem Prozess Anfang März 2004, in dem es um die Schüsse auf mehrere Türsteher durch einen Kurden ging, war Frank H. auch wieder da. Die Tageszeitungen berichteten, dass er während des gesamten Verfahrens im Saal saß. Sowohl der Angeklagte als auch die Türsteher litten vielleicht deshalb an erheblichen Gedächtnislücken.

Angst und massive Einschüchterung, brutale Gewalt bis hin zum Mord – das ist die spektakuläre Seite mafioser Strukturen in Hannover. Aber dann gibt es noch eine andere, die auf einer Ebene angesiedelt ist, die von den Hell's Angels himmelweit entfernt ist. Auf jeden Fall nähert man sich erneut der Erklärung, warum Beamte, die Organisierte Kriminalität und Wirtschaftskriminalität bekämpfen wollen, es heutzutage so schwer haben. Denn der

Hannoveraner Rechtsanwalt vertrat genauso vehement wie die proletarischen Gangster auch politische Würdenträger, die in eher negative Schlagzeilen geraten waren.

Einer ist der ehemalige niedersächsische Innenminister und spätere Ministerpräsident Gerhard Glogowski. Der war nicht nur Politiker, sondern auch Mitglied des Aufsichtsrates der Braunschweigischen Kohlenbergwerke AG (BKB) und Vorsitzender des Aufsichtsrates der Stadtwerke Braunschweig. Deshalb kam er jedoch nicht in die Schlagzeilen. Sondern im Jahr 1999 wegen anderer Lappalien. Für seine Hochzeitsfeier lieferten die beiden Brauereien Wolters und Feldschlösschen das Bier, und der Kaffeeröster Heimbs spendierte den Kaffee. Über den Vorstand des Reiseunternehmens TUI buchte Glogowski vom 31. März bis 14. April 1999 eine Hochzeitsreise in den Robinson-Club in Ägypten. Die Rechnung für den Flug in Höhe von 1654 Mark bezahlte Glogowski erst nach einigen Wochen, nachdem bei ihm ein Kabinettsmitglied nachgefragt hatte.

Innerhalb kurzer Zeit war Glogowski in so viele Skandale verwickelt, dass er – weil er sein Land, seine Familie und seine Freunde schützen wolle – nach nur 13 Monaten als Regierungschef im November 1999 von seinem schweren Amt zurücktrat. Als später ein parlamentarischer Untersuchungsausschuss eingerichtet wurde, um die Vorwürfe gegen den Exministerpräsidenten zu prüfen, wurde er bestens von Rechtsanwalt Götz von Fromberg vertreten. Nach den Worten von Gerhard Glogowski vor dem Untersuchungsausschuss sind in seiner Braunschweiger Heimat in der Vergangenheit «Bier, Politik und Vereine eine positive Symbiose» eingegangen. Als ein Klüngelsystem könnte man das auch umschreiben.

Die Verhältnisse in Braunschweig und Niedersachsen dürften dem berüchtigten Kölner Klüngel nämlich in nichts nachgestanden haben. Ein kurzer Rückblick. 1995 hatte die Stadt Braunschweig, damals noch von der SPD regiert, mit der Braunschweigischen

Kohlenbergwerke AG (BKB) Verträge zur Müllverbrennung abgeschlossen. Rechtsamt und Rechnungsprüfungsamt sowie Naturschützer warnten vor dem Abkommen. Vergeblich. Einsicht in die streng vertraulichen Vertragsunterlagen hatten die Bürger natürlich nicht. Die Anlagen waren von Anfang an völlig überdimensioniert und die vertraglich festgelegten Mengen zur Verarbeitung des Mülls nach menschlichem Ermessen überhaupt nicht zu erbringen. Die Folgen: Durch die abgeschlossenen Verträge wurden die Stadt Braunschweig und vor allem die städtische Versorgungs-AG in erhebliche Schwierigkeiten gebracht, und die Bürger mussten exorbitant hohe Müllgebühren zahlen. Abgeschlossen hatte den Vertrag der dem Exministerpräsidenten Glogowski sehr nahestehende Oberstadtdirektor von Braunschweig. Und Glogowski selbst saß zu dieser Zeit im Aufsichtsrat der Stadtwerke und der Versorgungs-AG.

Dann wagten es doch tatsächlich Beamte der Polizeidirektion Braunschweig, Durchsuchungsbeschlüsse für die Büros und die Privatwohnung des Oberstadtdirektors zu beantragen. Sie wollten dem Verdacht nachgehen, dass bei dem Vertragsabschluss nicht alles mit rechten Dingen zugegangen sei. Nach einer «Prüfung» durch die Staatsanwaltschaft wurden die Durchsuchungsbeschlüsse mit der Begründung abgelehnt, dass «die Auffindwahrscheinlichkeit von Beweisen ungleich geringer sei als der öffentliche Schaden». Eine hanebüchene Begründung, die den damals ermittelnden Kripobeamten völlig unverständlich war. «Das hat zum Himmel gestunken», zürnen Ermittler aus Hannover noch heute. Erst durch den Wahlsieg der CDU in Niedersachsen hat sich die Situation verändert. Keine Macht bedeutet auch weniger Einfluss von Beziehungsgeflechten.

Für den Parteienforscher Hans Herbert von Arnim tritt dabei nur ans Tageslicht, wie Deutschland regiert wird. Inszenierungen und Klüngel seien an der Tagesordnung. «Hinter dem offiziellen System hat sich ein Schattensystem entwickelt, in dem es nicht um das Allgemeinwohl, sondern um Macht, Posten und Geld geht», sagte er in einem Interview. Den meisten Berufspolitikern seien im Zweifelsfall die eigenen Interessen wichtiger als die der Allgemeinheit. «Alle Politiker kennen die geheimen Regeln dieses Systems, und diejenigen, die sich entsprechend verhalten, kommen besonders weit.[53]

Wer weit kommen will, versucht nicht nur Polizei, sondern auch die Justiz unter Druck zu setzen. Wie zum Beispiel ein in Nordrhein-Westfalen ansässiger Müll- und Abfallkonzern. Seit langem besteht der schwere Verdacht, dass er die Abfälle nicht ordnungsgemäß entsorgt. Bereits 1994 ermittelte deshalb das Landeskriminalamt in Düsseldorf. Nach Angaben aus dem LKA wurden die Ermittlungen massiv behindert, «von ganz oben in der Regierung». Als zum Beispiel Polizeibeamte in Münster einen Lkw mit verdächtiger Fracht kontrollierten, wurden sie vom damaligen Regierungspräsidenten nicht nur aufgefordert, solche Kontrollen in Zukunft zu unterlassen, sondern ihnen wurden sogar disziplinarische Folgen angedroht. Die Beamten in Münster glaubten, dass der Grund dafür darin liege, dass der Regierungspräsident mit dem Unternehmenschef des Abfallkonzerns «gemeinsam auf Bärenjagd» gegangen sei.

In einem von der Darmstädter Staatsanwaltschaft gegen diesen erfolgreichen Konzern angestrengten Verfahren – es geht wieder um unsachgemäße Entsorgung von Abfällen – wagten sich die Düsseldorfer Staatsanwälte gar nicht mehr an Ermittlungen heran. Als deshalb der Darmstädter Staatsanwalt David Kirkpatrick die Durchsuchung selbst anordnete, drohten ihm die sofort alarmierten Anwälte des Müllentsorgungsunternehmens: «Wenn Sie nicht sofort die Durchsuchung beenden, werden wir Sie auf Schadensersatz von 80 Millionen Mark verklagen.» Der als standfeste Persönlichkeit bekannte Staatsanwalt ließ sich davon nicht beeindrucken.

Als ich bei dem Unternehmen nachfragte, ob es in den letzten acht Jahren jemals strafrechtliche Ermittlungen gegeben habe, erreichte mich folgende Antwort: «Wir versichern Ihnen, dass weder Vorstände noch Geschäftsführer unserer Unternehmensgruppe strafrechtlich belangt wurden.» Der einst ermittelnde Staatsanwalt in Darmstadt, David Kirkpatrick, meint hingegen: «Sie übernehmen eine Stadtreinigung nach der anderen und verbrennen Gift entgegen der Gesetzeslage, aber mit politischer Rückendeckung. Vielleicht hat man ja in Düsseldorf und Berlin das Grundrecht auf Krebs entdeckt. Alle verdienen mit, und der kleine Mann kriegt auch noch was ab: nämlich karzinogenen Staub.»

Unter Umständen haben sich einige Unternehmer geistig und ideologisch bereits dem kühnen Vorschlag von Lawrence H. Summers, dem ehemaligen Chefökonomen der Weltbank, angeschlossen. Der regte bereits 1991 an, den Giftmüll mit neuester Technologie in Ländern mit niedriger Lebenserwartung und hoher Kindersterblichkeit zu deponieren, weil hier die Menschen schon gar nicht das nötige Alter erreichen, um später an Krebs zu erkranken. Aus ökonomischer Logik, so Summers, seien «Länder in Afrika deutlich unterverschmutzt». Nachdem sein Vorschlag für Schlagzeilen gesorgt hatte, musste er zurücktreten und wurde danach Finanzminister unter Bill Clinton.

Der Balkan in Deutschland

«Alle Verhältnisse des öffentlichen Lebens sind eigentlich von Anfang bis Ende Gewissenlosigkeit.»
SÖREN KIERKEGAARD, PHILOSOPH

Der Zigeunerfürst aus Düren

Nun ist es generell so, dass Fehler und Fehlerquellen in Ermittlungsverfahren, ob bei Polizei oder Staatsanwaltschaft, seit langem bekannt sind. Der Bochumer Kriminologe Professor Thomas Feltes schreibt dazu: «Spätestens seit den Studien von Peters (1970–1974) weiß man, dass eine nicht unerhebliche Zahl von Strafverfahren mit dem Makel der Nichtmakellosigkeit behaftet ist. Wenngleich dieses Thema in Deutschland weniger dramatisch erscheint als zum Beispiel in den USA, wo fehlerhafte Todesurteile aufgrund von schlampig geführten Ermittlungsverfahren immer wieder einmal für Aufsehen sorgen, so kratzen solche Fehler nicht nur am guten Ruf der Strafjustiz, sondern sie untergraben auf Dauer auch das Vertrauen in die Justiz und schwächen damit die Norm- bzw. Rechtstreue der Bevölkerung.» [54]

Und Feltes geht davon aus, dass das Grundproblem des deutschen Strafjustizsystems nicht darin liegt, dass zu viele Verfahren eingestellt werden, «sondern darin, dass man noch immer versucht, nach außen den Eindruck zu erwecken, dass derjenige, der eine Straftat begeht, auch tatsächlich dafür bestraft wird». Die folgenden Beispiele sollen genau diesen fatalen Zustand demonstrieren.

Düren, wer kennt schon Düren? Kosovo-albanische Straftäter auf jeden Fall. Denn in dieser Stadt lässt es sich für sie gut leben. In der Dürener Nordstadt haben sie ganze Straßenzüge in der Hand.

Wenn einmal, was selten genug vorkommt, Observationsfahrzeuge der Polizei in den Stadtteil hineinfahren wollen, werden sie von jungen albanischen Männern angehalten. «Wo wollt ihr hin? Wen wollt ihr sprechen?» Und dann wird kontrolliert, ob die Angaben auch stimmen. Wenn nicht, heißt es, so schnell wie möglich den Ort zu verlassen. Denn hier ist ein rechtsfreier Raum entstanden – einer von vielen in Deutschland.

Knapp 91 000 Menschen leben in Düren. Die Stadt wirbt mit Theater- und Konzertveranstaltungen, Schützenfesten, Kirmes, Karnevalsumzügen, dem Herbst- und dem Weihnachtsmarkt, Kunstausstellungen und und und ... einer kriminellen Gruppe, die von einem Mann – S. – geleitet wird, der unter dem Namen «Zigeunerfürst» eine gewisse Berühmtheit erlangt hat. Die Masche seiner Bande geht aus Schilderungen der Polizei hervor. «Überfälle auf alleinstehende Häuser. Die Leute wurden gefoltert, die Ohren oder Nasen abgeschnitten, Frauen vor den Augen ihrer Männer vergewaltigt.» Kriminalbeamten sagte er schon mal höhnisch ins Gesicht: «Ich werde herausfinden, wo du wohnst, und deine Frau ficken.» Und dieser Mann soll nun ungehindert in Düren leben? Und kann es stimmen, dass der zuständige Staatsanwalt in Aachen den Beamten gesagt hat: «Ich stimme ihnen zu, dass der Zigeunerfürst wahrscheinlich für die Straftaten verantwortlich ist – aber das muss der Rechtsstaat aushalten.»

Begonnen hatten die kriminellen Aktivitäten der Bande im Jahr 1997. Damals fiel sie im Zusammenhang mit über 70 Einbrüchen in Gaststätten und Imbissen auf, wobei sie es in der Regel auf die Geldspielautomaten abgesehen hatte. Bereits damals stellte die Polizei fest, dass ihre Mitglieder einer Tätergruppe angehören, die «überwiegend deliktsübergreifende Straftaten begeht, wie Eigentumsdelikte und Raubdelikte». Wenig später kam es ärger. Da wurde in Häuser eingebrochen, und die Überfallenen wurden schwer misshandelt. Wieder fallen die Namen des Zigeunerfürsten und seiner Bande. Danach ging es Schlag auf Schlag. Überfall auf

Überfall. Aufgrund der zahlreichen Hinweise konzentrierten sich nun die Ermittlungen auf den Zigeunerfürsten und seine Mittäter aus dem Kosovo. Er verfügte über eine dicke Kriminalakte bereits zu diesem Zeitpunkt. «Er ist bis heute erheblich kriminalpolizeilich in Erscheinung getreten.»

Tatsächlich geht aus dem Bundeszentralregister hervor, dass er in der Vergangenheit häufig mit dem Gesetz in Konflikt gekommen ist. Zum ersten Mal fiel er im Alter von 17 Jahren auf, wegen schweren Diebstahls. Das setzte sich im Laufe der nächsten Jahre fort. Im Alter von 21 Jahren kam vorsätzliche Körperverletzung hinzu, vier Jahre später Vergewaltigung. Das brachte ihm eine vierjährige Freiheitsstrafe ein. Kaum aus dem Gefängnis entlassen, ging es mit Diebstahl und Körperverletzungsdelikten weiter. Bis er einen kriminellen Karrieresprung machte.

«Nach hiesigen Erkenntnissen ist S. als äußerst gefährlich und extrem gewaltbereit anzusehen. In den letzten Jahren ist es im Bereich Düren, aber auch in Euskirchen zu mehreren Vorfällen gekommen, bei denen er im dringenden Tatverdacht gestanden hat, mit Handfeuerwaffen Personen bedroht oder sogar auf sie geschossen zu haben. Anlass waren zumeist Auseinandersetzungen mit anderen ‹Zigeunersippen›, in denen es angeblich um die sogenannte Familienehre ging und in denen er als Sippenoberhaupt seine Position verteidigen und festigen musste. Zu Verurteilungen ist es bis dato nicht gekommen, weil er teilweise durch andere Sippenmitglieder gedeckt wurde und ihm diese Taten nicht zweifelsfrei nachgewiesen werden konnten», so die Ermittler.

Sie beobachteten, dass er zudem intensive Verbindungen zu Albanern, Kurden und Gangs aus dem ehemaligen Jugoslawien aufgebaut hat und sich europaweite «Handelsstrukturen» zunutze macht. Die will er natürlich vor polizeilicher Neugierde schützen. Um Ermittlungen der Polizei zu erschweren bzw. unmöglich zu machen, besitzt er offiziell weder ein Auto, einen Telefonanschluss oder ein Mobiltelefon noch ist er irgendwo amtlich gemeldet.

Er wechselt ständig die von ihm genutzten Fahrzeuge, die häufig «unverdächtigen» Haltern gehören und ihm aus dem großen Personenkreis seines Umfeldes «freiwillig» zur Verfügung gestellt werden. Das gilt auch für Mobiltelefone bzw. Telefonkarten, die niemals auf seinen Namen angemeldet werden. In einem Ermittlungsbericht der Kripo Aachen steht zudem: «Außerdem handelt es sich bei seiner Sippe und deren Umfeld um eine hierarchisch aufgebaute Gruppe, deren Mitglieder durchgehend kriminelle Handlungen begehen, die sich gegenseitig decken, Personalien anderer Sippenmitglieder verwenden und sich vor allem durch ihre ethnische Solidarität untereinander nach außen abschotten. Außerdem bestehen weitreichende Verbindungen zu anderen Zigeunersippen und hochkarätigen Straftätern in Deutschland und im benachbarten Ausland.»

Zu dieser Bande gehört unter anderen Bujar S. aus Pristina. Der fiel auf, als bei einer Schlägerei zwischen mehreren Gaststättenbesuchern ein Mann durch sieben Messerstiche in die Brust und in den Rücken so schwer verletzt wurde, dass er noch am Tatort starb. Bujar soll das Opfer festgehalten haben, während zwei seiner Freunde auf das Opfer einstachen. Wenige Wochen nach dieser Tat verletzte Bujar S. ein weiteres Opfer mit einem Stich durch ein Springmesser ins Herz. Das Opfer überlebte schwerverletzt. Als in einer Diskothek die Abschlussfeier einer Abiturklasse stattfand, erschien der Zigeunerfürst mit zwei Freunden und wollte an der Feier teilnehmen. Als er nicht eingelassen wurde, drohte er damit, wiederzukommen und den Laden plattzumachen. Und so geschah es dann auch. Er kehrte mit 15 Albanern zurück in die Diskothek, und es kam zu einer Schlägerei, in deren Verlauf mehrere Schüler mit Baseballschlägern und Eisenstangen brutal zusammengeschlagen wurden.

Ein anderes Beispiel: Eines Tages begab sich der Zigeunerfürst zusammen mit drei weiteren Personen in seinem Pkw in den Bereich Eintrachtstraße in Huchem-Stammeln. Ihr Auto parkte die vierköpfige Gruppe auf einem Feldweg, 15 Meter von der Eintrachtstraße entfernt. In dem Fahrzeug wird über drei Stunden intensiv geredet. Der Kommentar der Polizei dazu: «Diese Situation begründet den Verdacht, dass er und seine Begleiter bewusst einen mehr oder weniger nicht einsehbaren Abstellort für ‹ihre› Unterhaltung gesucht haben, um ‹ungestört› zu sein.» Das geschilderte Verhalten ist ein weiterer Beleg für das ausgesprochen konspirative Verhalten des Zigeunerfürsten und seiner Kontaktpersonen. Es ist nur schwer nachzuvollziehen, warum sich vier Personen über mehr als drei Stunden abgesetzt in einem Pkw aufhalten. Es ist vielmehr anzunehmen, dass dieses Verhalten in unmittelbarem Zusammenhang mit der Planung oder Begehung von Straftaten steht.

Einige Tage später das gleiche Bild. Diesmal wurde das Fahrzeug verdeckt rückwärts in ein Gebüsch gefahren. Wieder wird stundenlang geredet. Deshalb notieren die Ermittler: «Die Vermutung hat sich also verdichtet, dass aufgrund seiner bisherigen Kontakte und festgestellten Bewegungszeiten der dringende Verdacht besteht, dass der Zigeunerfürst tatsächlich derjenige sein könnte, der andere – in der Regel jüngere – Personen aus dem Straftätermilieu der im Großraum Düren ansässigen Kosovo-Albaner bzw. Russlanddeutschen mit Straftaten beauftragt bzw. mit diesem Personenkreis Straftaten verabredet.» Daraufhin heißt es in einem weiteren Bericht: «Kennzeichnend für diese Serie von Straftaten ist, dass die Täter – überwiegend albanischer Abstammung – zur Nachtzeit in Einfamilienhäuser oder Wohnungen der gehobenen Klasse mit dem sicheren Wissen eindrangen, die Wohnungsinhaber anzutreffen. Die Opfer wurden dann unter teils massiver Gewaltanwendung und der Bedrohung mit Schusswaffen zur Herausgabe von Bargeld und Wertgegenständen genötigt. Anschließend wurden die Betroffenen in der Regel geknebelt und gefesselt zurückgelassen. In einigen Fällen ist es nur dem Zufall zu verdanken, dass Geschädigte bei den Überfällen nicht getötet wurden. So wurde zum Beispiel der Fluchtversuch eines Überfallenen mit einem Schuss in den Oberkörper ‹bestraft›, der nur ‹knapp das Herz des Mannes verfehlte›.»

Das alles führte in der Bevölkerung von Düren und Umgebung zu erheblicher Unruhe, und die Frage stellte sich, warum die Polizei dem Treiben dieser Gangster nicht Einhalt gebieten konnte. Ein Grund war anscheinend, dass der Zigeunerfürst selbst über beste Beziehungen zur Polizei in Düren verfügte. Das jedenfalls ermittelte das Landeskriminalamt Nordrhein-Westfalen: «Es besteht schon seit geraumer Zeit der Verdacht, dass er über intensive Kontakte zur örtlichen Polizei bzw. dem Polizeiumfeld verfügt und er vermutlich über geplante Polizeimaßnahmen informiert wurde. Die aktuelle Verdachtslage lässt den Schluss zu, dass die oben beschriebene Tätergruppe der ‹Organisierten Kriminalität›, zumindest aber der ‹Bandenkriminalität› zuzurechnen ist.»

Der Verdacht, dass auch Polizeibeamte mit dem Zigeunerfürsten kooperiert haben, wurde dadurch genährt, dass er mehrmals vor einem bestimmten Haus in Jülich-Selgersdorf gesehen wurde. Die einzige Person, die dort wohnte, war ein Polizeibeamter des Kriminalkommissariats Düren.

Weil nun die Beamten des Landeskriminalamtes Nordrhein-Westfalen davon überzeugt waren, dass der Zigeunerfürst der Kopf einer kriminellen Bande sei, beantragten sie zur weiteren Ermittlung einen elektronischen Lauschangriff: «Diese Maßnahme ist erforderlich, da sie das einzige erfolgversprechende Mittel ist, um bevorstehende oder bereits begangene schwere Straftaten zu verhüten bzw. aufzuklären.» Für die Beamten des LKA war der elektronische Lauschangriff das probate Mittel, das sich anbot, da eine Telefonüberwachung aufgrund des extrem konspirativen Verhaltens des Zigeunerfürsten nichts bringen würde. Gleichzeitig wurden Durchsuchungsbeschlüsse bei dem Zigeunerfürsten und seinen Mittätern bei der zuständigen Staatsanwaltschaft beantragt. So weit, so gut.

Doch die Staatsanwaltschaft lehnte ab. Denn das festgestellte konspirative Verhalten des Beschuldigten begründete nach Überzeugung des etwas lebensfremden Staatsanwalts allenfalls «die Vermutung, dass er Straftaten begehe. Eine konkrete Straftat konnte ihm bislang jedoch nicht zugeordnet werden.» Das Ergebnis der Entscheidung des Staatsanwalts liest sich in den Akten der Polizei folgendermaßen: «Eine Übernahme des bei der Staatsanwaltschaft Bochum unter dem Aktenzeichen 47 Js 389/97 geführten Verfahrens gegen den Beschuldigten wegen Verabredung zum Verbrechen komme ebenfalls nicht in Betracht. Auch in diesem Verfahren fehle es an bestimmten Tatsachen, die den Tatverdacht gegen den Beschuldigten und damit eine Tatortzuständigkeit der Staatsanwaltschaft Aachen begründen.» Kurzum: Telefonüberwachung und elektronischer Lauschangriff wurden abgelehnt. Wenig später erfolgte die Einstellung des Verfahrens gegen den Zigeunerfürsten durch die Staatsanwaltschaft Aachen. «Es wird mitgeteilt, dass das Ermittlungsverfahren (99 Js 654/98) gemäß § 170, Abs. a eingestellt worden ist, da konkrete Anhaltspunkte dafür, dass der Beschuldigte Straftaten insbesondere aus dem Bereich des Eigentums- und Gewaltdelikts begangen hat oder an solchen beteiligt gewesen ist, nicht vorliegen.»

Das gleiche unverständliche Verdikt half auch Bujar S. aus Pristina. «Die Erkenntnisse reichen von der Beteiligung an einem versuchten und einem vollendeten Tötungsdelikt über Körperverletzungen, Diebstahl und Einbruch bis hin zu Hehlerei und Betrug. Zusammenfassend ist festzustellen, dass Bujar S. dem direkten Umfeld des Zigeunerfürsten und dessen Straftätergruppe zuzurechnen ist.» Der von der Polizei gewünschte Durchsuchungsbeschluss wurde abgelehnt. Das gesamte bisher beschlagnahmte Beweismaterial in dem Verfahren musste darüber hinaus vernichtet werden.

Was die Justiz bewogen hat, trotz der belastenden Indizien die Polizei im Regen stehen zu lassen, sei dahingestellt. Dass hinter dem Zigeunerfürsten allerdings ein nationales Netzwerk krimineller Kosovo-Albaner stand, wollte anscheinend niemand so recht wahrnehmen. Nicht verfolgt wurden auch die Hinweise auf Korruption in Polizei und Verwaltung. Dass der Zigeunerfürst bereits einen Tag, nachdem das Landeskriminalamt eine Telefonüberwachung bei ihm beantragt hatte, davon wusste, ist das eine. Dass im Amtsgericht Düren die Protokollführer schlecht bezahlt werden, dafür aber gute Informanten sein könnten, ist das andere.

Die Einbrüche und Überfälle sind weitergegangen. Die Angst der Bevölkerung im Umfeld von Düren ist bis heute geblieben. Wahrscheinlich wissen die Bürger nicht einmal, dass die Polizei bei ihren Bemühungen um Aufklärung der vielen Straftaten in ihrer Umgebung massiv behindert wurde. Aber wie sagte doch ein Staatsanwalt in Aachen zu einem der Ermittler: «Das muss der Rechtsstaat aushalten.» Dazu passt, dass Kriminalbeamte gerade in dieser Region erhebliche Schwierigkeiten haben, Staatsanwälte zu finden, die Ermittlungsverfahren begleiten. «Wer will schon Tag und Nacht bereit sein. Bevor man das Verfahren anfängt, ist man als Beamter bereits nervlich am Ende.»

Bujar S. ist mittlerweile tot. Er wurde in einer Gaststätte erschossen. Der Zigeunerfürst sitzt unterdessen in Untersuchungshaft.

Frankfurt und Umgebung – Killer und Drogenhändler als honorige Bürger

Im bevölkerungsreichen Rhein-Main-Gebiet haben Männer aus Ex-Jugoslawien seit über einem Jahrzehnt eine tragende Rolle in der kriminellen Szene. Die Polizei war es nicht gerade, die in den letzten Jahren deren Reihen ausdünnte. Einige von ihnen sind während des Balkankrieges zurück in ihre Heimat gegangen, um zu kämpfen – entweder auf kroatischer oder auf serbischer Seite. Einige sind mörderischen Konkurrenzkämpfen zum Opfer gefallen; andere sind, nachdem sie ihre patriotische Pflicht erfüllt hatten, wieder in ihre alte Heimat ins Rhein-Main-Gebiet zurückgekommen, und der Rest ist geblieben. Einer der Letzteren ist, glaubt man den Aussagen eines Beamten des Landeskriminalamtes Wiesbaden, «der König der Jugoslawen für Räuber, Erpresser und Mörder in Deutschland». Ein wenig mag er da übertrieben haben. Aber so ganz falsch liegt er nicht. Selbst einer der Anwälte dieses Mannes S. sagt hinter vorgehaltener Hand: «Ich weiß, dass er ein Mörder ist.» Und ein Ermittler erzählt davon, dass er Fotos von S. gesehen habe, wie er triumphierend neben einer Person steht, die einen Spieß in der Hand hält, auf dem ein abgesägter Kopf steckt. Inzwischen sei er zivilisierter geworden, und er pflegte bis zum 24. November 2003 eine enge Freundschaft zu einem Offenbacher Diskothekenbesitzer.

Am späten Abend dieses 24. Novembers fährt im Offenbacher Bahnhofsviertel eine typische Prestigekarosse vor: Mercedes 500 CL, silbergrau, vier Auspuffrohre und Breitreifen. Am Steuer sitzt ein 33-jähriger Mann, Milan Cruicic, einst Inhaber des Lokals Casablanca, inzwischen Besitzer der Diskothek Madonna. Wenige Tage zuvor legte er sich noch einen roten Ferrari zu. Als der braungebrannte Jugoslawe, behängt mit einer teuren Goldkette, sein Luxusgefährt verlässt, fallen mehrere Schüsse. Eine Kugel trifft den Diskoboss in die Stirn. Der Killer konnte flüchten und wurde bis heute nicht gefunden. Woher der Diskothekenbesitzer das viele Geld hatte, keiner weiß es. Unklar auch für die Ermittlungsbehörden, wer der Mörder ist. Obwohl es der Polizei eigentlich leicht fallen sollte, den Killer zu finden. Deshalb hier einige Anhaltspunkte für weitere Ermittlungen.

Ausgangspunkt der Tat, das wissen in Hessen die «gewöhnlich sehr gut informierten» kriminellen Jugos, war ein Vorfall, der sich vor über 15 Jahren zutrug. Damals begingen vier Personen in Montenegro einen Raubüberfall. Drei von ihnen teilten sich die Beute. Nur der Vierte, ein Junge von erst 15 Jahren, ging leer aus. Der fühlte sich natürlich betrogen und fragte seine Komplizen, was mit seinem Anteil sei. Die lachten ihn nur aus und sagten ihm: «Du musst noch was lernen.» Der 15-jährige Junge lernte schnell, holte sich eine Pistole und erschoss zwei der beim Raubüberfall Beteiligten. Der dritte Mann, eben Milan Cruicic, konnte nach Deutschland flüchten. Für die beiden Morde in Montenegro wurde der Jüngste der Bande zu einer hohen Freiheitsstrafe verurteilt und im Jahr 2002 aus dem Gefängnis entlassen. Inzwischen hatte er erfahren, wo Milan Cruicic lebte, und suchte ihn als Erstes auf. Zwar bot ihm Milan Cruicic Geld und ein Auto an – doch es ging dem Betrogenen um die Ehre. Und so verkündete er in einschlägigen Kreisen Frankfurts: «Dieses Jahr wird er nicht überleben.» Und so geschah es.

Offenbach mit einem Ausländeranteil von fast 50 Prozent in einigen Stadtteilen ist überhaupt ein Kriminalitätsbrennpunkt. Über die Frankfurter Bronx, wie Offenbach gerne genannt wird, schwebt außerdem der Pleitegeier. Das ist immer ein explosives Gemisch. Bekannt sind die üblichen Schutzgeldforderungen unter den jeweiligen Ethnien. Marokkaner und Albaner haben das Drogengeschäft in der Hand, während sich die türkischen Drogenhändler bereits etabliert und als Gemüsehändler oder Besitzer von Dönerbuden eine mehr oder weniger legale Fassade aufgebaut haben. Die Beamten müssen mit ansehen, wie Roma-Landfahrer vom Starkenburgring aus ihre Kinder auf Diebestour in ganz Hessen schicken.

Doch es fehlt an Personal, selbst diese Normalkriminalität wirksam zu bekämpfen. Nun hapert es bei der Offenbacher Polizei bekanntlich nicht an motivierten Beamten. Aber sie stehen auf aussichtslosem Posten, weil die finanziellen Ressourcen fehlen. «Die Kosten stehen an erster Stelle der Verbrechensbekämpfung bei uns», sagt denn auch ein erfahrener Kripobeamter. «Daher werden Großverfahren bei uns nicht mehr geführt.» Die Ermittler beklagen sich bitter darüber, dass sie sich nur noch selbst verwalten. Ein Beamter dazu: «Unsere Abteilung muss sich jetzt selbst um die Wartung der Fahrzeuge kümmern, denn die Angestellten, die das vorher machten, sind alle entlassen worden.»

Doch das ist noch nicht alles. «Liegt eine Leiche im Straßengraben und es ist nicht wirtschaftlich, den Fall aufzuklären, werden schnell die Akten geschlossen», resümiert ein weiterer kundiger Ermittler aus dem Polizeipräsidium Offenbach. Weil das so ist, konnte der ermordete Diskothekenbesitzer so lange ungehindert agieren, bis sein Mörder kam. Und – wie gesagt – den sucht die Polizei immer noch.

Auch in Frankfurt am Main, nur ein paar Schritte von Offenbach entfernt, leben Auftragskiller ganz ungeniert. Einer von ihnen ist der bereits erwähnte S., ein Freund des in Offenbach ermordeten Diskothekenbesitzers. S. genießt unbehelligt das pralle Frankfurter Leben, kennt die Ohnmacht der Polizei aus jahrelanger Erfahrung und ist sich ziemlich sicher, unantastbar zu bleiben.

Was ist in den Archiven des Bundeskriminalamtes über ihn zu finden? Am 4. August 1989 wurde S. in Frankfurt am Main wegen eines Mordes erkennungsdienstlich behandelt. In Frankfurt-Schwanheim soll er einen Konkurrenten kaltblütig hingerichtet haben. Zur Rechenschaft gezogen wurde er für die Tat nie. Darüber erzählt mir der damals ermittelnde Staatsanwalt Dirk Scherp: «Er wurde unter tätiger Mithilfe der Justiz das, was er heute ist. Damals wurde er zu sechs Jahren Gefängnis wegen Totschlags verurteilt.» Und er erinnert sich noch an Aussagen wie diese: «Ein Jugo sagte mir einmal, ich solle zusehen, dass dieses oder jenes Verfahren vom Tisch kommt, sonst sorge man sich um meine Gesundheit. Die Drohung gegen mich ist eine neue Qualität gewesen.» Doch durch ein Revisionsverfahren wurde dem Jugoslawen «Notwehr» zugestanden, nachdem wichtige Zeugen ihre Aussagen aus Angst zurückgezogen hatten. «Wir hatten von der Justiz keine Rückendeckung, und so ist es gekommen, wie es gekommen ist.»

Nicht beachtet wurden im Prozess übrigens Aussagen von

Zeugen, die unzweideutig erklärten, dass es der Jugoslawe S. war, der sein Opfer kaltblütig hingerichtet hatte und später damit prahlte. Einige Jahre später fiel er erneut auf. Am 20. Januar 1992 wird «Dado» Djurisic, nachdem er gerade aus seinem Mercedes aussteigen wollte, um die Villa seines guten Freundes Ebby Thust zu betreten, von einem Unbekannten mit einer Pumpgun, einer Art halbautomatischer Flinte, erschossen. «Dado» Djurisic sollte damals eigentlich mit seinem Anwalt bei dem berühmt-berüchtigten Ebby Thust erscheinen. Wäre dieser der Aufforderung gefolgt, wäre er ebenfalls tot.

Noch vor seiner Ermordung hatte der ansonsten selbstbewusst auftretende «Dado» Todesangst – und zwar vor S. Zur Rechenschaft gezogen wurde dieser bis zum heutigen Tag nicht. Dabei stießen die Beamten in diesem konkreten Fall bei ihren Versuchen, den Mord aufzuklären, noch nicht mal auf das übliche eisige Schweigen. Zahlreiche Zeugen sagten unter der Voraussetzung, dass ihre Angaben vertraulich behandelt werden, vor der Polizei aus und benannten S. als den Auftraggeber des Mordes. Die entsprechenden Aussagen sind in den Polizeiakten zu finden. Wegen der Vertraulichkeitszusage konnten ihre Aussagen aber nicht verwertet werden.

1994 gehörte der Jugoslawe einer in Deutschland und Österreich operierenden Gangsterbande an, die bosnische Gastwirte zu Schutzgeldzahlungen und Gaststättenübergaben erpresste. Vom 28. Januar 1994 bis zum 16. Februar 1996 bezog er kurzfristig «wegen räuberischer Erpressung» eine Zelle im Untersuchungsgefängnis. Dass dieser Aufenthalt so kurz ausfiel, lag sicherlich nicht daran, dass er nur über viel Glück verfügte. So ist es kaum verwunderlich, dass S. von der Polizei auf ihn angesetzte Vertrauenspersonen (VP) umdrehte und diese anschließend ihm Informationen aus dem Innenleben der Polizei lieferten. Ein Beamter des Hessischen Landeskriminalamtes schüttelt vor Entsetzen nur den Kopf. «Zehn Jahre hat man nicht gemerkt, dass drei VPs gezielt die Polizei infiltriert haben.» Und er hatte zusätzlich zu seiner Absicherung quasi eine unschlagbare Versicherung abgeschlossen: allerbeste Anwälte.

Aus einem Verfahren, das im Herbst 2003 gegen eine bekannte Person aus der Jugomafia durchgeführt wurde, die enge Verbindungen zu dem Jugoslawen aus Frankfurt hatte, weiß die Polizei, dass die Anwälte dieses Mafioso Informationen aus dem Bundeskriminalamt bekommen haben. Ein Wiesbadener Anwalt würde, das hat man im Hessischen Landeskriminalamt mir gegenüber behauptet, für die gelieferten Informationen dem BKA-Beamten Geld zahlen. «Die sind so eng zusammen, die befinden sich in extremer Abhängigkeit von den Jugos. Sie sind die Logistiker, beziehen von ihnen ihr Gehalt.» Das ist zwar nicht mit den Prinzipien eines rechtschaffenen Anwalts in Einklang zu bringen. Doch andererseits gibt es prominente Großkanzleien, die ihre Mandanten aus dem Balkan und dem Osten für ihre Dienste tüchtig bluten lassen. Sie sagen, dass die Honorare kräftig erhöht werden müssen, da es notwendig ist, mit dem Geld auch Staatsanwälte und Richter zu schmieren. In den Ländern, aus denen ihre Mandanten kommen, ist das normales Tagesgeschäft, und so werden den Mandanten diese «Kosten» auf die sowieso schon hohen Honorare aufgeschlagen. Dafür erhalten sie jedoch ebenfalls qualifizierte anwaltliche Betreuung.

Überraschend ist in Frankfurt sowieso nichts mehr, schaut man sich den Zustand von Polizei und Staatsanwaltschaft etwas genauer an. Unisono beschweren sich Polizeibeamte, Staatsanwälte und selbst Rechtsanwälte, dass die Qualität der Ermittlungen in den letzten Jahren dramatisch abgenommen habe. Ein Ausbilder der Hessischen Landespolizeischule formuliert es so: «Es gibt nur noch oberflächliche Wissensvermittlung. Aber darauf lässt sich nichts aufbauen. Ich stelle einen Qualitätssprung nach unten fest. Solange Bewerber genommen werden, die in anderen Bundesländern nicht akzeptiert wurden, muss man sich nicht über die Qualität wundern. Die jungen Beamten leben in einer Fernsehwelt. Sie sehen sich Serien wie Kobra an und denken, das ist ihre Zukunft.»

Ein seinem Stand verpflichteter Anwalt fügt hinzu: «Die Behörden stehen doch dem Sachverstand der Gegenseite, insbesondere im Bereich Organisierte Kriminalität und Wirtschaftskriminalität, hilflos gegenüber.»

Ähnlich sind die Einschätzungen eines Frankfurter Kripobeamten: «Unsere Fahndung ist nur noch da, um Haftbefehle umzusetzen. Ermittlungen gibt es überhaupt nicht mehr. Bei Strukturermittlungen gibt es zwar Analysen und Auswertungen. Dann müssten diese Erkenntnisse eigentlich in Strafverfahren umgesetzt werden. Aber es fehlt das Personal. Eigentlich wären Strukturermittlungen im Bereich der Frankfurter Türsteherszene notwendig: Aber auch hier gibt es kein Personal.»

Die Auswirkungen sind in Frankfurt am Main unübersehbar. Die Kriminalität wuchert, es wird geklaut, geraubt und betrogen. Repräsentanten der Stadt selbst genieren sich nicht, mit dem Moskauer Oberbürgermeister Jurij Luschkow und seiner Gefolgschaft eine Partnerschaft einzugehen nach dem Motto: von Moskau lernen. Ausgeblendet wird, dass gerade in Moskau die mächtigsten kriminellen Organisationen ein fester Bestandteil der gesamten politischen Szene geworden sind, es sogar enge Beziehungen zwischen diesen Banden und dem Büro des Oberbürgermeisters Luschkow gibt. «Durch kriminelle Gruppen gewaschenes Geld wird in verschiedenste legale Geschäfte wie den Tourismus, Abfallindustrie, Immobilien, Banken investiert und dient wiederum den kriminellen Gruppen für ihre weiteren illegalen Aktivitäten. Die kriminellen Gruppen in Moskau sind derart fest in die Stadtstrukturen eingebunden, dass sie zur wichtigsten Lobbygruppe geworden sind.»[55] Und dafür mitverantwortlich ist zweifellos Moskaus Oberbürgermeister, dessen Ehefrau inzwischen Milliardärin geworden ist. Vielleicht denkt man ja in Frankfurt ähnlich, was die Einbindung krimineller Organisationen in den politischen Alltag angeht?

Jedenfalls wurde den Frankfurter Beamten, die Organisierte Kriminalität bekämpfen wollen, «ein Korsett angelegt», und zwar durch Vorgesetzte, «die nur noch in engen bürokratischen Kategorien denken können». Ist das Zufall oder die düstere Resignation eines frustrierten Polizeibeamten, wollte ich daher von einem der leitenden Frankfurter Oberstaatsanwälte wissen. «Nein, ganz und gar nicht. Die Polizeiführung arbeitet nicht mehr mit uns in entsprechendem Umfang zusammen, weil das für sie zu viel Arbeit bedeutet. Deshalb gibt es in Frankfurt auch keine großen OK-Verfahren mehr, obwohl es genügend Fälle gibt.» Und auch bei ihm klingt das durch, was bundesweit immer wieder zu hören ist: «Was politisch nicht in den Kram passt, da wird es schwierig, da erhalten wir einfach keine Ermittler.»

Einer seiner Kollegen klagt darüber hinaus über die katastrophalen Arbeitsbedingungen innerhalb der Frankfurter Staatsanwaltschaft. «Bei uns werden die Sekretärinnen nervenkrank, weil sie nicht einmal mehr die notwendigste Arbeit leisten können. Sie sind einfach überlastet und wissen nicht mehr, was sie machen sollen. Dafür gibt es sogenannte Effizienzdividenden bei der Justiz, das heißt Verfahren müssen schneller erledigt werden, um Personal zu sparen.» Schneller erledigen bedeutet in der Regel, dass notwendige Verfahren entweder nach einer gewissen Schamfrist eingestellt oder überhaupt nicht mehr geführt werden.

Hinzu kommt, dass in Frankfurt die Finanznot in der Justiz zu absurden Notlösungen führt. Da jede Abteilung das einmal im Jahr von der Amtsleitung festgelegte Budget selbst verwalten muss, sind die Abteilungsleiter gezwungen, durch Versteigerung von Asservaten Geld in die Justizkassen zu bringen. Dann können sie sich vielleicht irgendwann einmal Laptops anschaffen.

Unter diesen Bedingungen wäre es in der Tat ein Wunder, wenn kluge Kriminelle geschnappt würden, es sei denn, sie werden einfach zu übermütig. Diesen Fehler hat allerdings der Mann, um den es im Folgenden geht, bislang nicht begangen. Auch hier haben wir es wieder mit kriminellen Netzwerken zu tun, die seit Jahren bestehen und nicht einmal ansatzweise zerschlagen werden konnten.

Dieser Mann, der anscheinend talentierter als Polizei und Staatsanwaltschaft ist, lebt in einem idyllischen Dorf im Norden Deutschlands. Sein Tarnname: Christof. Er soll auf der Rangliste der europäischen Drogenhändler Platz fünf einnehmen. Doch die Polizei hat das Ermittlungsverfahren gegen ihn mit Zustimmung der Staatsanwaltschaft im Sommer 2003 eingestellt. Er selbst sagt, er spiele keine Rolle im internationalen Drogenhandel. Deshalb sind die folgenden Erkenntnisse europäischer Polizei- und Justizbehörden wohl Märchenerzählungen. Immerhin ist es ein spannendes Märchen.

Der Held im Märchen, Christof, scheint jedenfalls skrupelloser und gewiefter gewesen zu sein, als dass ihm die Polizei mit ihren knappen Mitteln jemals einen Haftbefehl hätte präsentieren können. Für die Staatsanwaltschaft ist das natürlich ein Armutszeugnis, genau wie für die Polizeiführung oder das Hessische Innenministerium, das bekanntermaßen an vorderster Front steht, wenn der Kampf gegen die Kriminalität politisch instrumentalisiert wird. Denn für Christof war die Frankfurter Staatsanwaltschaft zuständig, da hier einige seiner Drogengeschäfte aufgefallen sind.

Weil das Ermittlungsverfahren gegen ihn eingestellt wurde, muss verständlicherweise seine Anonymität gewährleistet werden. Wäre er zu identifizieren, würde sein hochqualifizierter Anwalt bei jedem Zivilgericht ein für ihn erfreuliches und einträgliches Urteil erstreiten, nämlich hohe Schmerzensgeldzahlungen wegen Ruf- und Geschäftsschädigung seines honorigen Mandanten.

Trotzdem ist der Vorgang – Christof würde es als Märchen bezeichnen – derart mysteriös, dass zumindest in allen Einzelheiten beschrieben werden muss, um wen es geht und weshalb das Ermittlungsverfahren eingestellt wurde. Die Öffentlichkeit hat ein Recht darauf, diese Einzelheiten zu erfahren, denn es ist schlichtweg nicht zu verstehen, warum dieser Mann immer noch auf freiem Fuß ist und in seinem idyllischen Dorf als honoriger Mitbürger gilt.

In den Augen der belgischen Polizei ist er hingegen eine große Nummer. «Ich bin jetzt 31 Jahre bei der Polizei und seit 14 Jahren im Drogengeschäft. Er gehört für mich zu den Top fünf in Europa», erzählt mir in Brüssel ein leitender Polizeiinspektor, der sich lange mit Christof beschäftigt hatte. Warum aber ist ein solcher Mann nicht hinter Gitter zu bringen, will ich von ihm wissen. «Der kommt mit seinen Händen nicht mehr an die Drogen. Er lebt wie Gott in Frankreich. Der geht von Land zu Land, und überall laufen wir hinterher. Immer hinterher. Das ist das Problem.» Das hört sich schon wieder wie ein Märchen an.

Christof selbst geht offiziell keiner Arbeit nach. Der Pferde- und Hundeliebhaber hält zwei zahme Kampfhunde in seiner Wohnung. Täglich werden sie von ihm, immer um die Mittagszeit, im Dorf spazieren geführt. Zu seinem Bekanntenkreis zählt ein Mediziner, über den er versucht, gesellschaftliche Akzeptanz zu erreichen. Begonnen hatte seine Karriere Ende der siebziger Jahre. Bereits damals war er in den Drogenhandel involviert, war beim Hessischen Landeskriminalamt dafür bekannt, dass er immer mit seinem Mitsubishi-Pajero herumfuhr und Kontakte zu einem Kriminellen namens Arkan hatte. Die Akten über seine damalige Tätigkeit sind im Rahmen des Datenschutzes alle vernichtet worden. Und die Beamten, die sich seit 1999 mit ihm beschäftigten, wissen wahrscheinlich bis zum heutigen Tag nichts von seiner Geschichte.

Verdeckte Ermittler bescheinigen ihm heute jedenfalls einen «gewissen Grad von Introvertiertheit». Er sei vermögend, fahre einen Mercedes-Jeep, hochmotorisiert, aber nicht auffallend, wird über ihn berichtet. Die Polizei notiert über seine finanziellen Quellen: «Das Millionenvermögen von Christof ist unbekannter, nicht nachvollziehbarer Herkunft. Zu vermuten ist, dass dieses aus vergangenen kriminellen Geschäften wie Drogenhandel stammt und somit kriminell erwirtschaftetes Vermögen ist. Einerseits legt er Wert auf ‹Understatement›, andererseits kauft er aber auch zum Beispiel Schuhe für 3500 Euro.»

Christof agiert übervorsichtig, weil er glaubt, permanent abgehört und observiert zu werden. Womit er ja einige Zeit nicht falschgelegen hatte. Mit seinem Rechtsanwalt ist er so gut befreundet, dass er mit ihm gelegentlich ein Bordell besucht. Einer seiner Vertrauten ist der in Brüssel lebende Harry A., der sich auch sporadisch in Frankfurt aufhält und zum Frankfurter Rotlichtmilieu Kontakte pflegte.

Dieser Harry A. ist den israelischen Behörden wie der amerikanischen Drug Enforcement Administration (DEA) seit Jahren als Lieferant von großen Mengen Kokain aufgefallen. Zu Beginn des Jahres 2000 besuchten A. und Christof in Kiel einen Mann namens Wolfgang S., der den dortigen Behörden als Betreiber mehrerer Bordelle im norddeutschen Raum sowie als Kokainlieferant aufgefallen ist. Wie überall gibt es eine Vorgeschichte zur Karriere von Christof, dem cleveren Drogenhändler.

Am 1. Juli 1993 wurde von der Düsseldorfer Polizei ein Haftbefehl ausgestellt, und zwar gegen einen N. Er wurde zusammen mit einigen anderen Jugoslawen beschuldigt, in Düsseldorf den Profiboxer Darko Stanojevic erschossen zu haben. Stanojevic hatte es im Oktober 1992 in Belgrad gewagt, zusammen mit einem Komplizen einen Konkurrenten zu überfallen und zu berauben. Der in seiner Ehre schwer verletzte Jugoslawe, das fand die Polizei heraus, gehörte einer jugoslawischen Bande aus dem Raum Frankfurt an, gegen die damals wegen des Verdachts der Bildung einer kriminellen Vereinigung ermittelt wurde. Während Darkos Begleiter kurze Zeit später in Belgrad ermordet wurde, fuhr Darko Stanojevic zurück nach Deutschland, wohl wissend, dass er ebenfalls auf der Abschussliste stand.

Dann, am Abend des 20. März 1993, besuchte er in der Düsseldorfer Philipshalle einen Weltmeisterkampf im Boxen. Das sollte ihm zum Verhängnis werden. Von Anfang an wurde er observiert, und zwar von den Komplizen des in Belgrad überfallenen Banditen. Auf dem Weg vom Boxkampf zurück zu seinem Auto tauchten seine Mörder auf und schossen sofort. Er wurde von mehreren Kugeln getroffen und verstarb noch am gleichen Tag. N. soll dabei gewesen sein, konnte jedoch erst einmal nicht verhaftet werden. Das gelang zwar später, und er wurde wegen des Mordverdachts auch angeklagt. Aber die Beweislage gegen ihn war zu dürftig, und er durfte noch vor Ende der Verhandlung dank seines Frankfurter Anwalts das Gericht als freier Mann verlassen. Doch Anfang 2000 taucht sein Name wieder auf, und zwar im Zusammenhang mit dem Big Boss Christof.

Und es gibt noch einen weiteren Verdacht, der demonstrieren kann, in welchem Milieu sich Christof bewegte, dieser so harmlose, inzwischen eingebürgerte Jugoslawe aus der norddeutschen Tiefebene.

Sowohl in Belgien als auch in Jugoslawien gab es Hinweise darauf, dass er Anfang der neunziger Jahre eng mit dem berüchtigten Kriegsverbrecher Arkan zusammengearbeitet habe. Dessen europaweites kriminelles Netzwerk war einst genauso berüchtigt wie seine Gangster in Uniform, die Tiger. Seine erste Interpolausschreibung stammt aus dem Jahr 1979. Damals wurde er wegen Raubes gesucht. Drei Jahre später schreibt ihn Interpol in Den Haag aus, erneut wegen Raubes. Gefahndet wurde nach Arkan als «Straftäter mit Schusswaffe». Was ihn nicht hinderte, im Frankfurter Lokal Till Eulenspiegel häufig Hof zu halten und seine Freunde zu treffen.

Er war ein Mann, der einst für das Tito-Regime als Killer gegen Oppositionelle eingesetzt wurde. 1993 stellte das Amtsgericht in Hanau einen Haftbefehl aus, diesmal wegen Drogenhandels. Rechtzeitig zum Bürgerkrieg eilte Arkan in die jugoslawische Hauptstadt Belgrad zurück. Sowohl die kriminelle Unterwelt in

Belgrad als auch die politisch einflussreichen Kräfte um Milosevic hörten auf ihn. Und so wurde aus dem normalen Schwerverbrecher ein Multimillionär und Vorsitzender einer politischen Partei. Berüchtigt sind seine paramilitärischen Einheiten gewesen, die Tiger. Ausgerüstet von der regulären Armee, brandschatzten sie, töteten jeden, der ihnen bei ihrem Eroberungsfeldzug in Kroatien oder Bosnien im Wege stand.

«Sie töteten jeden, der sich bewegte», berichtete Professor Cherif Bassiouni, der ehemalige Vorsitzende einer UN-Kommission, die im Jahr 1993 die Verletzung der internationalen humanitären Gesetze im ehemaligen Jugoslawien untersuchte. «Wo immer massakriert und geraubt, geschändet und gebrandschatzt wurde, da fiel sein Name», schrieb Peter Münch in der Süddeutschen Zeitung am 11. 8. 1998. Anderthalb Jahre später, im Januar 2000, wurde Arkan in der Lobby des Belgrader Intercontinental Hotels erschossen.

Ich erinnere mich an ein Interview, das ich bereits 1994 mit dem Belgrader Kriminologen Vladan Vailijevic geführt hatte. Er erzählte mir damals, dass «die Politisierung der Kriminalität und die Kriminalisierung der Politik sich inzwischen derart entwickeln, dass Kriminelle immer mehr Einfluss auf die Politik haben. Es wird immer deutlicher, dass in Serbien und Belgrad Politik und Kriminelle eine enge Verbindung eingegangen sind, wonach sich Politiker in kriminelles Geschehen einmischen und andererseits die Kriminellen in der Politik mitmischen.» Welche Verbindungen soll es jedoch zwischen Christof und Arkan geben?

Bosibar Spasic war Anfang der neunziger Jahre führender Geheimdienstoffizier im damaligen Jugoslawien. Und er ist fest davon überzeugt, dass es Verbindungen zwischen den beiden gab. «Durch die Leistungen von Christofs Drogengeschäften wurden Arkans parapolizeiliche Garden mitfinanziert. Arkan hat seine Leute mit Auszeichnungen belohnt. So wurde Christof zwischen 1993 und 1994 in Erdut, wo der Stützpunkt von Arkan war, zum

General befördert. Bei der Rückkehr von Christof nach Deutschland verschaffte ihm dieser Titel ‹General› großen Respekt.»

Glaubt man seiner Geschichte, dann hinterließ Christof durch seine Brutalität viele Spuren. Auf jeden Fall sei sicher, dass er mit Drogengeldern den Krieg im Kosovo mitfinanziert habe. Er geht sogar so weit zu sagen, dass das Drogengeld die Grundlage für die Operationen im Kosovo gewesen sei. Die Aussage ist insofern aufschlussreich, weil auf der anderen Seite auch der Albanerclan in Hamburg den Krieg im Kosovo mit Waffen und Drogen mitfinanziert haben soll. Was so viel heißt, dass beide sich brutal bekämpfenden Parteien mit und durch den Bürgerkrieg viel Geld verdienten. An diesen Beispielen zeigt sich bereits, dass sogenannte Bürgerkriege selbst im Herzen Europas immer häufiger von kriminellen Organisationen initiiert und gesteuert werden und diese ein großes Interesse haben, dass die blutigen Kriege möglichst so lange geführt werden, bis der Frieden noch größere Profite erwirtschaftet.

Und Spasic erzählt weiter, dass Christof öfters in Belgrad das Spielkasino im Hotel Intercontinental besuchen würde. Dann weist er darauf hin, dass in Offenbach das Lokal Journal Treff- und Angelpunkt für international agierende ehemalige Untergrundkämpfer und Drogendealer sei. Die Polizei in Offenbach wusste davon bislang nichts. Die Aussagen von Spasic hörten sich abenteuerlich an, und ihnen zu glauben fiel mir schwer. Doch sie wurden auch von der belgischen Polizei bestätigt. «Ja, wir wissen, dass Christof General bei Arkan war.» Christof selbst dementiert heftig. Das sei alles Unsinn.

Nicht zu dementieren ist folgender Vorgang: Am 18. Februar 1999 wurde in der Frankfurter Wolfgangsstraße Nenad Vuckovic, in seinem Pkw sitzend, von unbekannten Tätern durch mehrere Kopfschüsse hingerichtet. Nach den Polizeierkenntnissen war Nenad Vuckovic seit mindestens 1990 an Drogengeschäften einer Gruppe beteiligt, in der auch Christof eine zentrale Rolle spielte.

Der Drogenschmugglerring, in dem beide auf die eine oder andere Weise eine Rolle spielten, war bereits seit Jahren aktiv. 1992 wurden zehn Personen in Genua / Italien mit 288 Kilo Kokain festgenommen. 1995 gab es in Großbritannien und den Niederlanden Ermittlungen wegen Einfuhrschmuggels von 150 Kilo Kokain nach England. Ein Großteil der Kontaktaufnahmen erfolgte in Frankfurt am Main. Im nächsten Jahr wurden in den Niederlanden 300 Kilo Kokain sichergestellt, und wenig später wurde in Antwerpen einer der führenden Köpfe der Gruppe, ein Georgier, mit einem Kopfschuss tot aufgefunden.

Bekannt ist zudem eine Lieferung von 65 Kilo Kokain, die 1997 in einem Schiffscontainer sichergestellt wurden. Nenad Vuckovic war der Finanzier. Und als er Mitte August 1997 auf der Autobahnraststätte Hünxe kontrolliert wurde, hatte er schlappe 150 000 Mark in bar in seiner Jacke verstaut. Im Dezember 1998 erhielt die Polizei die Information, dass diese Gangster von israelischen Lieferanten im großen Stil Kokain im dreistelligen Kilogrammbereich aus Südamerika und Holland beziehen. Das Kokain wurde nach Deutschland eingeschmuggelt und im Frankfurter Rotlichtmilieu und in der «Türsteherszene» von Diskotheken weiterverkauft. Christof wird erwähnt. Er würde seine Kokaingeschäfte «professionell» abwickeln, wobei er sich ungewöhnlich vieler Handys sowie Scall-Empfänger bedienen würde.

Bereits 1995 ermittelte das Bundeskriminalamt «wegen des Verdachts der Mittäterschaft am Einfuhrschmuggel von mehreren Kilo Kokain aus Brasilien» gegen ihn. Und Ende November 1998 erhielten die Ermittlungsbehörden Hinweise aus Südamerika, wonach er sich in Kolumbien aufhalten sollte, um einen Transport von fünfhundert Kilo Kokain nach Europa zu organisieren. Während seines Aufenthaltes in Kolumbien habe er für eine frühere Lieferung von einhundert Kilo Koks an den Lieferanten 2,3 Millionen Mark gezahlt.

Hatte er – vorausgesetzt, alle Informationen stimmen – bis

1998 Kokain in Größenordnungen von sechzig bis siebzig Kilo geschmuggelt, ging es danach in den Einhundert-Kilo-Bereich über. Da häuften sich nun die Probleme. Mitte 1998 erhielt Christof zum Beispiel hundert Kilo Kokain. Dem Kurier habe er dafür 2,5 Millionen US-Dollar gegeben, soll er seinen Lieferanten gesagt haben. Doch fatalerweise unterschlug der Kurier das Geld und verschwand auf Nimmerwiedersehen. Das brachte Stress für Christofs Gruppe, der am Ende jedoch beigelegt werden konnte. Ende 1998 lieferte das Kokainkartell vierhundert Kilo Kokain nach Amsterdam, von denen Christof hundert Kilo erhalten hatte, aber anscheinend versäumte, den Lieferanten das ihnen zustehende Geld zu zahlen. Das wird normalerweise nicht gerichtlich eingeklagt. Und so schreibt die Polizei in einem Protokoll: «Daraufhin forderten die kolumbianischen Lieferanten Christofs Mittäter auf, diesen zur Zahlung zu bewegen.» Doch der war untergetaucht. Und deshalb haben sich die Kolumbianer an Vuckovic gewandt mit der bekannten Wirkung, wie aus einem Protokoll der Ermittlungsbehörden zu entnehmen ist. «Die kolumbianischen und israelischen Hinterleute und Kokainlieferanten machten Vuckovic für das Verhalten des Christof verantwortlich. Es ist daher davon auszugehen, dass diese Gruppierung die Ermordung des Vuckovic veranlasst hat.» Ähnlich urteilte die belgische Polizei. «Die Organisation konnte ihn nicht finden. Da haben sie seinen Schulfreund erschossen, und das war Vuckovic in Frankfurt.»

Vuckovic schien der gewesen zu sein, der den Kontakt zwischen den Südamerikanern und Christof hergestellt hatte. Da er seinen Freund nicht verraten wollte, die «Ehre» ist ein zentrales Element im Wertekanon der Banditen, traf ihn die Strafe, die auch als letzte Warnung für Christof gedacht war, um die ausstehenden zwei Millionen zu begleichen. Der hatte sich sicherheitshalber mit seiner Ehefrau nach Spanien und später nach Belgien abgesetzt. In Belgien wohnte das Ehepaar zuerst in einer luxuriösen Doppelhaushälfte in der Brüsseler Ahornlaan, zog dann später in eine ebenso sündhaft teure Villa bei Nizza, und schließlich führte ihre Flucht erneut nach Belgien zurück. Hier fiel den belgischen Ermittlern auf, dass Christofs Frau «in einer Nacht so viel Geld ausgegeben hat, wie wir hier in einem Monat verdienen. Er hatte immer vier Bodyguards um sich, und er fährt wie ein Idiot.» Außerdem notierten sie, dass einer der Drogenhändler, mit dem sich Christof öfters getroffen hatte, in Brüssel in einer prachtvollen Villa residierte, «so groß wie ein Fußballplatz», erinnert sich ein belgischer Polizeibeamter. Ein anderer Ermittler aus Antwerpen berichtet ebenfalls, dass der bewaffnete Christof immer mit vier Bodyguards unterwegs war. Es nutzte nicht viel.

Denn unterdessen hatten die Kolumbianer Christofs aktuelle Adresse in Brüssel ausfindig gemacht. Während seine Frau wieder nach Deutschland zurückfuhr, wurde er gefangen genommen und gezwungen, bei Banken in der Schweiz und Luxemburg Summen im Bereich von mehreren Millionen Mark abzuheben, um sie an die Kolumbianer zu übergeben. Und an dieser Stelle fällt in Polizeiprotokollen wieder der Name jenes Mannes, der im Zusammenhang mit der Ermordung des Jugoslawen Darko Stanojevic in Düsseldorf Erwähnung fand.

«Sie geraten in große Bedrängnis, zumal sie auch von Mittätern wie Anton P. und N. bedroht, gefangen genommen und erpresst werden», notiert die hessische Polizei. Bestätigt wurde dieser Sachverhalt durch abgehörte Telefongespräche. Und dann ging es Schlag auf Schlag. Am 28. Oktober 1999 reiste Christofs Ehefrau nach Brüssel.

Am 4. November 1999 hält sich Christof bei seinen Banken (Hapoalim und Crédit Suisse) in Zürich auf. Offensichtlich begleiten ihn nun N. und mehrere Südamerikaner und Holländer. Dann übergibt er N. 1,6 Millionen Mark. Der behält eine Million für sich, und den Rest übergibt er an die südamerikanischen Kokslieferanten. Unterlagen der niederländischen Behörden ist zu entnehmen: «Aus den Ermittlungen geht hervor, dass N. sich momentan im Marriott Hotel in Zürich aufhält, um eine Person, die Christof genannt wird, zu überprüfen. Dieser Christof ist am 4. und 5. November 1999 damit beschäftigt gewesen, bei Schweizer Bankhäusern in Zürich Geld abzuheben. Bis jetzt hat er einen Betrag in Höhe von 2,4 Millionen US-Dollar abgehoben.»

Am nächsten Tag informiert Interpol Brüssel, dass Christofs Frau im Hotel Conrad drei Zimmer angemietet habe, sich aber weigere, die Anmeldeformulare auszufüllen. «Sie hat im Hotel einen Leibwächter engagiert, weil sie sich massiv bedroht fühlt. Von diesem Leibwächter konnten in ihrem Gepäck eine große Menge Bargeld sowie eine Pistole festgestellt werden.»

Unterdessen ist auch Christofs Mutter, die ansonsten in einem idyllischen Ort in Nordhessen wohnt, entführt worden. «Seine Mutter ist offensichtlich an einem unbekannten Ort in der Gewalt der Südamerikaner und wird am 6. November 1999 von ihrem Wohnsitz in H. nach Holland verbracht».

Christof ist daraufhin noch eifriger bemüht, das Geld zu besorgen, schließlich verwaltet seine Mutter einen Teil seines Vermögens. Er verspricht dem Kolumbianer Alfonso die Zahlung von 1,3 Millionen US-Dollar, die aus einem Safe in Deutschland geholt werden.

Am 6. November fordert er Alfonso auf, jemanden nach Brüssel zu schicken, dem er 400 000 Mark übergeben werde. Und tatsächlich fliegt ein Kurier mit diesem Betrag nach Bogota und übergibt ihn dort Alfonsos Tochter. Am gleichen Tag ziehen Christof und seine Ehefrau vom Hotel Conrad ins Sheraton um.

Drei Tage später engagiert er zwei Bodyguards, die ihn auf der Fahrt zu einer Bank in Luxemburg begleiten. Bodyguards bewachen auch seine Ehefrau. Sie gehen zur Credit Agricole in Anderlecht. Dort hat Christofs Ehefrau ein Bankkonto. Ein Pilotenkoffer wird abgeholt. Schließlich reisen beide unter großen Sicherheitsvorkehrungen und auf unterschiedlichen Wegen, begleitet von Bodyguards, von Brüssel in Richtung Deutschland.

Darüber berichtet die Polizei: «Im Verlauf des Novembers 1999 wurde festgestellt, dass sowohl am 24. November wie am 2. Dezember Christof weitere Geldbeträge an Alfonso zahlt.» Am 24. November 1999 wird Christof von seinem Rechtsanwalt telefonisch über die erfolgreichen Geldzahlungen informiert und dass deshalb inzwischen mit dem Kolumbianer Alfonso eine Abmachung erzielt werden konnte. Sie bezog sich wahrscheinlich auf die Freilassung der entführten Mutter. Der Anwalt wies dabei darauf hin, «dass nun Alfonso sich um N. kümmern soll, um diesen ruhig zu stellen». Aufgrund dieser Abmachungen konnten Christof und seine Ehefrau nun wieder ins norddeutsche Tiefland zurückfahren.

Dass Christofs Familie tatsächlich massiv bedroht wurde, zeigte sich daran, auf welche Art und Weise sie ihre Rückreise nach Deutschland organisierte. Seine Frau fliegt nach Frankfurt und wird dort von zwei Bodyguards in Empfang genommen. Gemeinsam fahren sie zu ihrer Villa. «Hier muss sie im Pkw sitzen bleiben, bis die beiden Bodyguards das gesamte Anwesen abgesucht haben», ist in den einschlägigen Polizeiprotokollen zu lesen. Einer von Christofs Bekannten ist unterdessen mit dem Range Rover von Christofs Ehefrau von Belgien aus über Köln bis zur Raststätte Wetterau gefahren. Im Rasthaus wartet er auf einen Anruf von Christofs Frau, die ihm nach langem Warten mitteilt, dass ihr Anwesen, Hunderte Kilometer von der Raststätte entfernt, «sauber» sei.

Fazit der Polizei: «Nach derzeitigem Erkenntnisstand belaufen sich die von Christof geleisteten Geldzahlungen auf 5,6 Millionen Mark.» Das dürften aber nicht nur die ausstehenden und nicht bezahlten Rechnungen für eine Kokainlieferung und die fälligen Strafgebühren gewesen sein, sondern wahrscheinlich bereits die Investitionen für neue Kokainlieferungen.

Bei dem Boss des kolumbianischen Drogenkartells, der selbst einen Christof und seine jugoslawische Gang derart massiv unter Druck setzen konnte, handelt es sich um den in Amsterdam lebenden Luis Alfonso Carvajal. «Das ist einer der Großen im internationalen Drogengeschäft», behauptet die niederländische Staatsanwaltschaft. Gegen Carvajal, genannt Alfonso, ermittelte unterdessen die niederländische Polizei wegen des Verdachts des internationalen Kokainhandels. Und im Gegensatz zu Christof sitzt er inzwischen in einem spanischen Gefängnis.

Millionen Lösegeldzahlungen, Entführungen und doch ein ganz normaler Bürger im deutschen Flachland? Christof dürfte jedenfalls nicht arm sein. Nach Informationen der Polizei verfügt er über ein Bargeldvermögen in Höhe von zehn Millionen Euro, das er in der Schweiz und in Luxemburg auf Bankkonten deponiert hat und jederzeit abrufen kann. Eng betreut wird der hervorragende Kunde von einem Direktor der Züricher Hapoalim-Bank, der sich mit ihm häufiger, unter anderem auch in Frankfurt, getroffen hatte.

Außerdem dürfte Christof jederzeit Verfügungsgewalt über eine Summe von 500 000 Euro haben, die seine Mutter verwaltet. Und wie verhält sich ein solcher ehrenwerter Millionär, denn das will er ja sein? Ziemlich ungewöhnlich. «Grundsätzlich», so die Polizei, «ist festzustellen, dass sich bei Treffen nur in einer codierten Sprache unterhalten wird. Es werden permanent wechselweise Handys benutzt, die auf andere Personen eingetragen sind, meist auch ausländische und oft nicht rückverfolgbare Prepaid-Karten. Außerdem hatte er noch eine Vielzahl sofort einsetzbarer SIM-Karten zur Verfügung.» Für einen ganz normalen Bürger eine eher ungewöhnliche Methode, die in der Regel nur dann angewandt wird, wenn vermieden werden soll, dass die Telefongespräche abgehört werden.

Um derart viele Telefone abzuhören, hatten die Beamten in Frankfurt jedoch weder die Technik noch das Personal. Und das Geld auch nicht, was zu einem traurigen Beschluss führte. «Bei kritischer Analyse muss festgestellt werden, dass in diesem Ermittlungskomplex die kostenaufwendigen Telefonüberwachungen nicht zur Förderung der weiteren Ermittlungen führen», stellte die Polizeiführung im Jahr 2002 lapidar fest.

Auch beim Versuch der Observation, die laut Christof vollkommen unberechtigt durchgeführt wurde, denn schließlich habe er mit kriminellen Dingen nichts zu tun, verhielt er sich nichtsdestotrotz wie ein Gangster in einem spannenden Thriller. «Er und seine Mittäter verhalten sich grundsätzlich konspirativ. Sie ‹checken› permanent ihr Umfeld. Ein ausreichend zur Verfügung stehender Fuhrpark gewährleistet ihnen einen ständigen Wechsel der zu benutzenden Fahrzeuge. Und häufig werden Fahrzeuge von Autovermietungen in Anspruch genommen», beschweren sich die auf ihn angesetzten Ermittler.

Selbst ein geplanter großer Lauschangriff wurde nach reiflicher Überlegung abgelehnt. Denn der scheitere an den durch Christof selbst vorgenommenen Sicherheitsvorkehrungen. Sowohl die Umgebung des Wohnhauses als auch die Wohnung selbst sind durch perfekte Videoüberwachung gesichert. Erneut beklagen sich die Ermittler: «Bewegungsbilder konnten bislang unter anderem wegen der ausgeprägten konspirativen Verhaltensweisen und einer enorm hohen Mobilität von Christof (Ad-hoc-Reisen in das benachbarte Ausland) nicht erstellt werden.»

Einmal gelang der Polizei immerhin ein kleiner Erfolg. Durch Mithilfe eines Informanten gelang es, den versteckt abgestellten Porsche von Christof sicherzustellen. Im Porsche lagen Schusswaffen und ein Schuldschein über 40 000 Mark. Aufgrund eines Beschlusses eines Amtsgerichts in Nordhessen wurden daraufhin am 21. Februar 2001 die Wohnung seiner Mutter durchsucht sowie die von ihr angemieteten Bankschließfächer und der Banksafe. Dabei wurden elf Sparbücher verschiedener Banken sowie Wertpapiere und Bargeld von zusammen zirka 910 000 Mark sichergestellt. Außerdem fand man im Keller ihres Hauses einen Trommelrevolver und in einem Banksafe eine Pistole.

Aber selbst dieser kleine Erfolg führte letztendlich nicht weiter, und die Ermittler begannen inzwischen zu verzweifeln. Geplant war deshalb der Einsatz verdeckter Ermittler. Doch der führte zu keinem Ergebnis, weil die Gefahr bestand, dass sie sofort auffallen und dann einem hohen persönlichen Risiko ausgesetzt sein würden.

Ende 2002 gelangten sowohl die Polizei als auch die Staatsanwaltschaft zu einer klaren Einschätzung von Christof und seiner Familie: «Bei Würdigung der gesamten vorliegenden Erkenntnisse muss festgestellt werden, dass der Tatverdächtige mit seinem internationalen Beziehungsgeflecht OK-Relevanz aufweist und in OK-relevante internationale Strukturen eingebunden ist.»

Da jedoch alle polizeilichen Maßnahmen bisher keine strafrechtlich relevanten und beweiskräftig verwertbaren Erkenntnisse gebracht hatten, wurde nun im Frankfurter Polizeipräsidium darüber diskutiert, ob das Verfahren entweder nach § 170 Abs. 2 StPO (Wiederaufnahme der Ermittlungen nach Eingang neuer Erkenntnisse und erfolgversprechender Ermittlungsansätze) eingestellt wird oder ein langfristiger und kostenaufwendiger Einsatz einer Vertrauensperson in Betracht käme.

«Bei Abwägen aller Für und Wider wäre eine Verfahrenseinstellung gemäß § 170 Abs. 2 StPO gleichbedeutend mit ‹Kapitulation vor dem Verbrechen›», sagten die Ermittler. Deshalb schlugen sie den Einsatz einer Vertrauensperson vor, selbst wenn eine Erfolgsgarantie damit nicht gesichert werden könne. Auch die Staatsanwaltschaft wollte die Ermittlungen nicht einstellen und stimmte dem Einsatz einer Vertrauensperson (VP) zu.

Die in Aussicht genommene VP wäre nicht billig gewesen. An Kosten für Ausstattung, Reisen und persönliches Honorar wurden zirka 100 000 Euro für einen Zeitraum von zwölf Monaten kalkuliert. Zu ihrem Einsatz kam es nicht. Denn in der Polizeiführung regierte zu dieser Zeit bereits der bürokratische Starrsinn, der vornehm als Managementmethode umschrieben wird. In dieser neuen Strategie gibt es den Begriff Effizienzprüfung. Und dieses bürokratische Verfahren, Kosten einzusparen, wurde auf den Fall Christof nun angewendet.

Obwohl die Polizeiführung davon ausging, «dass zwar anzunehmen, aber nicht belegbar ist, dass Christof derzeit noch in kriminelle Geschäfte investiert», also weiterhin Handlungsbedarf bestand, entschied sie sich, «dass der kostenaufwendige Einsatz einer VP zum gegenwärtigen Zeitpunkt nicht zielführend ist». Das Ermittlungsverfahren ist im Frühjahr 2003 eingestellt worden.

Auf meine Frage an einen belgischen Ermittler, ob nicht doch eine Möglichkeit gesehen wurde, Christof das Handwerk zu legen, sagte er: «Es wäre noch möglich, wenn die deutschen Kollegen das über Europol laufen lassen. Da sind ja alle Kapazitäten vorhanden.»

Doch das wollte und will die Staatsanwaltschaft offensichtlich nicht. Europol wurde der Vorgang niemals angetragen. Als ich übrigens den Fall dem Landeskriminalamt München schilderte, hörte ich folgende Feststellung: «Bei uns wäre das überhaupt nicht möglich gewesen. Wir hätten ihn schon längst aus dem Verkehr gezogen.»

Da der Rechtsstaat auch in diesem Fall offensichtlich kapitulierte, hat Christof wohl auch in Zukunft gut lachen. Er ist übrigens nicht der Einzige, der über den Rechtsstaat lachen kann. «Es gibt noch mehrere von dieser Sorte, die noch größer sind und nicht mehr verfolgt werden. Bei uns aber wird alles abgewiegelt und eingestellt.» Das sagte mir ein renommierter Frankfurter Kriminalbeamter.

Der Kunstraub oder wenn Gangster neue Märkte erobern

In einer lauschigen Julinacht des Jahres 1994 überwältigen ein Gelegenheitsarbeiter und ein Obstverkäufer den Wachmann in der Frankfurter Kunsthalle Schirr. Sie stülpen dem Mann eine Kapuze über, legen ihm Handschellen an und nehmen ihm die Schlüssel für die Alarmanlage ab. Dass ein Insider der Kunstgalerie beteiligt war, steht so gut wie fest. Auf jeden Fall ist den Räubern ein Schlüssel geliefert worden, mit dem sie in die Räume dringen können. Bestens vorbereitet, stehlen sie drei einzigartige Gemälde: zwei Bilder des englischen Malers William Turner, «Licht und Farbe», «Schatten und Dunkelheit», sowie die «Nebelschwaden» des deutschen Meisters Caspar David Friedrich. Die Bilder von Turner, Leihgaben der Londoner Tate Gallery für die Ausstellung «Goethe und die Kunst», haben einen (versicherten) Wert von 35 Millionen Euro, der von der Hamburger Kunsthalle ausgeliehene Friedrich 1,9 Millionen. Die internationale Kunstszene war geschockt.

«Dieser Raub war ein Super-GAU», sagt heute noch Frankfurts Kulturdezernent Hans-Bernhard Nordhoff. Ein Jahr nach dem Raub waren die Täter gefasst, sie wurden zu Haftstrafen von bis zu acht Jahren verurteilt. Doch über ihre Hintermänner schwiegen sie beharrlich, auch als ihnen Haftverschonung zugesagt wurde. «Sie hatten unendliche Angst», sagt einer der ermittelnden Staatsanwälte. «Die beiden später verurteilten Täter haben gewusst, dass sie eine sehr hohe Haftstrafe erwartet, die das Landgericht Frankfurt auch ausgesprochen hatte. Trotzdem haben sie keinerlei Angaben gemacht, und das hätte ja nahegelegen, dass man hier seine eigene Haut retten will und mit den Ermittlungsbehörden kooperiert.»

Dabei verfügte die Polizei über Hinweise, dass ein international agierender Ring hinter dem Auftragsdiebstahl stecke. Und immer wieder fiel der Name «Stevo», ein Jugoslawe aus dem Frankfurter Milieu. Es war wahrscheinlich nur ein Zufall, dass ein Mann aus dem Umkreis von Christof in dieser Zeit bei der Schirn angestellt war. Aufgeklärt ist das alles bis heute nicht. Denn auch hier mussten die Ermittler aufgeben.

Dabei hatten sie eine Vertrauensperson (VP) eingeschaltet. Über sie heißt es in einem Protokoll der Frankfurter Polizei: «Stevo benutzt derzeit einen neuen Mercedes Benz, V 12, schwarz. VP will sich mit ‹Stevo› über alles Mögliche, unter anderem auch über die Rückführung des zweiten geraubten Gemäldes von Turner, unterhalten haben. Dabei soll ‹Stevo› geäußert haben, dass derzeit kein Bedarf bestehe, da ‹man finanziell gestopft› sei. VP will über ‹Rocky› erfahren haben, dass sich Stevo von den gezahlten fünf Millionen Mark den neuen Mercedes V 12 gekauft habe.»

Später meldet die VP der Frankfurter Polizeiführung: «Ich fuhr in die Nähe des Anwesens Berkersheimer Bahnstraße, der Wohnung des Stevo. Ich habe ihm eine Nachricht in den Briefkasten gesteckt.»

Wenige Wochen danach traf die VP auch Stevo, und zwar in einer Spielothek. «Bei ihm waren zwei Personen, die ihn mehr oder minder hofiert haben. Sie haben ihn und Stevo mit Getränken versorgt. Ich habe den Eindruck gehabt, dass Stevo diesen Personen gegenüber das Sagen hätte. Stevo hat in der Spielothek einen Joint geraucht.» Bereits im Juli 1998 gab es erste konkrete Hinweise auf Stevo, und zwar von einem Häftling der Justizvollzugsanstalt Schwalmstadt. «Der ‹alte Stefan› sei äußerst vorsichtig, lasse niemanden in seine Wohnung in Berkersheim und leide fast – so müsse man annehmen – an Paranoia. Der ‹alte Stefan› lege Wert auf seinen Ruf im Milieu und gelte dort als Ehrenmann. Er werde als äußerst penibel eingeschätzt. Im Übrigen sei er einer der ersten ‹Jugos› im Frankfurter Milieu gewesen.» Der Mann aus dem Knast wusste, wovon er sprach. Er hatte bereits eine ganze Latte von Vorstrafen und kannte sich im Frankfurter Rotlichtmilieu und in den kriminellen Jugoslawenkreisen bestens aus.

Auch der im oben erwähnten Protokoll genannte Rocky taucht nun häufiger in Frankfurt auf. Er ist ebenfalls eine VP, die in diesem Fall von den Engländern eingesetzt wurde. Der pensionierte Beamte von Scotland Yard baute Anfang der neunziger Jahre den tschechischen Geheimdienst mit auf, also ein Mann mit großer Erfahrung. «Rocky hat mir mitgeteilt, dass seitens der Kunstgalerie derzeit kein Bedarf an der Rückführung des zweiten geraubten Gemäldes vor der erfolgreichen Rückführung des ersten geraubten Gemäldes besteht.»

Hinter den britischen Kunstkulissen wird im Jahr 2001 derweil fieberhaft recherchiert. Gibt es Möglichkeiten, die beiden Turner-Werke zurückzubekommen? Zwei Ermittler von Scotland Yard arbeiten für die Tate Gallery. Einer meldet sich eines Tages bei dem Frankfurter Rechtsanwalt Edgar Liebrucks. Er fragt ihn, ob er bei der Wiederbeschaffung der Gemälde helfen könne. «Ich wusste nicht, wer die Bilder hat, aber ich kannte einen Weg, wie ich an sie kommen konnte», erzählt der Frankfurter Anwalt heute. Irgendwie muss er also etwas von den Bildern, und wer sie geraubt hat, gehört haben. Zunächst sei es ihm aber darum gegangen, Legalität herzustellen. «Normalerweise wäre das ja rechtswidrig, Hehlerei zu betreiben.» Liebrucks wendet sich an die Staatsanwaltschaft und erhält dort die Genehmigung für seine Mission – unter der Bedingung, dass er im Auftrag der Galerie handelt und sich von den Hehlern nicht bezahlen lässt. Man beruft sich auf den übergesetzlichen Notstand.

Der Strafverfolgungsanspruch des Staates tritt in diesem Fall gegenüber dem Interesse zurück, solche hohen Kulturgüter wieder der Öffentlichkeit zuzuführen. Dabei spielte bei den beiden Turner-Werken aus London auch ein außenpolitisches Moment mit, denn die Tate Gallery drohte damit, in Zukunft keine Kunstgemälde mehr nach Deutschland auszuleihen.

Edgar Liebrucks ist zweifellos ein erfahrener Strafverteidiger. Er vertrat in der Vergangenheit erfolgreich einige prominente Vertreter der schwerkriminellen Szene, häufig aus Ex-Jugoslawien. Und er ist ein Kunstliebhaber. Seine Kanzlei, nur einen Steinwurf vom Gericht und von der Staatsanwaltschaft entfernt, schmücken stilsicher ausgewählte Skulpturen und Gemälde.

Liebrucks jedenfalls bekommt von der Leitung der Londoner Galerie offiziell den Auftrag, die Turner-Werke zurückzuholen.

«Als Kunstliebhaber wäre es für mich unerträglich gewesen, wenn die Bilder der Öffentlichkeit nicht mehr zugänglich gewesen wären.» Dieser Idealismus führte den sicher nicht weltfremden Advokaten in bislang unbekannte Welten. Und sein Einsatz ist von Beginn an spannungsgeladen. «Da sind die Hochkriminellen, die skrupellos sind, allerdings auch einen Ehrenkodex haben und bestimmte Erwartungen an mich hatten. Auf der anderen Seite ein Bürokratenapparat, der naiv glaubte, irgendwelche bürgerlichen Denkstrukturen durch mich vermitteln zu lassen.»

Da ist es in der Tat vorteilhaft, einen intelligenten Anwalt an der Hand zu haben. 35 Millionen Euro hat die Tate Gallery inzwischen von der Versicherung für die beiden gestohlenen Turner-Bilder bekommen. Liebrucks fliegt nach London, spricht mit der Galerieleitung. Sie sei bereit gewesen, insgesamt rund fünf Millionen Euro für die Rückführung der beiden Turner-Bilder zu bezahlen, sagt er heute.

Mehrfach kommen Scotland-Yard-Beamte zu ihm nach Frankfurt. Gespräche auf der einen Seite, Verhandlungen auf der anderen. Beim ersten Turner-Bild fordern die Kunsträuber von der Tate Gallery Vorkasse: 500 000 Euro.

«London wollte aber erst testen, ob ich überhaupt an der richtigen Quelle sitze, dazu musste ich Polaroidbilder vom Turner-Bild besorgen.» Die besorgte er, Polaroidaufnahmen mit einer aktuellen Tageszeitung. Als die Echtheit des Gemäldes feststeht, bekommt er die erste Tranche. Und zwar eine Million Mark, die ohne Einschalten einer Polizeidienststelle an Liebrucks übergeben wird, und der gibt sie weiter an die Hintermänner des Kunstraubs.

Neue Gespräche finden statt, während Liebrucks glaubt, dass er von der Polizei verfolgt werde. «Das hätte mein Leben und auch die Aktion gefährdet.» Tatsächlich waren im Prozess der Rückholung der Bilder höchste kriminelle Energie der Szene und gleichzeitig wenig professionelles Agieren der Polizei zusammengetroffen – dazwischen stand der Anwalt und drohte, zerrieben zu werden.

Schließlich zahlt die Tate Gallery die restlichen zwei Millionen Euro. Liebrucks gibt sie an die Gangster weiter. «Es mussten alte Scheine sein.» Das erste Bild wird daraufhin von der Mafia herausgegeben. «Ich nahm das Bild in mein Auto und fuhr in meine Kanzlei, hängte es dort auf. Dann bat ich den wartenden Direktor der Galerie und einen Restaurator zu mir ins Büro und übergab ihnen das Gemälde.»

Die Rückführung des zweiten Turner-Bildes wird hingegen zum nervenaufreibenden Poker. Liebrucks dazu: «Die Kriminellen sagten, sie erwarteten von mir, dass ich zehn Prozent der gezahlten 2,5 Millionen Euro nehme, praktisch aus Solidarität. Ich sagte, das mache ich nicht. Ich mache mich strafbar, das geht nicht. Die fassten das als Affront auf und wurden sehr misstrauisch.» Die Hehlerseite habe für den zweiten Turner von der Tate Gallery eine Vorfinanzierung von einer Million Euro verlangt. London war dazu nicht bereit.

«Da steht man als Puffer dazwischen. Und wenn man dann nicht selbst vorfinanziert, ist die Sache geplatzt.» Im Februar 2002 habe er die Million Euro selbst vorfinanziert. Doch mehrere geplante Übergabetermine platzten. «Beiden Seiten waren zunehmend nervöser geworden. jede Seite war subjektiv, ängstlich, paranoid und glaubte, der andere mache etwas Böses.»

Eines Tages sei er plötzlich von der Hehlerseite in seiner Kanzlei angerufen worden, man wolle ihm die Bilder präsentieren. «In einem Wald in Offenbach wurden mir sowohl der zweite Turner als auch das Bild von Caspar David Friedrich gezeigt.» Danach sei das Turner-Bild in einer Wohnung deponiert worden, damit ein Scotland-Yard-Beamter es prüfen konnte. Im Dezember 2002 läuft dann die Übergabe ab. In einem Frankfurter Hotelzimmer – gegenüber ist das Gerichtsgebäude – überreicht Anwalt Liebrucks das Gemälde an einen Vertreter der Londoner Galerie. Danach transportiert er in einer Plastiktüte das Lösegeld zur Mafia.

Für seinen Einsatz wurde der Anwalt von allen Beteiligten

hochgelobt. Umso weniger kann er verstehen, wie sich die Hamburger Kunsthalle bei der Rückführung der «Nebelschwaden» von Caspar David Friedrich verhalten habe. 1,8 Millionen Euro Versicherungssumme hatte die Kunsthalle beziehungsweise die Hansestadt als damalige Eigentümerin des Museums für das gestohlene Bild erhalten, einen Großteil jedoch bereits in Neuerwerbungen investiert.

Auch in diesem letzten Rückführungsfall ist Anwalt Liebrucks von der Galerieleitung beauftragt und hatte dazu die Genehmigung der Frankfurter Staatsanwaltschaft. Und erneut wird es ein Finanzpoker. 1,5 Millionen Euro fordern die Mafiosi zunächst, zudem 250 000 Euro für Liebrucks Vermittlung. «Das war utopisch», sagt Liebrucks. «Das sagte ich denen auch. Ich konnte schließlich deren Preisvorstellung auf 500 000 Euro reduzieren.» Der Geschäftsführer der Hamburger Kunsthalle, Tim Kistenmacher, habe ihm telefonisch mitgeteilt, er habe einen Mäzen gefunden, der bereit sei, 250 000 Euro zur Verfügung zu stellen. Er suche einen weiteren Mäzen für die Restsumme. «Die Hehlerseite wurde sehr nervös, sie drohte, das Bild nach Japan zu verkaufen», sagt er.

Ihm sei es dennoch gelungen, in den Besitz des Bildes zu kommen, indem er 250 000 Euro vorgelegt habe. «Ich saß auf dem Bild, musste befürchten, dass es wieder gestohlen wurde. Mit Hamburg wurde vereinbart, wann die Übergabe gegen 250 000 Euro erfolgen sollte, doch plötzlich wurde der Termin abgesagt.» Nun wurde die gesamte Situation noch grotesker. «Ich wollte das Bild der Staatsanwaltschaft übergeben, die wollten es nicht, die Versicherung auch nicht. Dann kam ein Schreiben des Anwalts der Kunsthalle, der mich aufforderte, das Bild herauszurücken – als wenn ich es unrechtmäßig gehabt hätte.»

Liebrucks übergibt am 26. August 2003 dem Verantwortlichen der Frankfurter Schirn das Bild von Caspar David Friedrich, das er vollkommen unverhüllt in der Straßenbahn zum Römer transportiert hat.

Das war das Happy End für die Galeriebesitzer, die bis heute leugnen, überhaupt Lösegeld gezahlt zu haben. Bis heute aber wartet auch Rechtsanwalt Liebrucks auf sein Honorar von der Hamburger Kunsthalle. «Ich muss am Ende sogar sagen, da haben sich ja die Täter korrekter verhalten als die Kunsthalle mir gegenüber.»

Die Hintermänner des Kunstraubs haben nicht nur abkassiert, sondern müssen auch keine Strafverfolgung durch die Frankfurter Justiz mehr fürchten. Die hat, was manche Ermittler der Polizei und selbst Rechtsanwalt Liebrucks verwundert, aufgegeben, sie zu verfolgen. Die Frankfurter Staatsanwaltschaft erklärt das so: «Es ärgert einen sicherlich, wenn man nicht alle Tatbeteiligten solch einer Tat vor Gericht stellen und verurteilen lassen kann. Man muss aber auf der anderen Seite sehen, dass den Ermittlungsbehörden gewisse Grenzen gesetzt sind. Wir haben eben nur bestimmte Ermittlungsmethoden, offene wie verdeckte, und wenn die zu keinem Ergebnis führen, dann müssen wir das akzeptieren, so leid uns das tut.»

Nicht nachgegangen wurde jenen Informationen, die von der eingeschalteten VP gekommen sind. Sie lieferte Hinweise auf einen «Abraham» in Antwerpen, einen georgischen Mafioso. Der sei Finanzier von Menschenhandel – Frauen aus der Ukraine würden über Deutschland nach Belgien geschleust und dort der Prostitution zugeführt –, Drogenhandel – Kokain würde aus Holland geholt und in ganz Europa verteilt –, würde Geldwäsche über die Diamantenbörse in Antwerpen betreiben; und außerdem unterhalte er eine Gruppe von etwa 15 Tschetschenen, die Morde ausführen würden. Dummerweise gab es keine Bezüge nach Hessen. Daher interessierten diese Angaben niemanden. Die Akte des erpresserischen Kunstraubs, auch Art-Napping genannt, ist vorerst geschlossen.

Geld, Gier und das Geschäft mit Kriminellen aus dem Osten

«Das einzige Geld, das ich gewaschen habe, ist ein Fünfdollarschein.»
SEMION MOGILEVICH, GANGSTERBOSS

Das fidele Leben in Baden-Baden oder Einblicke in die moralische Demenz

Baden-Baden, die mondäne Kurstadt am Rande des Schwarzwalds, glänzt durch besondere Millionärsdichte: 900 alteingesessene Millionäre gibt es hier, und in den letzten Jahren sind viele neue aus dem Osten hinzugekommen. «Baden-Baden ist die einzige russische Stadt außerhalb Russlands», ist gar auf der offiziellen Homepage[56] der Stadt zu lesen. Und die neuen Investoren aus dem ungastlichen Osten werden gehätschelt und mit vollmundigen Worten angelockt, es sich in Baden-Baden gut gehen zu lassen. «Die Russen der Neuzeit tun es ihren Vorfahren gleich. Manche begeben sich auf die Suche nach den Spuren der russischen Vergangenheit in der Stadt. Andere kommen, um die heilenden Quellen zu nutzen. Wieder andere geben sich einer wohltuenden Wellness-Behandlung hin. Etliche statten sicherlich dem Spielkasino einen Besuch ab oder nehmen das Kulturangebot des Festspielhauses an. In jedem Fall genießen sie das einmalige Flair der Stadt», ist auf der Homepage weiter zu lesen, und zum Schluss wird aufgefordert, sich vom «russischen Hauch, welcher Baden-Baden ein weiteres Mal zu einer einzigartigen Stadt» werden lässt, faszinieren zu lassen.

Schließlich haben bereits – wird immer gesagt und gerne geschrieben – im 19. Jahrhundert viele vermögende Russen die Kurstadt am Flüsschen Oos verehrt. Nikolaj Gogol schrieb einmal von Baden-Baden aus einen schwärmerischen Brief an seine Mutter: «Es gibt hier niemanden, der ernsthaft krank wäre. Alle kommen nur hierher, um sich zu amüsieren.» Das ist im 21. Jahrhundert nicht anders.

Leo Tolstoi besuchte im Juli 1857 Baden-Baden und notierte in sein Tagebuch, nachdem er in der Spielbank am Roulettetisch gesessen hatte: «Von lauter Lumpen umgeben, und der größte Lump bin ich.» Auch das hat sich nicht geändert.

Fjodor Michailowitsch Dostojewski, der sieben Wochen in Baden-Baden verbrachte, verglich die Bäderstadt mit der Hölle. «Wie froh wäre ich, wenn wir nur irgendwie aus dieser verfluchten Stadt loskämen.» Das wiederum trifft heute nicht mehr zu. Im Gegenteil.

Welch «einmaliges Flair» das ist, soll nun etwas detaillierter beschrieben werden. Schließlich zieht es immer mehr Bürger aus der ehemaligen Sowjetunion in die Bäderstadt. Im Jahr 2002 waren es zirka 25 000 Besucher. Darunter befinden sich einige, die mehr wollen als Millionen in der Spielbank verzocken oder im Kurpark flanieren. Es handelt sich um jene, die Villen kaufen, Firmen gründen und zunehmend Macht und politischen Einfluss gewinnen.

Nicht dass in anderen Bundesländern keine Grundstücke von reichen Russen gekauft werden. Im Saarland beispielsweise sagen Makler: «Die Einzigen, die noch Häuser kaufen, sind die Russen. Für sie ist es das Wichtigste, sie haben Grundbesitz.» Man könnte es auch Geldwäsche nennen.

Aber nirgendwo ist das Problem so offenkundig wie in Baden-Baden. Hier engagieren sie sich auch in honorigen Institutionen wie der International Baden-Baden Foundation e.V. (IBBF). Zweck des Vereins ist die «Förderung der Kultur des Friedens, der Toleranz und des Dialoges zur Sicherung eines friedlichen Zusammenlebens der Menschheit im 21. Jahrhundert». Ein wenig werden dabei wohl auch Geschäftsbeziehungen gepflegt werden.

Die IBBF strahlt Seriosität aus: Die Schirmherrschaft hat Ministerpräsident Erwin Teufel übernommen, und Präsidentin des Vereins ist Baden-Badens Oberbürgermeisterin, Sigrun Lang. Jedes Jahr findet ein international ausgerichtetes Forum statt, an dem Prominenz aus Politik, Wirtschaft und Kultur teilnimmt. Das 5. Baden-Badener Forum «Deutsch-russischer Dialog 2004» vom 20. bis 22. Mai 2004 warb damit, dass «vor allem für mittelständische, aber auch große Unternehmen die ideale Möglichkeit besteht, auf kurzem Weg Kontakte zum russischen Markt aufzunehmen oder zu vertiefen».

Im Geschäftsführenden Vorstand des IBBF sitzen unter anderem Kurt Liebenstein, Bürgermeister von Baden-Baden, und Professor Wladimir Lomeiko. Dass Letzterer ein Mann mit tollen Beziehungen in die GUS-Staaten (Gemeinschaft Unabhängiger Staaten) ist, glauben auch Ermittler der baden-württembergischen Polizei zu wissen: Anfang der siebziger Jahre war er als Korrespondent einer Nachrichtenagentur in Köln tätig. Danach hatte er seinen Dienstsitz in Moskau, reiste jedoch öfters nach Deutschland. Solche Möglichkeiten, so Erkenntnisse des Verfassungsschutzes, hatten nur besonders ausgesuchte und ausgebildete Personen. Als Nächstes wurde Professor Wladimir Lomeiko – während der Perestroika – Pressesprecher von Michail Gorbatschow und schließlich sogar Russlands Sonderbotschafter bei der UNESCO in Paris.

Im Jahr 2003 wurde eine Veranstaltung der IBBF zum Beispiel unter anderem durch eine russische Bank gesponsert. Deren Präsident soll nach Erkenntnissen der Polizei ein Mann namens Sergej G. sein, der gleichzeitig Geschäftsführer einer Handelsgesellschaft in Reutlingen ist. Vor Jahren übergab ein verärgerter Mitarbeiter den kompletten Inhalt aus dem Firmencomputer, gebrannt auf zwei CD-ROM, an den Bundesnachrichtendienst (BND), der die Übersetzung und Auswertung vornehmen sollte. Auf die Ergebnisse wartet die Polizei immer noch.

Sponsor der IBBF war auch ein Direktor von Gazprom, dem

größten russischen Energiekonzern. Und es ist sicher nicht nur ein Gerücht, dass Vorstandsmitglieder und Direktoren von Gazprom in der Vergangenheit Milliardenbeträge aus dem Unternehmen gezogen haben, um sich persönlich zu bereichern. Carlos Pascual, US-Botschafter in der Ukraine, äußerte die Befürchtung, «dass das russische organisierte Verbrechen Einfluss auf Gazprom» haben könnte. Doch dazu mehr im Kapitel Wirtschaftskriminalität.

Darüber hinaus existierte seit 1996 der «Verein Barmherzigkeit». Gutmenschen allemal, könnte man meinen, sind diese neuen Bürger aus der ehemaligen UdSSR, die nicht nur Barmherzigkeit und Völkerverständigung als Vereinsziel angeben. Um im teuren Baden-Baden überleben zu können, müssen sie natürlich Geschäfte machen. Wie gut, dass die Stadtväter von Baden-Baden besonders aufgeschlossen waren und großzügig eine Lagerhalle auf dem ehemaligen Flugplatz Baden-Oos an den Vorsitzenden des Vereins vermieteten. Der gründete die Firma Grigoriev Intercom GmbH und nutzte die Lagerhalle für seine Geschäfte. In einer Stadtratssitzung war zwar einmal Thema, dass «große Autos, besetzt mit Männern in Anzügen» in die Halle fahren würden, aber nichts geschah. Inzwischen hat sich der Chef des Vereins Barmherzigkeit in die USA abgesetzt, wobei gemunkelt wird, dass einer der ganz Großen in Baden-Baden für die «Ausreise» seines Konkurrenten verantwortlich gewesen sei.

Im Zusammenhang mit dem Verein Barmherzigkeit fiel der Polizei auch auf, dass die Kassiererin des Vereins Barmherzigkeit vier Reisebüros in Baden-Baden betreibt bzw. an ihnen beteiligt ist. Gegen die Verantwortlichen eines ihrer Reisebüros wurde im Jahr 2003 wegen des Verdachts der Schleusung ermittelt, während der Verein selbst bereits im April 2000 aufgelöst wurde.

Der Mann, um den es im Folgenden geht, hat es nicht nötig, sich nach Baden-Baden einschleusen zu lassen oder in Baden-Baden krumme Geschäfte zu machen. Aber trotzdem gehört er auch zu jenen, die es bevorzugen, dass ihre kleinen Geheimnisse bewahrt werden. Die Rede ist vom ehemaligen georgischen Präsidenten, Eduard Schewardnadse, dem Mann, der im Trailer einer sonntäglichen Talkshow als gütiger weißhaariger Mann zu sehen ist.

Breit wurde im November 2003 in den Medien über ein Gerücht berichtet: Der zu diesem Zeitpunkt noch amtierende georgische Präsident Eduard Schewardnadse soll sich für schlappe elf Millionen Euro die Grundig-Villa in Baden-Baden gekauft haben. Das Anwesen in der Stauffenbergstraße 50 a liegt auf einem 30 000 Quadratmeter großen Grundstück und verfügt über 800 Quadratmeter Wohnfläche. Gedacht, so die Vermutungen, war die Villa als Schewardnadses Rückzugsidylle, sollten die heftigen Proteste gegen ihn in Tiflis zu seinem Sturz führen. Die grassierende Korruption und katastrophale Wirtschaftslage führten dann Wochen später tatsächlich dazu, dass ein junger Politiker Schewardnadse vom Thron stürzte. Und der Clan des Gestürzten wurde von den wenigen, aber besonders profitablen Einnahmequellen des Landes abgeschnitten.

Bis zu seinem Schicksalstag in Tiflis, das wusste jeder in Georgien, hatten sein Clan und er Millionen verdient und einen Teil davon ins westliche Ausland geschleust, während die überwiegende Mehrheit der Georgier am Hungertuch nagte. Doch als es darum ging, das Gerücht über den Kauf der Villa auf seinen Wahrheitsgehalt abzuklopfen, hagelte es überall Dementis. Nein, mit Eduard Schewardnadse habe der Verkauf der Grundig-Villa überhaupt nichts zu tun, wurde offiziell verkündet. Eine Villa habe er nicht gekauft, sagte auch Eduard Schewardnadse selbst.

«Das allerdings kann auch keiner behaupten, der einigermaßen gründlich recherchiert. Der Grundbucheintrag spricht eine deutliche Sprache. Und weist in ein Geflecht von Firmen und zu einem Geschäftsführer in der Schweiz, der die Verträge zum Kauf der Grundig-Villa unterschrieben hat.»[57] Allenfalls sei, das bestätigte Baden-Badens Oberbürgermeisterin Sigrun Lang gegenüber den

Medien, der Name Schewardnadse im «Vorfeld von Verkaufsgesprächen der Villa Grundig gefallen». Ob das die ganze Wahrheit war? Und da der Expräsident unterdessen auch noch nicht nach Deutschland gekommen ist, scheint in Baden-Baden wieder Ruhe eingekehrt zu sein.

Doch der Schein trügt und ändert nichts an dem Faktum, dass – allen Dementis zum Trotz – der Schewardnadseclan sich die Grundig-Villa gekauft hat. Und zwar zu dem Zeitpunkt, als in Georgien die Studie der US-Entwicklungshilfebehörde USAID (United States Agency for International Development) bekannt wurde. Nach Erkenntnissen dieser Studie wird durch die Komplizenschaft georgischer Regierungskreise mit kriminellen Banden der Staatshaushalt von Georgien jährlich um mehr als 200 Millionen Dollar geprellt. Das ist fast ein Drittel aller georgischen Staatseinnahmen.

Gesichert ist, dass das ehemalige Anwesen der Chantal Grundig am 18. September 2002 für den Preis von 11,5 Millionen Euro über die Vermittlung einer Augusta-Immobilien GmbH in Baden-Baden an die holländische Firma Xavia in Amsterdam verkauft wurde. Hinter der Firma Xavia steht lediglich eine Adresse in einem Bürohaus am Amsterdamer Flughafen Schiphol. Inhaber der Firma Xavia wiederum ist ein Offshore-Unternehmen in Curaçao auf den Niederländischen Antillen. «Dahinter steckt ein verschlungenes, kaum durchschaubares Firmengeflecht. Dieses Unternehmen gehörte zur Valmet Group, einem Finanzdienstleister, der vorwiegend in Steueroasen ein weltweites Netz mit besten Kontakten nach Russland geknüpft hatte. 1999 wurden Geldwäscheermittler in der Schweiz und in den USA auf Valmet aufmerksam.» [58]

Alle diese verschlungenen Wege, diese schwer zu entwirrenden Geflechte aus Firmen und Personen enden an bestimmten zentralen Punkten. Und in diesem Fall enden sie bei Eduard Schewardnadse.

Dabei ist dieser Fall eigentlich ganz einfach, denn die ehemalige Besitzerin der Villa, Chantal Grundig, erzählte der Oberbürgermeisterin von Baden-Baden, Sigrun Lang, persönlich, dass sie das Anwesen an Eduard Schewardnadse verkauft habe. Das bestätigte auch der Leiter der Abteilung Haustechnik der Max-Grundig-Stiftung gegenüber Polizeibeamten des Polizeireviers Baden-Baden.

Beim Kauf anwesend waren ein Dolmetscher, Marian H. aus Wiesbaden, der nach eigenen Angaben als freier Mitarbeiter des BKA tätig sei, und die Ehefrau des persönlichen Referenten von Eduard Schewardnadse, eine Olga Safanowa. Der «Dolmetscher» verwaltet seitdem das Anwesen.

Natürlich fragt sich jeder, warum derart große Geheimnisse um Immobilienkäufe von Politikern und Unternehmern gemacht werden. Und warum versuchen die wirklichen Eigentümer der Immobilien, die in den letzten Jahren in und um Baden-Baden von Russen und Ukrainern aufgekauft wurden, mit allen Mitteln die wahren Besitzverhältnisse zu verschleiern? Wahrscheinlich ist, dass es sich um gestohlenes Geld handelt, in aller Regel jedenfalls nicht nach unserem altmodischen Rechtsverständnis erworbenes.

Wie derartige Verschleierungsversuche entstanden sind und welche Folgen sie zeitigen, das können die Bürger von Baden-Baden am Beispiel einer anderen Stadt verfolgen, die ebenfalls seit langem Anziehungspunkt vieler vermögender Bürger aus der ehemaligen UdSSR geworden ist – gemeint ist das südfranzösische Nizza.

Die dortige Staatsanwaltschaft eröffnete im Jahr 2002 im Zusammenhang mit großen Investitionen von Russen an der Côte d'Azur gegen den Banker Sergej Pugatschow eine Vorermittlung. Es ging darum abzuklären, woher die Gelder stammen, die er unter anderem in einen Limousinenservice investiert hat. Diese Firma drängte seitdem andere Verleihfirmen für Luxusautos in der Region durch überzogene finanzielle Angebote und mit Drohungen zum Verkauf. Inzwischen haben auch die Strafverfolgungsbehörden Monacos eine Untersuchung eröffnet. «Pugatschow soll dem russischen Präsidenten nahestehen. Die Meschprombank, die Pugatschow 1992 gegründet hat, gehört heute zu den fünf kapitalkräftigsten Banken Russlands. Der Bank wurden mehrfach Steuerhinterziehung und undurchsichtige Geschäftspraktiken vorgeworfen.» [59] Russische Zeitungen, die ähnliche Vorwürfe in Moskau erhoben hatten, wurden von dem Banker wegen Verleumdung auf eine Million US-Dollar Schadensersatz verklagt.

Die Polizeibehörden in Baden-Württemberg gehen davon aus, dass bis Ende 2003 allein in Baden-Baden 27 Immobilienobjekte im Wert von 32,3 Millionen Euro von Bürgern aus der Ex-UdSSR aufgekauft wurden – und ein Ende ist nicht abzusehen. In der Regel werden Grundstücke und Villen mit exquisiter Ausstattung und in bester Lage ausgewählt. Dabei kann es schon zu Problemen kommen, insbesondere wenn es um bestimmte Genehmigungen geht.

«Da gibt es manchmal herbe Gespräche», bekennt sogar die Oberbürgermeisterin von Baden-Baden. «Menschen, die gewohnt sind, mit Geld alles kaufen zu können, zu sagen, dass es ein Baugesetzbuch gibt und die Stadt einen Gestaltungswillen hat», stößt auf Unverständnis. Und deshalb ist es keine Ausnahme, wenn gefragt wird: «Wie viel kostet die Genehmigung?» Doch weil in Baden-Baden Korruption ein Fremdwort ist, fallen solche Wünsche nicht auf geschmierten Boden.

Polizeibeamte dagegen beschweren sich schon mal, dass sie sich bei Ermittlungen gegen Investoren manchmal mit der Frage konfrontiert sehen, warum gegen diese ermittelt werde, es seien doch «honorige Geschäftsleute».

Und die «honorigen Geschäftsleute» selbst melden sich, sofern sie erfahren, dass die Polizei nach ihnen schaut, sofort an höchster Stelle, um sich ihrerseits bitter zu beschweren.

Die politisch Verantwortlichen und die Behörden der Städte und Landkreise glauben an die zur Schau getragene Loyalität ihnen gegenüber. Häufig ist die Wirklichkeit – wie in anderen westeuropäischen Ländern zu sehen – aber eine andere. Diese Geschäftsleute kennen und respektieren nur ihre eigenen Interessen. Und die verbergen sie perfekt, damit ihnen die Polizei nicht auf die Schliche kommt.

Tatsächlich wird immer deutlicher, «dass Angehörige krimineller Organisationen und mutmaßliche Wirtschaftskriminelle sich bei ihren Aktivitäten in westlichen Staaten nicht auf Geldwäscherei beschränken. Vielmehr versuchen sie, mit korrupten Praktiken und Drohungen Einfluss zu gewinnen.» Das ist eine Erkenntnis des Schweizer Bundesamtes für Polizeiwesen in Bern. Es fällt nicht schwer, sie auf Baden-Baden zu übertragen, gerade weil es bereits «Indikatoren» für Organisierte Kriminalität gibt, «und die sehen wir», wie der Polizeipräsident der Kurstadt sagt. Sehen ist das eine, das Problem wirkungsvoll bekämpfen das andere.

Nun ist die personelle Situation bei der Polizei Baden-Württembergs ganz allgemein höchst unbefriedigend. Da außerdem Ermittlungsverfahren zunehmend nach Wirtschaftlichkeitserwägungen geführt werden und daher Geld die größte Rolle bei der Strafverfolgung spielt, gibt es vielfältige Möglichkeiten, diesen Zustand nach außen zu verschleiern.

«Wir haben ein bestimmtes Budget, und in der Regel ist das bereits im Oktober aufgebraucht. Dann haben wir große Probleme mit weiteren Ermittlungen, und das lähmt die Arbeit», beschwert sich ein leitender Ermittler aus Baden-Württemberg. Ein Kollege aus Stuttgart fügt hinzu: «Jetzt sollen sogar die Operationseinheiten aufgelöst werden, auch diejenigen, die gegen Bestechlichkeit in Verwaltung und Politik ermitteln.» Außerdem werden unter dem Mantel der Verwaltungsreform reihenweise kleine Polizeiwachen auf dem Land geschlossen. Die Menschen müssen dann halt bis zu einer Stunde warten, bis ein Polizeiwagen kommt, wenn sie Opfer eines Verbrechens geworden sind.

Das ist zweifellos ein idealer Zustand für jene, die von dieser politisch verursachten Misere profitieren. Sie wissen, dass man nur genügend Firmen und Strohleute bei kriminellen Investitionen einschalten muss, sodass bei eventuellen Ermittlungen die Beamten weder Zeit noch logistische Kapazitäten haben, alle Spuren zu verfolgen. Wurden die Immobilien zu Beginn durch natürliche Personen gekauft, wobei der Geldfluss immer unklar war, wird seit geraumer Zeit der Kauf von Immobilien über unübersichtliche internationale Firmengeflechte abgewickelt. Laut Aussage des Geschäftsführers einer Immobilienfirma, der viele Objekte vermittelt hat, handelt es sich bei seinen Kunden fast ausnahmslos um Personen aus dem Umfeld verschiedener Länderparlamente der ehemaligen Sowjetunion bzw. von Duma-Abgeordneten. «Eine Überprüfung, aus welchen Quellen die Gelder stammen, ist von hier aus nicht möglich», ist das Resümee einer baden-württembergischen Ermittlungsgruppe. Mehr als wahrscheinlich ist, dass es Geld aus eher kriminellen Quellen ist, das von diesen honorigen Bürgern ins sichere Baden-Baden transferiert wurde.

Zum Beispiel der Kauf des Hotels Quellenhof nebst Reisebüro, Villen und dem Seehotel Hubertus am idyllischen Schluchsee im Hochschwarzwald. Vermutet wurde, dass es der russische Geschäftsmann Andrej Tscherwitschenko gekauft habe, der gleichzeitig Präsident des Fußballklubs Spartak Moskau sei. Er würde aus dem Ölgeschäft kommen, und Journalisten stellten die Frage, ob es nicht Verbindungen zur russischen Mafia gebe.

«‹Alles Vorurteile›, sagt Quellenhof-Geschäftsführer Norbert Sanker. ‹Erst wurden den Italienern Verbindungen zum Organisierten Verbrechen nachgesagt, dann den Hongkong-Chinesen, jetzt sind es die Russen.› Fakt ist: Es gibt Menschen, die schneller waren als andere, als das russische Vermögen verteilt wurde.» Damit beschreibt die Journalistin Petra Kistler in der *Badischen Zeitung* den Kauf des Hotels und zugleich ein Problem, das bei näherem Hinschauen etwas komplexer ist als die simplen Antworten des Geschäftsführers.

Das erwähnte Hotel Quellenhof wechselte am 29. Januar 2002 für 3,5 Millionen Euro den Besitzer, und erworben hatte es ein Wladimir S. als alleiniger Vertreter der Firma Caba. An diesem Unternehmen wiederum ist der Präsident des Moskauer Fußballklubs, Andrej Tscherwitschenko, beteiligt. Und wer ist dieser Mann, den es nach Baden-Baden zieht? Die örtlichen Polizeibehörden wissen kaum etwas über ihn. Mehr Informationen sind in Moskau zu finden. Sie belegen, auf welch verschlungenen, selbst für Eingeweihte nicht nachvollziehbaren Wegen mehr oder weniger kriminell erwirtschaftetes Geld seinen Weg in die Legalität gefunden hat.

Zwar gibt es bei den zuständigen Behörden in Moskau keinerlei Informationen, die auf eine direkte Verbindung des Spartak-Präsidenten zu kriminellen Strukturen hinweisen. Er ist demnach nach außen hin sauber. Aufschlussreich ist jedoch, dass nach den Erfahrungen russischer Behörden Personen wie er auf solche Posten «gehoben» wurden.

Der Sportbereich, darunter vor allem auch der Fußball mit seinen zunehmenden internationalen Verstrickungen – Spielertransfer, Sponsorentätigkeit, Investitionsmöglichkeiten, Bau neuer Sportstätten, «Spielerkäufe» usw. –, gilt als außerordentlich wichtig für verdeckte «Geldwäscheoperationen».

Bekannt ist, dass kriminelle Strukturen nicht nur vorrangig über und mit Sportverbänden und Sportlern arbeiten, sondern ihre «Erträge» in dieses Geschäftsfeld Sport unmittelbar nach dem Zusammenbruch der UdSSR investiert hatten und dies bis heute in organisierter Form und wachsendem Umfang tun. Glaubt man russischen Medienberichten, werden häufig die Trainer und Schiedsrichter bestochen; in den Clubs wird Geld gewaschen und in den Stadien ein lukrativer Schwarzhandel betrieben. 1997 wurde der Präsident der Russischen Eishockey-Föderation, Walentin Sytsch, erschossen; zwei Jahre später ereilte das gleiche Schicksal zwei Präsidenten der russischen Fußballklubs Tschernomorez und Spartak Moskau.

«Es gibt Hinweise, dass er [Tscherwitschenko] in seiner Funktion als Präsident von Spartak Moskau benutzt wird (und er sich selbst aktiv engagiert), um Finanzbeträge ins Ausland zu transferieren und dort ‹anzulegen›», behauptet ein Bericht des russischen Inlandsgeheimdienstes (FSB) aus Moskau.

Nach seiner eigenen Darstellung arbeitete er Mitte der neunziger Jahre als kommerzieller Direktor in einem Unternehmen des Ölkonzerns Lukoil. Bemerkenswert ist, dass kompetente Manager bzw. Mitarbeiter dieses Konzerns dies allerdings bestreiten. Der Chef des Pressedienstes von Lukoil erklärte gegenüber dem Journalisten einer Moskauer Zeitung, dass Andrej Tscherwitschenko zu keinem Zeitpunkt im Konzern Lukoil tätig war und die von ihm geleiteten kommerziellen Strukturen selbst niemals zu Lukoil gehörten. Es ist jedoch nicht auszuschließen, dass wiederum diese und andere Erklärungen von Lukoil-Managern nicht ganz der Wahrheit entsprechen. Unabhängig davon, was nun stimmt oder nicht, vermochte er es, den erfolgreichsten Sportklub Russlands zu kaufen und seinem Club ein jährliches Budget von zirka 20 Millionen US-Dollar zu sichern. Seine Familie und seine engsten Vertrauten sind heute Mitbesitzer zweier Banken, eines Fernsehsenders und mehrerer Firmen in diversen Wirtschaftsbereichen. Außerdem sei er ein großer Sammler und Liebhaber von Gemälden und Antiquitäten, wird in Moskau erzählt.

Bis zum heutigen Tag gibt es wenig überprüfbare Angaben, wie er seinen Weg zum Präsidenten von Spartak Moskau machte. Allgemeingut ist hingegen, dass kein einziger russischer Fußballklub Gewinne erwirtschaftet. Daher die zwingende Frage, woher kommt sein Geld, auch das, um in Baden-Baden teure Immobilien zu kaufen? Und damit rückt Wladimir S. aus Baden-Baden in den Mittelpunkt.

Aufmerksam wurden Ermittler im Oktober 2001 auf den Mann, der dem Spartak-Moskau-Präsidenten bei Investitionen im Schwarzwald geholfen hatte, als sie bei einer Observation ein

Fahrzeug feststellten, das auf eine seiner Firmen zugelassen war. In diesem Fall ging es um den geplanten Kauf des Auhofes in Kenzingen-Malterdingen. Das ist ein ehemaliges Tanzcafé und stand seit geraumer Zeit leer. Inzwischen ist dort ein Swingerklub untergekommen. Er wirbt zum Beispiel im Internet: «Der Auhof verfügt über mehr als hundert bewachte und gut beleuchtete Parkmöglichkeiten und garantiert durch seine Lage mitten im Wald Diskretion in höchstem Maße.»

Wladimir S. ist Geschäftsführer von fünf Firmen (unter anderem einem Reisebüro). Auffallend war, dass die Gesellschafter seiner Firmen erst in Russland lebten und später im Schwarzwald polizeilich angemeldet wurden. Gegen ihn, der in Denzlingen lebt, gab es jedenfalls diverse Geldwäscheverdachtsanzeigen von Banken. Ursprung dieses Verdachts waren Überweisungen aus den USA und der Schweiz, die zwischen 30 000 und 850 000 Mark lagen.

Eine seiner Firmen fiel zudem im Zusammenhang mit organisierter Schleuserkriminalität als «Vieleinlader» auf, das heißt, es wurden ungewöhnlich viele Einladungsschreiben an Personen in der Ukraine oder Russland geschickt, damit diese ein Visum erhielten. Ein Großteil der eingeladenen Gäste stieg dann in seinem kleinen romantischen Hotel am Schluchsee ab, das er über eine seiner Firmen gekauft hatte.

Dort wurde im Frühjahr 2004 noch heftig renoviert. Wenn einmal zivile Beamte vorbeischauten, hörten sie von Nachbarn, dass bei der Renovierung selbst die Handwerker bestimmte Teile des Hotels nicht betreten durften. «Keiner weiß, was da geschieht, aber wie sollen wir das jemals kontrollieren?», klagte mir gegenüber ein Beamter. Damit nicht genug.

Nach Angaben der Landespolizeidirektion Freiburg spielte Wladimir S. bereits im Januar 2000 im Verfahren gegen Rudolf K. wegen versuchten Totschlags im Freiburger Lokal Seeklause eine entscheidende Rolle. Damals geriet er in Streit mit Rudolf

K. und anderen im Lokal anwesenden Russen. Der endete mit einer Schießerei. Wladimir S. konnte zunächst flüchten, wurde dann aber von zwei bislang unbekannten Tätern vor dem Lokal zusammengeschlagen. Die Freiburger Polizei notierte über den Vorgang: «Alle Beteiligten machten keine sachdienlichen Angaben. Zeugen wurden unter Druck gesetzt und gaben falsche Alibis. Der wahre Grund der Auseinandersetzung wurde im Laufe der Ermittlungen nicht bekannt. Die beteiligten Personen sollen angeblich Geschäftspartner sein.»

Beteiligter an der Freiburger Auseinandersetzung war auch Anatoli K. Er ist mit seinen Firmen nicht nur am An- und Verkauf von hochwertigen Rohstoffen beteiligt, sondern arbeitete früher beim KGB (Geheimdienst der Sowjetunion) in einer hohen Position. In einer Bewertung der Polizei von Baden-Baden heißt es über ihn: «Die Ermittlungen ergaben meist ein komplexes, international verbundenes Firmengeflecht um Anatoli K. und seine Geschäfts- und Kontaktpersonen sowie zahlreiche nicht nachzuvollziehende Geldflüsse. Der Verdacht der Geldwäsche konnte bislang jedoch nicht bewiesen werden.» Das wäre für einen Ex-KGB-Mann seines Kalibers auch eine arge Blamage, wenn das gelungen wäre.

In dessen Umfeld und dem von Wladimir S. bewegen sich auch Andrej S. und Samuel V, deren Pkw am 9. Mai 2003 bei Offenburg durchsucht wurde. Auf dem Rücksitz des Wagens lag eine Plastiktasche, und in ihr befanden sich Unterlagen über den Kauf / Verkauf von hochwertigen Rohstoffen. Dabei ging es um Kaufsummen zwischen 150 und 930 Millionen US-Dollar. Samuel V. war demnach Bevollmächtigter der Firma Channel Construction World Wide Ltd., die eine Tonne Strontium und zwei Tonnen Barium im Wert von 210 Millionen US-Dollar verkaufen wollte. Für das Unternehmen International Euro-Security Ltd. sollte er zudem ein Erdölgeschäft vorbereiten. Beide seriös klingenden Unternehmen sind in den offiziellen britischen Firmenregistern nicht zu finden.

Was den Verdacht nahelegt, es handelt sich um Briefkastenfirmen – wenn überhaupt.

Doch es gibt ja noch mehr kapitalkräftige Investoren. Da wird am 15. Mai 2001 in Baden-Baden die Villa Korf in der Kaiser-Wilhelm-Straße gekauft, und zwar durch die englische Blackrose Investments Limited zum Preis von 2,9 Millionen Euro. Unter der Anschrift der englischen Firma in London sind 55 Firmen angemeldet, was ebenfalls eher für eine Briefkastenfirma spricht. Da das Geld über eine Windsor Immobilien Verwaltungs-GmbH gelaufen ist, die im Februar 2002 von Amts wegen als unbekannt verzogen abgemeldet wurde, lag der Verdacht für die Behörden nahe, es handele sich wieder einmal um schnöde Geldwäsche. Denn hinter diesem Unternehmen steht, das haben die Ermittlungsbehörden zumindest festgestellt, erneut der werte Präsident des Fußballklubs Spartak Moskau.

Die Villa Trianon in der Friedrichstraße hingegen wurde durch einen besonderen Mann vermittelt, Vadim E., einen ehemaligen hohen Kämpfer gegen das organisierte Verbrechen in der Ukraine, der offenbar eine Art Monopol für Immobilienkäufe in Baden-Baden hat.

Geldgeber zum Kauf dieser Immobilie war die Firma Krudtransoil Ltd., die 2,76 Millionen Euro auf das Konto eines Notars überwies. Das Geld wiederum kam von einem Konto bei der Crédit Lyonnais in Zürich über die Landesbank Mainz auf das Konto des Notars. Und es fällt der Name der Russin Swetlana E.

Über Politik, Investitionen und wie man Aufenthaltsgenehmigungen erhält

Nach Erkenntnissen der Ermittler in Karlsruhe hat Swetlana E. im Jahr 2002 versucht, über das Schengen-Visum hinaus eine unbefristete Aufenthaltserlaubnis für Deutschland zu bekommen. Diesem Begehren wurde beim Landratsamt der Stadt Rastatt sowie beim Amt für öffentliche Ordnung in Baden-Baden nicht entsprochen. Wahrscheinlich nicht ohne Grund.

Was tat nun die kluge Swetlana E.? Sie suchte im April 2002 die Ausländerbehörde der Kreisverwaltung Südliche Weinstraße in Landau auf. Und dort, in der weinseligen Pfalz, zeigte man viel Verständnis für ihren Wunsch. Insbesondere nachdem die Rede davon war, dass sie Millionen im Landkreis Südliche Weinstraße investieren wolle. In einer handschriftlichen Besprechungsnotiz vom 18. April 2002 über ein Telefonat mit einem Begleiter von Swetlana E. hielt der Sachbearbeiter des Ausländeramtes Südliche Weinstraße in der Ausländerakte fest: «Weiler hat die Sache in die Hand genommen. Anmeldung erfolgt. Das Anliegen wurde MP Beck vorgetragen. Dieser soll mit Landrätin sprechen.»

Bei dem erwähnten «Weiler» handelt es sich um den Bürgermeister der Gemeinde Herxheim bei Landau, einen für das Gemeindewohl engagierten Mann. Herxheim ist ein kleines pfälzisches Weindorf, das nicht unbedingt Reichtum ausstrahlt, sondern kleinbürgerliche Biederkeit. Dort soll Swetlana für 1,5 Millionen Euro ein Grundstück samt Haus gekauft haben, das glaubt die Polizei zumindest zu wissen. Die Besprechungsnotiz des Sachbearbeiters des Ausländeramtes Südliche Weinstraße datierte vom 18. April 2002. Einen Monat später muss eine Entscheidung gefallen sein.

Einem Dokument des Landeskriminalamts Stuttgart ist zu diesem Sachverhalt zu entnehmen: «Mit Schreiben vom 29. 5. 2002 haben die Rechtsanwälte aus Landau der Kreisverwaltung Südliche Weinstraße mitgeteilt, dass sie Frau Swetlana E. in einer Ausländerrechtssache vertreten würden. Dem Rechtsanwaltsbüro gehört auch Stefan Beck, Sohn des rheinland-pfälzischen Ministerpräsidenten Kurt Beck, an.» Die Aufenthaltsgenehmigung wurde erteilt.

Der Vorgang schien ein wenig nebulös gewesen zu sein. Deshalb wurde er dem Baden-Badener Oberstaatsanwalt von skeptischen Ermittlern mündlich vorgetragen. Doch für den Oberstaatsanwalt bestand kein Handlungsbedarf, um ein Ermittlungsverfahren einzuleiten. Eine beachtliche Entscheidung. Ob sie damit zusammenhängt, dass Ministerpräsident Beck und sein Sohn in einem polizeilichen Ermittlungsbericht vom Juli 2003 namentlich erwähnt wurden?

Tatsächlich gelten Swetlana E. und ihr Lebensgefährte Eduard K. in Herxheim als angesehene Mitbürger. Zumindest in der Stadtverwaltung. Seltsam ist, dass in der Gemeindeverwaltung keiner etwas Genaues über die Hintergründe der neuen Herxheimer zu sagen weiß, nur so viel, dass sie etwas mit Ölgeschäften zu tun haben, zu einer internationalen Gruppe gehören, viel Geld hätten und Swetlana E. im Kunstbereich tätig sei.

Der Bürgermeister erzählte mir, dass er am Anfang natürlich an die Mafia dachte, aber «da sie erhebliches Kapital zur Verfügung hatten und dem Frieden in Russland nicht trauten, wollten sie sich bei uns niederlassen. Ich hatte natürlich die Hoffnung, vielleicht fällt da etwas für unsere Gemeinde ab, irgendwelche Investitionen, wie Kapital für ein Hotel oder so.»

Bisher wurden seine Hoffnungen nicht erfüllt. Er wisse nur, sagt er, dass sie inzwischen Tankstellen gekauft haben sollen und als Sponsor für ein Reitderby aufgetreten seien. Außerdem habe die Bank, die Sparkasse Südliche Weinstraße, ihm gesagt, dass der neue Kunde sehr solvent sei. Die Anwohner in der kleinen Seitenstraße, an deren Ende der mächtige Bungalow der russischen Neubürger steht, haben die beiden in der Vergangenheit kaum gesehen und wissen nichts über ihre neuen Nachbarn zu sagen, was in einer so kleinen Gemeinde eher unüblich ist. «Normalerweise», so erzählt mir eine Nachbarin, «steht das Haus leer, und die Rollläden sind fast immer heruntergelassen. Die sind doch sowieso immer in Baden-Baden.»

Immerhin klebt am Briefkasten auch der Name einer Firma:

Trans-Warp-Energie GmbH. Und die beschäftigt sich laut Firmenauskunft mit der «Handelsvermittlung von festen Brennstoffen und Mineralölerzeugnissen». Doch eine Telefonnummer des Unternehmens ist nirgendwo bekannt, auch bei der offiziellen Telefonauskunft nicht.

Was also ist so attraktiv an Herxheim in der Pfalz, dass Swetlana E. dort einen Bungalow kauft, am Briefkasten ein Zettel mit einem Firmennamen hängt, im Haus selbst aber höchst selten jemand anzutreffen ist, sieht man einmal vom Gärtner ab?

Und was treibt Swetlana E. in Baden-Baden? Auf jeden Fall pflegt sie dort gute Beziehungen zu dem bereits vorgestellten Vadim E., der zweifellos im Mittelpunkt vieler politischer und gesellschaftlicher Aktivitäten in Baden-Baden steht. Auf ihn wurde die Polizeidirektion Baden-Baden erstmals im Jahr 1997 aufmerksam. Damals hatte die Kasseler Polizei eine Anfrage zu seiner Person wegen des Verdachts der Schutzgelderpressung; zum anderen gab es Hinweise aus der Bevölkerung über sein seltsames Gebaren. Im Jahr 2003 erfuhren die Baden-Badener aufgrund eines Zeitungsartikels etwas mehr über ihren neuen Mitbürger. «Der russische Boom in Baden-Baden begann vor zweieinhalb Jahren. Die Idee stammt von einem gebürtigen Ukrainer, der selbst in der Kurstadt residiert und dort ein kleines Imperium aufgebaut hat. Reiseagenturen und Sicherheitsunternehmen für zahlungskräftige russische Kunden schossen wie Pilze aus dem Boden, nicht immer zur Freude von Justizbehörden. Immer wieder wurden russische Wachmänner wegen illegalen Waffenbesitzes aus dem Verkehr gezogen.» [60]

Nach Deutschland reiste er im September 1993 ein und beantragte, als Spätaussiedler anerkannt zu werden, da sein Vater Deutscher gewesen sei. Das wurde logischerweise abgelehnt. Vadim E. legte Widerspruch ein, gab unter anderem an, er habe in der ehemaligen UdSSR zu keiner Zeit eine herausgehobene berufliche Position eingenommen und deshalb auch keine Privilegien genossen. Mit dieser Legende hatte er ebenfalls wenig Erfolg.

Das Regierungspräsidium Karlsruhe verwarf seinen Widerspruch. Denn nach den Feststellungen der Behörde war Vadim E. im Laufe seiner beruflichen Tätigkeit innerhalb der Miliz im Jahr 1986 zum Oberleutnant, 1990 zum Kapitän und 1993 zum Major befördert worden. Darüber hinaus hatte er die Gelegenheit erhalten, im Rahmen seiner beruflichen Tätigkeit ein Jurastudium aufzunehmen. Letzteres galt als «besondere Auszeichnung».

Bis zu seiner «Ausreise» nach Deutschland diente er treu dem sowjetischen und später dem ukrainischen Staat, und zwar bei der Miliz in der Abteilung zur Bekämpfung der Organisierten Kriminalität. Er war nach seinen eigenen Angaben sogar deren Chef in der ukrainischen Stadt Donezk. Als seinen treuesten Freund in der Ukraine bezeichnete er den stellvertretenden Chef der Kriminalpolizei. Einerseits ist Donezk immer schon eine Schaltstelle verbrecherischer Aktivitäten, insbesondere im Bereich Schutzgelderpressung und Betrugsgeschäfte mit Rohstoffen, gewesen. Ausländische Investoren, die hier einmal versuchten, ins Geschäft zu kommen, sprechen vom «Gangland». Selbst eigentlich mächtige Betriebsdirektoren, zum Beispiel von Kohlebergwerken, dürfen ohne die Zustimmung der örtlichen Mafia keinen einzigen Brocken Kohle verkaufen. Andererseits ist das Gehalt selbst eines hohen Polizeibeamten in der Ukraine eher niedrig. Der Leiter einer Polizeiabteilung bekommt rund 350 Euro.

Vadim E. besaß in der Ukraine nach eigenen Angaben zwei Villen und sechs Eigentumswohnungen, die mittlerweile verkauft wurden, wobei er für die Villen 800 000 US-Dollar und für die Eigentumswohnungen zwischen 12 000 und 30 000 US-Dollar erhalten haben will. Daneben hatte er in der Ukraine angeblich ein Sparbuch über eine Million US-Dollar sowie 50 000 Mark auf einem Konto der Stadtsparkasse Karlsruhe.

Als sicher darf angenommen werden, dass der Besitz von Villen und Eigentumswohnungen in der Ukraine durch legale Einkünfte niemals erwirtschaftet werden kann, nicht einmal durch nur halbwegs legale. Selbst für die üblicherweise an Amtsträger gezahlten Bestechungsgelder übersteigt das den bisher bekanntgewordenen Rahmen. Vadim E. selbst erzählte mir dazu, dass er während seiner Zeit als Polizeioffizier von seinem Ministerium Wohnungen bzw. Häuser erhalten hätte, die er nach der Privatisierung quasi geschenkt bekommen habe. Und die seien später natürlich erheblich in ihrem Wert gestiegen. Außerdem habe er reiche Eltern gehabt – sein Vater sei ein bekannter Professor gewesen und seine Mutter Zahnärztin.

Immerhin fand schon einmal eine Hausdurchsuchung bei ihm statt, bei der umfangreiches Aktenmaterial beschlagnahmt wurde. «Einen Skandal» nannte er mir gegenüber diese Verhaftung in gebrochenem Deutsch. Und überhaupt, die gesamten gegen ihn gerichteten Vorwürfe seien vollkommen aus der Luft gegriffen. Im Gegenteil, er verstehe die Welt nicht mehr. Er habe doch so viel dafür getan, dass die reichen Touristen und Investoren aus der ehemaligen Sowjetunion nach Baden-Baden gekommen seien, sie hätten der heimischen Wirtschaft Arbeit gebracht. Auf meine Frage, warum denn diese reichen Russen derart komplizierte Firmenkonstruktionen benutzen, um die Herkunft der Gelder zu verschleiern, antwortete er: «Die Deutschen gehen doch auch in die Schweiz oder nach Liechtenstein, um Steuern zu sparen. Wenn jetzt alle reichen Russen als Mafiosi bezeichnet werden, dann werden keine Russen mehr nach Baden-Baden kommen, und was wird dann aus Stadt werden?»

Dass sein Haus und seine Konten bis zum heutigen Tag gepfändet seien, sei einer Demokratie nicht würdig. Da würde ja in Russland noch mehr Gerechtigkeit herrschen. Und er schimpft auf die deutsche Polizei, die nicht einmal wüsste, was ein Schengenvisum sei. Außerdem, erzählt er wütend, habe ihm die Richterin in Offenburg gesagt: «Sie haben große Hunde, und Sie wollen behaupten, Sie seien kein Mafioso?»

Der umstrittene Unternehmer Vadim E., der 1995 nach Baden-

Baden kam, lebt hier in einer riesigen Villa am Waldrand. Sie ist mit hohen Mauern und vielen Überwachungskameras bestens geschützt. «Manchmal kommen berühmte Dirigenten, und die haben eine Stradivari, die Millionen wert ist. Da brauche ich doch Schutz.» Auf dem die Villa umgebenden Grundstück stehen direkt am Waldrand Zwinger, in denen die von ihm gezüchteten Doggen bellen. 1,7 Millionen Mark hatte er für das Gebäude und 25 000 Quadratmeter Grundstück bezahlt, ein Schnäppchenpreis. Im Inneren des Hauses glänzen die Marmorböden, Skulpturen stehen in den Zimmern, und eher schwülstige Gemälde hängen an den Wänden. Irgendwie wirkt alles vollkommen steril, ist aber dafür wahrscheinlich sehr teuer gewesen.

Es hätte eine Idylle für ihn und seine Lebensgefährtin sein können, wäre da nicht im April 2003 die Polizei bei ihm eingefallen. Die verdächtigte ihn, für illegale Schleusungen und Geldwäsche verantwortlich gewesen zu sein. Und sie überführten ihn nach der Hausdurchsuchung in das Hochsicherheitsgefängnis Stuttgart-Stammheim. «Das ist eine große Ungerechtigkeit. Ich bin doch kein Mafioso. Sie haben bei mir weder Waffen noch Drogen, noch Geld gefunden», klagt er mir gegenüber. Gegen die Zahlung von 500 000 Euro Kaution kam er wieder auf freien Fuß. «Ein ganzes Jahr lang hat danach niemand mit mir gesprochen, weder der Staatsanwalt noch die Polizei.»

Bei den Aktivitäten von Vadim E. wird nach «Auffassung der Ermittlungsbehörden deutlich, was für Organisierte Kriminalität oft typisch ist: die Vermischung von legalen und illegalen Geschäften. Denn über Jahre hinweg hat der Mann maßgeblich dazu beigetragen, Baden-Baden in Russland zu einer begehrten Adresse zu machen: Er verfügt über exzellente Kontakte – nicht nur – zur russischen Nomenklatura.» [61] Das streitet Vadim E. vehement ab.

Nicht weniger beeindruckend sind seine Kontakte zu dem bereits erwähnten Präsidenten des Fußballklubs Spartak Moskau, Andrej Tscherwitschenko. Vadim E. hatte über eine seiner Firmen die Visa für dessen gesamte Familie bei der Deutschen Botschaft in Moskau beantragt. Zudem hatte sein Unternehmen die Reservierungen von Hotels und Arzttermine organisiert und für diese Vermittlungstätigkeit auch gleich entsprechende Provisionen in Rechnung gestellt.

Bekanntlich ist Vadim E. auch häufig Ansprechpartner für die Behörden wie beim Kauf der Villa Korf, um ein Beispiel zu nennen. Außerdem hielt er, so behauptet die Polizei in einem internen Bericht, «engen Kontakt mit Kurt Liebenstein, dem für kulturelle und wirtschaftliche Zusammenarbeit zuständigen Bürgermeister der Stadt Baden-Baden», der nach eigenem Bekunden jedoch nicht wusste, welch undurchsichtige Person Vadim E. ist. Bei der Verleihung des Deutschen Medienpreises an Boris Jelzin in Baden-Baden im April 1996 war die Ehefrau von Vadim E. als Dolmetscherin für den hohen Gast aus Russland eingesetzt. Familie Vadim E. ist demnach voll integriert, wie die anderen dubiosen Investoren und Residenten aus der Ex-UdSSR auch.

Über die Vermittlung einer seiner Firmen soll auch der stellvertretende Generalinspekteur Nord-West von St. Petersburg, Nikolaj Stepanow, vom Bürgermeister der Stadt Baden-Baden empfangen worden sein. Nikolaj Stepanow – in St. Petersburg offiziell sicher kein reicher Mann – besitzt zwei Eigentumswohnungen in Baden-Baden im Wert von einer Million Euro. Als ich Vadim E. zu diesen Verbindungen befrage, behauptet er, diesen Nikolaj Stepanow überhaupt nicht zu kennen. Zwangsläufig stellt sich also wieder einmal die Frage: In wessen Auftrag lebt und investiert Vadim E. in Baden-Baden? Ist es tatsächlich eigenes, legal erworbenes Geld, oder wurde er nur vorgeschoben? Und von wem? Fragen, auf die es bisher keine befriedigenden Antworten gibt. Der Verdacht liegt nahe, dass er unter Umständen auch noch für einen Nachrichtendienst arbeitet. Zumindest sein Kontakt zu einem in Weinsberg bei Stuttgart lebenden Heinz K., der in dubiose nachrichtendienstliche Aktivitäten für Russen, Ukrainer und Israelis verstrickt ist, und auch seine ungewöhnlichen Geldquellen und Beziehungsgeflechte wären Indizien dafür. Er bestreitet hingegen, Heinz K. zu kennen.

Ukrainische Helden im Kampf gegen das Verbrechen scheinen überhaupt gern ins liebreizende Baden-Baden zu kommen. Da lebt seit einigen Jahren ein weiterer ukrainischer Polizist, Vadim G., der einst Wirtschafts- und Organisierte Kriminalität in Barnaul (Sibirien) bekämpft haben will. Er stellte im Jahr 1993 einen Einbürgerungsantrag. Gegenüber dem Leiter der Baden-Badener Gewerbeabteilung erklärte er, Leibwächter für den österreichischen Rechtspopulisten Jörg Haider gewesen zu sein. Im Februar 2002 suchte er das Sozialamt auf, stellte sich als Mitarbeiter der ISC-International Security Consulting GmbH vor und bat um Auskünfte über zwei in Baden-Baden lebende Russen. Als Grund gab er an, dass sie ein nicht angemeldetes Unternehmen betreiben würden, dessen Hauptbetätigung die Vermittlung reicher Ukrainer nach Deutschland, speziell nach Baden-Baden, sei. Das zumindest geht aus einem internen Ermittlungsbericht der Polizei hervor.

In den entsprechenden Akten ist darüber Folgendes nachzulesen: «Am 4. April 2003 suchte Vadim G. zusammen mit einem Bodybuildertyp einen Herrn L. in Gevelsberg auf und erklärte, dass dieser ‹russisches Geld› habe. Das Auftreten schüchterte Herrn L. so ein, dass er über einen Anwalt Strafanzeige wegen Nötigung gegen Vadim G. stellte.» Und dieser Vadim G. wiederum ist bei Vadim E. über eine Firma angestellt. «Er ist nach eigenen Angaben Leibwächter von Vadim E. bzw. der von ihm eingeladenen Gäste.» Da haben sich also die Richtigen zusammengefunden.

Neben dem Kauf vieler teurer Immobilien werden in Baden-Baden und im Schwarzwald häufig Firmen gegründet, deren Geschäftszweck nicht jedem Polizeibeamten einsichtig ist. Oleg K. gehört zu diesen Firmengründern. Er ist Unternehmer und war einst Militärhubschrauberpilot der russischen Armee.

Über ihn – und das zeigt einmal mehr, dass Baden-Baden inzwischen auch eine Brutstätte für ehrenwerte Männer und Frauen aus Russland und der Ukraine geworden ist – liegen ebenfalls Erkenntnisse vor. Dazu gehört die «betrügerische Erlangung» von sechs Fahrzeugen im Wert von 400 000 Mark in den Jahren 1996 und 1997. Nach den Polizeiermittlungen brachte er die Fahrzeuge nach Usbekistan. Dann folgen Betrugsgeschäfte mit Lebensmitteln von deutschen Firmen. Der Gesamtschaden beträgt 340 000 Mark. Dem stehen hohe Ausgaben gegenüber. So hat er in der Zeit zwischen dem 6. Februar 1997 und dem 24. April 1997 beim Kasino Baden-Baden Jetons in Höhe von 342 112 Mark umgewechselt. Ein Jahr später bezog er Sozialhilfe in Baden-Baden. Nach diesem Tief ging es – wie und mit welchen Mitteln auch immer – wieder rasant aufwärts. Inzwischen ist er Unternehmer und besitzt drei Firmen im Bereich des Im- und Exports sowie des Industriebedarfs. Andererseits ist er im Vergleich zu dem folgenden Mann nur ein kleines Licht.

Seltsame Gäste aus dem ukrainischen Sumpf

Im November 2002 wurde die Polizei im Baden-Badener Hotel Dorinth Maison Messmer auf einen Mann namens Igor Bakai aufmerksam, der dort mit seinem Leibwächter und mehreren Begleitern abgestiegen war. Notiert sind zudem noch andere Aufenthalte in Baden-Baden: in Brenners Park-Hotel (15. 8. bis 21. 9. 2001) oder im Schlosshotel Bühlerhöhe (28. 12. 2002 bis 6. 1. 2003 bzw. 16. 1. bis 2. 2. 2003). Am 22. Januar 2002 wurde er sogar Vater eines Mädchens, das in der Stadtklinik Baden-Baden das Licht der Welt erblickte.

Die Polizei jedenfalls stellt im Zusammenhang mit Igor Bakai und Baden-Baden fest: «Für die Ukraine mit dem derzeitigen Präsidenten Leonid Kutschma steht die Person Igor Bakai als Verbindungsmann nach Baden-Baden. Igor Bakai ist der Ziehsohn von Kutschma und steht offensichtlich unter dessen Schutz. Eine andere Beurteilung scheint widersinnig, da trotz eines Rechtshilfeersuchens wegen Verdachts der Untreue und Geldwäsche bislang kein internationaler Haftbefehl ergangen ist. Im Gegensatz dazu steht die Festnahme des ehemaligen Ministerpräsidenten der Ukraine, Pavel Lasarenko, der wegen Untreue- und Geldwäscheverdacht in Höhe von 100 Millionen US-Dollar in San Francisco inhaftiert wurde. Ein ähnliches Schicksal widerfuhr Igor Didenko, der sich zusammen mit dem Präsidenten der Gradobank, Viktor Scherditzki aus Kiew und Parlamentsabgeordneter der Ukraine, vor dem Landgericht in Hildesheim verantworten muss.»

Diese Aussage enthüllt einiges, nämlich die Beteiligung der ukrainischen Staatsführung an kriminellen Aktivitäten. Und da liegen die Ermittler überhaupt nicht falsch. Aber sie erkennen selbstkritisch ihre Ohnmacht. Eine Zusammenarbeit mit den ukrainischen Behörden ist fast immer aussichtslos, und die Hoffnung, dass Rechtshilfeersuchen beantwortet werden, haben die deutschen Ermittler mittlerweile aufgegeben. Genau deshalb wähnen sich die Investoren aus der Ex-UdSSR in Baden-Baden ja auch so sicher.

Bereits am 28. Mai 2002 lag den Polizeibehörden in Baden-Baden übrigens ein Schreiben des BKA-Verbindungsbeamten aus Kiew auf dem Tisch. Danach gab es über den erwähnten Igor Bakai, Exvorstandsvorsitzender des ukrainischen Staatsunternehmens Naftogas (Neftegaz), einige interessante Erkenntnisse. Er sei Abgeordneter des ukrainischen Parlaments gewesen und habe sein Mandat bei den 2002 durchgeführten Parlamentswahlen wieder verloren. Glaubt man Informationen der Zeitung *Moskowskij Komsomolez*, baute sich der einstige Arbeiter in der Wurstabteilung einer Kooperative inzwischen auch in den USA ein Haus mit 22 Zimmern, 9 Bädern und 3 Kaminen für zwei Millionen US-Dollar. Bakais Sonderstellung trotz seiner undurchsichtigen Geschäfte lässt sich vielleicht auch dadurch erklären, dass der ehemalige

Öl- und Gaskönig der Ukraine den Wahlkampf des Präsidenten Kutschma gesponsert hatte.

Die Generalstaatsanwaltschaft der Ukraine habe gegen ihn und einen Igor Didenko ein Ermittlungsverfahren wegen des Verdachts der Untreue und Geldwäsche in Höhe von zirka 86 Millionen US-Dollar eingeleitet. Igor Didenko wurde am 14. Juni 2001 verhaftet, als er, aus Italien kommend, nach Deutschland einreiste.

Und während Igor Bakai Chef der Staatskanzlei in Kiew wurde, musste sein ehemaliger Geschäftspartner Igor Didenko in einer kargen Zelle im Gefängnis in Hildesheim sitzen und sich vor dem Landgericht Hildesheim verantworten – wegen Verdachts der Veruntreuung von 60 Millionen Mark, so die Anklage der Staatsanwaltschaft Hannover.

Veruntreut wurden Gelder deutscher Steuerzahler, die für die ehemaligen ukrainischen Zwangsarbeiter deutscher Firmen bestimmt waren. Die Gelder wurden zwar nach Kiew überwiesen, kamen jedoch nie bei den bedürftigen Opfern des Naziregimes an.

Die Spur des Geldes verlor sich vielmehr in Briefkastenfirmen, die in Steuerparadiesen in Zypern oder der Isle of Man ihre Adresse haben. Weil bereits sieben der Didenko vorgeworfenen Taten verjährt waren, konnte die Staatsanwaltschaft in Hannover schließlich nur noch einen Fall über die Veruntreuung von vier Millionen Mark zur Anklage bringen. Bei der Gerichtsverhandlung trug Igor Didenko manchmal ein T-Shirt mit dem Aufdruck «Ich hasse die Lügen der Deutschen».

Mitangeklagt ist Viktor Scherditzki, der ehemalige Vorstandsvorsitzende der Gradobank in Kiew. Er war ebenfalls dafür verantwortlich, dass die Entschädigungsgelder in dunklen Kanälen versickerten. Scherditzki und Didenko hatten einen Teil der gestohlenen Gelder über ein Unternehmen – Centurion Industrial Group Limited – in Hongkong geschleust und über eine nicht existierende Firma – PMB in Peine bei Hannover – gewaschen.

Die Gradobank wurde in den Bankrott getrieben, und die Kunden hatten das Nachsehen.

Viktor Scherditzki versuchte nun einiges, um einer Verurteilung in Deutschland zu entgehen. Aus gutem Grund: «Er ist als Finanzminister seiner Heimat im Gespräch, eine Vorstrafe wegen Geldwäsche käme da ungelegen.»[62]

Über ihn erzählt man bei der Polizei in Hannover, wie er eine besondere Methode ins Feld führte, um sein Strafverfahren aus der Welt zu schaffen – die «weißrussische Methode». Die drohte er den Ermittlern und der Staatsanwaltschaft an, sollten sie weiter gegen ihn ermitteln. Unter der weißrussischen Methode ist ein ungeklärter tödlicher Unfall zu verstehen – in seiner Heimat, der Ukraine, keineswegs ungewöhnlich. Seine Drohungen wurden ernst genommen. Richter und Staatsanwälte mussten daraufhin geschützt werden. Sein Motiv liege auf der Hand, berichtet mir ein Ermittler: «Scherditzki soll hier unbescholten aus dem Prozess herausgehen.»

Zuvor hatte bereits sein Braunschweiger Rechtsanwalt versucht, das Problem noch eleganter zu lösen. Der meldete sich beim Landeskriminalamt in Hannover und wollte einen Kontakt zu politischen Entscheidungsträgern. Er fragte an, ob er im Auftrag einflussreicher Ukrainer etwas regeln könne. Sein Mandant sei bekanntlich ein Justizopfer, und deshalb solle das Verfahren eingestellt werden. Als Gegenleistung würden die Behörden «sensible Informationen» über die ukrainische Unterwelt in Deutschland erhalten. Das Angebot wurde natürlich abgelehnt. Da hat es Scherditzkis Freund und ehemaliger Geschäftspartner Igor Bakai viel leichter. Er genießt den Schutz des ukrainischen Präsidenten und hat nicht den unverzeihlichen Fehler begangen, die Staatsführung bei seinen krummen Geschäften zu übergehen. Anfang Juni 2004 verurteilte das Landgericht Hildesheim Viktor Scherditzki wegen Untreue zu fünf Jahren und zehn Monaten Haft. Der Vorsitzende Richter, Harald Bachmann, warf dem Exabgeordneten vor, im

Laufe der Verhandlung fünf Zeugen zum Meineid angestiftet zu haben, und attestierte ihm «ungeheure kriminelle Energie». Der ebenfalls angeklagte Igor Didenko wurde wegen Beihilfe zur Untreue zu vier Jahren und drei Monaten verurteilt.

Eigentlich ist es eine Binsenwahrheit – selbst für einen Staatsanwalt und Richter in Baden-Württemberg – und in allen Analysen über die Ukraine nachzulesen: Die Ukraine ist einer der korruptesten Staaten der Welt. «Control-Risks», eine der renommiertesten internationalen Sicherheitsagenturen, hat zudem in einer internen Analyse aus dem Jahr 2001 über die Sicherheitsrisiken für deutsche Unternehmen in der Ukraine geschrieben: «Organisiertes Verbrechen ist alltäglich und eng verknüpft mit den staatlich-politischen sowie wirtschaftlichen Faktoren. Durch die großen Profite der Strukturen in den einzelnen Wirtschaftsbereichen wird alles getan, was notwendig ist, um diese Einkommensquellen zu schützen. Diebstahl, Korruption, Bedrohung bis hin zum Mord sind an der Tagesordnung. Meist trifft es nur die ukrainischen Staatsangehörigen, und die Westeuropäer bleiben in der Regel ungeschoren, was die körperliche Unversehrtheit betrifft – nicht jedoch in Bezug auf ihre Geschäftsprofite.»

Geschäftsprofite – das ist das Zauberwort für die einstigen Dogmatiker der kommunistischen Nomenklatura. Da besuchte im Januar 2004 der Präsident der Ukraine, Leonid Kutschma, die Grundig-Klinik bei Baden-Baden, um sich medizinisch betreuen zu lassen. Zuvor hatte er sich einer Magenoperation im Karlsruher Krankenhaus unterzogen. Fast wäre Baden-Baden zu diesem Zeitpunkt Aufmarschgebiet hinterhältiger Killer geworden, die einen Anschlag auf den Präsidenten planten. Nach Kutschmas eigenen Bekundungen waren in Baden-Baden zwanzig Killer auf seiner Spur, um ihn zu ermorden. Doch seien sie glücklicherweise von der deutschen Polizei verhaftet worden. Der Mann, der in dieser Zeit für die Sicherheit des Präsidenten mitverantwortlich war, lebt in Berlin. Er heißt Walerij Krawtschenko und diente als General der Auslandsaufklärung in der ukrainischen Botschaft in Berlin. Anlässlich des Besuches von Kutschma war er zusammen mit der Leibwache des Präsidenten für die Sicherheit seines obersten Chefs mitverantwortlich.

«Wissen Sie», erzählt Krawtschenko, «das erinnert mich an eine andere Geschichte. Vor einigen Jahren wurde im Tschernihiwer Wald ein Komplott von Offizieren gegen Kutschma aufgedeckt. Damals geschah das im Tschernihiwer Wald und nun im Schwarzwald. Ungefähr so ein Komplott ist das auch. Als ich das Material über das angeblich geplante Attentat erhielt, wurde es mit Hilfe der deutschen Kollegen ordentlich geprüft. Es wurde bewiesen, dass man hier keine Terroristen suchen muss, sondern die Quellen überprüfen muss und nicht Terroristen.»

In dem gegenüber der Grundig-Klinik liegenden Schlosshotel Bühlerhöhe klingelten während Kutschmas Aufenthalt wieder einmal die Kassen ohne Unterlass. Kutschmas gesamte Entourage logierte im Luxushotel im tiefen Schwarzwald. Die Zimmer wurden auf den Namen von Igor Bakai gebucht, inzwischen Chef der Staatskanzlei. Mit wachsender Empörung hatte auch Walerij Krawtschenko das Schauspiel beobachtet. Der weißhaarige General mit dem Aussehen eines Operndirigenten sagte mir, dass sowohl eine Baden-Badener Firma als auch Igor Bakai selbst den Besuch von Kutschma nicht nur organisiert hatten: «Sie haben in drei Wochen eine Million Euro für den Besuch ausgegeben. Es waren insgesamt fünfundzwanzig Männer samt ihren Frauen bzw. Geliebten da. Bakai sagte zwar öffentlich, alles sei von deutscher Seite bezahlt worden. Das ist aber Unsinn. Das war schmutziges Geld.»

Wegen dieses «Kuraufenthaltes» von Kutschma und seinem Hofstaat fragte auch Mykola Tomenko, Vorsitzender des Parlamentsausschusses für Meinungsfreiheit im Kiewer Parlament, den Vorsitzenden der Abteilung, die für die Reisen des Präsidenten zuständig ist, wer das alles bezahlt habe. «Ich habe eine interessante Antwort erhalten. Herr Bakai, der diese Abteilung leitet, antwortete mir offiziell, dass die Kosten der Kur des Präsidenten und des Aufenthalts der Delegation von der gastgebenden Seite übernommen wurden. Es ist klar, dass die gastgebende Seite die deutsche Seite ist.» Daraufhin schrieb Tomenko dem deutschen Botschafter in der Ukraine einen Brief und wollte wissen, ob diese Aussage stimmt. «Er teilte mir mit, dass es in Deutschland unüblich ist, sowohl ukrainische wie auch die eigenen Präsidenten auf Staatskosten zu kurieren.»

Eine Übernachtung in einer Luxussuite im Schlosshotel, wo sich zudem einige ukrainische Oligarchen eingemietet hatten, kostet übrigens 2150 Euro.

Und der General der ukrainischen Auslandsaufklärung Krawtschenko erzählte mir noch in einem Nebensatz, dass ein Alexander Wolkow Kutschmas Ehefrau ein Geschenk übergeben habe – im Wert von 800 000 US-Dollar. Ob das stimmt?

Insofern ist die Aussage eines ukrainischen Oligarchen kein Märchen, der während seines Aufenthaltes in Baden-Baden davon berichtete, dass sich jeden Mittwoch in einer Sauna in Kiew die bedeutendsten Männer der Ukraine treffen. «Der Präsident, der Generalstaatsanwalt, der Chef des Geheimdienstes und der mächtigste Finanzier des Präsidenten, Georgij Surkis. Sie bestimmen über das Schicksal unseres Landes», klagte er. Was in der heißen Sauna jeden Mittwoch besprochen wird, das wird die Öffentlichkeit sicher nie erfahren.

Dabei war es immerhin Leonid Kutschma höchstpersönlich, der gegenüber Abgeordneten des ukrainischen Parlaments, der Rada, sagte: «Man muss sich entschieden und kompromisslos von allen trennen, die den Dienstgrad der Beamten kompromittieren. Die der Korruption Verdächtigen werden für alles zur Verantwortung gezogen. Unabhängig von ihrem Rang und ihren vergangenen Verdiensten. Ich denke, so ist es richtig, hier nützen keine Halbheiten.»

Leonid Kutschmas Tochter ist, welch ein schöner Zufall, mit

Wiktor Pintschuk verheiratet, einem der reichsten Oligarchen des Landes, dem auch Fernsehsender und Zeitungen gehören. In den Jahren 1997 und 1998 sollen übrigens durch ein Unternehmen, an dem Wiktor Pintschuk beteiligt ist, «38 Millionen US-Dollar auf Konten der First National Bank of Boston und der Bank of New York transferiert worden sein».[63]

In einer kürzlich veröffentlichten Studie mit dem Titel *Craft and Governance: Corruption as an Informal Mechanism of State Control* analysiert Keith Darden, Professor an der Yale-Universität, wie Korruption in der Ukraine funktioniert. Und auch er kommt zu dem Schluss, dass die Ukraine einer der korruptesten Staaten weltweit ist – was ja eigentlich schon längst kein Geheimnis mehr ist.

Und das sollte auch in Baden-Baden inzwischen jeder wissen und dem Treiben dieser suspekten Investoren und ihrer Hintermänner nicht länger zuschauen. Dabei geht es nicht nur um die Selbstverständlichkeit von Korruption, die bei manchen eingebürgerten Russen und Ukrainern in Baden-Baden wie anderswo so etwas wie ein kulturelles Stigma ist. Es sollte zumindest so etwas wie die soziale Ächtung dieser «Investoren» geben, wenn es schon der Justiz unendlich schwer fällt, die Herkunft ihrer Gelder aufzuklären, weil der ukrainische oder russische Staatsapparat selbst involviert ist.

Vielleicht verschwendet man in der noblen Kurstadt einmal einen Gedanken daran, dass in den Herkunftsländern der «Reichen» aus dem Osten die Verelendung epidemische Ausmaße angenommen hat, die auf der Ausplünderung durch Korrupte und Reiche basiert, die dem Staatshaushalt Milliarden stehlen und das Geld mit Wissen und zumindest indirekter Beteiligung der politischen Führung im Ausland anlegen. Die «kulturellen Eigenheiten» der Neubürger aus der ehemaligen Sowjetunion könnten bei weiterer Duldung durchaus raumgreifend in Deutschland kopiert werden. Anfänge sind bereits zu beobachten, wie uns die seltsame Aufenthaltsgenehmigung für Swetlana E. in Rheinland-Pfalz lehrt oder wie das bedenkenswert naive Eintreten des Bürgermeisters von Baden-Baden für Investoren aus der ehemaligen Sowjetunion vor Augen führt. Und eines ist sicher: Mit dem vielen Geld kommt – früher oder später – auch die nackte Gewalt. Und deshalb könnte es mit der schönen Idylle in Baden-Baden auch bald vorbei sein.

Die Entführungsindustrie

Wie der Zusammenhang von Geld und Gewalt aussieht, kann ein kurzer Blick ins benachbarte Hessen zeigen. Dort wurden nach langwierigen Ermittlungen mehrere Erpressungsfälle gelöst. Möglich wurde dies durch das Engagement eines einzelnen Beamten vom Hessischen Landeskriminalamt – und durch viel Glück. Entführungen und Erpressungen sind inzwischen keine Ausnahmen mehr in Deutschland, gerade weil sie in aller Regel aus Angst vor Repressalien gegenüber Familienangehörigen an der Polizei vorbei «gelöst» werden. Ein Beamter des Landeskriminalamts in Hessen spricht von einer ganzen Serie von Entführungen, «die keinem von uns aufgefallen sind». Andere reden von einem «großen Dunkelfeld».

In diesem speziellen Fall war es etwas anders, auch weil Nursultan Nasarbajew, der Präsident von Kasachstan, zumindest indirekt involviert war. Der eröffnete am 18. April 2004 zusammen mit Bundeskanzler Gerhard Schröder sowie hochrangigen Vertretern aus Wirtschaft, Wissenschaft und Politik die Hannover Messe 2004. Sie stand unter dem Motto: «Heute wissen, was morgen machbar ist». Das hat sich Nursultan Nasarbajew bereits seit langem zu Herzen genommen.

Seit dem Jahr 2002 wird in den internationalen Medien über das «Kazakgate» berichtet, nachdem in den USA sein ehemaliger

Berater James Giffen wegen Korruption angeklagt wurde. Ihm wird von einem US-Gericht vorgeworfen, für den Verkauf unter anderem eines kasachischen Ölfeldes an den US-Konzern Mobil Oil eine Milliarde US-Dollar Bestechungsgelder und Luxusgeschenke an mehrere kasachische Prominente gezahlt zu haben. Einer von ihnen, so kann man der Anklageschrift entnehmen, sei Nursultan Nasarbajew gewesen. Andere waren der ehemalige Ölminister und ein ehemaliger Premierminister. Das Geld wurde zwischen Mai 1997 und September 1998 über zahlreiche Scheinfirmen und Stiftungen in der Schweiz, Liechtenstein und den Virgin Islands transferiert. Giffens Anwälte halten die Beschuldigungen für «substanzlos» und erklären, dass ihr Mandant James Giffen «unter der Anleitung der kasachischen Regierung» gehandelt habe.

Anscheinend hatte der Nasarbajewclan noch zusätzliche, bislang unbekannte Optionen, wie einer der Erpressungsfälle in Hessen zeigte.

Einer der Erpresser lebte Ende der neunziger Jahre in Offenbach und betrieb dort zusammen mit einem Komplizen ein illegales Bordell. Sein Name ist Sergej Maljutin, ein Exoberst des KGB und Afghanistankämpfer, Handlanger der Entführungsbande aus der ehemaligen UdSSR. Sergej Maljutin forderte im Namen seines Chefs vom im März 1998 entführten Opfer, dass dieser ihm sein Aktienpaket über ein Bergwerk in Kasachstan überschreiben sollte. Der Entführte hatte keine Wahl, wollte er überleben. Und so ging das Bergwerk, Wert heute 22 Millionen Euro, an den Nasarbajewclan über.

Jener entführte und erpresste Geschäftsmann wurde während seiner Entführung schwer misshandelt und ist heute ein gebrochener, ein vereinsamter und ein verarmter Mann. Aber erst zwei Jahre später, nachdem drei weitere deutsche Geschäftsleute entführt worden waren, konnte Ex-KGB-Oberst Maljutin festgenommen werden. Und das auch nur, nachdem ein engagierter Beamter des Landeskriminalamtes Hessen herausgefunden hatte, dass es einen direkten Zusammenhang zwischen allen vier Entführungsfällen gab. Inzwischen wurde Maljutin wegen erpresserischen Menschenraubs zu acht Jahren Gefängnis verurteilt. Von seiner Zelle in der Justizvollzugsanstalt Butzbach aus, wo er sich «wie ein König aufführte», so JVA-Bedienstete, erteilte er einem gewissen Igor den Auftrag, sowohl den gegen ihn ermittelnden LKA-Beamten als auch den Staatsanwalt liquidieren zu lassen. Wie gesagt, er ist nur ein Handlanger gewesen.

Der Kopf der Bande lebt derweil komfortabel in Kaliningrad am Moskowskij Prospekt 94. Er heißt Wjatscheslaw Kluge, wurde am 5. Dezember 1958 in Salokamsk geboren und wird inzwischen mit internationalem Haftbefehl gesucht. Bevor er «auf sicheren Boden» nach Kaliningrad umzog, wohnte er in einer Villa im Birkenweg Nr. 6 im hessischen Friedberg. Er besitzt einen deutschen Pass, nachdem er seine Einbürgerung juristisch erstritten hat.

Sein Job, bevor er Blut roch und ins Erpressungsgeschäft wechselte, bestand darin, als eine Art Drücker für eine große deutsche Versicherung Kunden zu ködern. Das war insofern günstig, weil er auf diese Weise Informationen über deutsche Unternehmer erhielt. Denen machte er dann Angebote für normale Geschäfte.

So besuchte er Anfang 1998 auch den Metallwarenhändler Heinrich P. bei Frankfurt auf, um mit ihm über Importe von Metallprodukten zu reden. Der lehnte ab, weil ihm Kluge nicht besonders seriös erschien, und ging eigentlich davon aus, Kluge würde nie wieder etwas von sich hören lassen. Dann, eines Tages, erhielt er ein Fax aus dem ukrainischen Lwow, dem früheren Lemberg. Eine Firma Alfa Ltd. wollte mit ihm in Geschäftsverbindung treten und legte entsprechende Dokumentationen für ein seriöses Geschäft mit Metallen vor. Nachdem der Frankfurter Kaufmann telefonisch abgeklärt hatte, ob die Angebote realistisch waren, wurde er eingeladen, nach Lwow zu kommen, um sich persönlich über die Qualität der Metalle zu informieren. Warum sollte er die Einladung ablehnen? Am Flughafen Lwow wartete am 22. September 1998 bereits ein Fahrer auf ihn, der ihm noch den guten Rat gab, seiner Familie telefonisch mitzuteilen, dass er gut angekommen sei. In der Firma Alfa Ltd. wurden ihm die entsprechenden Unterlagen gezeigt, alles schien in Ordnung zu sein. Gastfreundlich wurde er daraufhin zu einer Geburtstagsfeier des Firmenchefs eingeladen, eine Einladung, die er schlecht ablehnen konnte.

Das war ein kapitaler Fehler. Kaum klingelte er an der Wohnungstür des Mannes, der ihn eingeladen hatte, wurde er bewusstlos geschlagen und wie ein Paket zusammengepackt, geknebelt und in ein Zimmer gesperrt. 24 Stunden wusste er nicht, was die Entführer von ihm wollten. Zusammengekauert, an eine Heizung gekettet, kaum bewegungsfähig, überlegte er, was er falsch gemacht hatte: Fühlte sich jemand hintergangen, hatte er irgendjemanden beleidigt? Nach einem Tag erschien einer der Entführer, drückte ihm eine Pistole an den Kopf und sagte ihm: «Wir haben den Auftrag, dich zu erschießen. Dafür wurden uns 500 000 US-Dollar bezahlt. Wenn du uns eine Million gibst, lassen wir dich frei.»

Doch er hatte keine Million. Wenig später kam ein anderer Mann. «Schau, wir wissen, dass du eine kleine Tochter hast. Unser Chef hat auch eine. Uns ist das alles unangenehm. Zahle die eine Million, und du bist frei.» Einer, der häufig mit im Zimmer war, so sagte der Entführte später gegenüber der Polizei aus, war Wjatscheslaw Kluge, der Mann, der mit ihm in Frankfurt ins Geschäft kommen wollte. Dann reichten ihm die Erpresser sein Handy, damit er bei der Bank anruft. Irgendwie bekam er wenigstens 250 000 Mark zusammen, sein gesamtes Vermögen, mehr hatte er nicht. Die 250 000 Mark wurden zwei Tage später am Frankfurter Hauptbahnhof dem dort wartenden Komplizen übergeben, und erst danach wurde er freigelassen. Frei ist übertrieben. Noch in der Wohnung wurde ihm zu verstehen gegeben, falls er zur Polizei ginge, würden sie zuerst seine Tochter, dann seine Frau und schließlich ihn töten.

Kaum ist seine Maschine auf dem Frankfurter Flughafen gelandet, geht er zur Polizei und will das Verbrechen anzeigen. Doch die Beamten zeigten überhaupt kein Interesse an seiner Entführungsgeschichte: «Was erzählen Sie uns für einen Mist. Sie haben sich das ausgedacht und täuschen uns eine Straftat vor.»

Am nächsten Tag erhielt er einen Anruf, sich bei der Polizei in Darmstadt zu melden. Dort erfuhr er, dass er als Beschuldigter vernommen werden soll: wegen Vortäuschung einer Straftat. Erst nach einem stundenlangen Verhör konnten die Beamten davon überzeugt werden, dass er tatsächlich entführt und erpresst wurde. Doch in der Zwischenzeit hatte die Polizei die Banken informiert. Die sperrten ihm sofort alle Konten, und wenig später kam das Finanzamt, um ihn und seine Geschäfte zu überprüfen. Der Geschäftsmann, der entführt wurde, musste daraufhin seine Firma auflösen: Er war ruiniert.

Unterdessen wurden in Hessen weitere Entführungsfälle durch die Bande unter Führung von Kluge bekannt. Die Masche war immer die gleiche: Um Geschäfte abzuschließen, wurden die deutschen Unternehmer entweder nach Lwow, Prag oder Vilnius gelockt, entführt und schwer misshandelt, bis sie das geforderte Lösegeld zahlten. Und immer erlebten die Entführten das Gleiche, wenn sie der Polizei gegenüber aussagen wollten: Anfangs glaubte ihnen niemand, sofort wurden ihnen sämtliche Konten gekündigt, und alle wurden durch die Entführung wirtschaftlich und seelisch ruiniert.

Einige der Entführten haben es immerhin gewagt, sich der Polizei zu offenbaren, obwohl die Entführer damit drohten, ihre Familienangehörigen zu liquidieren, falls sie die Polizei aufsuchen. Wie viele andere haben das aus Angst nicht getan? Denn anscheinend ist die naive Meinung bei einigen Polizeibeamten vorhanden, dass jeder deutsche Geschäftsmann, der mit dem Osten Geschäfte macht, ebenfalls ein Mafioso sei.

In allen vier bekanntgewordenen Entführungsfällen sind bis auf den Exoberst des KGB, Maljutin, die Täter auf freiem Fuß.

Einer von ihnen lebt nun in Lwow. Doch die Generalstaatsanwaltschaft in der Ukraine hat, obwohl die deutsche Polizei alle Unterlagen zur Verfügung stellte, um einen Haftbefehl zu erwirken, nichts unternommen. Nichts ist vielleicht übertrieben. Würde irgendjemand der Generalstaatsanwaltschaft 100 000 US-Dollar zahlen, wäre man natürlich sofort bereit, den Täter zu verhaften. Dieses Angebot unterbreitete ein Mittelsmann der Generalstaatsanwaltschaft tatsächlich einem der Entführungsopfer.

Ähnlich ist die Situation in Kaliningrad, das für kriminelle Geschäfte eine Art extraterritoriale Schutzzone darstellt, in der bestimmte Mafia-Operationen organisiert werden wie zum Beispiel der Handel mit gestohlenen Autos, Zigarettenschmuggel oder das Abzweigen von Treibstoff. Eklatant ist die Verwicklung des Militärs und der Sicherheitskräfte in diese schmutzigen Geschäfte. Erst wenn Richter und Staatsanwälte – die einerseits gerade mal ein Gehalt von 500 Euro verdienen, andererseits aber Urlaub auf den Malediven machen, in einer Villa wohnen und einen Mercedes fahren – 50 000 Euro erhalten, können sie etwas gegen den Chef der Bande Wjatscheslaw Kluge unternehmen. Der ist unterdessen ins Immobiliengeschäft von Kaliningrad umgestiegen. Bei alten Frauen oder Männern, die ihre Häuser nicht verkaufen wollen, werden durch seine Handlanger Brände gelegt. Daraufhin folgt ein neues Verkaufsangebot, das die alten Hausbesitzer nicht mehr ablehnen können. Wenn die Häuser nicht sowieso abgebrannt sind, werden sie abgerissen und auf dem Boden teure Villen gebaut und für viel Geld weiterverkauft.

Entführung: Das also ist eine Methode, die gegenwärtig in Deutschland zum aktuellen Bedrohungsinstrumentarium hochkrimineller Straftäter auch für deutsche Unternehmer geworden ist. Verständlich ist daher, dass sich in Frankfurt Kripobeamte weigern sollen, gegen «Russen» zu ermitteln. «Wir gehen doch nicht ein solches Risiko ein», lautet ihre Begründung.

Eine andere Form der Erpressung, die bei hochkarätigen deutschen wie internationalen Industrieunternehmen durchwegs akzeptiert werden muss: die bedingungslose Kooperation mit kriminellen Strukturen. Ein Beispiel. In Moskau residiert die Mercury-Group, eine Holding mit über 80 Tochterunternehmen. Sie vertreibt in Russland die bekanntesten Luxusmarken wie Bentley Motors, Armani, Breitling, Chopard, Fabergé oder Tiffany oder auch Fruchtsäfte der Firma Eckes-Granini. Auffällig ist allenfalls, dass diese Mercury-Group auch eng mit dem «Nationalen Fonds zur Unterstützung der Mitarbeiter der Organe der föderalen Sicherheitsdienste» (der Nachfolgeorganisation des KGB) verbunden ist. Daraus könnte man ableiten, dass der Ex-KGB offenkundig viel mit der Holding zu tun hat. Was auch so ist. In den Führungsebenen bis zur Spitze sitzen ehemalige KGB-Mitarbeiter, die teilweise in Deutschland gearbeitet hatten. Der Präsident dieser mächtigen Holding ist der 1966 geborene Igor Albertowitsch Kesaew. Am Genfer See, auf der französischen Seite, besitzt er ein prächtiges millionenschweres Grundstück mit Tennisplatz, Swimmingpool und einem Privathafen. Sowohl die italienische als auch die Schweizer Polizei ermitteln bereits gegen ihn – wegen Geldwäsche. Behauptet wird über ihn zudem, dass er in Moskau zur sogenannten Osetischen Diaspora gehöre, die in sehr engen Beziehungen zur osetischen kriminellen Vereinigung stehen würde. Die Republik Nordosetien zeichnet sich dadurch aus, dass sie den ersten Platz in Russland hinsichtlich der Produktion und des Vertriebs von gefälschten alkoholischen Getränken und Zigaretten eingenommen hat. So weit, so normal.

Ein Tochterunternehmen der Mercury-Group ist die Firma Megacom. Eng kooperiert sie mit dem britischen Konzern Imperial Tobacco, dem weltweit viertgrößten Tabakkonzern, der inzwischen das deutsche Unternehmen Reemtsma geschluckt hat. Geleitet wird das Unternehmen Megacom von einem Sergej Chatsijew. Und dieser unternimmt nichts, das wissen eingeweihte Kreise in Moskau wie in Deutschland, ohne totale Rückendeckung durch seinen Chef. Im Jahr 2001 versuchte Megacom nun die Exklusivrechte für den Vertrieb von Reemtsma-Produkten in Russland zu erhalten. Reemtsma lehnte jedoch ab. Kurz darauf wurde das Zentrallager von Reemtsma in Moskau überfallen, die Wachleute wurden angeschossen und Waren im Wert von 1,5 Millionen Dollar gestohlen. Vermutet wurde damals bereits, dass hinter dem Überfall Megacom steht. Am 31. Mai 2002 wurde der Vertriebsmanager von Reemtsma in Moskau durch Messerstiche lebensgefährlich verletzt. Wieder fällt der Name von Megacom und Sergej Chatsijew, der kurz nach der Tat die Täter angerufen hatte. Knapp ein Jahr später, am 28. Mai 2003, wird der Reemtsma-Mitarbeiter Viktor Tarabanowskij durch professionelle Killer erstochen. Obwohl der deutsche Sicherheitsbeauftragte von Imperial Tobacco, der – wie in Moskau zu erfahren ist – ebenfalls mit dem Tod bedroht wurde, deshalb vor weiteren Geschäftsbeziehungen mit der Mercury-Group dringend abriet, beharrt der britische Zigarettenkonzern Imperial Tobacco bis heute auf der weiteren Zusammenarbeit mit diesem hochsuspekten russischen Konzern. Und investiert sogar 10 Millionen britische Pfund in einen Zigarettenkonzern in der Hauptstadt der autonomen Republik Nordosetien, in Wladikawkaz, bekannt dafür, dass dort nur gefälschte Zigaretten hergestellt werden. Fazit: Wenn Umsätze stimmen, scheint es für die westlichen Multis keine Hemmungen zu geben, mit Konzernen aus der Ex-UdSSR zusammenzuarbeiten, die über Leichen gehen.

Die Macht ethnischer Parallelgesellschaften in Deutschland

«Konstatiert werden muss, dass der rein repressiv-polizeiliche Bekämpfungsansatz diesem bereits fest strukturierten und etablierten Kriminalitätsgefüge nur ansatzweise gerecht werden kann und lediglich dazu geeignet ist, Auswüchse punktuell einzudämmen.»

Markus Henninger, Landeskriminalamt Berlin

Über Ghettos, Gegengesellschaften und Banditen

Deutschland steht zweifellos vor einem Phänomen, das die USA bereits vor über 100 Jahren erlebt haben. Dort bildeten sich, wie aus der Geschichte belegt, durch Einwanderer oft strikt abgeschottete Wohngebiete und Ghettos mit allen ihren negativen Folgen.»[64] In der Tat: Es zeichnet sich ein Menetekel ab, wonach die Integration bestimmter ethnischer Gruppen, bedingt durch die sozialen und wirtschaftlichen Verwerfungen in Deutschland, endgültig zu scheitern droht.

Am Beispiel von zwei verschiedenen ethnischen Gruppen soll deutlich gemacht werden, dass das «keine voraussehbare Entwicklung ist», wie es Kriminaldirektor Rainer Bruckert vom Landeskriminalamt Niedersachsen behauptet, sondern bereits deutsche Realität. Da gibt es zum einen die Russlanddeutschen sowie die «Libanesen» in Berlin.

Ausgrenzung, fehlende Integration und fehlende Zukunftsperspektiven, Entwurzelung, Verlust traditioneller Werte und negative Vorbilder, soziale und kulturelle Verelendung sind also die Ursachen dieser Entwicklungen bei diesen Gruppen. Gekennzeichnet sind sie dadurch, dass aus der Perspektivlosigkeit und sozialen und kulturellen Verelendung heraus sich die typische Jugend- und Jugendbandenkriminalität – Diebstahl, Drogenkonsum und -kleinhandel, Körperverletzung, kleine Einbrüche – entwickelt. Und die hat nur zwei Perspektiven: entweder den Abstieg in die individualisierte Resignation oder den Aufstieg in Bandenstrukturen und von dort zur Organisierten Kriminalität.

Bei den jungen Deutschstämmigen aus Russland, kurz Russlanddeutsche genannt, entsteht noch ein weiteres Problem, das erst langsam sichtbar wird: die totale Abschottung, mit all ihren negativen Folgen. Der soziale Brennpunkt Hannover-Vahlenheide ist für die Polizei inzwischen ein weißer Fleck. «Wir wissen nicht mehr, was sich dort abspielt», sagt ein Beamter aus dem niedersächsischen Dezernat für Organisiertes Verbrechen. «Wenn du in dieses Wohngebiet reinfährst, wirst du kontrolliert: Was willst du hier, und kriegst bei einer falschen Antwort gleich eine in die Fresse.»

Ähnlich die Situation in Salzgitter-Lichtenberg oder in Belm bei Osnabrück. Dort sind 80 Prozent der Festgenommenen Spätaussiedler aus den Gebieten der ehemaligen Sowjetunion. «Es gibt ganze Bereiche, die sich abschotten. Es bilden sich Gegengesellschaften», erzählt mir ein Ermittler aus Osnabrück. Gleichzeitig (und das verstärkt diese Entwicklung) entstehen überall in Deutschland rein russische Diskotheken. Die russischen Türsteher lassen keine andere Nationalität in diese Diskotheken, selbst deutsche Jugendliche werden abgewiesen.

Nicht viel anders sind die Verhältnisse in Bayern. In Ingolstadt mit einem 20-prozentigen Ausländeranteil leben zirka 15 000 Russlanddeutsche. Der zuständige Kripochef meint: «Momentan sind sie noch im Aufbau begriffen, die Strukturen werden erst gebildet, funktionieren bereits beim Schutzgeld mit der damit verbundenen Gewaltkriminalität. Die Jungen integrieren sich nicht, und sie bilden definitiv eine Gegengesellschaft.» Auch hier gibt es bereits heftige und teilweise blutig ausgetragene Revierkämpfe zwischen jungen Türken und Russlanddeutschen.

Andere Beamte sprechen aus, was in Ingolstadt offiziell niemand hören will. «Es etabliert sich eine kriminelle Szene, die vor Mord nicht zurückschreckt. Wir haben Fälle von Schusswaffengebrauch, und jemandem ins Knie schießen ist auch keine Ausnahme mehr.» In Rheinland-Pfalz reden die Ermittler von ganzen Straßenzügen, die fest in der Hand von russlanddeutschen Banden sind.

Überall stellt sich die Lage ähnlich dar, wo viele Familien aus der ehemaligen UdSSR in sozialen Brennpunkten leben. Diese sozialen Brennpunkte, die sektoralen Armutsbereiche, waren immer schon Brennpunkte der Kriminalität – auch bereits zu Zeiten, als es noch keine jungen Russlanddeutschen gab. Aber die Qualität der Gewalt und der kriminellen Energie hat durch sie in erheblichem Umfang zugenommen – an dieser Feststellung gibt es wenig zu rütteln. Selbst die Bundesarbeitsgemeinschaft Evangelischer Jugendaufbaudienst sieht, dass die jugendlichen Aussiedler in Gefahr sind, zur leichten Beute für Bandenkriminalität zu werden. Gleichzeitig wird immer wieder behauptet, dass die Kriminalitätsbelastung der Spätaussiedler nicht anders sei als die der sonstigen Deutschen. Auch die Beteiligung der Aussiedler an der Drogenkriminalität sei nicht höher in Relation zu anderen Bevölkerungsgruppen. Die polizeiliche Statistik würde auch keine Angaben zur Kriminalität von Aussiedlern machen, sondern unterscheide nur zwischen Deutschen, zu denen auch die Aussiedler gehören, und Ausländern.

Selbst das hessische Landeskriminalamt in Wiesbaden behauptet, dass Spätaussiedler nicht häufiger straffällig werden als andere Bürger. «Diese Bevölkerungsgruppe ist nicht überdurchschnittlich kriminell», sagte LKA-Präsident Peter Raisch. Deshalb sei eine gesonderte Erfassung der Spätaussiedler in der Kriminalstatistik nicht zu rechtfertigen. Gewalt sei eine Folge ungenügender

Deutschkenntnisse. Wenn man keine verbalen Konfliktlösungsstrategien habe, «werden schnell mal die Fäuste geschwungen. Sie treten auch in der Gemeinschaft als Gruppe auf».

Welche Verharmlosungsstrategie hinter diesen Worten steht, ist schwer auszumachen. Manchmal gründen derartige Aussagen auf den politischen Vorgaben, manchmal fehlen Erkenntnisse, weil die Polizei nicht ermittelt, was beispielsweise in Hessen der Fall ist. Da zudem aufgrund der knappen Finanzen die Gelder für die Betreuung und Schulung der Spätaussiedler kontinuierlich zusammengestrichen, Sprachfördereinrichtungen, Förderschulen und Internate geschlossen wurden, bedarf es eigentlich keines besonderen polizeilichen Weitblicks, um die Konsequenzen zu erkennen.

«Auch wenn die tatsächliche Delinquenzbelastung der jungen Aussiedler noch nicht geklärt ist, gehen doch alle Untersuchungen von einer deutlichen Dynamik in Richtung abweichendem Verhalten aus. Dafür verantwortlich zeichnen fast ausschließlich Aussiedler männlichen Geschlechts, die als Jugendliche nach Deutschland gekommen sind, ein geringes Bildungskapital aufweisen und über zu geringe Unterstützung in ihren Familienverbänden und ihrem sonstigen Umfeld verfügen.»[65]

Und es stellt sich eine zentrale und bislang ungelöste Frage insbesondere bei den jungen Russlanddeutschen, die sich fest in kriminelle Strukturen einbinden – einbinden müssen, wenn sie das erste Mal ins Gefängnis gekommen sind: Was wird mit ihnen, wenn sie wieder aus dem Gefängnis herauskommen? «Bereits inhaftierte junge Aussiedler entwickeln im Strafvollzug ihre eigenen Regeln und Organisationsstrukturen, deren Ursprünge offensichtlich von den ‹Gefängnistraditionen› aus vorsowjetischer Zeit bis in die jüngste Geschichte der GUS beeinflusst werden und deutliche Parallelen zum sowjetischen Gulag aufweisen.»

Josef Geißdörfer vom Landeskriminalamt in Bayern sieht darin ein fast unlösbares Problem: «Im Gefängnis werden selbst diejenigen Straftäter, die bislang vereinzelt gearbeitet haben, in eine feste kriminelle Gemeinschaft eingebunden. Sie haben keine Alternative. Und ich befürchte, dass sie nicht resozialisierbar sind.» Nun ist Geißdörfer ein ausgewiesener Optimist. Warum sieht er diesmal schwarz?

Richtig ist, dass hinter den Mauern der Gefängnisse eine eigene ethnische kriminelle Subkultur entstanden ist, die vollkommen abgeschottet ist. Sozialarbeiter oder Therapeuten bleiben außen vor, oder sie werden als Instrumente für die Angehörigen der Subkultur benutzt. Das Gefängnis ist schon immer ein Abbild der gesellschaftlichen Verhältnisse vor den Gefängnistoren gewesen. Aber die neuen kriminellen Subkulturen werden dauerhaft sein und auch nach dem Absitzen der Strafe nicht nur weiter bestehen bleiben, sondern die kriminellen Strukturen zementieren.

In einem im November 2000 in einer Justizvollzugsanstalt sichergestellten Dokument, das inzwischen auch in anderen Gefängnissen gefunden wurde, werden russisch sprechende Gefangene aufgefordert, Verbindungen und Kontakte nach außen sowie zwischen den Anstalten auf- und auszubauen. Mitgefangenen bzw. Angehörigen werden Schutzgelder abverlangt, die in einen gemeinsamen Topf (Obtschak) zu zahlen sind. Es wird der Kodex der «Diebe im Gesetz», der traditionellen kriminellen Autoritäten in Russland, propagiert. Neuankömmlinge müssen sich einer Überprüfung ihrer kriminellen Karriere und der persönlichen Einstellungen dazu durch externe Angehörige der kriminellen Banden unterziehen. Aus der Selbstdarstellung der Gefangenen gegenüber den Mitgefangenen und dem Ergebnis der Überprüfung wird ihnen ein Status innerhalb der Subkultur im Gefängnis zugewiesen. Gefangene mit niedrigem Status bzw. solche, die wegen Zusammenarbeit mit den Strafverfolgungsbehörden in Ungnade gefallen sind, werden durch das Repressionssystem psychisch und physisch gemaßregelt. Dazu gehören Demütigungen, Nötigungen, Erpressung, Körperverletzungen, Aufforderungen zum Suizid.

«Nach vorliegenden Erkenntnissen wird die Aufstellung und Einhaltung eines entsprechenden Regelwerks mit größter, fast religiöser Ernsthaftigkeit und Gültigkeit betrieben. Besondere Vorkommnisse in den Vollzugsanstalten und sichergestellte Schriftstücke belegen die Gegenwart des alltäglichen Kampfes um die Durchsetzung der Regeln in der ethnischen Subkultur gegen die vorgefundene Vollzugsrealität und gegen die Bediensteten. So wurden beispielsweise Initiativen zur Organisation von Hungerstreiks allein zu dem Zweck ergriffen, die Gefangenen auf ihre Loyalität gegenüber der kriminellen Subkultur zu überprüfen.»[66]

Der Leiter der Justizvollzugsanstalt in Bremen, Manfred Otto, führt in diesem Zusammenhang die charakteristischen Merkmale der russisch sprechenden kriminellen Subkultur im Knast auf. Dazu gehören die «Zwangsmitgliedschaft» jedes Russen – «du bist Russe, du bist einer von uns, wir sagen dir, was du zu tun hast» –, die bedingungslose Akzeptanz des Repressionssystems, absolutes Aussageverbot gegenüber staatlichen Institutionen bis hin zur Übernahme von Verantwortung für Straftaten, die andere begangen haben, und die Verpflichtung, sich an der Obtschak, der Diebeskasse, zu beteiligen. «Diese aus Erpressungsgeldern und ‹freiwilligen Spenden› gebildete kriminelle Kriegskasse verfolgt zwei Ziele. Zum einen werden hier die Anteile aus den Gewinnen des Drogengeschäfts, von Einbrüchen, Frauenhandel eingezahlt, in der Regel zwischen 30 und 50 Prozent der Gewinne. Gleichzeitig werden aus der Kasse die in Not geratenen Kriminellen finanziell unterstützt, ebenso die Angehörigen. Für die Kriminellen ist es eine nicht zu hinterfragende Instanz», erklärt Manfred Otto.

Nicht hinterfragt werden auch die Überprüfungen innerhalb des Gefängnisses über den Status des neu hinzugekommenen verurteilten Straftäters. Verfügt jemand über entsprechende Kenntnisse und Fähigkeiten, sodass er die Überprüfungen bestanden hat, wird er als «guter Junge» in die Subkultur aufgenommen. In der Folge wird er weiterhin intensiv beobachtet, «da der Prozess der Statuszuweisung nie abgeschlossen ist. Es steht ihm dabei die Chance offen, innerhalb der Gruppe bzw. Organisation aufzusteigen», resümiert Manfred Otto von der Justizvollzugsanstalt Bremen. Wenn das alles so zutrifft, und es wird von den Gefängnisdirektoren der meisten deutschen Justizvollzugsanstalten ähnlich gesehen, stellt sich in der Tat die Frage, was bewirken überhaupt noch Resozialisierung und der Versuch von Therapien, wenn diese Instrumente von den Gefangenen nicht mehr angenommen werden? Und wie sieht die Zukunft dieser jungen Menschen aus? Die Antwort, die ich zu häufig hörte, war: «Warten, bis sie wieder im Knast sind.» Erbauend sind solche Antworten nicht.

Das Berliner Ghetto oder Geschichten über Schein und Wirklichkeit

«Berlin ist die deutsche Kriminalitätsmetropole», sagt Konrad Freiberg, der Vorsitzende der Gewerkschaft der Polizei. Und er beklagt den eklatanten Widerspruch zwischen Strafverfolgung und der kriminellen Welt in und um Berlin. «Wir haben eine frustrierte und unterfinanzierte Polizei – was soll dabei herauskommen?» Berlin ist die Hauptstadt der Armen, stellt ein Sozialatlas fest, der nach vielen Verzögerungen vom SPD / PDS-Senat Ende April 2004 veröffentlicht wurde. Insgesamt 533 000 Berliner müssen mit weniger als 600 Euro im Monat auskommen und leben unterhalb der Armutsgrenze. Sozialarbeiter, sofern sie nicht entlassen wurden, sprechen von einer ständig steigenden Verelendung. In Berlin heißt das beim SPD / PDS-Senat: «soziale Disparitäten». Ein Begriff, der das wahre Ausmaß des Elends verschleiern soll.

Berlin ist das Spiegelbild des neuen Deutschlands. Grenzenloser Reichtum in den grünen Villenvierteln wie im Grunewald; heruntergekommene Wohnsilos und soziales Elend in Neukölln, Marzahn oder Wedding; und in der Mitte erstrahlt das Regierungsviertel mit glitzernden Einkaufsparadiesen und noblen Restaurants, in denen Champagner und Austern geschlürft werden.

Und dann gibt es noch Polizei und Justiz, die mit den daraus entstehenden Problemen fertig werden sollen. Und ein Senat, dem vollkommen gleichgültig ist, wenn sich Kriminalität und Ohnmacht flächendeckend ausbreiten. Um sich nicht selbst Gedanken machen zu müssen, holt man sich private Beraterfirmen, die die massiven Kürzungen bei Polizei und Justiz schmackhaft machen sollen. Und dafür erhielten sie auch noch viel Geld: 1,5 Millionen Euro für die Beratung bei der «Einführung der Elemente der Verwaltungsreform in der Berliner Polizei», 260 000 Euro für die Hilfe bei der Reform der Staatsanwaltschaft und der Justizvollzugsanstalt in Tegel. Es war alles reine Show.

Ein Berliner Oberstaatsanwalt referiert über die Folgen der Kürzungen: «1992 hatten wir bei der Staatsanwaltschaft noch zwei Hauptabteilungsleiter und 27 Staatsanwälte, die für Organisierte Kriminalität zuständig waren. Jetzt haben wir gerade mal eine Abteilung und fünf Staatsanwälte für Organisierte Kriminalität.»

Und wie sieht es mit der Qualifikation und Arbeitsmotivation in der Berliner Staatsanwaltschaft aus? «Schleimlecker steigen auf, denn die neue Personalpolitik ist, dass die Mitarbeiter zwei Eignungen haben müssen: Verdiente Parteiarbeiter, und sie müssen stromlinienförmig sein», klagt ein Staatsanwalt. Von «Günstlingswirtschaft» sprechen auch andere Berliner Staatsanwälte, die unter dem Generalstaatsanwalt Hansjürgen Karge leiden dürfen. Von ihm stammt die kluge Erkenntnis, dass Staatsanwälte nicht mehr so lange ermitteln dürfen, wie sie wollen. «Da sind Sach- und Fachaufsicht gefordert.»

Also am Gängelband der Politik sollen sie gehalten werden. Die Vereinigung Berliner Strafverteidiger wirft dem Generalstaatsanwalt Karge einen «monarchistisch anmutenden Führungsstil» und «populistische Stammtischsprüche» vor. Zu seinen bemerkenswerten Sprüchen gehören: «Ich vergleiche mich in meiner Funktion als

Generalstaatsanwalt gerne mit einem Panzerkreuzer.» Und: «Auf objektive Verstöße müssen Sanktionen folgen. Das weiß jeder, oder auch nicht, von den primitiven Buschnegern bis zu den Tieren.» Er selbst ist ein gutes Vorbild. Bei den Ermittlungen um die millionenschweren Geldschiebereien zwischen der Berliner Bankgesellschaft und der CDU ließ er sich so zitieren: «Nicht jede Sauerei ist strafbar.» Insgesamt zwölf Staatsanwälte, 20 Kriminalisten und zehn Wirtschaftsreferenten und Bilanzbuchhalter arbeiten an dem Fall. Trotzdem sagen inzwischen Finanzermittler übereinstimmend: «Da wird am Ende überhaupt nichts herauskommen, weil nichts herauskommen darf. Zu viele Politiker sind darin involviert.»

Entsprechend hoch motiviert sind Polizeibeamte und Staatsanwälte. Der ehemalige Berliner Justizsenator Wolfgang Wieland beschreibt das Klima innerhalb der Berliner Staatsanwaltschaft folgendermaßen: «Junge Juristen wollen nicht zur Staatsanwaltschaft, man muss sie quasi mit dem Lasso einfangen. Und wer bei der Staatsanwaltschaft ist, will diese fluchtartig in Richtung Richterberuf verlassen. Karge hat dies alles mit Faulheit der jungen Juristen begründet; sie würden einfach nicht arbeiten und sich lieber als Richter einen schönen Lenz machen wollen. Dies ist seine Haltung. Er ist als Behördenchef in Berlin völlig fehl am Platz.»

Wenn dann zwei mutmaßliche Schwerverbrecher wegen Kapazitätsmangels so einfach freigelassen werden, schreit die Öffentlichkeit auf. Über die Hintergründe wird hingegen wenig gesagt. Die artikulierte Holger Bernsee, der stellvertretende Bundesvorsitzende des Bundes Deutscher Kriminalbeamter in einer Presseerklärung: «Wir machen seit langem darauf aufmerksam, dass die Strafverfolgungsbehörden in der deutschen Hauptstadt in vielen Bereichen am Ende sind. Sowohl die Polizei als auch die Justiz werden systematisch kaputtgespart. Wenn gleich zwei mutmaßliche Schwerverbrecher – in beiden Fällen geht es um Tötungsdelikte – wegen Kapazitätsmangels entlassen werden müssen, ist es höchste Zeit, die Notbremse zu ziehen.» Sein Appell blieb ungehört.

Denn die Berliner Polizei fristet ein ebenso mickriges Dasein wie die Justiz und passt sich somit den allgemeinen Lebensbedingungen in Berlin an. Dafür sorgen nicht nur die fehlenden Finanzmittel und eine blamable Ausstattung, sondern eine schon manische Sucht nach immer neuen Reformen, die als extrem fortschrittlich verkauft werden. «Mummert-Consulting, Berliner Modell, Verwaltungsreform und Neuordnung der Führungsstrukturen haben für die unmittelbare Polizeiarbeit wenig bis gar nichts gebracht und hauptsächlich politische Einspar- oder besser Kürzungsvorgaben bedient», so Klaus Jansen, Chef des Bundes Deutscher Kriminalbeamter (BDK).

Und was bedeutet das nun im Alltag der Kriminalisten? Einige wenige Beispiele mögen das verdeutlichen. Beamte des LKA hatten einen hochkarätigen russischen Kriminellen im Visier. Er lebt in einer prächtigen Villa aus der Gründerzeit, fährt nur Luxuslimousinen und gibt in der Steuererklärung an, im Monat 1500 Euro zu verdienen. Anderthalb Jahre wurde immerhin gegen ihn ermittelt, was bereits an ein Wunder grenzt. Dann wurden die Beamten gefragt: «Wie teuer wird das Verfahren noch werden?» Und danach gab es keine weiteren Ermittlungen mehr. «Dabei», so ein BKA-Beamter, «war das Organisierte Kriminalität in Reinkultur.» Selbstkritisch merken Beamte an, dass teilweise Kollegen als verdeckte Ermittler in ein Milieu geschickt werden, in dem sie ziemlich schnell auffallen. «Der verdeckte Ermittler trat wie ein Zuhälter auf. Die Russen haben sich totgelacht, als der mit Goldkettchen und Porsche ankam.»

Tatsache ist, dass bereits vor dem Fall der Mauer der damalige sowjetische Geheimdienst KGB in West-Berlin «geschäftliche Strukturen» aufbaute, um das Kapital des Geheimdienstes und der Partei auch in Deutschland anzulegen. Ein Insider erzählte mir dazu: «Bereits seit 1986 wurde daran gearbeitet, um entsprechende Positionen aufzubauen, wenn die DDR zu existieren aufhört. In der russischen Botschaft gab es eine Arbeitsgruppe, die darüber beraten hat, wie der KGB agieren soll und materiell abgesichert werden kann, wenn die DDR fällt. Und dann sind zum Beispiel in Wunstorf (ehemalige Garnison der sowjetischen und später russischen Truppen, J. R.) Millionenbeträge verschoben worden.»

Wurde noch Anfang der neunziger Jahre versucht, die Hintergründe zu ermitteln, kann davon heute keine Rede mehr sein.

Einer der Gründe mag sein, dass gerade unter den Kriminellen aus der ehemaligen UdSSR ungewöhnlich viele jüdische Bürger sind. Von den knapp 13 000 Mitgliedern der Jüdischen Gemeinde in Berlin sind zwei Drittel aus der ehemaligen Sowjetunion zugewandert; noch einmal so viele russische Juden haben nach Angaben des Berliner Senats darauf verzichtet, Mitglied der Jüdischen Gemeinde zu werden. Nur hinter vorgehaltener Hand wird bei Ermittlern und Staatsanwälten von einer Berliner «Kosher Nostra» gesprochen. Das alleine zu registrieren ist höchst problematisch und weckt zudem den sowieso latent vorhandenen gefährlichen Antisemitismus.

Das ist nicht alles. Insgesamt dürften nach vorsichtigen Schätzungen heute 150 000 russisch sprechende Menschen in Berlin leben, von denen zwar nur ein kleiner Teil hochkriminell ist. Aber selbst die müssen keine Angst haben. Zu ihnen gehören 400 ehemalige tschetschenische Untergrundkämpfer, häufig radikale Fundamentalisten. Für sie ist Berlin aber nicht nur Ruheraum geworden, bis sie zu neuen Aktionen gerufen werden. In der Zwischenzeit drängen sie vermehrt in den Bereich der Schutzgelderpressung hinein. Und keiner legt ihnen das Handwerk. Das geht auch überhaupt nicht mehr.

Detlef Rieffenstahl von der Gewerkschaft der Polizei beklagt sich darüber, dass in Berlin in den «nächsten Jahren noch ca. 2500 Stellen zusätzlich abgebaut werden. Man muss dazu allerdings sagen, dass wir schon über 2000 Stellen abgebaut haben. Man kann schon von Sicherheitslücken reden, wenn die Polizeiführer selber aufschreiben, dass wir Problemkieze haben, wenn Abschnitte zusammengelegt werden, um Personalressourcen zusätzlich zu haben, dann kann man wohl schon von deutlichen Anzeichen von Sicherheitslücken reden.» Ein Beamter des Berliner Landeskriminalamtes präzisiert diese Aussage: «1991 waren 20 Beamte für das Dezernat zur Bekämpfung der osteuropäischen Organisierten Kriminalität zuständig: Heute sind es noch sechs junge Beamte, denen jegliches Wissen fehlt. Sie können nichts bewerten, eine Situation nicht einschätzen. Die erfahrenen Leute sind unter dubiosen Umständen entfernt worden.»

Insofern darf es eigentlich niemanden verwundern, dass Berliner Kriminalbeamte offen davon sprechen, dass sie nicht mehr nach dem Legalitätsprinzip arbeiten, sondern nach dem Opportunitätsprinzip. Das heißt übersetzt: Bestimmte Straftaten wie Diebstahl werden überhaupt nicht mehr bearbeitet. Als Ausgleichsmaßnahme wurde der «Objektberater» erfunden. Das sind Polizeibeamte, die Bürger beraten, wie sie sich am besten gegen Diebstahl oder Einbruch privat schützen können. Kostenlos ist das nicht mehr. Die Bürger erhalten einen Gebührenbescheid: 40 Euro. Und weil das nicht reicht, werden zunehmend «Billigpolizisten» eingestellt, die noch weniger Geld als ein normaler Beamter und eine noch schlechtere Ausbildung erhalten. Offeriert werden Angestelltenposten mit nur zwei Drittel der normalen Arbeitszeit. Monatseinkommen zwischen 750 und 1000 Euro. Als Billigpolizist zu arbeiten kann für sie nur ein Zweitjob sein, denn mit diesem Gehalt kann ein Familienvater nicht überleben.

Nicht nur Hamburgs Innensenator Udo Nagel sieht darin ein Problem. «Ein Beamter, der hier quasi nur noch einen Zweidritteljob hat, der muss ja nebenher noch etwas dazuverdienen. Der kann davon nicht existieren, der muss die Miete zahlen, der muss Versicherung zahlen, muss die Familie durchbringen. Und wenn er das mit seinem gelernten Job nicht kann, bleibt am Schluss, dass er einen Nebenjob macht, das heißt, dass er nachts Tankwart wird und dergleichen mehr.»

Bestenfalls – oder er arbeitet gleich für die andere Seite. Das Berliner Modell der Billigpolizisten bietet nämlich eine Chance. Im notwendigen zweiten Job eröffnen sich zahlreiche Möglichkeiten, den kriminellen Strukturen dienstbar zu sein. Und die haben sich bereits darauf vorbereitet, entsprechende Arbeitsplätze für die Billigpolizisten zu schaffen. Dabei darf nicht vergessen werden, dass bereits Vollzeitpolizeibeamte, verheiratet, mit Kind, maximal gerade 1800 Euro brutto Monatsgehalt bekommen. Aufstiegschancen haben sie in Berlin auch nicht. So gesehen wäre es vermessen, von ihnen eine besondere Motivation bei der Verfolgung von Verbrechern zu erwarten.

Was derartige Einsparungsorgien bewirken, zeigt sich bereits in einem anderen Bereich: nämlich die Ethnisierung sozialer Probleme. Der ehemalige Leiter des Kriminologischen Forschungsinstitutes Niedersachsen Professor Christian Pfeiffer erklärte zu diesem Problem: «Die Maßstäbe der Political Correctness dürfen nicht dazu verleiten, dass man schmerzhafte Botschaften nur hinter vorgehaltener Hand weitererzählt oder gar völlig unterdrückt. Mit dem Verschweigen dieser Probleme ist niemandem gedient. Eine ehrliche Auseinandersetzung eröffnet dagegen die Perspektive, dass ein schon in Gang befindlicher Prozess des kulturellen Wandels beschleunigt wird.»

Denn in einer Gesellschaft, die einmal abgesehen vom Konsum keine gemeinsamen Werte und Überzeugungen mehr kennt, in der deshalb das soziale Klima immer eisiger wird und die politische Elite sich immer weiter von den Sorgen und Nöten der normalen Menschen entfernt, kommt es zwangsläufig nicht nur allgemein zu einer gewissen Desintegration, sondern auch zur Ethnisierung sozialer Probleme – mit fatalen Auswirkungen.

«Die Schere zwischen sehr hohen und vergleichsweise (gemessen an der Kaufkraft) geringen Vermögen geht weiter auseinander. Die ‹gutsituierte› bürgerliche Schicht verliert sich zunehmend zu einem dieser Pole. Damit wird für einen kleineren Teil der Gesellschaft alles (mit Geld Käufliche) verfügbar, für den größeren Teil bleibt dies jedoch bei steigenden Kosten für die Grundbedürfnisse ein auf legalem Weg kaum erreichbares Ziel.»[67]

Diese These wurde als Zukunftsvision für das Jahr 2013 gesehen. In Berlin hat die Zukunft schon begonnen. Nämlich die Entstehung von Parallelgesellschaften in bestimmten städtischen Ghettos. Gern wird darüber nicht geredet.

Ghettos werden in Berlin stattdessen verharmlosend als «Problemkieze» umschrieben. «Es gibt problemorientierte Kieze», bestätigt Berlins SPD-Innensenator Ehrhart Körting. «Das beinhaltet, dass wir eine überproportionale Kriminalität haben, das beinhaltet teilweise aber auch, dass wir Verwahrlosungstendenzen mit Trinkerszene und Ähnlichem haben, und das beinhaltet drittens, dass wir in einigen Bereichen Schwierigkeiten bei den ethnischen Auseinandersetzungen haben, insbesondere zwischen verschiedenen Ethnien, etwa Arabern und Türken oder Türken und Kurden. Dem kann man polizeilich nur teilweise begegnen mit einem verstärkten Ermittlungsdruck, den wir dort haben.»

Den Ermittlungsdruck gibt es natürlich nicht, weil niemand da ist, der tatsächlich Druck ausüben könnte.

Immerhin gab Innensenator Körting im Innenausschuss des Abgeordnetenhauses zu, dass es für Wohngebiete mit hoher Straßenkriminalität – wie das Neuköllner Rollbergviertel oder den Soldiner Kiez in Wedding – ein Risiko gebe, dass diese Kieze «in Richtung Ghettoisierung abkippen. Viele Ausländer, etwa arabische Großfamilien im Norden Neuköllns, bleiben unter sich, ein Wille zur Integration sei immer weniger zu erkennen.»

Daraus folgt nun, dass im Straßenkampf entschieden wird, wer in der sozialen und kulturellen Hackordnung noch weiter unten steht. Und es ist insbesondere der Drogenhandel, der für viele der schnellste Weg ist, um aufzusteigen.

Bereits in der Vergangenheit wurde festgestellt, dass die Bewohner Neuköllns, bedingt durch die hohe Arbeitslosigkeit, zunehmend an den sozialen Rand gedrängt wurden. Der Anteil der Bürger, die über ein geregeltes Einkommen verfügen, hat sich im Verlauf der letzten Jahre immer mehr verringert. Sowohl bei den Deutschen als auch bei den Ausländern Neuköllns herrscht Perspektivlosigkeit. Schon die Schüler sehen für sich keine gesicherte Zukunft, was zur Folge hat, dass bereits am Vormittag schulpflichtige Kinder und Jugendliche im Stadtteil herumhängen. Eine junge Frustgeneration wächst da heran, die sich bereits mit dem Status als Deklassierte identifiziert hat und nach eigenen Regeln und Gesetzen lebt.

Die Berliner Polizei kommt in einer internen Studie zu folgendem Ergebnis: «Festzustellen ist, dass eine Integration von Ausländern bzw. Vermischung von Nationalitäten immer weniger zu erkennen ist. Auch besteht hierfür zumindest seitens der Ausländer kaum noch eine Notwendigkeit, da die unterschiedlichen Nationalitäten bereits ganze Straßenzüge für sich eingenommen haben.» [68]

Ehemalige Minderheiten sind in Neukölln zu dominierenden Mehrheiten geworden, die aufgrund ihrer eigenen Strukturen nur noch «unter sich» bleiben. Der Zusammenhalt von Großfamilien und das soziale Geflecht mit einer ausgeprägten Bereitschaft, sich gegenseitig zu helfen, bewirken eine zunehmende Abschottung. «Der Kontakt zu Deutschen ist inzwischen nahezu überflüssig geworden, sodass auch Konflikte, Missstände und Probleme nicht gelöst werden, staatliche Einrichtungen wie Polizei, Justiz oder Bezirksämter sind überflüssig geworden, weil Konflikte untereinander nach eigenen Vorstellungen und ‹Traditionen› reguliert werden.»

Die Polizei wird insbesondere bei den arabischen Clans als unerwünscht angesehen. Es fielen in der Vergangenheit Sätze gegenüber Polizeibeamten wie: «Die Hermannstraße gehört uns.»

Was dazu führte, dass die herrschenden Clans immer mehr Einfluss nehmen konnten und bereits mafiose Strukturen aufgebaut haben. Sie betreiben selbst Geschäfte wie Obstläden, Baugeschäfte, Fahrzeugverleih und dulden keine Konkurrenzunternehmen in der Nachbarschaft. Diese legalen Geschäfte sind jedoch nur ein Teil der Tätigkeiten dieser Clans. Der andere sind kriminelle Aktivitäten.

«Darüber hinaus», so die Erkenntnisse des Berliner Landeskriminalamtes, «darf die Rolle von Moscheen nicht unterschätzt werden. Sie haben häufig einen Sektencharakter und befinden sich nicht unbedingt in Neukölln, strahlen ihre Wirkung jedoch bis hier aus. Ein Teil dieser Moscheen wird aus Spenden finanziert, wobei niemand genau sagen kann, woher die enormen Geldmittel gekommen sind, die den Bau von Prachtmoscheen ermöglichen.»[69] Die ungewöhnlich offene und kritische Studie des Berliner Landeskriminalamtes, die dem Engagement eines einzelnen LKA-Beamten zu verdanken ist, geht davon aus, dass hier Geldwäsche betrieben wird. «Gerüchteweise haben Großfamilien in nicht geringem Maße in den Erwerb von Grundstücken und den Bau von Moscheen investiert, um diese als Geldwäscheanlage zu nutzen.» Doch nicht allein zur Geldwäsche: Weitaus bedrohlicher ist, dass hier metastasenartig der islamische Fundamentalismus um sich greift – unkontrolliert. Gerade die Jugendlichen und jungen Männer bilden dabei, obwohl sie eher als unpolitisch einzustufen sind, ein latentes Mobilisierungspotenzial für extremistisch und auch islamistisch begründete Gewaltexzesse, wie sie bereits nach dem Terroranschlag vom 11. September 2001 beobachtet werden konnten.

«Neben Übergriffen auf jüdische Mitbürger kam es vereinzelt zu gewaltverherrlichenden und provokanten Auftritten in der Öffentlichkeit, wie dem Abspielen von Berichten über den Terroranschlag auf das World Trade Center mittels tragbarem Fernsehgerät in der U-Bahn, verbunden mit Übergriffen auf einschreitende Mitarbeiter des Dienstpersonals oder entsprechendem Auftreten gegenüber Polizeibeamten, wie ‹Osama Bin Laden-Rufen›, als die

Polizei ihre Personalien überprüfen wollte, oder lautstarken Erklärungen wie: ‹Es wird alles besser, wenn unser Führer Osama Bin Laden alles regelt.›»

Ist das lediglich jugendlicher Protest oder ein sich anbahnendes Fanal? Unabhängig davon bestimmen diese ethnischen Gruppen das Geschehen in ganzen Stadtteilen. Sie wissen den Schutz ihrer Subkultur zu schätzen, und sie wissen, dass die deutschen Behörden ihnen machtlos gegenüberstehen. Und welche politischen Maßnahmen wurden bisher ergriffen, um dem zu begegnen? Kaum zu glauben: keine! Und gibt es wenigstens Strategien, um dieser Entwicklung in Zukunft zu begegnen? Auch hier die gleiche Antwort: keine!

Die Polizei wird in diesen Ghettos in der Regel sowieso nur dann alarmiert, so die Studie des Landeskriminalamtes, «wenn ein Eskalationsniveau erreicht wird, das unmittelbare staatliche Intervention im Sinne der unterlegenen Partei notwendig macht. Ist dann die Situation vorläufig befriedet, besteht meist kein Interesse mehr an weiterer Aufklärung oder gar einer Strafverfolgung. Eine Anzeige dient der unterlegenen Partei allenfalls als Druckmittel, um eine milieuinterne Klärung über den ‹Friedensrichter› des Clans zu erreichen. Weit über 20 Schießereien allein im ‹libanesisch-kurdischen› Milieu wurden in den letzten zehn Jahren registriert.»

Fragt man nach den Gründen für den Einsatz von Schusswaffen, dann reichen diese von verletzter Ehre über Streit um die Mitgift und «Geschäftsstreitigkeiten» bis hin zur Blutrache. Da der Polizei Streitigkeiten wegen Drogengeschäften oder im Rotlichtmilieu nur schwer als «legitimer» Grund für bewaffnete Auseinandersetzungen vermittelbar sind, sind die oftmals angeführten Ehrverletzungen jedoch mit Vorsicht zu bewerten, meinen die kundigen Ermittler des Berliner Landeskriminalamtes.

Die polizeilichen Ermittlungen konzentrierten sich in den letzten beiden Jahren im Prinzip auf mehrere Mitglieder libanesisch-kurdischer Großfamilien. Ihre Geschäfte wickeln sie jeweils innerhalb der eigenen Sippe ab. In allen Familien findet sich dabei eine nahezu identische hierarchische Struktur: Die 50- bis 60-jährigen Familienoberhäupter sind der eigentlichen «Handlungsebene» schon seit Jahren entwachsen und nehmen nunmehr die Funktion einer übergeordneten Kontrollinstanz, etwa die Rolle eines Paten, ein. Deren Söhne bilden heute die handelnden Köpfe der einzelnen Clans. Entscheidende Geschäfte werden überwiegend im engsten Familienkreis koordiniert und abgewickelt. Erst in den unteren Hierarchiestufen sind dann arabisch oder türkisch sprechende Mittäter unterschiedlichster Nationalitäten involviert. Innerhalb der Familien wird arbeitsteilig vorgegangen. Die Aufgaben der Beschaffung, Depothaltung, Transportorganisation usw. werden verteilt. Die einzelnen Clans arbeiten jeweils in ihren eigenen vereinbarten Territorien. Wenn Drogenengpässe bestehen, hilft man sich auch gegenseitig aus.

Bei ihren Handelstätigkeiten nutzen die Clans ihre verzweigten Kontakte über andere Familienangehörige insbesondere im Ruhrgebiet und in Bremen, aber auch im benachbarten Ausland, in den Niederlanden, der Schweiz, Skandinavien oder auch der Türkei, im Libanon und in Südamerika, von wo das Kokain bezogen wird. Die Geschäftskontakte in den einzelnen Ländern werden möglichst immer mit Angehörigen des eigenen Clans abgewickelt. Das garantiert ein Höchstmaß an Abschottung und Sicherheit der Geschäfte und schaltet somit die Gefahr aus, einem verdeckten Ermittler «aufzusitzen». Erst wenn die Zusammenarbeit mit den eigenen Familienangehörigen nicht möglich ist, wird zunächst mit Personen zusammengearbeitet, die aus der gleichen Herkunftsregion stammen, danach mit solchen, die die gleiche Sprache sprechen.

Die Gewinne aus dem Drogenhandel werden für neue Geschäfte nach Südamerika transferiert, zum Teil in legale oder halblegale Unternehmen investiert, überwiegend jedoch – oft auch als

Bargeld – ins Ausland gebracht und im Libanon oder in der Türkei in Immobilien angelegt.

Bei den kriminellen Geschäftsbereichen, in denen sich die arabische, insbesondere libanesisch-kurdische Kriminellenszene bewegt, geht es zum einen häufig um eine Kombination von Gewalt und Drogenhandel. Gewalt unter Einsatz von Messern oder Schusswaffen ist gängiges Mittel, um den Drogenhandel zu organisieren, Konkurrenten auszuschalten, Absatzmärkte zu sichern oder neue zu schaffen. Insbesondere wird versucht, die Türstehertätigkeit in Diskotheken und sonstigen Vergnügungsstätten zu übernehmen, denn die entscheidet darüber, wer in diesen Diskotheken mit Drogen handeln «darf» und wer nicht. Die starke Stellung des vergleichsweise geringen Anteils libanesisch-kurdischer Täter an maßgeblicher Stelle im illegalen Drogengeschäft, zumindest in Berlin, gilt bei den Ermittlungsbehörden als «Beweis für die Effektivität ihrer Machterhaltungsstrategien und das vorhandene Gewaltpotenzial im Vergleich zu anderen ethnischen Minderheiten». Doch manchmal gelingt es den Führungsfiguren der mehr oder weniger kriminellen Clans aus Berlin, sogar bei Staatsbesuchen ihre Dienste anzubieten. Während des Staatsbesuches des palästinensischen Präsidenten Yassir Arafat im Jahr 2000 in Berlin war Kahled Ali Khan, Organisator im Drogenhandel und Mitglied einer dieser Clans, als Bodyguard auf Tuchfühlung mit Bundeskanzler Gerhard Schröder und Bundespräsident Johannes Rau. Wer den Drogenhändler und Vizechef einer Securityfirma aus der Kantstraße gemietet hat, ist bis heute ein Geheimnis geblieben. Ein anderes Mitglied seines Clans erschoss im April 2003 den 37-jährigen Polizeibeamten eines Sondereinsatzkommandos. Das sind eben die besonderen Berliner Verhältnisse – Prunk und Protz in Berlin-Mitte und an den Rändern Mord und Erpressung innerhalb eines kriminellen Sumpfes, genährt aus sozialer Verelendung und kultureller Desintegration.

Das korrupte System und ein globales Szenario

Der Duden definiert Ethik als die Lehre vom sittlichen Wollen und Handeln des Menschen in verschiedenen Lebenssituationen, eine Lebensführung, die sich aus der Verantwortung gegenüber anderen herleitet.

Das Bündnis von Gesellschaft und Verbrechenskultur

Warum Polizei und Staatsanwaltschaft bei den großen, die Demokratie untergrabenden Verbrechen hingegen mehr oder weniger kapituliert haben, kapitulieren mussten, dafür lassen sich recht unterschiedliche Gründe finden. Abgesehen von den bereits beschriebenen Umständen hängt ein zentraler Faktor zweifellos, auch wenn es niemand gerne wahrhaben will, mit der strukturellen Korruption in Deutschland zusammen. «Wenn du in den Motor frisches Öl gibst und etwas schmierst, dann arbeiten Motoren wie überall, auch in Deutschland, fehlerfrei», weiß inzwischen selbst der kleinste Mafioso. «Amtsträger gründen Planungsunternehmen, Designer-, Schreib- und Übersetzungsbüros, Copyshops oder Beratungsgesellschaften und schreiben fleißig Rechnungen über Phantasieleistungen zu Phantasiepreisen», resümiert der Frankfurter Oberstaatsanwalt Wolfgang Schaupensteiner. «Die Wirtschaft speist ihre Schwarzgeldtöpfe und Kriegskassen mit nahezu unbegrenzten Verfügungsmitteln. Sie hält sich Firmen und Stiftungen im In- und Ausland.» Wolfgang Schaupensteiner, einer der wenigen beharrlich auch Aufklärung betreibenden Staatsanwälte, referiert überall in Deutschland über den Zustand hier vor der eigenen Haustür – und nicht im Fernen Osten.

Aufgrund seines Engagements wurde bei der Staatsanwaltschaft

Frankfurt eine Schwerpunktabteilung Korruption aufgebaut, dem einige Staatsanwaltschaften wie die in München folgten. Trotzdem bleiben sie allenfalls die Ausnahme. Denn die Regel stellt eher das Beispiel eines Würzburger Staatsanwalts dar. Der hob abwehrend die Hände und sagte den Beamten, «kommen Sie mir nicht mit solchen Sachen», nachdem im April 2004 bekannt wurde, dass ein führender Mitarbeiter der städtischen Holding in Korruptionsverdacht geraten ist. Und das sagt viel über den Zustand dieser Gesellschaft aus.

Professor Hans See, Vorsitzender von Business Crime Control (BCC), benennt den zentralen Punkt: «Es ist ein Fehler, die öffentliche Diskussion so zu führen, als ob nur die Parteien, die Politiker und die Beamten das Problem seien, wie das immer wieder geschieht. Es sollte in der umfassenden ‹Aufklärungsarbeit› wenigstens klargemacht werden, dass das Kernproblem der Korruptionspraxis jene Wirtschaftselite ist, die in den demokratiefreien Chefetagen wie Feudalherren regieren und glauben, sich von den Gesetzen und Vorschriften, von der ‹Überregulierung›, wie sie es nennen, freikaufen zu können.»[70]

Einerseits sollte es inzwischen zur politischen Allgemeinbildung gehören, dass Korruption nicht nur das Vertrauen in den sonst bei jeder Gelegenheit gefeierten Rechtsstaat untergräbt, sondern zur kriminellen Infiltration der staatlichen und gesellschaftlichen Strukturen führt. Andererseits wird immer noch so getan, als sei korruptes Verhalten in den höchsten Spitzen von Gesellschaft, Wirtschaft und Politik nicht selbstverständlich geworden. Aber die Herren und Zulieferer der Trashmedien leisten ihren ständigen Beitrag, dass selbst diese Erkenntnis nicht zu sehr bekannt wird. Es sei denn, ein Sündenbock muss wieder einmal geschlachtet werden, damit das gemeine Volk sieht, wie phantastisch doch die Instrumentarien des Rechtsstaats funktionieren.

Und weil das saubere Image gepflegt werden will, wird korruptes Verhalten kurzerhand legalisiert. «Zur Legalisierungsstrategie der Korruption gehören auch die heute vorherrschenden Formen, in denen Unternehmen Politiker und Beamte abhängig machen. Üblich sind langfristig angelegte Netzwerke und die zeitliche und operative Entzerrung von Leistung (während der politisch aktiven Zeit) und Gegenleistung nach Beendigung des politischen Mandats.»[71] Der Abschluss unbefristeter Beraterverträge mit regelmäßigen monatlichen Zahlungen ist ebenso üblich wie der Erwerb von Aufsichtsratssitzen oder Arbeitsverträge ohne entsprechende Arbeitsleistung. Unternehmen zahlen an Politiker für einstündige Standardreden ohne Zögern zwischen 10 000 und 100 000 Euro als «Honorar». Banken überweisen an Journalisten in strategisch wichtigen Medien regelmäßig «Beraterhonorare», was natürlich keine Auswirkungen auf die unabhängige Berichterstattung hat.

Konsequente Untätigkeit ist zu beobachten – und das bestärkt die beschriebene Entwicklung –, wenn es um den Einfluss von wirtschaftlich starken Lobbygruppen auf staatliche Entscheidungen und Gesetze geht. Lobby – das ist eine dieser neuen harmlosen Vokabeln, ein Wort aus dem Orwell'schen Sprachschatz, das zunehmend politisch eindeutige und klare Begriffe ersetzt. Joachim Wagner hat in einem Artikel einmal niedergeschrieben, was sich hinter diesem Wort konkret verbirgt.

«Zahlreiche Minister, Staatssekretäre, Büroleiter, Pressesprecher und Journalisten haben die Seiten gewechselt und stellen ihre Erfahrung nun den Lobbys zur Verfügung.» Und er nennt viele Beispiele. Den ehemaligen Finanzstaatssekretär Hansgeorg Hauser, der nun die Interessen der Commerzbank vertritt, oder den ehemaligen Abteilungsleiter Wirtschaft im Bundeskanzleramt, Sieghart Nehring, der nun für die Allianz-Gruppe spricht.»[72] Oder: «Der ehemalige Bundesverteidigungsminister Rupert Scholz (CDU) hat sich im Nadelstreifenanzug vor einem Kronleuchter ablichten lassen. Helmut Holl (SPD) und Wighard Härdtl (CDU), beide früher Staatssekretäre, steigen eine Wendeltreppe mit dunkelrotem Teppichboden hoch. Und Michael-Andras Butz (CDU), ebenfalls Staatssekretär außer Dienst, posiert in einem breiten Ledersessel mit goldenen Nietenbeschlägen für Fotos.»[73] Gemeinsam ist ihnen, dass sie in einem aufwendig gestalteten Werbeprospekt des Deutschen Vermögensfonds auftauchen, und zwar entweder als Mitglieder des Beirats oder Aufsichtsrats. Und sie alle haben Ämter bei der DA Deutsche Anlagen AG übernommen und werben für den neu gegründeten Finanzkonzern MSF Master Star Fund Deutscher Vermögensfonds I. Die Anleger werden sich vielleicht einmal wundern.

Dass ehemalige Wirtschaftsminister inzwischen führende Positionen in der Industrie übernommen haben, gehört zum guten Ton. Auch andere Minister und Staatssekretäre werden umworben und stellen ungeniert nach Beendigung ihrer Amtszeit ihr Herrschaftswissen dem meistbietenden Konzern zur Verfügung. Fast schon Nebensache ist, dass diverse Ministerien im Verlauf der letzten fünf Jahre insgesamt 1,3 Milliarden Euro an private Beraterfirmen bezahlt haben, die ihrerseits teilweise ihre eigenen politischen und wirtschaftlichen Interessen damit in die Politik eingebracht haben. Und die Folgen?

«In gesellschaftlichen, wirtschaftlichen und politischen Systemen, die durch zahlreiche Lebenslügen verklammert sind, müssen Polizei und Justiz scheitern. Denn das Postulat der Unterscheidbarkeit von Gewinn und Beute hat angesichts der tatsächlichen Verhältnisse die Überzeugungskraft eines Ammenmärchens. In einer Gesellschaft, deren Selbstverständnis sich in der Gewinnmaximierung erschöpft, ist Organisierte Kriminalität mindestens latent. Damit ist noch nicht entschieden, ob zwischen legalen Unternehmen und Strukturen Organisierter Kriminalität zwangsläufig früher oder später Konvergenz entsteht.»

Dieses Fazit zieht Wolfgang Hetzer. Wenn er seine provozierenden Analysen bei Tagungen mit hochrangigen Polizeibeamten vorträgt, zum Beispiel an der Fachhochschule der Polizei in

Rothenburg (Oberlausitz) am 25. März 2004, findet er fast immer nur breite Zustimmung.

Wolfgang Hetzer geht davon aus, dass bereits heute nicht zu übersehen ist, dass die Finanzierungsbedürfnisse politischer Parteien, die Machtinteressen von Politikern und die Gewinnerwartungen der Unternehmen weltweit korrelieren. «Korruption könnte sich deshalb zum verführerischsten und gefährlichsten Leitmotiv der Moderne entwickeln. Sie ermöglicht es insbesondere der Organisierten Kriminalität, auf Waffengewalt konventioneller Art zur Durchsetzung ihrer Ziele weitgehend zu verzichten. Geld korrumpiert nicht nur. Es räumt den Weg geräuschlos frei. Damit schließt sich der Kreis: Jede Gesellschaft hat die Organisierte Kriminalität, die sie verdient, weil sie an ihr und mit ihr verdient.»

Auch deshalb können die Mafia, das Organisierte Verbrechen, oder wie immer man die nationalen wie weltweit agierenden kriminellen Syndikate auch etikettieren mag, mit gesetzlichen Maßnahmen nicht mehr bekämpft werden.

Diese Beispiele stellen nur einen kleinen Ausschnitt aus der politischen Kultur Deutschlands dar, so etwas wie die Spitze des Eisbergs. Trotzdem ist er ein weiterer Baustein für die These, dass in Deutschland in den letzten Jahren eine schleichende qualitative Veränderung des Verhältnisses zwischen Gesellschaft und Kriminalität stattgefunden hat.

Und die entwickelt sich jetzt zu einem ernsten Problem der politischen Klasse, deren Legitimation zunehmend in Frage gestellt wird. Nach demoskopischen Umfragen hält ja bereits knapp die Hälfte der Bevölkerung mittlerweile die Demokratie für unfähig, die bestehenden Probleme, ob Wirtschaft oder Sicherheit, zu lösen.

Das gesamte politische und gesellschaftliche Drama erhält zusätzlich durch wachsende soziale und kulturelle Konflikte weitere Sprengkraft und nimmt immer dramatischere Ausmaße an. Konflikte werden zwangsläufig die bereits bestehende Kriminalität, die

die Strafverfolgungsbehörden schon heute nicht mehr bewältigen können, massiv ausweiten. Denn allen gegenteiligen Beteuerungen zum Trotz wird die neoliberal gepuschte Globalisierung den Lebensstandard breiter Bevölkerungsschichten in Westeuropa in den nächsten Jahren noch weiter absenken.

Deshalb stellt sich die Frage, ob in Zukunft die praktizierte Politik der inneren Sicherheit auch in Deutschland nur noch die Funktion hat, die Folgen des wirtschaftlichen Globalisierungsprozesses repressiv zu flankieren. In der Tat. Der Ruf nach dem «starken Staat» wird immer lauter. Insbesondere fordern ihn jene, die diese Globalisierung ideologisch und politisch stützen. Unter dem Vorwand, innere Sicherheit gewährleisten zu wollen, werden heute bereits die demokratischen Bürgerrechte systematisch in Frage gestellt. Viele Bürger glauben der Propaganda mit den Folgen, «dass Kriminalität dämonisiert wird und Freiheit ein Sicherheitsrisiko wird, das tunlichst zu eliminieren ist», wie es der Passauer Strafrechtsprofessor Bernhard Haffke auf einer Tagung im Kloster Maria Laach konstatierte.[74]

Das goldene Dreieck – Wirtschaft, Politik und Terrorismus

Wirtschaftsgeschichte war schon immer auch Kriminalgeschichte, genauso wie es die modernen Kriege waren. Doch das neue globalisierte kapitalistische Weltsystem, dem sich die deutschen Politiker weitgehend unterworfen haben, hat zu einer neuen Qualität geführt. Eine neue Schicht von «Verbrechensunternehmern» und deren Klientel sind entstanden. Dabei verschwinden zunehmend die traditionellen Grenzen zwischen Politik und Verbrechen sowie zwischen Wirtschaftskriminalität und Terrorismus. Für deren Protagonisten ist es ein goldenes Dreieck.

Der Balkan, insbesondere das Kosovo, ist ein Paradebeispiel für diese Entwicklung. Übereinstimmend wird gesagt, dass es ein

«Kriminalitätszentrum für Europa» geworden sei. Das liegt zum einen in der engen Verquickung zwischen politischer, wirtschaftlicher und krimineller Elite. Nicht gesagt wird hingegen, dass die entsprechenden Personen aus diesen Regionen allesamt auch in Deutschland – ob in Hamburg oder Frankfurt – außerordentlich aktiv waren bzw. sind. Viele haben sich inzwischen etabliert, die mit undurchsichtigen Beziehungen und ebenso undurchsichtigen Geschäften ein Imperium aufbauen konnten.

Einer von ihnen dürfte das unternehmerische Multitalent Filip Zepter sein. Im März 2004 reichte der Besitzer einer Bank und vieler Unternehmen eine Millionenklage wegen Verleumdung gegen die angesehene International Crisis Group (ICG) in Brüssel ein. Die hatte behauptet, der serbische Milliardär und Finanzier der serbischen Demokratischen Partei sei in den Waffenhandel und Geldwäsche verstrickt gewesen. Bereits im Juni 2003 berichtete eine serbische Zeitung aus Banja Luka über die gleichen Vorwürfe. Der Journalist meldete, dass es einen entsprechenden Bericht des «Department of Fraud Prevention» überhaupt nicht geben könne, da der Sprecher der SFOR (Stabilization Force: internationale Truppe unter NATO-Führung in Bosnien und Herzegowina) ihm erklärt habe, es gebe diese Abteilung überhaupt nicht. Alles nur Desinformation?

Tatsächlich gibt es sowohl die entsprechende Abteilung mit dem offiziellen Namen AFD (Anti Fraud Department, The Office of the High Representative), und es liegt ein entsprechender Bericht (For Intelligence Purposes Only Not For Court Use) dieser Abteilung vor. Demnach haben im Dezember 2000 Beamte der Antikorruptionsabteilung der Weltbank die AFD informiert, dass Filip Zepter vorgeworfen wurde, in Geldwäsche und den Waffenhandel verstrickt zu sein. In dem Bericht werden zahlreiche Verbindungen nach Deutschland aufgezeigt, insbesondere zu Personen, die entweder wie vom Erdboden verschwunden sind oder unter mysteriösen Umständen ums Leben kamen.

Ob auf dem Balkan oder in Afghanistan: Die Fragen, ob das Verbrechen ein Mittel der Politik und des Krieges sei oder ob die Politik und der Krieg ein Mittel des Verbrechens seien, stellen sich dort zumindest überhaupt nicht mehr. «Waren zum Beispiel Karadzic und Mladic Chefs krimineller Schmuggler- und Geldwäscherbanden, die sich mit bewaffneter Gewalt das für ihr Geschäft günstige Klima schufen und daher für eine eigene serbische Republik in Bosnien kämpften? Oder waren sie politisch-militärische Führer eines ethno-nationalen Feldzuges, die ihren Krieg mit illegalen Transaktionen finanzierten?»[75]

Fakt in Bezug auf den islamistischen Terrorismus ist ebenso, dass hinter den einfachen «Glaubenskriegern» und deren Fanatismus enorme Finanzmittel stehen. Bei einer genauen Analyse der Finanzierungsquellen des internationalen Terrorismus und seiner Strukturen wird sichtbar, dass dieses Geschäft sehr einträglich und äußerst profitabel ist, und zwar nicht nur für die Organisatoren, sondern auch für die «Sponsoren», die dieses Geschäft aus verschiedenen politischen Motiven wie auch persönlichen Gründen fördern. Bekanntermaßen verdienen diese Kreise Geld mit dem Terrorismus, indem sie spezifische Geschäfte planen und systematisch umsetzen: Waffenhandel, Handel mit Drogen, Menschenhandel oder den illegalen Handel mit Öl. Diese Unternehmen müssen nicht unbedingt in Afghanistan, Usbekistan oder in Pakistan sitzen. Gewöhnlich zieht es sie dahin, wo es sich am besten leben lässt, zum Beispiel nach Kanada, in die USA oder nach Europa. Diese Staaten gewähren diesen Geschäftsleuten einen unkontrollierten und nahezu freien Aufenthalt in ihrem Land. Über ihre Verwicklung in kleinere oder größere kriminelle Aktionen in ihren Herkunftsländern, ob Usbekistan oder Tadschikistan, wird großzügig hinweggesehen.

Hinzu kommt, dass sich zur Finanzierung des internationalen Terrorismus auch in Deutschland eine Schattenwirtschaft gebildet hat. Nach dem 11. September 2001 gab es zwar viele Lippenbekenntnisse, diese nun zu bekämpfen. «Aber die effektive Bekämpfung ist bis heute ausgeblieben», zürnt Uwe Dolata, Wirtschaftsexperte des Bundes Deutscher Kriminalbeamter. Und so kann weiterhin über afghanische und pakistanische Billigkaufhäuser Geld gewaschen werden, dessen Bestimmungszweck auch die Unterstützung terroristischer Vereinigungen sein könnte. Das behauptet zumindest das Bundeskriminalamt in einem internen Vermerk: «Nach dem jetzigen Erkenntnisstand ist davon auszugehen, dass in Deutschland unter den Bezeichnungen DUK (Das Unmögliche Kaufhaus) sowie über das Beziehungsgeflecht zuzuordnende – von aus Kandahar stammenden Afghanen betriebene – «Schnäppchen-» bzw. «Sparmärkte» gegründet wurden, um illegal erwirtschaftete Gelder zum Beispiel aus dem Drogenhandel unter dem Anschein der umsatzsteigernden Geschäftstätigkeit dieser Gewerbetreibenden in Umlauf zu bringen; sowie in Grundstückskäufe zu investieren, also zu waschen; sowie parallel für Schleusungen von Landsleuten nach Deutschland einzusetzen. Parallel dazu könnten die Gelder für radikal islamistische Ziele eingesetzt werden.»

Die Ermittler dachten dabei vielleicht an einen gewissen Nadi aus Hamburg, der einen solchen Sparmarkt betreibt und ehemaliger Schatzmeister von Gulbudin Hekmatjar war, einem der brutalsten Warlords und Drogengroßhändler in Afghanistan, der wiederum gute Kontakte zu Osama Bin Laden unterhielt. Auch hier gibt es Hinweise des Bundeskriminalamts, die nicht weiterverfolgt wurden: «Wegen der Brisanz äußerte der Verwalter der Akten große Bedenken, da dic Spur auch zu einer Organisation namens Hisb-i-Islami führt, von der eine große Gefahr für Anschläge ausgehen soll. In diesem Geflecht besteht auch ein Zusammenhang mit dem Verdacht des internationalen organisierten Handels von Drogen.»

Ebenso ungestört funktioniert in Deutschland das finanzielle Untergrundsystem, auch Hawala-System genannt. Dabei werden Gelder per Handschlag über private, häufig in London sitzende

Treuhänder oder Zwischenhändler nur mit einem Codewort um die Welt geleitet. Die Gelder werden von Maklern oder Hawaladars, bei denen es sich in der Regel um kleine Juweliere, Händler oder Betreiber von Imbissständen handelt, gegen eine relativ geringe Gebühr entgegengenommen. Der Einzahler erhält lediglich einen Code oder eine Nummer. Anschließend wird das Partnerunternehmen im Ausland über die Einzahlung verständigt.

So informierte bereits im Jahr 2001 Interpol Rom das Bundeskriminalamt, dass Ermittlungen gegen den Camorraclan Mazzarella durchgeführt wurden. Geschäftszweige des Mazzarellaclans sind vor allem Drogenhandel, der illegale Handel mit Zigaretten und Tabak aus Griechenland und Albanien nach Italien, England und in die Länder Osteuropas sowie Geldwäsche. Umgetauscht durch das Hawala-System wurden von der Camorra in diesem Fall ausländische Währungen gegen Deutsche Mark. Die Summe betrug 14,4 Millionen Mark. Die ausländischen Währungen stammten von Moslems aus Dubai, die in Verbindung mit bewaffneten islamistischen Truppen in Bosnien standen. Durch die Umtauschaktion sollten die Gelder vor eventuellen Kontrollen gerettet werden, die die deutschen Polizeibehörden im Rahmen der präventiven Antiterrormaßnahmen hätten durchführen können und die dann die Sperrung des Vermögens von islamischen Terrororganisationen zur Folge gehabt hätten.

Über dieses Hawala-System in Deutschland – im Zusammenhang mit Spenden und Werbung für Geldanlagen in islamischen Holdings in Moscheen – steht in einem Schreiben der Steuerfahndungsstelle Würzburg vom 26. Februar 2002: «Die Art der Akquise (bar in Moscheen), die nicht nachvollziehbare Weiterverwendung von großen Summen, der Abfluss großer Geldmengen ins Ausland oder durch Barverwendungen lassen den Schluss zu, dass ein sogenanntes Undergroundbanking konstruiert wurde. Die Möglichkeit sei naheliegend, dass dieses Konstrukt auch dazu genutzt werden kann, Gelder für terroristische Zwecke weiterzuleiten.»

Über eine andere, auch in Deutschland agierende kleine Terrorzelle, die IBDA-C (Front der Islamischen Kämpfer des Großen Ostens), heißt es in einem Dokument der Bundesanwaltschaft: «Im Vordergrund der Betätigung und Zielsetzung dürften vielmehr Straftaten gegen das Vermögen, wie Betrug, Steuerhinterziehung und Erpressung, gestanden haben.» Und folglich lehnte die Bundesanwaltschaft Ermittlungen gegen diese Terrororganisation mit krimineller «Tarnung» ab.

Damit nicht genug. Über die umstrittene türkische islamische Organisation Milli Görüs behauptete der Landesverband Bayern des Bundes Deutscher Kriminalbeamter im Jahr 2003: «In der ganzen Bundesrepublik, besonders aber auch in Bayern, haben der Milli Görüs zuzurechnende Holdings ein Wirtschaftsimperium aufgebaut, das bald unbeschreibliche Ausmaße annimmt. Zahlreiche Verbindungen und Geldtransfers sind der Wirtschaftskriminalität zuzurechnen. Doch trotz massiver Warnungen hat es noch keine Staatsanwaltschaft für notwendig befunden, hier konzentriert vorzugehen.» Und weiter: «Hierzu bedarf die Kriminalpolizei ausreichender Rahmenbedingungen, nämlich Manpower und justizieller Unterstützung sowie des Willens der Politik, Terrorismus zu bekämpfen.» Alles, ob Manpower, justizielle Unterstützung oder der Wille der Politik, fehlt den Kriminalisten.

Ob nun die Vorwürfe der Kriminalisten stimmen oder nicht – durch die Geldwäsche mit bzw. über islamistische Organisationen und Vereine sind in Deutschland hochkomplexe kriminelle Netzwerke entstanden. Weil das so ist, wäre es politisch sinnvoller denn je, Organisierte Kriminalität und internationale Wirtschaftskriminalität endlich wirkungsvoll und nachhaltig zu bekämpfen, gerade um den vielbeschworenen Kampf gegen den internationalen Terrorismus wirklich ernst zu nehmen. Das aber geschieht nicht – im Gegenteil. Weil Politik, Verbrechen und zumindest finanzielle Wirtschaftsimperien selbst auf dem Gebiet des internationalen Terrorismus nur noch schwer auseinanderzuhalten sind?

Sicher ist: Die wachsende und unkontrollierte Macht der globalen Finanzmärkte ist inzwischen das größte Problem der Globalisierung. Ein Beleg dafür ist das «atompilzartige Anschwellen» des globalen Handels mit Devisen, Derivaten und anderen kurzlebigen Investitionen. Riesige Summen Geld werden investiert und in kürzester Zeit wieder abgezogen. «Von den täglich auf den Devisenmärkten gehandelten etwa 1,2 Billionen US-Dollar dienen allenfalls fünf Prozent der Finanzierung von Handelsgeschäften und Direktinvestitionen. Der große Rest sind Arbitrage- und Spekulationsgeschäfte zwischen den international operierenden Finanzinstituten. Sie haben nur sehr vermittelt mit den realen Prozessen der Produktion zu tun.» [76]

Weltweit gibt es heute mehr als 45 000 Aktiengesellschaften mit 300 000 Schwester- und Tochterunternehmen. «Aber nur zweihundert davon beherrschen die gesamte Weltwirtschaft. Die Verkaufserlöse dieser zweihundert Firmen betragen fünfundzwanzig Prozent des globalen Bruttosozialprodukts. Sie produzieren nahezu sämtliche Waffen für die (ohnehin schon vollgestopften) Arsenale aller Staaten. Globalisierung ist letztlich die Methode von Aktiengesellschaften und Finanzmärkten, sich vom Nationalstaat zu lösen, gleichzeitig riesige Reichtümer anzuhäufen und die Welt zu uniformieren.» [77]

Gleichzeitig sind weltweit die Grundbedürfnisse (Nahrung, Überlebenschancen) für rund eine Milliarde Menschen nicht gedeckt. Das Sicherheitsbedürfnis (Wohnung, Schutz vor Krankheit, Arbeit) ist für rund zwei Milliarden Menschen nach wie vor nicht gestillt; die sozialen Bedürfnisse (Familie, Freundschaften, Kontakte im sozial geregelten Umfeld) können weltweit nur relativ wenige Menschen für sich umsetzen. Und Geltung sowie Selbstverwirklichung zu erlangen ist nur einer ganz kleinen Elite möglich. Selbst in den entwickelten westlichen Industriestaaten ist für die Mehrheit der Bevölkerung die Verfügbarkeit von Grundbedürfnissen und Sicherheit nicht mehr garantiert.

Das Problem ist deshalb nicht nur in der Abkopplung von gesellschaftlicher Gerechtigkeit an sich zu sehen, «sondern im Fehlen globaler Rechenschaftspflicht und weltweiter Gegenmacht, die Missbrauch verhindern sowie Kontrolle und Balance in der Weltwirtschaft sicherstellen können».[78] Immer häufiger kommen zudem die Grundlagen zur Bewertung außenpolitischer Vorgänge nicht mehr von den sonst dafür zuständigen Nachrichtendiensten, sondern von Investmentgesellschaften. Ihnen geht es aber in erster Linie um die Versorgung ihrer Günstlinge mit Hilfe von Insidertipps und der Destabilisierung von potenziellen und tatsächlichen Gegnern und Konkurrenten durch entsprechende Gerüchte und Einflussnahme. Gefahr erkannt – Gefahr gebannt?

Die bereits im Dezember 1999 vom Deutschen Bundestag eingesetzte Enquetekommission «Globalisierung der Weltwirtschaft – Herausforderungen und Antworten» gelangte in ihrem Schlussbericht vom 12. Juni 2002 zu der Auffassung, dass die deregulierten Finanzmärkte nicht nur Vehikel der Wohlstandsmehrung in der Welt sind, sondern auch zur Finanzierung der Organisierten Kriminalität und terroristischer Netzwerke missbraucht werden können. Was CDU und FDP, die ebenfalls in der Enquetekommission mitarbeiteten, nicht so sahen. Für sie ist die Globalisierung ein Motor und Katalysator, um Wohlstand und Wachstum zu fördern. «Die Globalisierung erhöht die Vergleichbarkeit und damit den Wettbewerb. Sie belohnt gute nationale Politik», erklärte der CDU-Abgeordnete Hartmut Schauerte während der Abschlussdebatte im Deutschen Bundestag, an der übrigens der SPD-Wirtschaftsminister Müller nicht teilnahm. Insgesamt 200 Empfehlungen wurden auf über 600 Seiten durch die Enquetekommission ausgesprochen. Doch Konsequenzen aus ihren Empfehlungen wurden bis zum heutigen Tag nicht gezogen. Ähnlich erging es übrigens einer Enquetekommission zur Scientology-Sekte. Auch hier gab es zahlreiche Handlungsempfehlungen, ohne dass bisher irgendetwas geschehen ist.

Geradezu absurd wird es, wenn die Bundesregierung selbst ihren kapitalen Beitrag leistet, um Geldwäsche zumindest zu erleichtern. Das Anfang des Jahres 2004 beschlossene Investmentmodernisierungsgesetz gilt für den Bund Deutscher Kriminalbeamter als «formvollendete Einladung der Bundesregierung an alle ‹Global Players› zur noch erfolgreicheren Geldwäsche». Die Fondsverwalter jubeln hingegen, weil es «ein großer Wurf ist, einer der liberalsten überhaupt».[79] Gemeint sind die Hedge-Fonds, hochriskante Kapitalanlagen, die inzwischen auch in Deutschland aufgelegt werden dürfen. Weltweit verwalten bisher 6000 Hedge-Fonds etwa 500 bis 600 Milliarden Dollar im Jahr. Über die Hälfte von ihnen operiert über Offshore-Zentren, weil sie dort keine Jahresabschlüsse hinterlegen müssen und deshalb nicht den Kontrollen und Beschränkungen nationaler Regierungen unterliegen.

Bislang ging der gutgläubige Bürger davon aus – so wie er das bereits in der Schule gelernt hat –, dass die Gesetze von den Parlamentariern vorbereitet werden: Aber Gesetze werden heute zunehmend von außen dirigiert. Die Repräsentanten des Volkes nicken nur noch ab. Bei dem Investmentmodernisierungsgesetz ist das besonders unangenehm aufgefallen. Nicht nur eine Juristin des Bundesverbandes Investment und Asset Management bereitete das Gesetz vor, «weil die Beamten anscheinend zu dumm sind», so ein hoher Regierungsbeamter, sondern auch der Anwalt einer Kanzlei, die auch die Interessen von Kapitalanlegern vertritt. Dieser Anwalt gehörte zeitweise der «internen» Arbeitsgruppe des Bundesfinanzministeriums an, in der die Formulierungen zu dem neuen Gesetz erarbeitet wurden.

Die Profiteure dieses Gesetzes werden nach Meinung miesmacherischer Kritiker zu einen beträchtlichen Teil Spekulanten, Steuerhinterzieher und Geldwäscher sein, also Wirtschaftskriminelle und Täter aus dem Bereich der Organisierten Kriminalität. Die italienische Mafia hat es in den neunziger Jahren gezeigt. Ihre Geldwäscher spekulierten gezielt mit Staatsanleihen. «Sie kauften so viele Staatspapiere wie möglich und trieben auf diese Weise den Kapitalmarktzins in die Höhe. Die höheren Zinsen brachten der Mafia steigende legale Gewinne – und verschuldeten den Staat gleichzeitig bei der Mafia.»[80]

Selbstverständlich wird man früher oder später von mehr oder weniger verantwortlichen Politikerinnen und Politikern hören, dass dies nicht so gemeint war und dass man eine Vielzahl von Sicherheitsvorkehrungen getroffen habe. Das ist belanglos.

«Eine derartige Gesetzgebung» bedient, davon ist nicht nur Wolfgang Hetzer überzeugt, «vor allem die Interessen einer überaus mächtigen Klientel und macht Versprechungen zur möglichst wirksamen Geldwäschebekämpfung zum Lippenbekenntnis». Nicht zu verachten sind in diesem Zusammenhang auch international agierende Firmen, die ihren Kunden dabei helfen, ihr Vermögen optimal anzulegen und dabei minimale Steuern zu zahlen. Eine dieser Firmen ist die Sovereign-Group, die auch in Deutschland, und zwar in Nürnberg, eine Dependance unterhält. Während die deutsche Filiale bislang keinen Besuch vom Finanzamt oder von der Polizei erhalten hat, sieht das in der Schweiz anders aus.

Anfang 2002 fanden bei Firmen der Sovereign-Group im Kanton Zürich Hausdurchsuchungen statt. Die eidgenössische Bankenkommission verfügte sogar die sofortige Liquidation der Finanzgesellschaften, weil sie nicht über die nötigen Genehmigungen für ihre Geschäfte verfügten und Dienstleistungen anboten, die sich zur Geldwäscherei eigneten. «Die Firma hat vor allem mit Russen zusammengearbeitet, von denen einige verdächtigt werden, kriminellen Organisationen anzugehören, oder die bereits in Geldwäschereiverfahren verwickelt sind», schreibt das Schweizer Bundesamt für Polizeiwesen in seinem öffentlich zugänglichen Jahresbericht. «Im Kanton Zürich wurden Ermittlungen wegen Verdachts auf Geldwäscherei aufgenommen; von den Ermittlungen ist auch ein ehemaliger Zürcher Kantonsrat betroffen, der der Firmengruppe präsidiert hatte.»

Die Bekämpfung der Geldwäsche und im Besonderen der organisierten Wirtschaftskriminalität war schon in der Vergangenheit keine Trumpfkarte für viele deutsche Polizeidienststellen und auch keine für viele Staatsanwaltschaften, obwohl es Inseln gab und gibt, zum Beispiel in Düsseldorf oder München. Heute haben jedoch die meisten Ermittler die Waffen gestreckt. Im Polizeipräsidium Düsseldorf hörte ich dazu folgende Aussage, und sie ist durchaus typisch gewesen: «Komplizierte Wirtschaftskriminalität zu bekämpfen, wo Spezialkenntnisse erforderlich sind, wird immer schwieriger. Das geht nur in Ausnahmefällen und mit hohem finanziellem Aufwand. Dafür fehlen in der Regel die Mittel. Wenn wir gegen Kriminelle ermitteln sollen, die viel Geld und entsprechende Ressourcen haben, können wir nichts mehr tun.»

Andererseits haben die Staatsanwälte in Düsseldorf keine Scheu davor, selbst die Mächtigsten der deutschen Wirtschaft vor ein ordentliches Gericht zu stellen und sich von niemandem einschüchtern zu lassen. Heribert Prantl nennt sie die «neuen Helden». Und er schreibt weiter: «Die Menschen im Land haben vielfach das Gefühl, dass die Politik entweder nicht in der Lage oder nicht willens ist, gegen Unverfrorenheit der Wirtschaft vorzugehen. In dieser Situation wird eine Staatsanwaltschaft, die dies versucht, zur Autorität – zu einer Institution zur Abstellung von eklatanten Missständen, zum Ober-Aufsichtsrat, zur Tantiemen-Überwachungsbehörde. Die Wirtschaftskriminalverfahren werden zur Aktion ‹mani pulite› der deutschen Justiz.»[81] Ja, so könnte es vielleicht sein, und Düsseldorf wäre einmal ein positives Beispiel.

Nein, das sei leider nicht die Realität, sagen hingegen andere Staatsanwälte und die meisten Wirtschaftsermittler in der Polizei. Einer von ihnen aus Niedersachsen klagt: «Ich befürchte, dieser Bereich ist für uns verloren. Uns fehlen die Instrumente.» Und er trifft damit die Stimmung und insbesondere die praktische Erfahrung der meisten seiner Kollegen und Kolleginnen. Ein anderer Beamter aus Hamburg sagt: «Wir bekämpfen Wirtschaftskriminalität überhaupt nicht mehr. Machen Sie mal einen elektronischen Lauschangriff auf eine Vorstandsetage. Allenfalls liest man in der Zeitung etwas. Dann kommt die Staatsanwaltschaft in Zugzwang, und erst dann gibt es Durchsuchungsbeschlüsse. Aber die Staatsanwälte finden sich lediglich mit den klassischen Mitteln ab: Durchsuchung und Zeugenvernehmung.»

Damit will er sagen, dass weiter gehende Ermittlungen über Strukturen und Verbindungen in die Hochfinanz nicht möglich sind. Und es fehlt – wie immer und überall – das Geld, wie ein Staatsanwalt aus Darmstadt bestätigt: «Bekämpfung der Wirtschaftskriminalität scheitert an den Kosten. Wer zum Beispiel ins Ausland reisen muss, der muss das Geld vorlegen, weil die Genehmigung einer Dienstreise unendlich lange dauert. Und sie müssen bei Beginn eines Ermittlungsverfahrens schon vorher wissen, was am Ende herauskommt.»

Selbst Finanzbeamte, die sich um hochkarätige Steuersünder kümmern wollten, die Millionen Euro im Ausland geparkt haben, beklagen den ungewöhnlichen Druck, der auf sie ausgeübt wird. In einem internen Schreiben Frankfurter Steuerfahnder vom 18. September 2001 ist zu lesen: «Ich teile nicht die Auffassung, gegenwärtig habe die (bloße) Erledigung von Fallzahlen Priorität gegenüber der Erzielung steuerlicher Mehrergebnisse.»

Im März 2003 erhielt ich Post. «Seit Jahren belastet mich ein Skandal, der nicht nur in Deutschland und Europa ungeahnte Ausmaße annimmt. Meine Mittel, um dieses Treiben publik zu machen, reichen leider nicht aus. Zudem kann ich gegen dieses Netz nicht mehr ankämpfen, da sich meiner Ansicht nach schon viele Kreise darin verfangen haben.»

Das hörte sich zuerst einmal nach einem Paranoiker an. Trotzdem habe ich mich mit ihm getroffen. Und er, ein bodenständiger Kleinunternehmer, erzählte mir von dubiosen Fahrten, die er in den letzten drei Jahren durchführte. Und zwar vom Frankfurter Flughafen aus. Bis zu fünfzehn Kleinlastwagen würden jeden Abend von einem Logistikunternehmen in Kelsterbach nach England, Italien, Dänemark oder Österreich fahren, beladen mit Handys. Die gleichen Handys würden sofort wieder umgeladen werden, um sie ins nächste europäische Land zu transportieren. Das hört sich ziemlich harmlos an.

In Wirklichkeit entsteht dem Staat durch das Umsatzsteuerkarussell - das genau ist das System, in das mein Gewährsmann eingebunden war – ein jährlicher Schaden von geschätzten 25 Milliarden Euro! Beim Umsatzsteuerkarussell liefert zum Beispiel ein Unternehmer Handys und erhält diese ohne nennenswerte Preisaufschläge über eine Kette von innengemeinschaftlichen Vertragspartnern, Zwischenhändlern und Scheinfirmen zurück und bekommt dafür eine Umsatzsteuererstattung. Seit dem Schengener Abkommen von 1993 sind innengemeinschaftliche Lieferungen umsatzsteuerfrei, Lieferungen innerhalb eines Mitgliedstaates dagegen umsatzsteuerpflichtig. Die Scheinfirmen sind eigentlich verpflichtet, für die Weiterlieferung von Waren im Inland Umsatzsteuer abzuführen. Aber die Betreiber von Scheinfirmen kommen dem nicht nach, nachdem sie Güter weitergeliefert und in Rechnung gestellt haben. Sie setzen sich entweder mit der unrechtmäßig einbehaltenen Umsatzsteuer ins Ausland ab oder verwenden sie im ruinösen Preiswettbewerb. Gesetzesänderungen, die diesem Treiben ein Ende bereiten sollen, liegen bis heute in der Schublade. Wahrscheinlich weil der Staat über genügend Geld verfügt und auf derartige kleine Beträge nicht mehr angewiesen ist.

Der Unternehmer, der sich mir anvertraute, hatte sich in der Vergangenheit übrigens vergeblich bemüht, beim Frankfurter Zoll den dubiosen Vorgang klären zu lassen. Inzwischen ermittelt immerhin die Düsseldorfer Staatsanwaltschaft, denn es werden nicht nur Handys, sondern auch Papier, Chips oder Kleider in ganz Europa herumgefahren, um vom jeweiligen Staat wieder Umsatzsteuer zu kassieren.

Ähnlich ist die Situation beim Zigarettenschmuggel. Jeder geht erst einmal davon aus, dass es sich um ein kleines Vergehen handelt, wenn ein paar Stangen Zigaretten mehr als offiziell erlaubt von der Urlaubsreise mit nach Hause gebracht werden. Der organisierte Zigarettenschmuggel hingegen ist ein prosperierendes Geschäft der Organisierten Kriminalität geworden. Und obwohl es immer wieder Erfolge der Zollfahnder gibt – es ist immer nur ein Tropfen auf dem heißen Stein gewesen. Auch bei den Zollbeamten werden trotz ihrer Möglichkeiten, dem Staat Steuereinnahmen in Milliardenhöhe zu beschaffen, Stellen gestrichen und die Arbeitsmöglichkeiten der Beamten eingeschränkt. Der wirtschaftliche Schaden, der durch Steuerausfälle entsteht, ist extrem hoch. Geschätzt wird er derzeit pro Jahr auf zirka 1,04 Milliarden Euro. Sollte sich der Schwarzmarktanteil am Gesamtzigarettenkonsum gravierend erhöhen, und davon kann ausgegangen werden, wird der Steuerausfall entsprechend steigen. Experten des Zolls gehen davon aus, dass in diesem Fall der Steuerschaden bei zirka 2,768 Milliarden Euro jährlich liegen wird. Das geht aus einer internen Studie eines Zollfahndungsamtes vom März 2004 hervor.

Die der Organisierten Kriminalität zuzurechnenden Tätergruppierungen verfügen über eine Logistikkette von Zwischenlagern in Deutschland und den Beneluxländern, von denen sich der deutsche Schwarzmarkt, und hier insbesondere der bevölkerungsreiche Markt in Nordrhein-Westfalen, mühelos beliefern lässt.

Der Kreis potenzieller Abnehmer geschmuggelter und damit billigerer Zigaretten wird sich aufgrund steigender Lebenshaltungskosten und zusätzlicher finanzieller Belastungen der Arbeitnehmer im Gesundheitswesen sowie bei stagnierenden oder sogar ansteigenden Arbeitslosenzahlen beträchtlich vergrößern. Das erzeugt eine Sogwirkung, die die Entwicklung neuer Kriminalitätsstrukturen, zum Beispiel die Schaffung von weiteren Lieferketten und Verteilerkreisen des Zigarettenschwarzmarktes, fördern wird.

Und die mit der Strafverfolgung beauftragten Beamten des Zollfahndungsdienstes und der Polizei werden sich einer neuen

Qualität der Gewalt gegenübersehen. Selbst im Bereich der allgemeinen Kriminalität spielen versteuerte Zigaretten eine immer größere Rolle. Denn Zigaretten sind teure Waren, die sich auch leicht wieder absetzen lassen. Das nordrhein-westfälische Landeskriminalamt erhob deshalb seit dem 1. Januar 2003, als der Preis pro Schachtel Zigaretten erstmals über drei Euro stieg, neues statistisches Zahlenmaterial. In den ersten 20 Wochen ergab die Zählung bereits 17 Einbrüche in Supermärkte, Kioske, Tankstellen, Lotto-Annahmestellen und Tabakläden, die mit dem Ziel des Zigarettendiebstahls begangen wurden. Dieser Trend wird sich voraussichtlich fortsetzen. Der Zoll rechnet übrigens auch damit, dass die starken Preisschwankungen zwischen den einzelnen EU-Ländern zu Machtkämpfen unter den Gruppen führen werden, die den Zigarettenschmuggel bislang organisieren. Die blutigen Auseinandersetzungen um den Zigarettenmarkt zum Beispiel in und um Berlin Mitte der neunziger Jahre, bei denen viele Vietnamesen ermordet wurden, könnten daher bald wieder aufflammen.

Hingenommen wird auch die systematische Zerstörung von Arbeitsplätzen. Anders ist die Unbekümmertheit, mit der zum Beispiel Produktpiraterie in Deutschland nur noch in Ausnahmefällen verfolgt wird, nicht zu verstehen. In der Regel müssen private Sicherheitsagenturen einspringen, um den Strafverfolgungsbehörden das Material zu liefern, damit überhaupt Verfahren eingeleitet werden.

Ein Frankfurter Anwalt, der sich seit geraumer Zeit intensiv mit der Verfolgung von Produktpiraterie beschäftigt, erzählte mir, wie gering das Interesse bei Polizei und Staatsanwaltschaft sei. «Die sagen mir, warum soll ich mich um die Rolex kümmern, die verdienen doch genug. Sie erkennen nicht, dass in solchen und anderen Fällen von Produktpiraterie Tausende Arbeitsplätze hier verlorengehen. Die Produktionen werden in den Osten verlagert – da holt man sich die Läuse gleich ins Fell.»

Nicht nur edle Uhren werden gefälscht, sondern T-Shirts,

Jeans, DVDs, Spielwaren oder Software. Deren Plagiate machen nach Angaben der Vereinigung zur Bekämpfung der Produktpiraterie (VBD) «inzwischen zehn Prozent des Welthandels aus».[82] Dass die Falsifikate, die aus Russland, Bulgarien oder China nach Deutschland kommen, teilweise durch Kinderarbeit hergestellt werden, ist die eine Seite. Die andere, dass sie nach Einschätzung des Verbandes VBD jedes Jahr allein in Deutschland 70 000 Arbeitsplätze zerstören. Entweder will das niemand wahrhaben, oder es wird hingenommen.

Und das geschieht mit großer Selbstverständlichkeit, obwohl bekannt ist, dass der Schaden, der jährlich durch Wirtschaftskriminalität entsteht, nach konservativen kriminologischen Schätzungen bei zirka 36 Milliarden Euro liegt. Trotzdem wird nicht viel in deren Bekämpfung durch spezialisierte Kriminalisten und Staatsanwälte investiert. Ist es Dummheit, oder verstecken sich dahinter nicht doch handfeste wirtschaftspolitische Interessen?

Mit Kalkül ausgeblendet wird zudem eine weitere neue Entwicklung innerhalb der nationalen und internationalen Ökonomie, dass nämlich die legale Ökonomie mit der kriminellen Ökonomie bereits ein inniges Verhältnis eingegangen ist. Auf diese Entwicklung reagieren nationale und europäische Politik wie die Strafverfolgungsbehörden mit unendlicher Langsamkeit – wenn überhaupt.

Dabei kann als bekannt vorausgesetzt werden, dass das «schwarze Geld», also das durch kriminelle Machenschaften erwirtschaftete Kapital, destabilisierend auf die nationalen Märkte und Staatsfinanzen wirkt. Das führt inzwischen dazu, dass sich insbesondere Wirtschaftskriminalität als illegale Begleiterscheinung der Internationalisierung von Wirtschaftsbeziehungen in unglaublicher Geschwindigkeit ausbreiten konnte.

Wirtschaftskriminalität und Sachsensumpf

Im Mai 2007 geriet Sachsen in die Schlagzeilen bundesdeutscher Medien. Aber nicht wegen wirtschaftlicher Erfolgsmeldungen, sondern wegen eines tiefen Sumpfes von Korruption und kriminellen Beziehungsgeflechten, in die die Polizei, die Justiz und die Politik eingebunden waren. Die Rede war auch von undurchsichtigen Immobiliendeals, Kinderprostitution sowie ungeklärten Attentaten und Morden. Der Pressesprecher des Bundes Deutscher Kriminalbeamter, Uwe Dolata, beschwerte sich am 21. Juni 2007 zum Beispiel über die geradezu kafkaesken Verhältnisse in Sachsen: «Sowohl bayerische als auch sächsische Kriminalbeamte beklagen, dass notwendige Durchsuchungsbeschlüsse von der Staatsanwaltschaft nicht erwirkt wurden. Sogar Akten verschwanden aus unerfindlichen Gründen bei der Staatsanwaltschaft Dresden. Dies alles, weil ein Aufsichtsratsmitglied und rechte Hand des Gründers der BFI Bank Dresden Beziehungen in hohe Kreise der sächsischen Justiz hatte?» Und weiter: «Die bayerische Justiz hat die Betrügereien der Finanzhaie und Abzocker von zigtausend Opfern mit Verurteilungen bereits 2005 gesühnt. In Sachsen verlaufen sich Ermittlungen und Schadenswiedergutmachungen im Nirwana.» [83] Aufschlussreich ist die Reaktion der angesprochenen Justiz in Sachsen – keine.

Das deckt sich mit Aussagen eines Kriminalbeamten aus Sachsen: «Was wir ermitteln, das durften wir ermitteln. Was wir nicht dürfen, weil nichts herauskommen soll – da dürfen wir erst gar nicht anfangen zu ermitteln, obwohl wir von Straftaten wissen. An die Großen kommen wir doch gar nicht dran.»

Ein Beamter des Landesamtes für Verfassungsschutz formuliert ähnlich klar: «Ja, wenn es um die Bekämpfung der Organisierten Kriminalität geht, scheint die Vorgehensweise überall gleich zu sein. Als Erstes wird ‹etwas› installiert und propagiert, um politisch für irgendjemanden als Zugpferd zu dienen. Dann, wenn alle erfahren haben, dass die Organisierte Kriminalität bekämpft werden soll, und es um die Umsetzung geht, fällt das politische Interesse bereits wieder stark ab, und die Personen, die es betrifft, stehen alleine da.» Ein anderer Verfassungsschützer sieht es aufgrund seiner Erfahrung so: «Hinzu kommt, dass in dem Moment, wenn die OK sich gegen die drohende Beobachtung oder Bekämpfung wehrt, dann geschieht das meist sehr leise über bestimmte Kräfte. Sie verbünden sich mit Personen aus Politik, Wirtschaft und den Medien, und dann wird unser Geldhahn zugedreht. Das geschieht, indem gezielt Nebenschauplätze geschaffen werden.» Seine Worte hatten geradezu prophetischen Charakter.

Denn in Sachsen wurde, nach massivem Widerstand der CDU, Ende Juli 2007 ein Untersuchungsausschuss eingerichtet. Im Antrag der Abgeordneten der Linkspartei steht, was dieser Ausschuss, der einmal im Monat tagen soll, aufklären soll. Zum einen die «Verantwortung der Staatsregierung für schwerwiegende Mängel bei der Aufdeckung und Verfolgung krimineller und korruptiver Netzwerke unter Beteiligung von Vertretern aus Politik und Wirtschaft, von Richtern, Staatsanwälten und sonstigen Bediensteten der sächsischen Justiz, Polizei, von Landes- und kommunalen Behörden.» Zum anderen das Versagen rechtsstaatlicher Informations-, Kontroll- und Vorbeugungsmechanismen in Sachsen. Dazu zählt auch die in Sachsen seit langem zu beobachtende unzureichende Aufklärung und Verfolgung von Organisierter Kriminalität und Wirtschaftskriminalität.

Was war der Auslöser für diese schweren Vorwürfe? Anfang Mai 2007 wurde durch eine Veröffentlichung des *Spiegel* bekannt, dass das Landesamt für Verfassungsschutz in Sachsen Akten über Organisierte Kriminalität angelegt hatte. Und die sollten vernichtet oder ins Staatsarchiv verbannt werden. Die Veröffentlichung im *Spiegel* hatte das nicht nur verhindert, sondern danach eine heftige politische und über die Medien ausgetragene Auseinandersetzung ausgelöst. Und zwar darüber, welchen Wert die vom

Verfassungsschutz erhobenen Erkenntnisse haben. Das wiederum hing damit zusammen, dass in den Akten des Verfassungsschutzes schwere Vorwürfe gegen führende Staatsanwälte, Richter, Polizeibeamte und politische Entscheidungsträger erhoben wurden, die in diverse kriminelle Netzwerke verstrickt sein sollten. Auffallend war die Forderung, dass die Erkenntnisse des Verfassungsschutzes der Staatsanwalt übergeben werden müssten.

Üblicherweise sammelt der Verfassungsschutz wie alle Nachrichtendienste keine Erkenntnisse, um sie der Staatsanwaltschaft zu übergeben, bzw. erst dann, wenn ausreichendes Beweismaterial auch für die Strafverfolgungsbehörden vorhanden ist. In Sachsen spielte das keine Rolle. Hier wurde den Verfassungsschützern überhaupt nicht die Möglichkeit gegeben, in Ruhe zu ermitteln, sondern sie wurden ausgebremst.

Vordergründiges Motiv war das Urteil des Sächsischen Verfassungsgerichts vom Sommer 2005. Das untersagte dem Verfassungsschutz gegen Organisierte Kriminalität zu ermitteln, solange die Freiheitlich-Demokratische Grundordnung nicht gefährdet sei. Trotzdem wurde noch bis zum Sommer 2006 in bestimmten Fällen weiterermittelt. Ein klarer Verstoß gegen die Rechtsprechung des Sächsischen Verfassungsgerichts. Ende 2006 wurde die Abteilung im Verfassungsschutz, die für die Beobachtung der Organisierten Kriminalität zuständig war, schließlich aufgelöst. Dazu sagte mir ein eingeweihter Beamter: «Man hat uns aufgelöst, weil bekannt wurde, dass wir auf gefährlichen Spuren waren.»

Was danach geschah, war ein Zeichen für die Ignoranz der Macht und ein Desaster für die politische Kultur eines demokratischen Staatsapparates. Obwohl die Fachaufsicht des Verfassungsschutzes, das Innenministerium, grundsätzlich über die laufenden Ermittlungen informiert wurde, entzogen sich die zuständigen Politiker der CDU im Innen- und Justizministerium ihrer Verantwortung und begannen das Landesamt für Verfassungsschutz, insbesondere die zweifellos engagierten Ermittler, zu sabotieren.

Es dauerte nicht lange, und einige Medien schossen sich ebenfalls auf den Verfassungsschutz und dessen Erkenntnisse über kriminelle Netzwerke in Sachsen ein, wohlgemerkt, ohne die Fakten aus den knapp 15 000 Aktenseiten überhaupt zu kennen. Einige Journalisten schrieben, dass der Verfassungsschutz nur Informationen vom «Hörensagen» und «Gerüchte» gesammelt habe, die zudem bereits alle bekannt seien. Der Eindruck war nicht von der Hand zu weisen, dass sie auf «höhere Weisung» der Staatskanzlei solches geschrieben haben. Wenn nämlich alles nur Gerüchte wären, worauf gründete dann die Forderung nach Einsetzung eines parlamentarischen Untersuchungsausschusses, die von der Linkspartei, den Grünen und selbst der FDP erhoben wurde? Und auch die in Dresden als kleiner Koalitionspartner mitregierende SPD sprach sich für einen Untersuchungsausschuss aus. Vielleicht sollten sich einige der Journalisten einmal damit beschäftigen, was der sächsische Innenminister Albrecht Buttolo bereits am 27. März 2006 in der Sitzung des Verfassungs-, Rechts- und Europaausschusses erklärte: «Es ergaben sich Anhaltspunkte und Verdachtsmomente hinsichtlich einer vorgesehenen Einflussnahme von Angehörigen südeuropäischer OK-Strukturen auf die öffentliche Verwaltung und die Justiz im Freistaat Sachsen.»

Aber es bleiben noch mehr unbeantwortete Fragen. Etwa: Warum reagierte Ministerpräsident Georg Milbradt, obwohl er bereits im November 2006 von dem Vertreter einer Justizbehörde auf die Korruption in der Justiz direkt angesprochen wurde, nur mit Schweigen und unternahm nichts? Ihm ein durchaus angespanntes Verhältnis zur Wahrhaftigkeit vorzuwerfen, nährt sich aus diversen Vorgängen. In einem Interview mit dem Deutschlandfunk Anfang Juli 2007 behauptete er, «dass aus dem Verfassungsschutzamt erhebliche Mengen an Informationen illegal an die Presse gegangen sind». Wahrheitswidrig war, dass es bei den Fällen des Verfassungsschutzes «um Fälle aus den 90er Jahren, die schon einmal untersucht wurden», gegangen sei.[84]

Was ist mit den Vorwürfen gegen einen führenden Staatsanwalt, die von «mehrfacher Verletzung von Dienstgeheimnissen», «Verrat von strafprozessualen Maßnahmen» und «Besitz von Kinderpornos» bis hin zu angeblichen «Verbindungen zu dem Leipziger Immobilienhai K.» sowie mutmaßlichen «Verbindungen zu dem Leipziger Kriminellen Torsten R.» reichen? Hat der Justizminister nicht bereits 2006 einen Vermerk des Verfassungsschutzes über diese Vorgänge erhalten, wie im Verfassungsschutzamt behauptet wurde? Ein normaler Beamter wäre bei diesen Verdachtsmomenten schon längst aus dem Dienst entfernt bzw. mindestens suspendiert worden wegen des Verdachts des bösen Anscheins der Käuflichkeit. Nichts wurde unternommen, sieht man von der Einleitung eines Vorermittlungsverfahrens ab. Das geschah jedoch erst, nachdem die oben erwähnten Vorwürfe aus den Verfassungsschutzakten an die Öffentlichkeit gelangt sind. Wenn nicht, hätte nie jemand etwas davon erfahren.

Und warum konnte die Staatssekretärin im Justizministerium, Gabriele Hauser, angesichts der Korruptionsaffäre gegenüber sechs Richtern und zwei Staatsanwälten verkünden, dass «da sowieso nichts herauskommen wird»? Und das, obwohl der Staatsanwaltschaft allenfalls Bruchstücke der Erkenntnisse des Verfassungsschutzes vorlagen. Die Staatssekretärin, bekannt für die «Häppchen-Connection», bestreitet, diese Aussage getroffen zu haben. Einer der Anwesenden hingegen legte dazu eine entsprechende eidesstattliche Versicherung vor.

In Wirklichkeit geht es in Sachsen, wo die CDU nach der Wende das Sagen hatte, um etwas ganz anderes. Um Wirtschaftskriminalität auf höchstem Niveau, um die Auswirkungen eines jahrzehntelangen geradezu feudalistischen Regierungssystems, in dem bis 1999 selbst Widerworte im Parlament ungehörig waren. Ob Richter, leitende Polizeibeamte oder Staatsanwälte – fast alle kamen aus dem Westen und viele (glücklicherweise nicht alle) erhofften sich hier eine schnelle Beförderung und damit Machtzuwachs. Und dann gab und gibt es noch die alten Stasi- und SED-Seilschaften und die vielen Blockflöten. Es entwickelte sich eine verhängnisvolle Struktur, in der zwar die Wirtschaft prosperierte, gleichzeitig jedoch die Gewaltenteilung partiell aufgehoben wurde – fast so wie in Sizilien.

Da wird es schon mal hingenommen, dass zum neuen Landespolizeipräsidenten ein Mann gekürt wird, der eine durchaus interessante Vergangenheit hat. Der ehemalige Leiter der Mordkommission in der DDR und aktives SED-Mitglied, passte sich geradezu blitzartig den neuen sächsischen Gegebenheiten an. Nach der Wende wurde der einstige Major Mitglied der CDU und als Kriminalrat wieder in den Polizeidienst übernommen. In einem Gespräch mit der *Süddeutschen Zeitung* erklärte er damals: «Ich bin davon überzeugt, dass die Umstellung auf den neuen Staat Leuten wie mir leichter fällt als den Menschen, die im Herbst die Revolution gemacht haben. Diese Menschen werden auch in der Zukunft nur Außenseiter bleiben.»[85] Er sollte leider sogar recht behalten.

Im Jahr 2005 beschwerte sich ein Landrat aus dem Vogtland: «Ich war im Würgegriff der Stasi-Baumafia.» Hintergrund war, dass der Bau einer Sprungschanze in Klingenthal sieben Millionen Euro kosten sollte und plötzlich 17 Millionen Euro zu zahlen waren. Bei einer weiteren Nachforderung von 2,5 Millionen Euro weigerte sich der Landrat zu zahlen. Daraufhin erhielt er Drohanrufe und -briefe. Zur gleichen Zeit beklagte sich ein Bauleiter darüber, dass er ebenfalls unter Druck gesetzt wurde. «Ich weiß so viel im Zusammenhang mit falschen Rechnungen.» Wenige Tage später beging er Selbstmord. Ermittlungen in dieser Angelegenheit gibt es bis heute nicht.

Gegen einen Landrat aus der Nähe von Leipzig lagen Anzeigen wegen Betruges in Höhe von 50 Millionen Euro vor. Ihm geschah bis heute nichts. Für eine kleine Straße, die S 282a bei Schönfels, erhielt der Freistaat von der EU zweckgebundene Fördermittel in Höhe von 50 Millionen Euro. Die Straße wurde auch gebaut – für 10 Millionen Euro. Die restlichen 40 Millionen sind in Dresdner Amtsstuben versickert. Beim Abwasserverband Oberes Göltzschtal verschwanden 13 Millionen Euro in Liechtenstein und so weiter und so weiter.

Aus Leipzig schrieb mir ein Polizeibeamter: «Wir als Polizisten eines Reviers wollen Gaststättenkontrollen und auch Jugendschutzkontrollen in Diskos und Gaststätten durchführen. Die Stadt macht das selbständig nicht. Es wird privaten Sicherheitsunternehmen überlassen, deren Mitarbeiter in kriminelle Strukturen eingebunden sind. Dabei wurden uns von Seiten der Stadt sowie auch von Teilen der Polizeiführung erhebliche Steine in den Weg gelegt und uns die Arbeit auch bewusst und gewollt erschwert und sogar untersagt. Dabei wissen wir, wo die Leute des Sicherheitsdienstes ihre Hände im Spiel haben, dass sie vor den Diskos stehen. Wir wissen, dass über die muskelgepackten Leute Mädels rekrutiert werden, wir wissen, dass die massiv im Rotlichtmilieu vertreten sind. Wir wissen, dass die mindestens in der Vergangenheit mit Schutzgelderpressungen zu tun hatten.» Diese grenzenlose Ohnmacht trifft auch die Bürger, insbesondere wenn es um sexuellen Missbrauch von Kindern geht. Seit 2002 liegen gegen Etem S., den Leiter einer Leipziger Kampfsportschule, Anzeigen wegen sexuellen Missbrauchs von Kindern vor, wegen Vergewaltigung, Nötigung und Erpressung. Die immer gleiche Leipziger Staatsanwältin stellte grundsätzlich die Verfahren ein, und zwar ohne jede Beweismittelsicherung und Anhörung von Zeugen. Als eine Mutter, deren Tochter von Etem S. sexuell missbraucht wurde, mit der inzwischen 14-jährigen Tochter im Justizministerium um Hilfe bei Ministerialrat Scholz nachsuchte, mussten sie sich von ihm den Satz anhören: «Bei einem Missbrauch gehören immer zwei dazu. Man kann nicht nur den Opfern glauben.» [86]

Selbst dort, wo die freiheitlich-demokratische Grundordnung

tatsächlich gefährdet ist, bei bekannten islamistischen Gefährdern, geschieht nichts. In Leipzig ist ein führender Imam, der in der Moschee antidemokratische Hasstiraden von sich gibt, gerngesehener Gast der Stadtverwaltung. Einer seiner Brüder, Spitzname Salahedin, lebt in Dresden und beherrscht dort einen Teil der kriminellen Szene. Ein weiterer Bruder arbeitet in der syrischen Botschaft in London und ist an den syrischen Nachrichtendienst angebunden. Eine perfekte Kombination. Ermittelt wird nicht.

In Leipzig müssen übrigens einige Unternehmer Leistungen kostenlos oder zu Dumpingpreisen erbringen, wenn es darum geht, von der Stadt Aufträge zu bekommen. Diese kostenlosen Leistungen, wie Catering oder Blumengebinde bei öffentlichen Veranstaltungen, Einweihungen und Festlichkeiten, die von oder mit der Stadt initiiert wurden, heißen in Leipzig offiziell Sponsorentätigkeit. In Sizilien nennt man es Pizzo. Ein Leipziger Unternehmer dazu: «Wer eine Eintrittskarte für Aufträge der Stadt erhalten will, muss erst unbezahlte Leistungen erbringen, um dann für seine Leistungen regulär bezahlt zu werden.» Drei schöne Tage wiederum verbrachte Justizminister Georg Milbradt, samt Gattin, auf Einladung der Industrie- und Handelskammer vom 29. bis 31. Juli 2005 in Danzig. Diese Zeit benötigte er, um als Vertreter des Freistaats Sachsen die Wirtschaftsdelegation, die von der Industrie- und Handelskammer organisiert wurde, zu begleiten und ein Grußwort zu halten. Er habe für alles selbst bezahlt, erklärte er später.

Die unheimlich enge Verbindung zwischen der politischen Elite und Unternehmern, selbst ziemlich zweifelhaften, zeigte sich insbesondere in der Vergangenheit, als Kurt Biedenkopf noch als «König von Sachsen» das Sagen hatte. Damals war Norbert Steiner, der aus Bayern kam, Leiter des staatlichen Liegenschaftsamtes in Leipzig. Ein Mann mit großer Erfahrung und Zivilcourage. Was er erzählt, sind keine Märchen. Vielmehr ist es das Abbild der politischen und gesellschaftlichen Verhältnisse in Sachsen, wie sie bis heute bestehen. Es geht um eine besondere Form der Privatisierungskriminalität, die besonders in den neuen Bundesländern blühte. Damals, zu Beginn der neunziger Jahre, bauten zwei Unternehmer in der Nähe von Leipzig das Paunsdorf-Center. Das musste, um ordentlich Rendite zu erwirtschaften, zum hohen Preis vermietet werden. Und da der damalige Ministerpräsident Kurt Biedenkopf eng mit einem der Unternehmer verbandelt war, wurde dafür gesorgt, dass staatliche Behörden in das neue Behördenzentrum umziehen und der Steuerzahler entsprechend hohe Mieten zahlen durfte. Später kam es zu einem Untersuchungsausschuss im sächsischen Landtag. Kurt Biedenkopf sagte in diesem Untersuchungsausschuss laut Protokoll: «Ich habe die Immobilienverträge des Paunsdorf-Centers nicht unterzeichnet. Sondern nur Empfehlungen gegeben.» Unterschrieben habe der damalige Finanzminister Georg Milbradt, der verantwortliche Ressortminister.

Das alles ist bekannt. Doch zurück zur Norbert Steiner. Ich fragte ihn, ob es stimme, was mir der SPD-Abgeordnete Karl Nolle, Obmann im Untersuchungsausschuss, gesagt habe. Er, Steiner, hätte beim Paunsdorf-Untersuchungsausschuss vieles nicht erzählt. «Natürlich nicht», antwortete er. «Ich habe mich schützen müssen. Ich habe Drohanrufe bekommen, zwei Morddrohungen bekommen. ‹Wenn Sie weiter den Mund aufmachen, werden wir Sie umbringen.› Meine Frau war dabei.» Soweit ein Einblick in sächsische Verhältnisse aus Sicht eines bayerischen Beamten, der jahrelang Leiter des staatlichen Liegenschaftsamtes war. Aber es geht weiter. «Eines Tages habe ich den Georg Milbradt bei der Grundsteinlegung der Sächsischen Landesbank getroffen und ihm gesagt. ‹Herr Minister Georg Milbradt, das geht nicht so. Wir können da nicht in Paunsdorf einfach so etwas hinbauen.› Da hat er mir gesagt: ‹Herr Steiner. Das geht Sie nichts an. Das ist die Sache des Kleinen.› Damit hat er Biedenkopf gemeint. Ich habe später nochmals zu Georg Milbradt gesagt: Herr Professor Georg

Milbradt, was wir machen, ist Betrug. Seine Antwort war: ‹Nein, es muss dort hinausgezogen werden.› In der Nacht bevor ich unterschreiben musste, habe ich mich mit einem katholischen Pfarrer getroffen und bin mit ihm nachts spazieren gegangen. Ich musste mich auskotzen, ich konnte nicht mehr. Es tut einem weh zu sehen, wie das Geld des Steuerzahlers verschleudert wurde. Dann musste ich die Verträge unterschreiben. Ich habe mehrfach zu Georg Milbradt gesagt: ‹Was wir machen, ist ganz schlichter Betrug.› Er hat nichts darauf geantwortet. Ich habe ihn auch auf den Betrug hingewiesen, zum Beispiel was die Sächsische Landesbank angeht. Da kam der stellvertretende Vorstand, ein Herr Scheil, zu mir und sagte: ‹Herr Steiner, wir brauchen dringend ein repräsentatives Gebäude.› Es handelte sich um das ehemalige Gebäude, in dem damals die Dresdner Bank drin war. Für 36 Millionen Mark hatten die das übernommen. Das wollte unbedingt die Landesbank. War aber dann zu klein. Der Herr Scheil von der Sächsischen Landesbank hat damals eine Provision von 700 000 Mark bekommen. Und hat das Geld, so ist mir gesagt worden, nach Luxemburg gebracht. Darüber habe ich mit Professor Milbradt bei der Grundsteinlegung der Augenklinik gesprochen. ‹Herr Milbradt, ich habe gehört, dass da Gelder geflossen sind. So geht das nicht.› Seine Antwort: ‹Lassen Sie mich doch bitte mit diesem Krampf in Ruhe.›»

Die Angst, dass derart schmutzige Geschichten aus der Vergangenheit aufgeklärt werden, bildet den Hintergrund dafür, warum im Sommer 2007 in Sachsen so heftig um den Untersuchungsausschuss zur Aufklärung der korruptiven Netzwerke gestritten und mit dreisten Methoden daran gearbeitet wurde, bestimmte Mitglieder des Ausschusses zu diffamieren. Der Abgeordnete Klaus Bartl von der Linkspartei meinte dazu: «Dass Politik ohne Niedertracht nicht auskommt, ist eine meiner Lebenserfahrungen. Diese Dimension, die ich im Umfeld der Einsetzung dieses Ausschusses vor meiner Wahl zum Vorsitzenden und danach erfahre, hielt ich allerdings nicht für möglich.» Was war geschehen?

Auf dem Sommerfest der Landespressekonferenz am 3. Juli 2007 kolportierten Minister der Staatsregierung, Klaus Bartl sei zu DDR-Zeiten Staatsanwalt und Chef der späteren Leiterin des Referats Organisierte Kriminalität beim Verfassungsschutz gewesen. Tatsächlich war er zu Zeiten der DDR Staatsanwalt und SED-Mitglied. Doch hat er keine Verbrechen begangen. Er war Teil des Systems und hat daraus gelernt, im Gegensatz zu vielen anderen SED-Kadern, die in den Blockparteien waren und sich kurze Zeit danach als wahre Demokraten verkauften. Falsch ist hingegen, dass er Chef der Leiterin des OK-Referats war.

Als Nächstes wurde auf dem Abschlussfest des Landtagspräsidenten am 13. Juli 2007 das Gerücht verbreitet, zwischen dem Leipziger Polizeihauptkommissar Georg W. und der Leiterin der OK-Referats habe ein «Verhältnis» bestanden, aus dem heraus sich das Material des Landesamtes gespeist habe. Ebenfalls eine eindeutige Unwahrheit. Und wieder ließen sich einige Journalisten für diese Lügengeschichte instrumentalisieren. Oder trifft gar das zu, was der Romanautor Hennig Mankell in seinem Buch *Die falsche Fährte* beschrieb? «Die Männer der Macht halten sich immer symbolische Reinigungsfirmen und Beerdigungsinstitute. Es gibt genug Journalisten, die nicht zögern, ihre Seele zu verkaufen, um deren Interessen zu dienen. Die zurückschaufeln. Die Skandale zu begraben. Den Schein zur Wahrheit zu erheben, die Illusion der reingewaschenen Gesellschaft aufrechtzuerhalten.» [87]

Als Nächstes erklärte der Abgeordnete und ehemalige Innenminister Heinz Eggert, Klaus Bartl könne dem Untersuchungsausschuss nicht angehören, weil einige seiner Mandanten für den Untersuchungsausschuss in Frage kämen. Und dass seine Mitgliedschaft bzw. Führung des Vorsitzes im Untersuchungsausschuss eine Gefahr «der Manipulation des Gremiums» mit sich bringen könne. Das war ein starkes Stück und folgte doch der bekannten Dramaturgie.

Zuerst wurde also die angesehene Mitarbeiterin des Landesamtes für Verfassungsschutz als unglaubwürdig ausgeschaltet und danach einer der schärfsten Kritiker des Sachsensumpfes, der Landtagsabgeordnete Klaus Bartl, in Misskredit gebracht. Und schließlich ließ sich auch noch der gleiche Abgeordnete Heinz Eggert, der ursprünglich gegen die Einsetzung des Untersuchungsausschusses gestimmt hatte, mit den Stimmen von zwei Ex-NPD-Abgeordneten als Mitglied des Untersuchungsausschusses wählen. Er dachte wohl, nun könne er sich für eine alte Geschichte rächen. Und die wiederum hängt mit der Arbeit der ehemaligen Dresdner Staatsanwältin und inzwischen endgültig kaltgestellten Leiterin der Abteilung OK im Landesamt für Verfassungsschutz zusammen.

Heinz Eggert dazu in einem Interview: «Eines Tages erfuhr ich aus der Zeitung, dass es gegen mich eine strafrechtliche Voruntersuchung wegen angeblicher sexueller Kontakte zu Jugendlichen gibt. Zuständig war die gleiche Staatsanwältin, die jetzt mit unlauteren Methoden im Verfassungsschutz in der Abteilung Organisierte Kriminalität aufgefallen ist. Obwohl die Zeugen mich entlastet hatten und es deshalb nie einen konkreten Anfangsverdacht gegeben hat, wurde das Vorverfahren erst sehr spät eingestellt. Ich bin mir heute nicht mehr sicher, ob diese Staatsanwältin nicht vorsätzlich die Ermittlungsergebnisse möglichst lange offengehalten hat, um mir zu schaden.» Und in einer «Satire» in der *Dresdner Morgenpost* legte er nach: «Eine leitende Geheimdienstmitarbeiterin, die mit einem Polizeiermittler den Frust auf unfähige West-Chefs teilt und die gemeinsam ermitteln. Als er es nicht mehr bei der Polizei darf, wirbt sie ihn als Quelle an. Da auch ein wenig Sex beim Krimi sein muss, machen wir sie einfach zu einem heimlichen Paar, das im Bett nicht nur Dokumente austauscht.»[88] Gemünzt war die Aussage auf die Staatsanwältin, die einst gegen ihn wegen sexuellen Missbrauchs von Kindern bzw. Jugendlichen ermittelte.

Nun kam hinzu, dass in der Presse Vernehmungsprotokolle

von Zeugen aufgetaucht waren, die Heinz Eggert in einem wenig seriösen Licht darstellten. Und die seien vom Verfassungsschutz gekommen. Eggert dementierte sofort. Er habe vom Verfassungsschutz auf Anfrage die Auskunft erhalten, er sei in dem Dossier nicht erwähnt worden.[89] Es sind übrigens die Dossiers, die bis heute eigentlich streng geheim gehalten worden sind – aber für einen Ex-Innenminister drückt man gerne beide Augen zu.

Die infamen Aussagen gegenüber Klaus Bartl, gerade von dem doch eher schillernden und wegen seiner körperlichen Nähe zu einigen seiner Leibwächter in Verruf geratenen Ex-Innenminister, brachten den Abgeordneten in Rage. Er sei gerne bereit, als Zeuge vor dem Untersuchungsausschuss auszusagen, was ihm in «geradezu flagranter Rechtsbeugung und Strafvereitelung höchster Stellen zugunsten des Herrn Eggert zur Kenntnis gelangt ist».

Und er versicherte, dass er alle erforderlichen Unterlagen von damals zur Verfügung habe, die belegen, «wie seinerzeit der Entscheidungsausgang unter Einbeziehung des damaligen sächsischen Justizministers, des sächsischen Generalstaatsanwalts, des Leitenden Oberstaatsanwalts von Dresden und weiterer maßgeblicher Justizfunktionsträger zugunsten des Heinz Eggert erfolgt ist».[90]

Das Ermittlungsverfahren gegen den damaligen Innenminister und heutigen CDU-Landtagsabgeordneten Heinz Eggert wurde bekanntlich eingestellt. Genau das sind die sächsischen Verhältnisse, die nun ein Untersuchungsausschuss aufklären soll, trotz des erbitterten politischen und teilweise medialen Widerstands. Und zwar von denjenigen Personen, die einiges zu befürchten haben, sollte es den Parlamentariern tatsächlich gelingen aufzuklären. Zweifel sind angebracht.

Verwaltungsscientology oder von Aldi lernen

Ein Resultat der neoliberalen Wende und der weltweiten Privatisierungswelle ist, dass inzwischen selbst Kriege immer häufiger von privaten Sicherheitsunternehmen geführt werden. Und auch die Polizei und Justiz in der «Deutschland AG» geraten in die Klauen neoliberaler Ideologie. Damit ist nicht einmal das stetige Anwachsen der privaten Sicherheitsindustrie gemeint, die zunehmend erfolgreich Funktionen der Polizei übernimmt. Inzwischen wird auch Wirtschaftskriminalität wie beispielsweise Anlagebetrug zunehmend von privaten Kanzleien und Sicherheitsunternehmen bekämpft.

Doch darüber hinaus geht es um das Eindringen neoliberaler Reformen in den polizeilichen Alltag, sozusagen die Kolonialisierung polizeilichen Denkens und Handelns. Als Verwaltungsscientology kanzelt ein nordrhein-westfälischer Polizeipräsident dieses Instrumentarium ab, mit dem Polizei und Justiz gezielt in ihrer notwendigen Arbeit sabotiert werden. Diese Verwaltungsscientology ist durch einen besonderen Sprachcode gekennzeichnet, der die Bedeutung bestimmter Begriffe ins Gegenteil verkehrt.

«Prävention» ist ein solcher Begriff geworden, hinter dem sich mehr verbirgt als der angebliche Wunsch, Kriminalität zu bekämpfen. «Was beim großen Lauschangriff offiziell noch nicht gestattet ist, beispielsweise die Aufzeichnung des Gesprächs mit einem Anwalt mittels Wanze, das soll nun im Rahmen dieser vorbeugenden Telefonüberwachung ohne weiteres möglich sein. Gleichfalls zur Vorbeugung sollen auf den deutschen Ausfallstraßen und Autobahnen Videokameras installiert werden und dort nicht nur dazu dienen, gesuchte Verbrecher und gestohlene Autos aus dem Verkehr zu ziehen; man will auf diese Weise potenziell nützliche Daten sammeln und Bewegungsprofile erstellen. Die Erstellung von Kontoprofilen durch die Sicherheitsbehörden ist jetzt schon möglich.[91]

Der hessische Ministerpräsident Roland Koch zum Beispiel spricht verheißungsvoll von einer «Operation Sichere Zukunft». Dahinter verbirgt sich letztlich nichts anderes als die banale Schließung von Jugend- und Frauenhäusern, Schuldnerberatungsstellen und Hilfseinrichtungen für Drogenabhängige. Gleichzeitig ist damit eine erhebliche Verschlechterung der Arbeitsbedingungen bei der Polizei durch höhere Arbeitszeiten, Abbau von Stellen, Streichung von Urlaubsgeld und einen Beförderungsstopp verbunden. Das wird nicht explizit gesagt, sondern die neue Sprache blendet Folgen politischer Entscheidungen gezielt aus. Hinter bestimmten Wortschöpfungen verbirgt sich also die unbequeme Wahrheit. Eine dieser Neuschöpfungen ist «Modernisierungsoffensive».

«Im Rahmen der ‹Modernisierungsoffensive› ist eine Schieflage festzustellen, eine Schieflage zulasten der Strafverfolgung und Rechtsprechung, zugunsten überwuchernder Bürokratisierung, einer Steigerung von Ineffizienz und Ineffektivität. Arbeitskraft aus der bisherigen Tätigkeit in der Justiz wird abgezogen für Hospitationen, Projektverantwortliche, Schulungen und Arbeit am SAP-System, Administratoren, Fortbildungsbeauftragte und so weiter», resümiert Ingolf Tiefmann, der Vorsitzende des hessischen Richterbundes.

Die Arbeit von Polizei und Justiz ist folgerichtig zu einem «Produkt» geworden, und Kriminalität wird zum Wirtschaftsgut. Wenn aber das Prinzip der Rentabilität selbst bei staatlichen Schutzeinrichtungen durchgesetzt werden soll, dann ist die Demokratie als solche gefährdet. In Hessen erstellte das Consultingunternehmen Arthur Andersen Business Consulting GmbH ein sehr teures «PEBB§Y-Gutachten». Die Experten hatten «für die Erhebung die verschiedenen Bereiche, in denen Richter und Staatsanwälte tätig sind, in sogenannte Produkte eingeteilt. Auch wenn der Begriff als solcher schon eigenartig erscheint im Zusammenhang mit der Leistung der Justiz, will ihn die Justizverwaltung wohl beibehalten.» [92]

Die Produkte müssen natürlich berechnet werden, zum Beispiel das Arbeitspensum. Es wird dadurch errechnet – man kann es kaum glauben –, indem man die Jahresarbeitszeit durch die Bearbeitungszeit für ein Verfahren teilt. Beläuft sich die Jahresarbeitszeit statt auf 102 240 Minuten, wie vom Gutachten angenommen, etwa auf 111 758 Minuten – was wohl bei 41 Wochenstunden angenommen wird –, stimmt die ganze Rechnung nicht mehr. Egal, denkt sich die Justizverwaltung. Hauptsache der Ministerialbürokratie ist ein großer theoretischer Wurf gelungen, mit dem Ressourcen eingespart werden können.

In Sachsen erstellte die Unternehmensberatung Kienbaum Ende der neunziger Jahre eine Studie zur Polizeireform. Das Unternehmen sollte feststellen, ob die Struktur der Polizei effektiv sei und was man ändern könne. Die Studie kostete viel Geld, wurde jedoch – vielleicht zum Glück – nicht umgesetzt. In anderen Bundesländern war man da weniger kritisch. Was auf den vielen Kongressen und Tagungen von international agierenden Unternehmensberatungen vorgeschlagen wird, gilt inzwischen als *das* Allheilmittel, um die Arbeit von Polizei und Justiz zu reformieren. Die Unternehmensberatungen lassen sich für ihre Expertisen viel Geld zahlen, das die kleinen Steuerzahler aufbringen müssen. Doch solange die politisch Verantwortlichen in den meisten Bundesländern den Gauklern im Nadelstreifenanzug und mit Laptop begeistert folgen und glauben, dass mit dem Prinzip des unternehmerischen Managements eine «kundenorientierte» Kriminalitätsbekämpfung geleistet werde, wird der Steuerzahler noch ganz andere Belastungen aushalten müssen.

Mord, Kindesmisshandlung, Raubüberfall, Betrug oder Bestechung sind in den Augen der «Reformer» Produkte. Aus dem ermittelnden Polizeibeamten ist ein «Informationsmanager» geworden, der natürlich nur mit dem vom IBM-Konzern erstellten «IBM-CRM Modell zur Inneren Sicherheit» arbeitet. Solche und ähnliche Begriffe aus der Zaubertüte privater Beraterfirmen bestimmen nun den Arbeitsalltag von Polizei und Justiz. Weil sie als privatwirtschaftliche Unternehmen geführt werden sollen, kann Kriminalität zwangsläufig nicht mehr in dem notwendigen Umfang bekämpft werden. Teure «Produkte» wie Wirtschaftskriminalität oder Organisierte Kriminalität müssen also nach Möglichkeit aus der Kalkulation gestrichen werden.

Ein Oberstaatsanwalt aus Hagen sieht es so: «Hier laufen Steuerungsmodelle, die angeblich in der Wirtschaft zu Erfolgen geführt haben. Leider vergisst man einen wesentlichen Unterschied. Der erfolglose Unternehmer wird gut beraten sein, wenn er die daraus entstehenden wirtschaftlichen Probleme auch unter dem Gesichtspunkt einer Produktverbesserung sieht. Wir machen es umgekehrt. Das Produkt wird verkompliziert und dafür die Zahl der ‹Produzenten› verringert. Unsere Behörde hatte 1980 rund 200 Mitarbeiter, davon waren zirka zehn mit Verwaltungsarbeiten beschäftigt. Heute lautet das Verhältnis 178 zu 30. Ist das ein Fortschritt?» In Nordrhein-Westfalen sind die «Produkte» seit drei Jahren vom Innenministerium beschrieben worden. «Seit vier Jahren werden Ziele ‹per Vertrag› zwischen Vorgesetzten und Mitarbeitern vereinbart, erst von unten nach oben, dann im ‹Gegenstromverfahren›. In jeder Kreispolizeibehörde sind mindestens in jeder Unterabteilung Kostenstellenleiter damit beschäftigt, etwa vier Prozent des Gesamthaushaltes zu verwalten, mehr als 95 Prozent sind bereits rechtsverbindlich verplant. In jeder Kreispolizeibehörde beschäftigen sich die Mitarbeiterinnen und Mitarbeiter derzeit mit der Erarbeitung von Qualitätsleitsätzen und verbrauchen damit hochgerechnet mehrere Hundert Arbeitsjahre.» [93]

Konrad Freiberg, der Vorsitzende der Gewerkschaft der Polizei, schüttelt nur noch den Kopf, wenn er die «ungeheuerliche Zunahme der Bürokratisierung» sieht. «Es werden Budgetkommissionen oder andere mehr oder weniger unsinnige Kommissionen gebildet, und da müssen die Kollegen ihre gesamte Arbeitskraft hineinwerfen.»

Der bürokratische Wasserkopf zeichnet sich auch dadurch aus, dass auf der einen Seite normale ermittelnde Polizeitätigkeit immer weiter reduziert wird, andererseits zugleich neue Stabsstellen eingerichtet werden, die nichts anderes tun, als neue Reformen zu erfinden und den Polizeiapparat so durch administratives Nichtstun zu blockieren. Und die Ministerialbürokratie – abhängig von den politischen Launen der Minister, gesteuert von der Privatindustrie – legitimiert sich damit, dass Reformen notwendig seien.

Besonders phantasiereich wird es, wenn ein neuer Polizeidirektor sein Amt antritt wie etwa in Franken. Eine seiner ersten revolutionären Veränderungen war, eine Arbeitsgruppe einzurichten. Die Abteilungsleiter, qualifizierte Kriminalisten unter ihnen, wurden aufgefordert, eine Kommission zu gründen. Gut, wenn es der Kriminalitätsbekämpfung diene, dachten die Kriminalisten. Doch der neue Mann hatte festgestellt, dass im Polizeipräsidium knapp 27 Farbkopierer stünden. Nun sollte die neue Kommission herausfinden, warum braucht man die Farbkopierer, was kosten sie, welche Tinte wird benutzt, wie oft wird der Farbkopierer benutzt und so weiter. Und es wurde getagt und getagt. Ein Schildbürgerstreich, könnte man annehmen. Gefällige Praxis allenthalben ist es.

In Baden-Württemberg werden Beamte abgestellt, um in «Qualitätszirkeln» neue Polizeimethoden kennenzulernen. Das dachten zumindest einige der Kriminalisten. Auf jeden Fall mussten sie erst einmal eine Woche Weiterbildung in Anspruch nehmen. Dann sind die so «qualifizierten» Beamten in ihre Dienststellen zurückgekommen. Das Thema des «Qualitätszirkels» war: Im Polizeiwagen fallen im Kofferraum Polizeikellen und andere Gegenstände manchmal herum. Also wurde eine Aluminiumwanne entwickelt. «Dafür wurden Ressourcen abgezogen, unglaublich», beschwerte sich einer der am Qualitätszirkel beteiligten Beamten.

Freude herrschte bei der Polizei im hessischen Offenbach, dass sie nun ebenfalls «qualifiziert» werden sollte, und zwar durch die «Kostenstellenleiterschulung». Ihr Lernziel: Gewinne maximieren und Kosten reduzieren. Wie das in ihrem Alltag funktionieren soll, haben sie irgendwie nicht begriffen. Ansonsten würden sie diese Schulung nicht als groben Unsinn abqualifizieren, die lediglich ihre Arbeitszeit kostet und sonst nichts bringt.

Im benachbarten Frankfurt sind demgegenüber fragwürdige Managementmethoden eher in der Ermittlungsarbeit gefragt. Sie werden «Projektmanagement» genannt. Dazu gehören eine «Wirkungs- und Effizienzanalyse sowie die Zielerreichungsanalyse». Das hört sich wieder einmal fortschrittlich an, ist jedoch nichts anderes als die bewusste Blockade jeder innovativen und kreativen kriminalpolizeilichen Arbeit. Damit ist zementiert, dass Kriminalität nicht mehr bekämpft, sondern allenfalls noch verwaltet wird. Immer neue Organisationsreformen im Polizeiapparat zerreißen zudem gewachsene Strukturen. Das Wissen erfahrener Ermittler wird in bürokratischen Zwangsjacken erstickt. «Ich komme mir vor wie in einer Gummizelle», beschreibt ein BKA-Beamter die Situation in seinem Amt.

Ein weiteres Indiz für die politisch motivierte Strategie in Deutschland, Kriminalität nicht mehr zu bekämpfen, ist die schon erwähnte Budgetierung. Ist das Budget aufgebraucht, gibt es keine weiteren Finanzmittel mehr – das Verfahren muss zwangsläufig beendet werden. In Hessen gibt es kleine Polizeidienststellen, die Ende des Jahres 2003 für das einzige Dienstfahrzeug kein Benzin mehr hatten. Das Budget war aufgebraucht. Bei Einbrüchen oder Verkehrsunfällen fuhr der einzige Streifenwagen nicht mehr heraus, damit er für «besonders wichtige» Dinge einsatzbereit bliebe. Selbst die kleinsten Arbeitsschritte werden budgetiert, das heißt: betriebswirtschaftlich errechnet.

Ermitteln, verfolgen und das Problem lösen, indem gerichtsverwertbare Beweise vorgelegt werden: Das alles ist zur Nebensache verkommen. Dafür lernen die Beamten neudeutsche Begriffe kennen wie Input- oder Outputsteuerung, Controlling, Evaluierung und so weiter. In großer Offenheit erklärt ein leitender

Ministerialbeamter in Nordrhein-Westfalen, was sich tatsächlich hinter dem versteckt: «Angesichts der Haushaltslage müssen wir heute neben rechtlichen und taktischen Fragen eben auch einen Blick für den möglichst wirtschaftlichen Einsatz vor allem unseres Personals haben. Das setzt Informationen darüber voraus, in welchen Bereichen (Produkten) wir unser Personal und unsere Mittel einsetzen. Dazu haben wir die Kosten- und Leistungsrechnung, das dezentrale Schichtendienstmanagement und ein Controlling aufgebaut bzw. bauen es auf.» Der das sagt, ist Dieter Wehe, Inspekteur der Polizei des Landes Nordrhein-Westfalen.

Was die praktischen Auswirkungen in diesem Bundesland angeht, referierte in Mettmann der Personalratsvorsitzende der Polizei, Udo Kutsche, über eine besonders markante Errungenschaft: das dezentrale Schichtenmanagement. Es besteht unter anderem in einer «Arbeitsaufwandsstatistik». Und die sieht pro «Vorgang» zehn Minuten vor. Udo Kutsche in seinem Vortrag vor Polizeiführern und Ministerialbeamten aus Düsseldorf: «Ihr Kunde und unser Bürger verkommen zu einer anonymen Vorgangsnummer, die wir nur noch verwalten. Und an eine echte Bekämpfung der Kriminalität ist erst gar nicht zu denken. Unser Dienst am Bürger ist aber individuell und nicht in pauschalierten Zeiten zu messen. Ich wünsche es Ihnen nicht, Opfer einer Straftat zu werden. Sollte es aber doch so sein, müssten wir nach zehn Minuten bei Ihnen den Einsatz ebenso abbrechen, denn mehr Zeit gestehen Sie uns ja nicht zu.»

In Baden-Württemberg nennt sich der Fortschritt «Neues Steuerungsinstrument» (NSI). Beteiligt sind wie immer privatwirtschaftliche «Beraterfirmen», die nur das eine Konzept kennen, das ihrer Privatisierungsideologie entspricht. Die «Neuen Steuerungsinstrumente» bestehen aus dem Haushaltsmanagementsystem (HMS), der dezentralen Budgetverantwortung, der Kosten- und Leistungsrechnung (KLR) und dem Controlling. Die Landesregierung wirbt damit, dass die Einführung der «Neuen

Steuerungsinstrumente» gute Möglichkeiten «zur Modernisierung der Landesverwaltung bietet, indem die Mitarbeiter und Mitarbeiterinnen ihren Verantwortungsbereich gezielt und effektiv steuern können».

Die Mitarbeiter und Mitarbeiterinnen bei Polizei und Justiz hingegen lehnen das neue Reformprojekt durchweg ab. Nicht etwa deshalb, weil sie altmodisch sind, sondern weil ihre ureigenen Polizeiaufgaben nicht mehr wahrgenommen werden können. So gesehen sind sie dann in der Tat doch etwas rückständig.

Für die Polizei in Baden-Württemberg bedeutet das neue Reformprojekt ab dem Jahr 2006 den jährlichen Abbau von über 160 Beamten. Außerdem werden die Sachmittel dauerhaft um 15 Millionen Euro gekürzt. Davon sollen auf die Polizei zirka 3,5 Millionen Euro entfallen. Nach Meinung der Deutschen Polizeigewerkschaft wird das Folgen haben: «Die Polizei wird die Einsparungen erbringen müssen, das heißt, es werden polizeiliche Serviceleistungen wie die Prävention, der Opferschutz oder zeitaufwendiges bürgernahes Handeln reduziert oder ganz gestrichen werden müssen. Es werden zahlreiche Polizeiposten, ganze Polizeireviere oder Fachdezernate zusammengelegt oder aufgelöst werden müssen.» Vielleicht ist das ja mit ein Grund dafür, warum sich viele Wirtschaftskriminelle – in der neuen Polizeisprache Produkte – aus dem Osten wie früher die aus dem Süden gerne in kleinen schnuckeligen baden-württembergischen Gemeinden niederlassen.

Ein anderer magischer Begriff ist Controlling im Rahmen des «Neuen Steuerungsmodells» (NSM). Dessen Verfechter, die alle nicht aus der Polizeipraxis kommen, loben diese neue Wortschöpfung aus dem Labor der Ministerialbürokratie. Die Polizei hingegen verzweifelt. Selbst Wissenschaftler, die sich mit den Auswirkungen des «Neuen Steuerungsmodells» beschäftigt haben, sagen: «Abgesehen von den Befürchtungen, dass Controlling entgegen den allgemeinen Beteuerungen zu mehr Kontrolle führen könnte, setzt sich bei den Beschäftigten der Eindruck fest, dass man mit großem Aufwand Daten sammelt, die dann aber niemand wirklich benötigt, das Sammeln der Daten mitunter zum Selbstzweck wird. Zwar werden den Beamten die ausgewerteten Daten für ihre Arbeit zur Verfügung gestellt, doch geschieht dies häufig in einer ungenügend aufbereiteten Form, die die Nutzung erschwert. Zudem dauert es oftmals einen Monat, bis die Zahlen vorliegen, was in zahlreichen Bereichen als zu spät angesehen wird. In diesem Zusammenhang werden einige Bereiche des Controllings als grundsätzlich nicht sinnvoll erachtet, beispielsweise dann, wenn mit der Absicht, budgetierte Mittel einzusparen, ein hoher Personalaufwand betrieben wird und die Personalkosten dabei in keiner Relation zu den eingesparten Geldern liegen.»[94]

Nicht anders sehen es die vielen Polizeipraktiker wie zum Beispiel in Bochum sogar einer der höchsten Beamten. «Die Verantwortlichen stehen nur noch vor Zahlenfriedhöfen, die von den Ermittlern nun in richtige Formen gegossen werden müssen. Und die müssen den Politikern ins Konzept passen.»

Mangels eindeutiger Prioritäten in der Kriminalitätsbekämpfung hat sich im Zusammenhang mit Controlling in vielen Polizeidienststellen derweil eine «Datenerhebungsmanie» entwickelt. «Strichlisten jeder Art, Mehrfacherfassungen ... werden zu hübschen Diagrammen und Grafiken verwurstet, um letztlich zu erfahren, dass man im Vergleich zu anderen immer noch besser dasteht. An die Inhalte geht man nur ungern heran, wie sonst ist es zu erklären, dass zahlreiche Behörden sich mit Aufklärungsquoten um zehn Prozent beim Wohnungseinbruch zufriedengeben.» Der Kriminalist Wilfried Albishausen, der das schrieb, scheint etwas übersehen zu haben. Es könnte ja auch hinter allem der Wunsch verborgen sein, dass Kriminalität nicht mehr bekämpft, sondern nur noch verwaltet wird, und «Controlling» wäre eines der vielen neuen Instrumente, das zu legitimieren.

Kein Schlusswort

«Mundus vult decipi, ergo decipiatur.» –
Die Welt will betrogen sein, darum sei
sie betrogen.
PAPST PAUL IV.

Selbst wenn diese pessimistische Würdigung nicht zutreffen sollte, ist eines sicher: Durch den neoliberalen Reformwahn und die zunehmende Bürokratisierung der Arbeit von Polizei und Justiz werden auf jeden Fall personelle und finanzielle Ressourcen gebunden, und die können für die effektive Kriminalitätsbekämpfung, die die Verhältnismäßigkeit der Mittel nicht aus dem Auge verliert, nicht mehr eingesetzt werden. Die allein aber interessiert die Bürger. Allerdings wird sich nichts ändern, solange sie diese Situation akzeptieren.

Und was ist das Fazit? Ich habe in diesem Buch ausführlich beschrieben, welche politischen und wirtschaftlichen Interessen verhindern, dass zum Beispiel Wirtschafts- und Organisierte Kriminalität ernsthaft bekämpft werden. Hinzu kommen die einschneidenden Kürzungen im Personalbereich, und auch die ausschließlich an Rentabilität ausgerichteten Strukturreformen tragen ihren Teil dazu bei, dass das «Produkt» Sicherheit für die Bürger im Grunde nichts mehr wert ist. Und was wird dann aus den «Produkten» Demokratie und soziale Gerechtigkeit? Sind wir nicht auf dem besten Weg, ihnen den gleichen miesen Stellenwert einzuräumen? Oder haben sie den schon? Auf die Bürger wird es ankommen, ob sie sich das gefallen lassen.

Heute sind die Bürger, ob in Deutschland oder anderswo, nicht nur mit der globalisierten Wirtschaft, sondern auch mit einem globalen Tatort konfrontiert. Die dort Handelnden wären selbst bei bestem Willen durch die Strafandrohung klassischer Straftatbestände nicht mehr zu beeindrucken. Ihr sozialschädliches und kriminelles Handeln übersteigt auch die Fähigkeiten und Kapazitäten der Frauen und Männer in den Strafverfolgungsbehörden, die ihre Motivation noch nicht völlig verloren haben.

Angesichts dieser Realität wäre zu erwarten, dass zumindest Teile der politischen Elite versuchen würden, Strategien zu entwickeln, um dieses hochkomplexe Geflecht wirtschaftlicher und krimineller Strukturen zu bekämpfen. Doch das ist bis heute nicht der Fall. «Offen bleibt, welche Konsequenzen daraus zu ziehen sind. Die intensivste Form ziviler Selbsthilfe wäre eine Revolution. Meistens – aber nicht immer – genügt es aber, in die Wahllokale zu gehen, um dem denkbar entwürdigenden Schauspiel ein Ende zu bereiten: der Führung eines Volkes durch eine korrupte Machtclique, die unter dem Etikett ‹Regierung› das Gemeinwohl mit Füßen tritt.»[95]

Bei aller Resignation, die sich zwangsläufig aus der Bestandsaufnahme der politischen und gesellschaftlichen Kultur in Deutschland ergibt – und Kriminalität ist ein Bestandteil davon –, stellt sich trotzdem die Frage, was die «normalen» Bürger heute und jetzt eigentlich noch tun können? Können sie überhaupt noch etwas mitentscheiden, etwas an diesem Zustand ändern? Sie können, indem sie Druck auf die politischen Entscheidungsträger ausüben.

In Schweden herrscht zum Beispiel eine hohe Transparenz und Informationsfreiheit auf den verschiedensten Ebenen von Verwaltung und Politik. Das Recht aller Bürger, bei den Behörden und Ämtern in alle Akten und Dokumente Einsicht nehmen zu können, ist sogar im schwedischen Grundgesetz festgelegt. Das bedeutet zum Beispiel, dass alle in einer Verwaltung vorhandenen Akten und Dokumente – einschließlich Bandaufnahmen und in Computern gespeicherten Daten – für die Allgemeinheit zugänglich sind. Das wäre ein erster Schritt, der von den Bürgern hier durchgesetzt werden müsste, um wirklich demokratische Transparenz zu erreichen. Und sie allein ermöglicht, dass korrupte und mafiose Netzwerke erheblich eingedämmt werden. Bürgerbeteiligung – nicht nur bei Wahlen, sondern auch bei wirtschaftlichen Entscheidungsprozessen – mag zwar kompliziert und höchst anstrengend sein, doch sie gewährleistet, dass die Bürger sich in ihrer Gemeinde oder wo auch immer wieder engagieren.

Nicht weniger gewichtig ist die Kontrolle der Milliardengelder, die aus dubiosen und kriminellen Quellen in die legalen Wirtschaftsbereiche eingespeist werden. Bei dem Verdacht der Geldwäsche scheitern die Ermittler und Staatsanwälte immer wieder, weil sie die kriminelle Herkunft der Gelder nicht klären können. Ebenso störrisch fordern sie deshalb die Beweislastumkehr. Das heißt: Derjenige, der mit ungewöhnlich hohen Geldsummen operiert, muss erklären, woher er das Geld hat. Weil dieses Instrument für die Aufklärung von Geldwäsche so wichtig ist, setzt sich auch der Bund Deutscher Kriminalbeamter für die Beweislastumkehr ein. Sie könnte daher zu einer empfindlichen Waffe im Kampf gegen die Organisierte Kriminalität und Wirtschaftskriminalität werden.

Der Forderung nach der Beweislastumkehr wird entgegengehalten, dass damit gegen das Grundgesetz verstoßen und die Unschuldsvermutung ad absurdum geführt werde. In seiner Steuererklärung muss hingegen jeder Bürger seine Einnahmen offenlegen. Außerdem, so der SPD-Abgeordnete Professor Jürgen Meyer in einem Aufsatz zu dem Thema Organisierte Kriminalität: «Privatvermögen, das mit einer sehr hohen Wahrscheinlichkeit einem schweren Verbrechen zuzuordnen und deshalb eine Gefahr für die öffentliche Sicherheit und die rechtsstaatliche Ordnung ist, kann nicht durch das Prinzip in dubio pro reo geschützt werden.» [96]

Deshalb legte die SPD-Fraktion bereits im Jahr 2000 einen Gesetzentwurf zur Änderung des Grundgesetzes vor. Demnach sollte die Einziehung verdächtigen Vermögens unabhängig von einer

Verurteilung der betreffenden Person möglich sein, wenn «aufgrund tatsächlicher Anhaltspunkte die hohe Wahrscheinlichkeit besteht», dass das Vermögen aus einer schweren Straftat herrührt. Aber es ist bei dem Gesetzentwurf geblieben, weil in diesem Fall vielleicht die SPD zu einer Grundgesetzänderung bereit gewesen wäre, nicht aber CDU / CSU oder die FDP. Zu viele wirtschaftliche und daher politische Interessen würden dadurch massiv berührt werden.

Vergleicht man zudem die italienische Antimafia-Gesetzgebung mit der deutschen Gesetzgebung, so ist die italienische Variante weitaus effektiver. In Italien genügt der bloße Verdacht der Unterstützung einer mafiosen Vereinigung, um auf vorhandene oder vorgefundene Gelder zugreifen zu können. Den Begriff «mafiose Vereinigung» gibt es jedoch im deutschen Strafgesetz nicht, allenfalls den einer kriminellen Vereinigung. Doch der findet in Deutschland fast überhaupt keine Anwendung.

Auch die politische Unabhängigkeit der Staatsanwaltschaften wäre eine unabdingbare Voraussetzung zur effektiven Strafverfolgung im Bereich der Organisierten Kriminalität. Und desgleichen gehören die qualifizierte Aus- und Weiterbildung der Kriminalisten ebenso mit zu den ersten wichtigen Schritten, um einer mafiosen Gesellschaftsentwicklung auf strafrechtlicher Ebene einigermaßen Einhalt zu gebieten. Stattdessen – und geradezu kontraproduktiv – findet eine zunehmende Privatisierung staatlicher Hoheitsaufgaben statt und setzt sich die Privatisierungsideologie und -praxis innerhalb der Strafverfolgungsbehörden immer weiter durch. Als Folge bildet sich hier ein unkontrollierbares privates Gewaltpotenzial heraus, das den Weg in eine Kontrollgesellschaft ebnet, die sich kein Bürger wirklich wünscht. «Und die gefährdet die Sicherheit der Bürger, weil sie deren Freiheit – vielfach für den Bürger unmerklich – einschränkt, und das ist das Perfide an all diesen Maßnahmen.»[97] Das Beispiel Amerika zeigt, dass die totale marktwirtschaftliche Durchdringung der Gesellschaft für die

Mittelschicht partiell Wohlstand und für die ständig anwachsende Unterschicht hingegen neue Kontroll-, Straf und Gefängniskomplexe zur Folge hat.

Doch was heißt das, wenn immer mehr Bürger durch soziale Unsicherheit und gesellschaftliche und individuelle Armut an politischen und wirtschaftlichen Entscheidungsprozessen keinen Anteil mehr nehmen können? Wenn die Politik der inneren Sicherheit auch in Deutschland nur noch dabei ist, die Folgen des wirtschaftlichen Globalisierungsprozesses repressiv zu flankieren? «Am Ende könnte also eine Gesellschaftsstruktur stehen, die auf effektive (nicht unbedingt staatliche) Polizeikomplexe angewiesen ist.» [98] Innere Sicherheit hingegen setzt die Schaffung lokaler und nationaler stabiler sozialer Verhältnisse voraus.

Soziale Gerechtigkeit und größtmögliche Freiheit bilden das Fundament einer demokratischen Gesellschaft. Und dieses Fundament ist auch in Deutschland dabei, einzustürzen. «Der Politik ist die Gerechtigkeit abhandengekommen, sie spart von unten nach oben und nicht umgekehrt. Geld wird verschwendet, die wahren Sozialschmarotzer werden geschont, jene etwa, die im Jahr insgesamt 65 Milliarden Euro Steuer hinterziehen. An den Armen zu sparen verstößt gegen das Grundgesetz, und es kann sehr teuer werden.» [99]

Viel wäre also zu tun. Und ein Anfang ist immerhin gemacht, der hoffnungsfroh stimmt. Denn in den letzten Jahren sind neue Bürgerbewegungen entstanden wie beispielsweise Attac, die sich dafür einsetzen, Demokratie und Partizipation, Menschen- wie Freiheitsrechten Geltung zu verschaffen, die natürlichen Lebensgrundlagen zu erhalten und politische und gesellschaftliche Alternativen den mehr oder weniger als naturwüchsig akzeptierten neoliberalen Globalisierungsprozessen entgegenzusetzen.

Anmerkungen

1 Thomas Feltes, *Polizei-Newsletter* Nr. 67, September 2004, Bochum

2 Klaus Jürgen Timm, *Kriminalistik*, Heidelberg, März 2007, S. 139

3 Florian Rötzer, Deutschland ist bedroht, *Telepolis*, 20. 7. 2007

4 Nico Wingert, Warum drei erfolgreiche Neonazi-Bekämpfer ihre Jobs verloren, *Spiegel Online*, 7. Juli 2007

5 Ebd.

6 Frank von der Heide, Kaffeesatz und Kriminalitätsprognose, *Der Kriminalist*, Birkenwerder, Juli 2007, S. 330

7 Obtschak, auch Abschtschjak, ist ein Begriff aus der kriminellen russischen Subkultur und bedeutet die aus Erpressungsgeldern und «freiwilligen Spenden» gebildete gemeinsame Kasse. Über diese Institution wird der Zusammenhalt der jeweiligen kriminellen Gruppen gewährleistet.

8 KAHN ist die Abkürzung für «Kriminelle Aussiedler in Haftanstalten bilden Netzwerke».

9 Wolfgang Hetzer, *Kriminalistik*, Heft 4, 2007, S. 254

10 Hans-Heiner Kühne, Bürgerfreiheit und Verbrecherfreiheit, *Rechtspolitisches Forum* Nr. 21, Institut für Rechtspolitik an der Universität Trier, 2007, S. 15

11 Wolfgang Sofsky, in: *Frankfurter Allgemeine Sonntagszeitung*, 21. Juli 2007

12 Hans-Heiner Kühne, *Rechtspolitisches Forum*, S. 23

13 *Organized Crime and Terrorism Watch*, Nr. 10, 9. April 2004, Prag

14 Hans-Jürgen Schaap: Nach uns kommt nichts mehr, *der kriminalist*, April 2004, S. 145

15 Joachim Käppner: Im Land der Angst, *Süddeutsche Zeitung*, 14. Februar 2004

[16] «Diebe im Gesetz» war ursprünglich der Name einer kriminellen Organisation in St. Petersburg, die in den dreißiger Jahren gegründet wurde: Ihre Mitglieder bezogen ihre Einkünfte ausschließlich aus Straftaten.

[17] Ausführlicheres zur Tambowskaja in: Jürgen Roth, *Gangster aus dem Osten*, Hamburg 2003

[18] *Wremja Nowostej*, 9. August 2001

[19] Wolfgang Bauch: Vortrag auf dem 18. Deutschen Richter- und Staatsanwalttag am 15. September 2003 in Dresden

[20] Jürgen Dahlkamp, Dietmar Hipp, Udo Ludwig, Andreas Ulrich: Rabatt im Hinterzimmer, *Der Spiegel* Nr. 33/2002, S. 70

[21] *Frankfurter Rundschau*, 25. März 2004

[22] Klaus Wiendl: Kokainschwemme aus Amsterdam, *Report* München, 23. Juni 2003

[23] Gian Trepp: *Swiss Connection*, Zürich 1996, S. 249

[24] *Dispatch Online*, Kapstadt, 15. Oktober 1998

[25] *Sunday Times*, Kapstadt, 18. Oktober 1998

[26] Nach Israel verschoben, *Der Spiegel*, 22. Januar 2001

[27] Walter Laqueur: *Die globale Herausforderung*, Frankfurt 1987, S. 139

[28] Rainer Nübel: Freispruch ist Freispruch, *Stuttgarter Zeitung*, 3. Juli 1999

[29] Nachrichtenagentur Reuters, 18. Januar 1992

[30] Hans Herbert von Arnim: Strukturprobleme des Parteienstaates, Aus *Politik und Zeitgeschichte*, 16/2000, Bonn

[31] Alfred Stümper. Kriminalphänomenologie, *Kriminalistik*, 3/1998

[32] Thomas Urban: Der Staat gehört uns, *Süddeutsche Zeitung*, 14. Januar 2004

[33] Oksana Yablokova: Putin says he made $ 270 000 in 4 Years, *The Moscow Times*, 5. Februar 2004

34 *Süddeutsche Zeitung*, 27. September 2003

35 Herbert Tröndle / Thomas Fischer, *Strafgesetzbuch und Nebengesetze*, 51. Auflage 2003, Rdn. 4c

36 Joachim Winkler: «... und die Gauner feiern», *Trierischer Volksfreund*, 29. April 1998

37 *Die Welt*, 9. Mai 1998

38 Stefan Willeke, *Die Zeit*, 37 / 2001

39 Matthias Krupa: Halbstark in Hamburg, *Die Zeit*, 44 / 2001

40 *Der Spiegel*, 4. Februar 2002

41 *die tageszeitung*, 12. September 2003

42 Wellinghausen weist Vorwürfe zurück, *Hamburger Abendblatt*, 4. Februar 2004

43 Antwort des Senats auf die Große Anfrage der Abgeordneten Neumann u. a., DRS 17 / 388, v. 19. März 2002

44 *Hamburger Morgenpost*, 8. August 2003

45 Christoph Twickel, *die tageszeitung*, 24. Februar 2004

46 *Süddeutsche Zeitung*, 19. August 2003

47 Frank Drieschner. Erst mal einsperren, dann weitersehen, *Die Zeit*, 3 / 2003

48 Bundesamt für Polizeiwesen: *Bericht Innere Sicherheit der* Schweiz *2003*, Bern, S. 45

49 Dieses und die folgenden Zitate bis S. 127 stammen aus dem genannten Bericht.

50 Bundeskriminalblatt Nr. 97, 2. August 2002

51 *Hannoversche Allgemeine*, 24. Februar 2002

52 *Der Spiegel*, 7. Februar 2000

53 Hans Herbert von Arnim: *Das System*, München 2001

54 Thomas Feltes: Fehlerquellen im Ermittlungsverfahren, Referat auf dem 25. Strafverteidigertag, Berlin, 9. März 2001

55 Donald N. Jensen, Conflict Studies Research Centre, Britisches Verteidigungsministerium, 2001

56 www.bad-bad.de

57 Patrick Fritsch, *Badisches Tageblatt*, 6. Dezember 2003

[58] Meinrad Heck: Dubiose Geldströme umfließen die Villa Grundig, *Stuttgarter Zeitung*, 29. November 2003
[59] Bundesamt für Polizeiwesen: *Bericht Innere Sicherheit der Schweiz* 2003, Bern, S. 49
[60] Meinrad Heck, *Stuttgarter Zeitung*, 29. November 2003
[61] Patrick Fritsch, *Badisches Tageblatt*, 2. Dezember 2003
[62] *Der Spiegel*, 10. November 2003
[63] Tetiana Korobova, *The Day*, Kiew, 21. September 1999
[64] Rainer Bruckert: Vortrag im Seminar «Aktuelle Problemstellungen der Polizei im modernen Führungsmanagement», Polizeiführungsakademie Hiltrup, 25. März 2004
[65] Gudi Giest-Warsewa: Annäherungen an Alltagswelten und Gewalterfahrungen junger Spätaussiedler, Vortrag vor dem 25. Deutschen Jugendgerichtstag 2001
[66] Kristina Pawlik-Mierzwa, Manfred Otto: Abtschjak und Kasjak als feste Bestandteile der russisch sprechenden Subkultur, in: Marianne Krüger-Potratz (Hg.), Kriminal- und Drogenprävention am Beispiel jugendlicher Aussiedler, Göttingen 2003, S. 38
[67] Klaus Stüllenberg: *Zukunftsstudie Organisation von Sicherheit in Deutschland*, Münster 2003, S. 27
[68] Studie Neukölln-Nord (Dir 5), Beschreibung der polizeilich relevanten Kieze, Januar 2004
[69] Markus Henninger, *Importierte Kriminalität und deren Etablierung*, LKA Berlin, Januar 2003
[70] Hans See, in: Akatshi Schilling / Uwe Dolata (Hg.), *Korruption im Wirtschaftssystem Deutschland*, Murnau, 2004, S. 5
[71] Wolfgang Hetzer, ebd. S. 109
[72] Joachim Wagner. Die fünfte Gewalt, *Die Zeit*, 30. Oktober 2003, S. 5
[73] Thomas Öchsner: Neue Geschäfte mit alten Bekannten, *Süddeutsche Zeitung*, 3. April 2004
[74] *Frankfurter Rundschau*, 29. März 2004

75 Wolfgang Hetzer: Krieg und Kriminalität, Vortrag, Wien, Österreichisches Institut für internationale Politik, 13. September 2003

76 SPD-Bundestagsabgeordneter Detlev von Larcher, Rede während der Beratung des Schlussberichts der Enquetekommission Globalisierung der Weltwirtschaft, Drucksache 14/9200

77 Charles Derber, *One World – von globaler Gewalt zur sozialen Globalisierung*, Hamburg 2003, S. 79

78 Ebd.

79 Ralf Lochmüller, Geschäftsführer von Lupus Alpha, *Frankfurter Allgemeine Sonntagszeitung*, 18. April 2004

80 Alexander Bittmann: Verbrechen lohnt sich, *brand eins*, 7. September 2003

81 Heribert Prantl: Die neuen Helden, *Süddeutsche Zeitung*, 20. Januar 2004

82 *Frankfurter Rundschau*, 10. April 2004

83 Presseerklärung BDK Bayern, 21. Juni 2007

84 Deutschlandfunk, 7. Juli 2007

85 Stephan Lebert, *Süddeutsche Zeitung*, 26. August 1990

86 Schriftsatz von Rechtsanwalt Norbert Waldinger, Bad Koesen, an das Amtsgericht Leipzig vom 3. März 2007

87 Henning Mankell, *Die falsche Fährte*, München 2001, S. 189

88 *Dresdner Morgenpost*, 8. Juli 2007

89 *Berliner Zeitung*, 20. Juli 2007

90 Presseerklärung der Partei «Die Linke», Dresden, 22. Juli 2007

91 Heribert Prantl, Der Staat, der alles wissen will, *Süddeutsche Zeitung*, 17. Januar 2004

92 Brigitte Kamphausen: Umsetzung des PEBB§Y-Gutachtens, Deutscher Richterbund, *Mitteilungen des Landesverbandes Hessen*, Heft 2/2003, S. 19

93 Wilfried Albishausen, Landesvorsitzender NRW des Bundes Deutscher Kriminalbeamter, *der kriminalist*, Nr. 7/2002

94 Hans-Jürgen Lange/Jean-Claude Schenck: Das Neue Steu-

erungsmodell und die Probleme der Akzeptanz, Universität Duisburg, Arbeitspapiere der Forschungsgruppe polikon, Nr. 4 / 2001

95 Wolfgang Hetzer: Sinn und Unsinn strafrechtlicher Korruptionsbekämpfung in Europa, *Business Crime*, Maintal, März 2004, S. 20

96 www.fes.or.kr / Publications / pub / OKriminalitaet200106.htm

97 Thomas Brunst: Die private Stadtsicherheit, *Frankfurter Rundschau*, 30. Januar 2004

98 Wolfgang Hetzer: Globalisierung – ein kriminogener Prozess, *Kriminalistik*, 2002, S. 762

99 Heidrun Graupner: Armut im Reichtum, *Süddeutsche Zeitung*, 15. Mai 2004

Literatur

Altenkirch, Lars: *Techniken der Geldwäsche und ihre Bekämpfung*, Frankfurt 2002

Arzt, Clemens: *Polizeiliche Überwachungsmaßnahmen in den USA*, Frankfurt 2004

Backes, Ernest; Robert Denis: *Das Schweigen des Geldes*, Zürich 2003

Diamond, Jared: *Arm und Reich*, Frankfurt 2000

Hafner, Wolfgang: *Im Schatten der Derivate*, Frankfurt 2002

Hetzer, Wolfgang: *Tatort Finanzmarkt*, Hamburg 2003

Kozica, Günther: *Der Fall Slaviatours*, Calden, April 2000

König, Johann-Günther: *Finanzkriminalität*, Frankfurt 2002

Roth, Jürgen: *Die Gangster aus dem Osten*, Hamburg, 2003

Rügemer, Werner: *Cross Border Leasing*, Münster 2004

Schenk, Dieter: *Tod einer Polizistin*, Hamburg, 2000

Schöndorf, Erich: *Strafjustiz auf Abwegen – Ein Staatsanwalt zieht Bilanz*, Frankfurt 2001

Schöndorf, Erich: *Von Menschen und Ratten*, Göttingen 1998

See, Hans; Eckart Spoo: *Wirtschaftskriminalität – Kriminelle Wirtschaft*, Heilbronn 1997

Schilling, Akatshi; Uwe Dolata: *Korruption im Wirtschaftssystem Deutschland*, Murnau 2004

Ulfkotte, Udo: *Der Krieg in unseren Städten*, Frankfurt 2003

Zinn, Karl Georg: *Wie Reichtum Armut* schafft, Köln 2002

Personenregister